Jean-Claude Kaufmann
Frauenkörper – Männerblicke

D1721465

édition discours

Klassische und zeitgenössische Texte
der französischsprachigen Humanwissenschaften

Herausgegeben von Franz Schultheis
und Louis Pinto

Band 10

Jean-Claude Kaufmann

Frauenkörper – Männerblicke

Aus dem Französischen übersetzt
von Daniela Böhmler

UVK · Universitätsverlag Konstanz

Ouvrage publié avec l'aide du Ministère français de la Culture
et de la Communication
Veröffentlicht mit Unterstützung des Französischen Ministeriums für Kultur
und Kommunikation

Die Deutsche Bibliothek – CIP-Einheitsaufnahme

Kaufmann, Jean-Claude:
Frauenkörper – Männerblicke / Jean-Claude Kaufmann. Aus dem Franz. übers.
von Daniela Böhmler. – Konstanz : UVK, Univ.-Verl. Konstanz, 1996
  (Edition discours ; Bd. 10)
  ISBN 3-87940-556-5
NE: GT

ISSN 0943-9021
ISBN 3-87940-556-5

Titel der Originalausgabe:
Corps de femmes, regards d'hommes. Sociologie des seins nus
© Éditions Nathan, Paris 1995

© Deutsche Ausgabe: Universitätsverlag Konstanz GmbH, Konstanz 1996
Satz: Claudia Wild, Konstanz
Einbandgestaltung: Riester & Sieber, Konstanz
Druck: Legoprint, Trento

Inhalt

Einleitung

An den Soziologen hat sich die Öffentlichkeit inzwischen gewöhnt. Er hat bei aktuellen Fragen – soziale Randgruppen, Betonsiedlungen, Familie, Schule – etwas zu sagen. Ob es sich um eine Diskussionsrunde in einem Sozialzentrum, das Fernsehen, einen Bericht für ein Ministerium oder einen Zeitungsartikel handelt: als geladener Gast oder als einer, der sich im Hintergrund zu Wort meldet, streut er da und dort sein Quäntchen Wissen ein. Man bittet ihn, sich zum aktuellen Zustand der Gesellschaft zu äußern, die öffentliche Meinung und die Verhaltensweisen zu diesem oder jenem Aspekt zu beschreiben, Entwicklungstendenzen zu identifizieren und zu sagen, was man tun soll, um bestmöglich zu handeln. Kurz, er hat sich zu dem entwickelt, was man einen ›Experten‹ nennt: zu einem Gesellschaftsexperten.

Gefangen in diesem Strudel, in dem er sich, nicht ohne Gefallen daran, treiben läßt, kommt es oft vor, daß er eine wesentliche Frage vergißt: Was ist überhaupt eine Gesellschaft, und wie funktioniert sie? Um diese Grundfrage der Soziologie geht es bei den Auslegungen alter Texte und in theoretischen Debatten, sie wird an den Universitäten gelehrt, doch sobald der Soziologe mit der gesellschaftlichen Nachfrage konfrontiert und dazu eingeladen ist, sich als Experte zu äußern, verliert er sie aus dem Blick. Am bedauernswertesten daran ist, daß diese Frage dann in ihrer Welt der Bücher verbleibt, wo es schließlich auch nicht mehr zum Besten mit ihr steht. Wenn eine Studie in Auftrag gegeben wird, um bestimmte Wirklichkeiten ins Auge zu fassen, wenn finanzielle Mittel bereitgestellt werden, die dem Forscher wertvolle Hilfe für seine Arbeit leisten, dann legt dieser unter dem Druck der Umstände das Gewand des Prinzen-Beraters an. Auch ich persönlich werde als Experte bemüht und lehne diese ehrenvolle und gesellschaftlich nützliche Aufgabe nicht im geringsten ab. Aber ich bin auch Forscher – ein Forscher, der unzufrieden ist, und dem angesichts der Vernachlässigung der Theorie und ihrer abstrakten Produktion nicht wohl ist und der von einer Grundlagenforschung träumt, die im Leben seiner Zeit verwurzelt ist, ohne auf die Bahnen der Gesellschafts-Technologie zu geraten. Deshalb geht es für mich darum, Bedingungen zu vereinen, die es mir erlauben, wirkliche Feldforschung zu grundlegenden soziologischen Fragen durchzuführen, und das richtige Thema zu finden, nämlich eines, das gleichzeitig eine originelle theoretische Dimension hat und, da es um keine politischen Fragen geht, nicht als Gegenstand eines Expertengutachtens vereinnahmt werden kann. Dies hat mich dazu gebracht, das Thema des »Oben-Ohne« zu wählen. Es handelt sich absichtlich um eine (scheinbar) kleine Frage, die leicht identifizierbar und klar begrenzt ist, so daß die Befragungen in die Tiefe gehen können. Denn häufig zwingt breit Angelegtes zu Oberflächlichkeit, und die wesentlichen Fragen werden vom Gewicht der Informationsflut erdrückt. Ich persönlich ziehe es vor, in der Tiefe zu schürfen.

Eine Truppe aus fünf Interviewern und mir ging also an die Strände und befragte dreihundert Personen. Die Aufnahme dort war hervorragend. Wenn wir an Haustüren klingeln, passiert es uns oft, daß wir eher unfreundlich empfangen werden, was vollkommen verständlich ist. Am Strand jedoch fallen die Barrieren. Hier betreten wir keinen privaten Bereich, und die Zeit ist nicht wie sonst bemessen. Wie an die Person des Soziologen-Experten hat man sich inzwischen auch an die des Interviewers gewöhnt. Das Tonbandgerät wurde sofort bemerkt, unsere Aufgabe identifiziert, schon bevor wir uns vorgestellt hatten, und die Leute waren nicht erstaunt, sehr häufig sogar erfreut, befragt zu werden. Überraschung rief jedoch das Thema der Untersuchung hervor. Man amüsierte sich sehr darüber: Lachen prägt den Hintergrund der aufgenommenen Bänder. Aber direkt nach dem Humor kommt die Zurückhaltung: eine Untersuchung zum Oben-Ohne – wozu soll das gut sein? Viele Leute waren aufgrund des wenig legitimen Charakters des Themas verlegen: Das sei doch nun wirklich keine gesellschaftliche Frage. Sie wären bereit gewesen, zu jedem beliebigen anderen Thema zu antworten. »Aber das Oben-Ohne, also wirklich!« (F29)[1]. Dennoch stießen wir auf sehr wenig Verweigerung. Zu ihrem Unglück waren die Befragten, kaum hatte das Interview begonnen, schon vollkommen durcheinander, weil sie erhebliche Schwierigkeiten hatten, selbst auf die einfachsten Fragen zu antworten. Die Gesprächspausen waren drückend und peinlich, die Suche nach Antworten anstrengend. »Ich weiß nicht, also mit Ihren Fragen, da weiß ich wirklich nicht, das strengt mich an, ich bin in den Ferien! Man denkt sowieso nicht darüber nach, man legt sich an den Strand, man hat Lust, Oben-Ohne zu machen, da muß man doch keine Gründe dafür haben« (F124). Einigen war es zu viel, es kam zu einer Art leiser Revolte, einer stillen Opposition gegen die Untersuchung, versteckt hinter Lächeln und Freundlichkeit: Da gab es nichts zu sehen, nichts zu sagen. Wir müßten uns in der Wahl des Themas geirrt haben. »Sie haben doch fetzigere und interessantere Themen, das Oben-Ohne ist den Leuten völlig gleichgültig« (F156). Mehrere Male brachten Befragte Argumente vor, um uns von unserem Irrtum zu überzeugen. So zum Beispiel Roselyne: »Ich sehe nicht ein, was es bringen kann, eine soziologische Untersuchung zu einem solchen Phänomen zu machen, denn ich weiß nicht, bis zu welchem Punkt man es überhaupt in der Tiefe analysieren sollte, schließlich ist es etwas Natürliches« (F125).

War das Thema also ein Irrtum? Ich hoffe, das Buch beweist das Gegenteil. Das Entfernen des Bikini-Oberteils ist keine einfache, natürliche und problemlose Geste, sondern reiht sich in einen historischen Prozeß und ein Set von äußerst ausgefeilten Verhaltensregeln ein, die definieren, wer wozu das Recht hat und warum. Jede Körperhaltung, jede Art zu schauen, hat einen Sinn, jedem Busen wird entsprechend seiner Form und sei-

---

[1] Die Daten, die es erlauben, die befragten Personen zu situieren, sind im methodologischen Anhang zusammengefaßt.

nem Alter eine bestimmte Rolle in einem Spiel zugewiesen. Der Urlauber, der sich an den Strand legt, ist sich dieser Kulisse seines Verhaltens nicht bewußt, wenn er sich gemütlich auf seinem Handtuch ausstreckt und nichts anderes im Sinn hat, als vor sich hinzudämmern, zu dösen, sich zu sonnen, wie eingehüllt in eine glückliche Apathie. Daher der unangenehme Schock durch unsere Fragen. »Ich weiß nicht, ich weiß wirklich nicht, da ist nichts, was ich Ihnen sagen könnte, ich habe wirklich keine Ahnung« (M49); »Aber wie wollen Sie das denn alles herausfinden? Ich will mir nicht den Kopf zerbrechen, ich habe Ferien, Erholung ist angesagt!« (M59). Der Leser soll gewarnt sein: von dem Moment an, an dem er sich der Spielregeln bewußt wird, wird der Strand nie wieder das sein können, was er war. Der Leser riskiert, für immer die naive Ruhe zu verlieren, an die er sich gewöhnt hat. Das ist der Preis, den man für das Verstehen der Dinge bezahlt.

Fragen, die die gewöhnlichsten Erlebnisse berühren, rufen die kürzesten Antworten und viel Schweigen hervor. Das Buch erklärt, warum es den Leuten schwer fällt, sich zu dem zu äußern, was für sie Gewohnheit ist. Denn die Banalität des Alltags ist kein banales Thema, sondern ein sozialer Prozeß von größter Bedeutung, der gesellschaftliche Wirklichkeit konstruiert, indem er das Implizite schafft und damit die Unfähigkeit, das zu denken, was das Elementarste ist. Es gibt keine von Natur aus banalen, an sich uninteressanten Handlungen. Sie werden nur unbedeutend, weil sie so inszeniert, als Grundlagen der Gesellschaft ausgearbeitet und hierfür in das Unausgesprochene verdrängter Tiefenstrukturen getaucht werden. Daß die Leute nicht imstande sind, darüber zu sprechen, liegt nicht daran, daß es nichts zu sagen gäbe, sondern daran, daß das Schweigen eine vitale Funktion hat. Denn gerade weil sie über die einfachen Dinge nicht nachdenken, weil es ihnen, selbst wenn sie sich große Mühe geben, schwer fällt, darüber zu reden, ist Leben möglich. Für das Oben-Ohne erweist sich dieses Gesetz des Schweigens als ausgesprochen gewichtig. Denn das ›man‹ ist hier besonders problematisch. Die Evidenz, auf der sich alle

12

ausruhen, ist in Wirklichkeit keine, der versteckte Sinn einfacher Gesten ist zutiefst mehrdeutig. Das gewichtigste Geheimnis ist zweifellos, daß die Frau drei Körper hat, die der Mann auf drei verschiedene Arten betrachtet, schwankend, und ständig zwischen den verschiedenen Wahrnehmungstypen hin- und hergleitend. Dieses Geheimnis scheint eigentlich keines zu sein. Jeder versteht intuitiv diese Mehrdeutigkeiten und praktiziert auf diskrete Weise das Doppelspiel. Dennoch erlaubt es gerade die Begrenztheit dieses intuitiven Verstehens, daß Männer und Frauen in den verschiedensten Kontexten mühelos Beziehungen anknüpfen, daß die gesellschaftliche Kohäsion erhalten bleibt und daß das Leben nicht zu einem wahnsinnigen Abenteuer wird. Der Leser soll hier aufs neue gewarnt werden: Ob Mann oder Frau, sein Blick auf das andere Geschlecht könnte sich weit über den Strand hinaus verändern.

Die Soziologie ist eine Wissenschaft. Wie jede Wissenschaft benutzt sie Instrumente (Methoden und Konzepte), die den Zugang zu ihr manchmal schwierig machen. Es wäre jedoch schade, wenn sich dem nicht mit der Materie vertrauten Publikum an bestimmten Punkten der Kern der Forschung entziehen würde. Eine der Aufgaben, die ich mir im Rahmen meiner Möglichkeiten gestellt habe, besteht darin, den Kreis der Leserschaft dieser Disziplin zu erweitern, das Interesse für die Funktionsweise der Gesellschaft und ihre Hinterbühne zu wecken und mich, so es gelingt, in einer klaren, unprätentiösen Sprache verständlich zu machen. Einige Dinge sind indessen ziemlich schwierig zu erklären und machen es erforderlich, sie zu theoretischen Vorleistungen in Bezug zu setzen, was die Schreibweise etwas weniger leicht verdaulich macht. Das meiste davon wurde ans Ende gesetzt. Die letzten Kapitel sind trockener. Ich hoffe, daß der Nichtwissenschaftler dennoch nicht entmutigt wird und sich in die Geheimnisse der Wissenschaft entführen läßt, daß seine Neugier auch hier anhält.

Meine Arbeitsweise ist etwas ungewöhnlich. Es scheint deshalb vonnöten, kurz zu erklären, wie dieses Buch aufgebaut ist und wie es gelesen werden kann. Die meisten sozialwissenschaftlichen Werke lassen sich zwei relativ unterschiedlichen Kategorien zuordnen: einerseits Monographien oder Dokumente, die einen Ausschnitt der Wirklichkeit beschreiben, indem sie sich auf eine empirische Untersuchung stützen; und andererseits theoretische Bücher, die eine konzeptionelle Argumentation entwickeln, die unter Umständen mit Beispielen illustriert wird. *Frauenkörper – Männerblicke* läßt sich weder der einen noch der anderen dieser beiden Kategorien zuordnen. Entgegen dem Eindruck, der dadurch entstehen kann, daß der Beobachtung von Details eine große Wichtigkeit beigemessen wird, ist mein Anliegen in Wirklichkeit ein theoretisches. Es gibt mehrere Möglichkeiten, zur Theorie zu gelangen. Die klassische Methode besteht darin, eine Reihe von aufeinander aufbauenden Thesen vorzuschlagen, die mit den verfügbaren Kenntnissen verknüpft werden, und mit denen frühere Entwürfe kritisiert werden; sie besteht darin, Ideen aufgrund ihrer Schönheit und ihres heuristischen Charakters zu verkaufen. Obwohl der historische Niedergang der großen Erklärungssysteme die Bedeutung dieser Methode zurückgehen läßt, bewahrt sie sich doch eine privilegierte Position, weil die Abstraktion ihr Legitimität und Kraft verleiht. Meiner Ansicht nach könnte es noch eine andere Art der Produktion von Theorie geben. Das Prinzip wäre umgekehrt: vom Konkreten, von der Beobachtung, vom einfachsten und am leichtesten verifizierbaren Aspekt der Dinge ausgehen. Nicht, daß ich mir einbilde, man könne ohne Reflexion und vorausgehende Lektüre Hypothesen bilden. Aber die Herausforderung besteht darin, eine a-priori-Illustration der Konzepte mit Hilfe von Beispielen zu vermeiden und statt dessen das Konkrete zum Ausgangspunkt der Ausarbeitung neuer Ideen zu machen. Dabei wird das theoretische Ausgangskapital lediglich als ein Instrument benutzt, das flexibel ist und offen für Überraschungen.

Dies erklärt den Aufbau dieses Buches. Sein Zusammenhang basiert auf dem Gegenstand der Umfrage: der Praxis des Oben-Ohne. Die einzelnen Kapitel beschreiben Punkt für Punkt die

Verhaltenscodes, offizielle und unausgesprochene Regeln, und versuchen herauszufinden, was in den Köpfen steckt. Das Buch kann übrigens gut auch nur auf dieser Ebene gelesen werden, als Handbuch des Savoir-vivre, als Strandführer, der versteckte Mechanismen aufdeckt. Für diejenigen, die darüber hinaus gehen wollen, ist der Parcours nicht mehr abgesteckt. Denn die theoretischen Fragen, die bei der Arbeit mit dem Material auftauchen, gehen in verschiedene Richtungen. Die Reflexion zu weit voranzutreiben hätte deshalb das Risiko in sich getragen, den Zusammenhang des Buches zu durchbrechen. Möglicherweise bedauert der Leser, daß die Problemstellungen nur skizziert werden, daß da und dort nicht mehr dazu gesagt wurde. Aber gerade das wäre besonders schwierig, denn dieses Da-und-Dort variiert je nach dem theoretischen Interesse eines jeden, die Ideen, die herausgepickt werden, sind also vom einen Leser zum anderen nicht dieselben. Ich verlange also viel von demjenigen, der nicht auf der ersten Ebene der Lektüre stehenbleiben will. Er muß sich zwischen Argumentationsentwürfen entscheiden, die Thesen auswählen, die ihm zusagen, und, ausgehend von den Elementen, die ich ihm liefere, eigenständig und auf seine Weise eine Theorie erstellen. Dabei kann er entsprechend dem klassischen Modell vorgehen, also die Thesen isolieren, die besonders im letzten Teil vorgestellt werden. Wenn er näher an meiner Arbeitsweise bleiben will, kann er über die detaillierte und systematische Darstellung des konkreten Gegenstands, der Praxis des Oben-Ohne, frei verfügen. Die theoretischen Gedanken, die ich anführe, fallen nicht vom Himmel. Sie entstammen der Umfrage und erhalten ihre wirkliche Kraft nur, wenn sie auf ein inneres und detailliertes Verständnis der Tatsachen rückbezogen werden. Deshalb muß der konkrete Mechanismus bis hin zu jedem einzelnen Zahnrad erkundet und dargestellt werden. In einer sehr freien Interpretation von Marcel Mauss würde ich sagen, daß das Oben-Ohne als »totaler gesellschaftlicher Tatbestand« betrachtet wurde, der viel aussagen könnte, wenn man sich die nötige Zeit nähme, um seine Dynamik in ihrer Gesamtheit zu erforschen. Das Prinzip besteht darin, das Mikroskop auf das kleinste Detail einzustellen, um Gedanken allgemeiner Tragweite herausfiltern zu können.

Ich hätte dem Leser lieber die volle Freiheit gelassen, bei jedem Umblättern einer Seite von einem neuen Gedanken überrascht und verführt zu werden. Aber es scheint, daß es ihn desorientieren könnte, wenn man ihm das Programm dessen, was seinen theoretischen Hunger stillen könnte, nicht ankündigt. Hier also eine (fakultative), glücklicherweise unvollkommene und unvollständige Liste.

Die erste Reflexionslinie bezieht sich auf historische Entwicklungen (auf die Evolution, hätte man im letzten Jahrhundert gesagt). Wie steht es angesichts von Entspannung und Spontaneität, der man am Strand scheinbar freien Lauf läßt, mit dem von Norbert Elias herausgearbeiteten Prozeß der Zivilisation? Die Umfrage zeigt, daß die Beherrschung der Gefühle bis an die Grenze des Fehlens jeglicher äußerer Beschränkung verinnerlicht wird. Wie steht es mit dem Platz des Körpers und des Blickes in unserer Gesellschaft? Der Körper ist zu einem wesentlichen Identifikationsträger geworden, was den sehr persönlichen Charakter aller ihn betreffenden Entscheidungen erklärt. Der Blick spielt heute eine zentrale Rolle im gesellschaftlichen Austausch und im Erkenntnissystem.

Die zweite Linie betrifft die Beziehungen zwischen Männern und Frauen, die Art und Weise, in der Frauen sich inszenieren und Männer sie betrachten. Die Analyse des Materials zeigt, daß drei konkurrierende und manchmal widersprüchliche Austauschlogiken am Werk sind, daß es ein ständiges Hin- und Hergleiten zwischen der einen und der anderen gibt, und daß es keineswegs zwingend ist, daß sich die beiden Partner im selben Moment in derselben Logik verorten. Dennoch verstehen sich Männer und Frauen. Diese letzte Feststellung stellt das übliche Schema in Frage, das davon ausgeht, daß in Austauschbeziehungen ein Verstehen des Sinnes und ein Einverständnis über letzteren besteht. In Wirklichkeit situiert sich jeder Partner in seinem eigenen Interpretationsspiel. Was der Austausch erschafft, ist weniger ein gemeinsamer Sinn, als vielmehr die Stabilität und Sichtbarkeit eines Rituals.

Die dritte Linie versucht, einen Beitrag zu der alten Debatte Individuum-Gesellschaft zu leisten, die nur allzu oft die Vertreter individueller Freiheit denen eines gesellschaftlichen Determinismus gegenüberstellt, während doch nur die Analyse der Verschränkungen ein wirkliches Vorankommen erlauben würde (Elias, 1987). Die vorliegende Untersuchung zeigt, daß es gleichzeitig Freiheit und Kontrolle auch der kleinsten Geste gibt, daß, auch wenn Verhaltensregeln sehr streng sind, trotzdem immer Abweichungen möglich sind. Sie sind jedoch kostspielig (sie werden insbesonderen mit der Schwächung von Automatismen bezahlt) und erfordern persönliche Anstrengung, was einen normalerweise dazu veranlaßt, die Regeln zu respektieren, vollständig in die verfügbaren sozialen Rollen zu schlüpfen und das Gesellschaftliche zu inkorporieren, um die eigene Individualität zu konstruieren.

Die vierte Linie läuft auf den Vorschlag hinaus, in die Theorien der Konstruktion von Wirklichkeit ein neues Element einzuführen. Die detaillierte Analyse der Mechanismen des Oben-Ohne zeigt, daß die normative Produktion für diese Konstruktion zentral ist. Nur durch die Erarbeitung des Normalen kann das Reale sich konstituieren und dann verdichten, indem es den Automatismus und die Unsichtbarkeit erlangt, die ihm die Banalität verleiht. Das Deviante und Bizarre hingegen zieht den Blick auf sich, regt zu Reflexion, Kodifikation und Kritik an und ist dem normalisierenden sozialen Druck ausgesetzt. Doch manchmal gelingt es ihm, sich dem zu widersetzen oder sich gar zur Speerspitze einer kommenden Norm zu entwickeln.

Die letzte Linie schließlich ist politisch. Die Konstruktion von Wirklichkeit durch das Normale macht die Ausübung von Demokratie im Alltag problematisch. Die Umfrage macht die Intensität der demokratischen Kultur und des demokratischen Willens in unserer Gesellschaft deutlich. Alle oder fast alle wollen, daß jeder über sein Leben frei entscheiden kann, in möglichst vollständiger Freiheit. Doch die Notwendigkeit, das

Normale zu definieren, läuft diesem Freiheitsstreben entgegen und führt im Gegenteil zu bornierter Kategorisierung, Ausschluß und Intoleranz. Unter den Befragten war kaum jemand, der sich nicht zwischen diesen beiden Tendenzen hin- und hergerissen fühlte.

Es ist Zeit, diese Liste zu schließen. Denn ich höre den Leser sich schon auf die gleiche Weise, wie unsere Interviewpartner, fragen: Aber worum geht es ihm denn eigentlich? Ist das nun ein Buch über Oben-Ohne oder ein Handbuch der Soziologie? Ja, es ist Zeit, an den Strand zu gehen, wieder an die Oberfläche der Dinge zurückzukehren, um den Reichtum auch der simpelsten Gesten schätzen zu lernen.

Erster Teil

Gebräunte nackte Körper

Die historische Landschaft
der Befreiung des Körpers

Nackte einstmals

Das Zurschaustellen von Nacktheit ist nichts Neues. Die Geschichte strotzt vor Brüsten und Hintern, die ohne großes Geziere den Blicken der Öffentlichkeit ausgesetzt werden. Übrigens hauptsächlich Hinterteile, und vor allem männliche, während die weiblichen Brüste bis vor kurzem eher bedeckt blieben. Das außergewöhnlich vielfältige Panorama erlaubter Nacktheit, das Jean-Claude Bologne (1986) zusammengestellt hat, kann den modernen Leser nur verwundern: die maskuline Ästhetik nackter Athleten bei den Griechen, die religiöse Ethik nackter Prozessionen im Mittelalter, die Zeremonien des »durchbohrten Stuhls« im 17. Jahrhundert[2]. In jeder Gesellschaft konnten bestimmte Körperteile von Männern und Frauen, einschließlich der intimsten, manchmal auf sehr großzügige Weise, manchmal mit mehr Zurückhaltung, gezeigt werden. Dies geschah von einer Gesellschaft zur anderen selten mit denselben Körperteilen oder auf die gleiche Weise und aufgrund derselben Motive. Auch der Blick auf die Nacktheit hat seine Bedeutung stark verändert: erst mit dem Ende des Mittelalters begann man, weibliche Nacktheit mit Begierde zu identifizieren, und bekam der Anblick des Nackten diese erotische Konnotation, die wir heute kennen (Bologne, 1986).

In dieser bunten Landschaft einstmaliger Nacktheit blieb der Busen bis zur Zeit der höfischen Liebe verhüllt. Erst als die moderne Form partnerschaftlicher Gefühle entstand, die von Anfang an verknüpft war mit der Begierde, die durch die Betrachtung des weiblichen Körpers hervorgerufen wird, fixierte

---

[2] Anm. d. Übers.: »durchbohrter Stuhl« = Toilettenstuhl; es handelt sich hier um eine am Hofe Ludwig XIV. praktizierte Zeremonie, bei der der König in Anwesenheit seines gesamten Hofstaates seine Notdurft verrichtete und hierbei zugleich hohe Diplomatie betrieb.

sich die schmachtende Aufmerksamkeit der Sehnsüchtigen auf den bis dahin vergessenen Busen. Diese Entwicklung entflammte die männliche Gesellschaft und wurde zu einer neuen Inspiration für Künstler. »In den Statuen, Fresken und Kapitellen verfestigen sich die weichen Brüste der Evas und der Verdammten und ragen ringsum hervor« (Bologne, 1986, S. 54). Diese Veränderung des männlichen Blicks ließ die Frauen, die sich nun der weiblichen Reize ihrer Brüste bewußt wurden, nicht unberührt. In einer Epoche, in der ihnen die gesellschaftlichen Konventionen vorschrieben, vor allem ihre Beine zu verbergen, welche unter endlosen Schleppen vergraben wurden, erlaubt ihnen hingegen diese Fixierung auf den Busen, den Oberkörper zu entblößen und die Mode der bis zum Nabel reichenden Dekolletés zu entwickeln. Agnès Sorel versuchte sogar, eine Art Corsage durchzusetzen, die eine Brust verbarg, die andere jedoch vollständig freilegte. Die Frommen fanden keine Worte, die genügend hart gewesen wären, um diese in ihren Augen sündhafte Entblößung zu verurteilen. Paul de Barry beispielsweise echauffierte sich folgendermaßen: »Wenn sie doch nur den unerträglichen Gestank riechen würden, der aus ihren von Schlangen umschlungenen Zitzen emporsteigt, die von Würmern und Skorpionen wimmeln und von Flöhen strotzen ...« (Bologne, 1986, S. 66). Tartuffe ist nur das bekannte und polizeilich registrierte Beispiel für eine häufig noch gewalttätigere Kampagne gegen die »Busen-Nackten«, die sich über mehrere Jahrhunderte hinziehen sollte – ohne Erfolg. Der Papst persönlich schritt ein: nichts geschah. Die neue Bewegung war zu stark, der neue männliche Blick brachte die Frauen unausweichlich dazu, ihren Oberkörper zu zeigen. Und dies gilt auch für das 19. Jahrhundert, dieses Jahrhundert der Schamhaftigkeit, das den weiblichen Körper in ein Korsett steckte, es aber dennoch nicht schaffte, das Dekolleté des Abendkleids zu besiegen. Man mußte den Anfang des 20. Jahrhunderts abwarten, bis hingenommen wurde, den Busen hinter Stoff zu verbergen. Doch dies diente nur dazu, sich für die Gegenoffensive des freien Körpers zu rüsten, die von 1920 an die

Ketten sprengte und die Röcke kürzte, um damit das Terrain für die große Strand-Entblößung der Nachkriegszeit zu bereiten.

Die Epoche des befreiten Körpers, in der wir heute leben, betont die Tugend des Nacktseins in der Familie: gegen den steifen Puritanismus vergangener Zeiten entdecken Eltern und Kinder Einfachheit und Natürlichkeit, wenn die Mauern der Scham im Privatleben fallen. Wie viele andere ist auch diese Entdeckung keine wirkliche: Nacktsein im familialen Raum war in der Geschichte sehr verbreitet und bis zum 19. Jahrhundert ein ganz normales Verhalten (Bologne, 1986). Angesichts von Innovationen, die keine sind, und einer Zurschaustellung von Körperteilen, die nur deshalb Aufsehen erregt, weil man vergessen hat, daß sie auch früher schon zur Schau gestellt wurden, könnte der Beobachter zu der Schlußfolgerung neigen, daß die Geschichte hinsichtlich der Nacktheit ein ewiger Neubeginn, eine Wiederkehr des Gleichen sei, die sich damit zufrieden gebe, bereits gespielte Partituren wieder aufzunehmen und sie lediglich dem aktuellen Geschmack anzupassen. Dies wäre jedoch ein Interpretationsfehler, denn der Hintern von gestern ist nicht der von heute, der Busen einer Agnès Sorel nicht der, den man im August an den Stränden antrifft. Sicher, die Geschichte scheint ohne klare Linie und voller Wiederholungen, aber jenseits von Verzögerungen und scheinbarer Umkehr hat der Lauf der Ereignisse eine Richtung, die herausgearbeitet werden muß, um die Welt, die uns umgibt, verstehen zu können. Hierfür müssen die Tatsachen einem genauen Ort zugeordnet werden, an dem sie ihre Bedeutung erlangen. Was die Nacktheit betrifft, läßt sich die Richtung der Geschichte in dem neuen Platz erkennen, der dem Körper in unserer Gesellschaft zugewiesen wird.

Der Prozeß der Zivilisation

Norbert Elias ist einer einleuchtenden Verknüpfung von Tatsachen zweifellos äußerst nahe gekommen. Er zeigt, daß auch die kleinste Geste von Bedeutung und Teil einer Entwicklung hin zu wachsender innerer Kontrolle von Emotionen und Benehmen ist: Gelacht und geweint, gerülpst und gefurzt wird nur noch unter ganz bestimmten Umständen und nach genau festgelegten Regeln. Dies nennt er den Prozeß der Zivilisation. Die Folgen dieses Beherrschens der kleinen Vorkommnisse des täglichen Lebens sind tatsächlich immens. Denn dadurch wird eine neue psychische Ökonomie strukturiert, die den mentalen Raum erweitert. Die Modernität, die auf individueller Verantwortlichkeit und der Rationalisierung des Verhaltens beruht, hätte somit ihren Ursprung in dieser Erweiterung der persönlichen Innerlichkeit.

Norbert Elias führte seine Untersuchung auf der Grundlage von historischem Material über die Gesellschaft des Ancien Régime durch; sein Hauptwerk wurde 1939 veröffentlicht. Eine schnelle Lektüre seiner Arbeiten läßt den zeitgenössischen Leser im Zwiespalt zwischen Bewunderung für seine Analysefähigkeit und Zweifel an der Validität seiner Ergebnisse für jüngere Zeitabschnitte. Denn ist die Welt heute nicht gerade auf der Suche nach Spontaneität der Leidenschaften und Emotionen, nach freier und behender Körperlichkeit, nach der Aufhebung von Zwängen und Tabus? Bewegt sich die moderne Gesellschaft nicht zu Ufern hin, die genau in entgegengesetzter Richtung zu den von Norbert Elias aufgezeigten liegen? Auch der Autor selbst war offensichtlich von Beobachtungen in der Gesellschaft seiner Zeit, die ihm nicht entgehen konnten und die sich so schlecht in seine Schemata einfügten, irritiert. Angesichts der neuen Badesitten kann er nicht umhin zuzugeben: »Die Bewegung scheint so, von nahem betrachtet, eher in der umgekehrten Richtung weiterzugehen, als es hier gezeigt wurde« (Elias, 1979, I, S. 257). Die sorgfältige Beschäftigung mit seinen Texten zeigt, daß er mit der Antwort zögert. An manchen Stellen glaubt er, versucht durch eine Absage an die Realität zugunsten seiner Theorie und zweifellos auch beeinflußt von seiner Umwelt (Deutschland unter dem Aufstieg des Nazismus), »die Vorboten eines Schubes zur Züchtigung neuer und strafferer Triebbindungen« (Elias, 1979, I, S. 258) zu erkennen. An anderer Stelle jedoch liefert er in einigen Zeilen das, was die Weiterentwicklung seiner Theorie hätte sein können und es erlauben würde, die aktuellsten Entwicklungen der Gesellschaft zu interpretieren.

Norbert Elias' Schlafanzug

Norbert Elias verwendet das Beispiel einer neuen Kleidermode der Zwischenkriegszeit: den Schlafanzug, ein Kleidungsstück, in dem sich der eine oder andere ohne zu zögern innerhalb und auch außerhalb der Familie sehen läßt. Und der Autor weist uns auf folgendes hin: der Schlafanzug stellt kein Nachlassen der Selbstkontrolle dar. Daß sich die Leute früher weniger im Nachtgewand zeigten, liegt daran, daß man im Nachthemd (das selbst erst im 19. Jahrhundert auftauchte) eher ihre Nacktheit sehen konnte. Der Pyjama ist somit eine Erfindung, die die Grenze der Emotionskontrolle verschiebt und sie näher an die Personen heranrückt, indem sie letzteren gleichzeitig mehr Bewegungsfreiheit zusichert. Dieses Beispiel zeigt, daß die Formen der sogenannten Körperbefreiung in Wirklichkeit nur darauf zielten, äußere physische Zwänge durch flexiblere Modalitäten zu ersetzen, sobald die Individuen fähig sind, den Fremdzwang zum Selbstzwang zu transformieren und zu verinnerlichen, und dieser hierbei zu einem persönlichen Automatismus wird. Aus seinen Beobachtungen der zu dieser Zeit schon stark entblößten Frauen am Strand schließt Norbert Elias, daß es sich um eine scheinbare Lockerung handle, die jedoch nur durch eine gewachsene Fähigkeit zum Selbstzwang ermöglicht worden sei.

Die Befreiung des Körpers und andere gegenwärtig praktizierte Entblößungen stellen also keine Umkehr der Tendenz des Prozesses der Zivilisation, wie er von Norbert Elias herausgestellt wurde, dar. Sie sind vielmehr Teil davon und markieren lediglich eine zweite Phase. In der ersten Phase konnte die Kontrolle der Gesten und Emotionen nur durch immer mehr Verbote und eine zunehmende Distanzierung zur körperlichen Unmittelbarkeit erreicht werden. Norbert Elias selbst bemerkt, daß daraus das Schrumpfen ganzer Sektoren des Trieblebens resultiere, da die massive Unterdrückung häufig emotionale Befriedigung, es sei denn auf pathologischen Wegen, versage (Elias, 1979). Der Prozeß der Zivilisation konnte sich nicht nach diesem Modell weiterentwickeln. Während Rigidität und Puritanismus im 19. Jahrhundert ihren Höhepunkt erreichten, begann sich eine neue Sichtweise des Körpers Bahn zu brechen (Corbin, 1987), die die zweite Phase im Prozeß der Zivilisation einleitete.

Der Krieg ums Korsett

Der Übergang von der ersten zur zweiten Phase vollzog sich nicht von heute auf morgen und auch nicht widerspruchsfrei. Nichts illustriert dies besser, als der Krieg ums Korsett. Das Schnüren der weiblichen Bekleidung begann um das 11. oder 12. Jahrhundert in der Aristokratie, die erste Art von Korsett trat im 14. Jahrhundert in Erscheinung (Shorter, 1984). »Ein eigenartiger Panzer«, auferlegt durch »eine neue Sensibilität für Schlankheit und aufrechte Haltung« (Perrot, 1984, S. 72). Dieses Formen des von Prothesen gehaltenen weiblichen Körpers entspricht genau dem Beginn des von Norbert Elias analysierten Prozesses der Zivilisation. Fünf Jahrhunderte lang sollten Moralisten, Mediziner und Bastler von Korsettstangen darin wetteifern, einerseits den Diskurs über die Tugend der Körperhaltung auszufeilen, andererseits die entsprechenden technischen Apparaturen zu verbessern. Auf diese Weise machten Generationen von Männern aus ihren Bemühungen um das Gerüst für den weiblichen Körper, das immer härter und enger wurde und von weichen Formen und animalischem Wippen immer entfernter war, einen Beruf. Das Prinzip ist so einfach, daß noch lange nach der Revolution der Körperbefreiung, bis in die 50er Jahre hinein, die Barten vor allem von Pottwalen dazu benutzt wurden, Üppigkeit und Weichheit in Form zu pressen (Fontanel, 1992).

Vom 18. Jahrhundert an begann jedoch eine völlig andere Sensibilität hervorzubrechen. Warum sollte man sich dem Körper widersetzen wie einem Feind, den wir in uns tragen? Warum sollte man nicht auf das hören, was er uns zu sagen hat, warum nicht akzeptieren, daß er in Harmonie mit der Natur und in Kontakt mit ihr lebt? Jean-Jacques Rousseau, mißverstanden von seiner Zeit, hatte sich gegen künstliche Starrheit erhoben. Es ist somit kein Zufall, daß er sich in dem Kreuzzug, der sich gegen die »Körper-Presse« organisierte, engagierte. Einige Fürstinnen wagten es, ihre Korsette aufzuschnüren und ihre Kinder zu stillen, aber erst die Revolution machte allen Panzern den Garaus und setzte eine neue Vorstellung durch: die der einfachen und bequemen Kleidung (Fontanel, 1992). Diese Befreiung ging nicht ohne Exzesse vonstatten: An einem Tag im Jahre V zeigte sich Mme Tallien nackt unter einem so dünnen Musselin auf den Champs-Élysées, daß sie die Pfiffe der Spaziergänger provozierte. Mit dem Empire jedoch war die Zeit der Freiheit beendet und das Korsett sperrte den weiblichen Körper aufs neue ein. Das 19. Jahrhundert, wie es sich im allgemeinen präsentiert, war das große Jahrhundert der Schamhaftigkeit und jedweder Rigiditäten, das Jahrhundert der auf die Spitze getriebenen ersten Phase des Zivilisationsprozesses. Aber im Verborgenen ist es viel widersprüchlicher. Im Hinblick auf das Innenleben der Personen (das in den Archiven wenig Spuren hinterläßt) ist es auch das Jahrhundert, in dem hinter den Panzern neue Emotionen und Beziehungen ausprobiert werden (Corbin, 1987), die den Weg für die neueren Umwälzungen im Hinblick auf den Körper bereiten. Während die erste Phase ihren Höhepunkt erreichte, war die zweite bereits in Arbeit. Man mußte jedoch bis zum Anfang des 20. Jahrhunderts warten, bis im Krieg gegen das Korsett der Sieg errungen wurde (Montreynaud, 1992). Der Kampf sollte schwierig werden. Das Korsett paßte sich dem Trend zur Körperbefreiung an und wurde weicher, um den Frauen zu ermöglichen, Sport zu treiben und Tango zu tanzen. Gleich einem Schilfrohr, das nachgibt ohne abzuknicken, leistete es jedoch Widerstand und sollte den Frauen noch lange auf der Haut kleben.

Die Befreiung des Körpers

Trotz derer, die sich unnötigerweise dem unaufhaltsam zunehmenden Wunsch nach Weichheit, Komfort und Unmittelbarkeit der Empfindungen widersetzten, entledigte sich der Körper seiner Fesseln zugunsten freier Bewegung und seiner Enthüllung. Babys werden nicht mehr gebunden, Sport wird zum Massenphänomen, der Bewegungsstil wird geschmeidiger, die Kleider werden legerer, Nacktheit erregt immer weniger Aufsehen. Die Frau ist aus doppeltem Grund die Speerspitze dieser Bewegung. Sie wurde stärker als der Mann in Korsette geschnürt, und die allgemeine Bewegung der Körperbefreiung war verknüpft mit ihrer Emanzipation. Colette, Coco Chanel und viele andere setzten die Vorstellung von einer Frau durch, die für ihr Leben selbst verantwortlich und in bezug auf ihren Körper frei ist (Montreynaud, 1992).

Der Begriff der Befreiung kann jedoch Anlaß zu Kritik geben. Ist man wirklich freier, wenn einfach die Bewegungen etwas weicher sind? Viele Autoren haben dargelegt, warum die Befreiung des Körpers eine falsche Befreiung war, nur eine Kompensation (in genau begrenzten Räumen wie Sportanlagen oder am Strand) in einer Gesellschaft, die in Wirklichkeit den Körper verneint (Le Breton, 1990; Guibentif, 1991), und wie sich neue, weniger sichtbare Verfahren zur Kontrolle der Bewegungsfreiheit durchgesetzt haben, die die Ausschlußmechanismen, basierend auf Normen von Jugend und Schönheit, verstärken (Baudrillard, 1970; Lipovetsky, 1983; Picard, 1983;

Perrot, 1984; Le Breton, 1990). »Befreiung« ist häufig nur die Verstärkung dieser Normen, die in tiefen Schichten impliziter Verhaltensweisen vergraben sind. Beobachtungen an Orten, an denen die Entblößung am weitesten vorangeschritten ist, bestätigen, daß sich Normen tendenziell von äußeren Rahmen hin zu Mechanismen verschieben, die weiter innen angesiedelt sind. Wenn sich Frauen am Strand ausziehen, ist das, was sie zeigen (lackierte Fußnägel, rasierte Achselhöhlen, enthaarte Leisten), sorgfältig bearbeitet (Montreynaud, 1992). Wenn sich Männer und Frauen vollständig ausziehen, wie in Nudisten-Camps, unterliegen sexuelle Gefühle strengster Selbstbeschränkung (Descamps, 1987). Und selbst in der Grenzsituation von Kursen in Körperpraktiken, bei denen man sich gegenseitig berührt und streichelt, läuft die Kontrolle der Gesten auf eine Ritualisierung zur Entschärfung ihrer Sinnlichkeit hinaus (Perrin, 1985), als ob die Art und Weise der Grenzziehung in dem Maße, in dem der Körper seine Freiräume erweitert, subtiler würde.

Die Erfahrung der Freikörperkultur

Auch wenn der Lauf der Geschichte bestimmten mächtigen Grundströmungen folgt, ist sie doch nicht im voraus festgeschrieben. Es gibt Phänomene, die dem Trend entgegenlaufen und überraschend sind. Der Nudismus/die Freikörperkultur ist eines davon, eine sehr besondere Erfahrung, die es erlaubt, auf sehr interessante Weise die Konstitution von Kontrollmechanismen zu untersuchen. Adamiten, Nikolaiten, Borboriten, Taboriten und viele andere: die nudistischen Sekten waren immer sehr zahlreich, und die Freikörperkultur beruft sich auf sie (Descamps, 1987). Es dauerte jedoch bis zum Anfang dieses Jahrhunderts, bis sich die heutige Bewegung wirklich zu formieren begann. Dies geschah vor allem in Deutschland im Kontext einer Ästhetik des männlichen Körpers, die ihre Wurzeln im antiken Griechenland hat, sowie in Frankreich auf die Initiative von Marcel Kienné de Mongeot hin. Zur gleichen

Zeit waren in den skandinavischen Ländern eher Traditionen diffuserer und spontanerer nudistischer Praktiken verbreitet. Diese Praktiken entwickelten sich weiter, ohne daß eine tatsächliche Bewegung daraus entstanden wäre. Frankreich hingegen stand noch voll und ganz im Bann der Schamhaftigkeit. Das Prinzip der Freikörperkultur erschien somit als völlig unverständlich und unmoralisch. Gegen erste Versuche in dieser Richtung mobilisierten sich stürmische Gegenbewegungen. Die Pioniere waren deshalb gezwungen, sich in regelrecht verschanzten Camps zu treffen und vor allem ein Normensystem zu errichten, das besonders streng war, um den Angriffen gegen ihre Art der Sozialisation standzuhalten (Weinberg, 1968). Sie mußten sich eine Ideologie schaffen, die sie mit einer militanten Gruppe auf die gleiche Stufe stellte und als sektiererisch eingestuft wurde (Laurent, 1979).

Die Diskrepanz zwischen den Erfahrungen mit der Freikörperkultur und der umgebenden Gesellschaft machte es unausweichlich, ein striktes Reglement für Verhaltensweisen und Emotionen aufzustellen. Dies führte zu einem paradoxen Ergebnis: diese Menschen waren ihrer Zeit gleichzeitig hinterher und voraus. Hinterher, weil sich um sie herum unmerklich spontanere Formen der Befreiung entwickelten, oder anders gesagt, persönlichere, eher nach innen gelagerte Mechanismen der Selbstbeherrschung entstanden. Deshalb hatte diese Bewegung wenig direkten Einfluß auf die verschiedenen Ausdrucksformen der Körperbefreiung und blieb eine Welt für sich. Deshalb auch die derzeitige Ratlosigkeit der Verantwortlichen angesichts der Zunahme des unorganisierten Nudismus jenseits der dafür vorgesehenen Orte. Aber sie war ihrer Zeit auch voraus, und zwar aufgrund der Themen, denen sie sich seit Anfang des Jahrhunderts ununterbrochen widmete und die die Gesellschaft nun seit ungefähr dreißig Jahren wiederentdeckt: Rehabilitierung des Körpers, Behandlung und Therapie durch Körperbeherrschung und das Hören auf den Körper, Empfindungen im Kontakt mit den Elementen, Einheit mit der Natur, die Fähigkeit der Betrachtung ohne diskriminierendes Urteil (Descamps, 1987).

Der Wunsch nach Konkretheit

Auch wenn der Begriff der Körperbefreiung angreifbar erscheinen mag, weil er am Ende nur auf verstecktere normative Mechanismen hinausläuft, darf diese Debatte doch nicht der Baum sein, hinter dem man den Wald dieser unaufhaltsamen historischen Entwicklung hin zum Körper nicht mehr sieht. Genausowenig wie man in einer Lockerung vorschnell eine Befreiung sehen sollte, sollten diese ganzen Transformationen der jüngeren Zeit nicht auf diesen einen Aspekt reduziert werden. Der Wunsch nach körperlicher Konkretheit ist ebenso wichtig. Die erste Phase des Prozesses der Zivilisation war markiert von einem radikalen Gegensatz zwischen Körper und Geist, der seine Wurzeln im christlichen Erbe hat. Doch dieser Gegensatz war zu jener Zeit lediglich nötiges Instrument der Selbstbeherrschung. Der zentrale Aspekt war nicht die Distanz, die man zum Körper einnahm, sondern eine Erweiterung der inneren Welt, die durch die Kontrolle der Emotionen hergestellt wurde. Von dieser Erweiterung ging die Neuformulierung der sozialen Beziehung aus: »Die Selbst-Entdeckung durch sich selbst«, die sich im 19. Jahrhundert herausbildete, schaffte »neue Beziehungen zu anderen« (Perrot, 1987, S. 417), Beziehungen, die dezentralisiert, fragmentiert, verwaltet und vermittelt waren. Daraus resultierte das Gefühl der Vergeistigung der Gesellschaft: das Leben war intelligenter geworden, aber es spielte sich von nun an in den Köpfen ab, zu sehr in den Köpfen. Aus diesem Grund wuchs das Bedürfnis nach Konkretheit, die vielleicht eine Art Kompensation war, sich aber zu einer wesentlichen Komponente der Modernität entwickelte. In einer Welt, die in Bewegung ist, und angesichts eines wankenden Wertesystems wird die Wirklichkeit der Alltagswelt als souveräne Wirklichkeit hingenommen, die einfach da ist und keiner zusätzlichen Verifizierung bedarf, eine imperative Gegenwärtigkeit, die sich um das Hier meines Körpers und das Jetzt meiner Gegenwart herum anordnet (Berger, Luckmann, 1991). Denn in dieser Suche nach dem unmittelbaren Konkreten und der Grundlage der

Wahrheit über sich selbst ist der Körper, mein Körper, das entscheidende Element. »Es ist der Verlust des Fleisches der Gesellschaft, der das Subjekt dazu bringt, sich um seinen Körper zu sorgen, um seiner Existenz Fleisch zu verleihen« (Le Breton, 1990, S. 159), einen Körper, der an das Konkrete gekoppelt ist, in einer Welt, in der man immer mehr auf Distanz, immer mehr in den Köpfen lebt. Er ist gleichzeitig der greifbarste Beweis für das Reale (man ist schließlich da, mit Haut und Haaren, Gegenstand physischer Empfindungen) und persönlicher Identität: dieser Körper ist der meine und nicht der des anderen, ich bin genau dieses Individuum, das sich durch seine körperliche Verpackung auszeichnet, eine »Ich-Haut« (Anzieu, 1985). Die Körperlichkeits-Bewegung (Maisonneuve, 1976) ist durch ihre doppelte Suche nach dem Konkreten und den Begrenzungen der persönlichen Identität nur schwer festzumachen. Denn der Wunsch nach Konkretheit geht über die Grenzen des Individuums hinaus. Er weitet sich aus zu einem verschmelzenden, vielförmigen Suchen, zusammen mit den Lebewesen und Gegenständen des Augenblicks, in der Paarbeziehung, in tribalistischen Szenen (Maffesoli, 1988) und in der Berührung mit den Elementen. Einmal dominiert die Vorstellung von der Begrenzung des Selbst, einmal die von dessen Überschreitung in dem Wunsch, die Distanz zu den anderen und der äußeren Welt aufzubrechen. Dieses letzte Element erlaubt es, die Analyse von Liebe und Paarbeziehungen auf unerwartete Weise neu aufzurollen.

Die Sexualität

Die Umwälzungen in bezug auf die Paarbeziehung können ausgehend von der wachsenden Bedeutung der Sexualität, der sich die moderne Zeit nach Alain Corbin (1987) um 1860 öffnet, neu interpretiert werden. Als die übersinnlichen Entzükkungen der Romantik zu fade wurden, begannen das Streicheln über Kleidung und Haut, das Küssen und Liebkosen in den

Kulissen dieses offiziell puritanischen Jahrhunderts die Konturen eines fleischlicheren Gefühls zu zeichnen (Corbin, 1987).

Diese stille Revolution in den Schlafkammern führte zu einem Richtungswechsel, der von Beobachtern selten bemerkt wurde: gegen die seit langem verwurzelte Logik der späten Heirat (Hajnal, 1965) begann das Heiratsalter genau in diesem Moment zu sinken, in dem die Erfahrung einer physischeren Liebe gemacht wird, also Mitte des 19. Jahrhunderts. Das ist kein Zufall. Als Antwort auf das neue sexuelle Verlangen mußte die Heirat früher angesetzt werden. In den 1960er Jahren kann die Heirat dann damit nicht mehr Schritt halten (Kaufmann, 1994): die Paarbeziehung wird zweigeteilt, in eine immer frühere freie Anfangsphase der Verliebtheit und eine immer spätere institutionelle Phase der häuslichen Organisation, symbolisiert durch die Ehe (Kaufmann, 1993). Wie soll man diese unwahrscheinliche Intensivierung der Erwartungen an Liebe und Sexualität verstehen, die dazu geführt hat, daß immer früher Paarbeziehungen eingegangen werden? Der Grund dafür ist im Rückgang physischer Kontakte zu suchen, der Folge neuer Modalitäten sozialer Beziehungen, die nun kontrolliert und distanziert sind. Dies ist nicht nur in der ersten Phase des Prozesses der Zivilisation der Fall, sondern auch in der zweiten, denn die ›Befreiung‹ bezieht sich nicht auf das Berühren (wie wir später sehen werden, ist es nun der Blick, der im Zentrum des öffentlichen Lebens steht). In diesem Punkt ist die Erfahrung der Freikörperkultur beispielhaft: das Verbot der Berührung ist grundlegend für die normativen Vorschriften (Weinberg, 1968). In einer bereits fleischlosen Welt würde das Berührungsverbot unerträglich, wenn es keine angemessenen Bereiche gäbe, wo diese ungestillte Sehnsucht kompensiert werden kann. Diese Bereiche sind hauptsächlich die des Privatlebens, die sich im Gegensatz zum öffentlichen Leben mehr und mehr durch die Legitimität von Berührung definieren. Im Privaten sind sich intime Personen sehr nah, die Beziehungen haben, auch außerhalb sexueller Beziehungen, einen fleischlicheren Charakter.

Das gefühlsmäßige Erkennen

Um diesen Verlust der physischen Dimension in der Gesellschaft, dieser Sprödheit des reinen rationalistischen Geistes zu entkommen, wird der Körper zum Ausgangspunkt eines neuen Erkenntnisprinzips, das darin besteht, auf das zu hören, was in einem selbst anklingt, und dieses innere Echo als Erkenntnis neuen Typus zu konstituieren. Diese neue Art der Wahrnehmung hat sich, ausgehend von Jean-Jacques Rousseau, ihrem wahren Vorläufer, über das 19. Jahrhundert, das sich mit der systematischen Messung der Effekte der Elemente (Wasser, Luft, Klima) auf den Organismus versucht hat (Corbin, 1987), bis hin zu heutigen Körper-Praktiken-Gruppen, die »eine magische Lösung auf alle Fragen« in der alleinigen Wahrheit des Körpers suchen (Perrin, 1985, S. 137), Stück für Stück auf die Gesamtgesellschaft ausgeweitet. Und es haben sich Theoretiker dafür gefunden. Maurice Merleau-Ponty (1945), für den die gefühlsmäßige, nicht-rationale Erkenntnisordnung letztlich doch mit den höchsten Funktionen des Denkens verknüpft ist; Michel Maffesoli (1993), für den die »existentielle Weichheit« des sinnlichen Wesens diesem auch erlaubt, sich von der Energie eines »primitiven Lebensdrangs« zu nähren (S. 100). Doch was die Protagonisten auch immer darüber sagen mögen, allgemeinen Vorstellungen zufolge ist das gefühlsmäßige Erkennen dennoch auf einem niedrigeren Rang verblieben: sicher, als eine wirkliche Erkenntnis, aber eben eine andere, komplementäre, dem rationalen Denken gegenüber, das ungleich effizienter ist, zweitrangige. Doch inzwischen ist die neue Herrschaft der Bilder dabei, die Grenze zwischen erfühlter und gedachter Erkenntnis verschwinden zu lassen, das Hören auf den Körper und die gefühlsmäßige Erfahrung aus ihrem Ghetto der Magie und Träumerei zu befreien.

Der Blick

Angesichts einer komplexen Gesellschaft neigt die Forschung zur Spezialisierung, was manchmal zu unheilvollen Grenzziehungen führt. Die Grenze, die den Körper und die Bilder als zwei getrennte Reflexionsbereiche definiert, ist besonders nachteilig, weil sie einem Verständnis der wachsenden Bedeutung des Blickes für die Wiedervereinigung der Erkenntnis im Wege steht. Der Blick begann in der ersten Phase des Zivilisationsprozesses eine herausragende Rolle zu spielen. Während Verhaltensweisen bis dahin sich strikt nach Traditionen ausbildeten, nahmen die Individuen nun Stück für Stück eine neue Gewohnheit an, indem sie sich, um das Verhalten zu regulieren, gegenseitig beobachteten. »Der Blick beginnt, seine Undifferenziertheit zu verlieren, das Auge schärft sich [...] Kurzum, wir haben hier einen privilegierten Sinn, dessen Wahrnehmungshorizont sich bis hin zur Möglichkeit der Demütigung eines anderen erweitert, und dessen Expansionismus ein neues, weniger direktes, weniger greifbares und weniger gefühlsbetontes Verhältnis zur Welt begründet. Ein deskriptives, analytisches, abstraktes, par excellence intellektuelles Verhältnis« (Perrot, 1984, S. 62–63). Es handelt sich hier um einen vollständigen Bruch, denn für die Erarbeitung von Verhaltensweisen, sozialen Beziehungen und Erkenntnis wird eine stumme Distanz benötigt. Durch diese neue Positionierung sollte die Bedeutung von Bildern als Reflexionsquelle entscheidend zunehmen und sich die Nachfrage nach Bildern vervielfältigen. Die dadurch notwendig gewordene Selektions- und Artikulationsarbeit hinsichtlich der Bilder, die man im Gedächtnis behielt, sollte zu einer »Steigerung des Nervenlebens« führen (Simmel, 1995, S. 116). Es war somit die Transformation des Blickes, die am Ursprung einer wachsenden Produktion von mehr und mehr mediatisierten Bildern jeglicher Art stand, deren heutiges Ausmaß wir kennen. Eine Sintflut von Bildern, die im Gegenzug zu einer Beschleunigung der Transformation des Blickes geführt hat und dazu, daß das »Cartesianische Cogito [...]

durch das Versinken des Individuums in der Flut der Bilder«
vertrieben wurde (Sauvageot, 1994, S. 174). Schulung erhöhte
die Wahrnehmungsgeschwindigkeit des Auges, so daß die Bild-
frequenz im Fernsehen heute eine Zehntelsekunde erreicht hat
(Sauvageot, 1994). Die Geschwindigkeit bei der Inkorporierung dieser Bild-Fragmente ist von einer immer unmittelbare-
ren Kapazität zur Mikro-Konzeptualisierung begleitet, die
dazu neigt, an die Stelle bedächtiger, tiefer, auf nur eine Frage
zentrierter und von der umgebenden Welt und dem gegenwärtigen Augenblick losgelöster Reflexion zu treten. Nachdem der
Blick also in der ersten Phase des Prozesses der Zivilisation die
Distanzierung zwischen Körper und Geist gestaltet hat, ist er
heute der Begleiter der Körperlichkeits-Bewegung. Seine Flexi-
bilität erlaubt es ihm, auf vielfältige und flüchtige Bilder zu reagieren. Er paßt perfekt zu den gelockerten Bewegungen des befreiten Körpers, da er unmittelbarere Empfindungen schafft. Es
kann dazu kommen, daß sich die Mikro-Konzeptualisierung in
der Bilder-Flut auflöst und zu einem nur intuitiv verspürten
Eindruck wird, der »zum Körper spricht, nicht zum Kopf«
(Sauvageot, 1994, S. 175).

Der Natur-Körper

Die Natur, früher als Ort von Gefahren empfunden, wurde innerhalb von weniger als zwei Jahrhunderten zum Archetypus
ruhiger und ruhender Harmonie (Gullestad, 1992) und zum
Antipoden eines gehetzten Stadtlebens. Die historische Wende,
die wir in bezug auf den Blick identifiziert haben, erlebt auch
der Körper. In einer unaufhaltsamen Entwicklung hin zum
Konkreten sind Körper und Natur aufs engste verknüpft. Das
Natürliche spielt als Bezugspunkt in unterschiedlichen Bereichen mehr und mehr die Rolle der Garantie einer übergeordne-
ten Wahrheit (Berger, 1973). Es handelt sich keineswegs um
eine Rückkehr zum Naturzustand, sondern im Gegenteil um
eine kulturelle Verfeinerung. Wie kann dieses »Neue Mysteri-

um der Unbefleckten Empfängnis« erklärt werden? Die wahre Kultur ist Natur, Leichtigkeit und Natürlichkeit sind nun Mittel der Distinktion (Bourdieu, 1988, S. 124). Der Strand ist ein gutes Beispiel für den artifiziellen Charakter dessen, was sich fälschlicherweise als natürlich darstellt. Das Zusammentreffen mit den Elementen ist geordnet, die Landschaft, in der man sich erholen will, ist vorgeblich im Naturzustand, ähnelt aber mehr dem Bild auf der Postkarte als der wirklichen Natur: geharkter oder gar gewaschener feiner Sand, keine Riffe, keine Steine (Urbain, 1994). So ähnelt nicht das Bild dem Strand, sondern der Strand (die Natur) versucht, seinem Bild zu ähneln.

Doch so einfach ist es nicht. Die existentielle Mattheit schlaffer Körper stellt nicht immer ein subtiles Verfahren der Erkenntnisgewinnung dar. Manchmal ist sie auch einfach nur Mattheit, reines Ausruhen, reine Trägheit, die radikale Weigerung, auch nur die kleinste Denkarbeit zu leisten. Die Körperlichkeits-Bewegung beinhaltet offensichtlich, wie auch einige Formen der sexuellen Befreiungsbewegung (Marcuse, 1963), eine anti-intellektuelle Komponente (Picard, 1983), die extreme Formen annehmen kann. Dies sieht man zum Beispiel an der Freikörperkultur, die es, obwohl sie seit langem ihre klaren Strukturen hat, so gut wie nicht schafft, Energien zu mobilisieren, um über sich selbst nachzudenken (Descamps, 1987). Und dann ist da das Beispiel des Strandes mit seiner vegetativen Lethargie und den verschwommenen Regressionswünschen nach einer Rückkehr in den Zustand der Wildheit, der Imitation des Kindes.

Sich sonnen

Die Erfindung des Strandes

Viele Jahrhunderte lang war das Meer, der »Tiefsee-Abfallbehälter der Sintflut« (Corbin, 1988, S. 11), Gegenstand der Abscheu und Quelle der Furcht; der Strand war abstoßend und beängstigend. Doch seit der Mitte des 18. Jahrhunderts bildete sich langsam und als erste schwache Andeutung der zweiten Phase des Prozesses der Zivilisation ein radikal anderer Blick auf die Natur und den Körper heraus. Dieser wurde schnell an die Küsten getragen und transformierte die Repräsentation dieses Ortes. Denn der Strand als stärkste Manifestation einer möglichen Verschmelzung des Natur-Körpers mit der kargen Einfachheit eines realisierbaren Edens, fern der städtischen Gesellschaft, ihrer Rhythmen und Zwänge, übt nun unweigerlich Anziehungskraft aus. Er ist gleichzeitig *das* Bild von der Natur schlechthin, und die Natur bietet sich, ausgehend von diesem Bild, zum Träumen an, als ein »Territorium der Leere« (Corbin, 1988) ohne normativen Druck, das die Illusion eines »Robinsondaseins«, der Einsamkeit des Körpers gegenüber den Elementen erweckt (Urbain, 1994). An diesem idealen Treffpunkt von Körper, Meer, Sand, Wind, Sonne und Leere kristallisiert sich die Besonderheit des Raumes, eine »Magie des Ortes« heraus (Premel, 1993), die das Verlangen nach der Küste schürt.

Sensitive Lethargie

Der Sand, den man sich dafür erträumt, die Magie des Ortes erstrahlen zu lassen, ist heiß und weich, eine weiche Sandschicht für den trägen Körper, der sich der Unbeweglichkeit überläßt, die für eine diffuse Wahrnehmung von Empfindungen nötig ist. Dieser weiche und passive Strand, wie wir ihn heute kennen und der als Stereotyp fest verankert ist, wurde erst in der zweiten Hälfte des 20. Jahrhunderts wirklich dominant. Hierfür mußte er zunächst die früheren Assoziationen von kalten Meeren, hartem Strand und starken Körpern besiegen. Die Transformation des Blickes auf die Küsten speiste sich zunächst aus der positiven Vorstellung vom kraftvollen Ozean als Regenerator für durch die Miasmen der Stadt geschwächte Organismen. Es war dies die Zeit des brutalen Untertauchens in Eiswasser und des »Wellenbads«, wobei das Vergnügen einzig im Schmerz und dem Gefühl bestand, zu ersticken (Corbin, 1988). Es war außerdem die Zeit, in der jenseits des Strandes eine sehr militaristische und maskuline Gymnastik entstand (Defrance, 1987). Diese Gymnastik verlor dann Stück für Stück ihren Doppelcharakter, indem sie sich in verschiedenartige Praktiken auflöste und eine weniger kriegerische Definition annahm (Segalen, 1994). Diese Art der Ertüchtigung blieb an den Stränden präsent: Schwimmen, Tennis und Ballspiele. Aber sie ist gegenüber der allgemeinen Tendenz zur statischen Untätigkeit des Körpers als Sammelbecken für Empfindungen eher die Ausnahme.

Der moderne Strand mit seinem weichen, heißen Sand und der sensitiven Lethargie begann eigenartigerweise über die von England gekommene Figur des *Gebrechlichen* Kontur anzunehmen, der krank ist oder von dem zumindest angenommen wird, er sei krank, und der zur Rekonvaleszenz an die Küste gebracht wird (Corbin, 1988). Allein, unbeweglich gegenüber den Elementen, nicht wagend, sein Vergnügen allzu offen zuzugeben, erlernt der *Gebrechliche* »eine neue Art, seinen Körper zu schätzen«, »eine neue Ökonomie der Empfindungen« (Corbin, 1988, S. 113). Dieses nach innen gewandte Hören, mächtig im romantischen Erbe, lädt zu Träumereien und zum Treibenlassen der Gedanken ein, die offen sind für die Schwingungen des Ichs. Ende des 19. Jahrhunderts begannen manche Reiseführer, den Strand in einer hedonistischen und passiven Form zu präsentieren, zum Beispiel mit dem Vorschlag, sich »erfüllen zu lassen von dieser schönen Trägheit, die uns am

Sandstrand ergreift« (zitiert von André Rauch, 1988, S. 52). Aber man mußte noch die gesellschaftliche Erfindung von Sonne und Sonnenbaden abwarten, bis der weiche Sand definitiv über den harten dominierte.

Die Geschichte der nackten Haut

Während dieses Wartens auf die Sonne war es die körperliche Aktivität der Badenden, die das Kürzen der Badeanzüge und die schrittweise Entblößung vorangetrieben hat. Man muß dazusagen, daß das »Wellenbad« zu Anfang einen Widerspruch zu lösen hatte (der durch das Überlappen der beiden Phasen des Prozesses der Zivilsation zustande kam), wodurch seine Ausübung erschwert wurde: denn wie konnte man dem Körper erlauben, sich in den Wellen frei zu bewegen, wenn doch die Regeln der Schamhaftigkeit ein Kleidungsstück vorschrieben, das jede Bewegung unmöglich machte? Die Frauen, eingepackt in dicke Wollkleider oder lange Gewänder aus grobem, braunem Wollstoff über einer Hose, erleichterten ihren Aufzug, indem sie, um 1840, einen Badeanzug einführten, der aus einem Hemd und einer Hose bestand, die mit einem kleinen Rock bedeckt war, um die Körperformen zu verbergen. Die gelösten Haare nach dem Bad, die nackten Füsse, die manchmal entblößten Hüften stellten zu einer Zeit, als schon das Betrachten eines Knöchels jemanden gefühlsmäßig zutiefst berühren konnte (Corbin, 1988), einen beträchtlichen Einschnitt dar. Ungefähr zur selben Zeit kommt der Badeanzug aus Strickwolle auf, der zwar noch sehr viel bedeckt, aber am Körper klebt, wodurch Bewegungsfreiheit entsteht. Für Frauen war er zu eng anliegend, sie mußten noch warten, um wirklich problemlos schwimmen zu können, umsomehr, als man zunächst auch noch einige Accessoires verschwinden lassen mußte: das wasserdichte Häubchen aus gewachstem Stoff, die Watte in den Ohren, die Holzschuhe oder Schnürstiefel, den Badewagen, der bis zum Ufer mitgenommen wurde, um die Badenden beim

Verlassen des Meeres den Blicken zu entziehen (Corbin, 1988).
Der enge Badeanzug kam erst in den 1920er Jahren wirklich in
Mode und war Gegenstand heftiger Widerstände. Gleichzeitig
wurde aber auch schon die Geschichte seiner Kürzung eingeleitet: das Oberteil wurde immer weniger hochgeschlossen, das
Unterteil reichte immer weniger weit hinunter; Schultern,
Arme und Beine wurden der Öffentlichkeit preisgegeben – und
der Sonne. Nach dem Zweiten Weltkrieg sollte diese Kürzung
des Badeanzugs, die bis zum Monokini der 1960er Jahre ging,
nicht mehr von den Erfordernissen beim Baden sondern von
den Parametern des Sonnens und des Aussehens diktiert werden.

Die Geschichte der Entblößung beim Baden ist jedoch nicht
ganz so einfach und linear. Als Erben der mittelalterlichen
Nacktheit überdauern populäre Badepraktiken ohne Manieren,
ein vulgäres Verhalten, das aus der Zeit vor dem Prozeß der Zivilisation stammte und beim Bürger oder Aristokraten, der Anhänger des »Wellenbads« war, Verwirrung stiftete, und zwar
gefühlsmäßige und intellektuelle Verwirrung. Denn, wie einige
scharfe Geister dieser Zeit bemerkten (Corbin, 1988), trug dieses zügellose Verhalten eigenartigerweise die Prinzipien in sich,
die der Kurgast oder kultivierte Badende verzweifelt zu erreichen versuchte, während er in seine unpassenden Kleider und
Kodifizierungen eingeschnürt war, die uns heute lächerlich erscheinen (die Liste der Bücher ist lang, die »wissenschaftlich«
die Baderegeln vorschreiben, die dann von einer Mode zur anderen wieder dementiert werden). Diese intellektuelle Verwirrung und die Analyseschwierigkeiten kommen von der Über-
lappung der beiden Phasen des Zivilisationsprozesses und
ihrem unterschiedlichen Voranschreiten je nach gesellschaftlichem Milieu. Während die herrschenden Klassen auf ihrer Suche nach ein wenig Nachgiebigkeit innerhalb eines immer noch
rigiden Rahmens den Strand auf äußerst spitzfindige, gekün-
stelte, überlegte und geschwätzige Art »erfanden«, badete das
einfache Volk der Küstenregionen fröhlich, leicht bekleidet,
einfach so, ohne sich Fragen zu stellen. Einige Pioniere sollten

dann »die Natürlichkeit« entdecken und als Modell durchsetzen, wobei sie sich ein wenig schnell mit dem Erfindertitel schmückten.

Der Sonnengott

Die meisten Religionen identifizieren himmlisch mit hell (Durand, 1969) und weisen der Sonne einen ganz besonderen Platz zu. In unserer Zivilisation heidnischen Glaubens, der auf den Alltag ausgerichtet ist (Kaufmann, 1988), geht der Sonnenkult mit der Körperlichkeits-Bewegung einher. Er hat sich erst sehr spät durchgesetzt. Denn die Erfindung des Strandes war zunächst von einer heftigen Kritik an der Sonne begleitet. Man warf ihr vor, sie ruiniere das perfekte Gleichgewicht der gemäßigten Gegenden. So wurden beispielsweise die italienischen Küsten in Verruf gebracht, da man von der Sonne annahm, sie bringe schädliche, ammoniakhaltige, bituminöse und mit sonstigen Begriffen bezeichnete Strahlungen hervor, die abscheulich seien (Corbin, 1988). Das schlimmste waren die Folgen für die Haut. In einer Zeit, in der der bürgerliche Code als Gegensatz zur Vulgarität gebräunter Haut im Volk die Blässe zum Ideal erhoben hatte, glaubte sich jeder dazu berechtigt, ein zusätzliches Argument hinzuzufügen, das die von den Strahlen hervorgerufenen Verwüstungen der Haut beschreibt. So wurde den Badenden in den kalten Gewässern des Nordens, geschraubt in ihren strengen Manieren und eingeschnürt in ihren schweren Kleidern, zu allem Überfluß auch noch geraten, die Sonne zu meiden. Doch heimlich, und gegen die medizinischen Vorschriften, begann sich ein neues Verhältnis zu den Elementen herauszubilden, das auf körperliches Vergnügen und angenehme Empfindungen gegründet war, die mehr vom Warmen als vom Kalten ausgehen. Nach dem Sieg des weichen Strandes über den harten Sand sollte dies der des Südens über den Norden sein. Doch Wärme bedeutete noch nicht Bräune. Noch in der Zwischenkriegszeit gab es nur eine Handvoll überzeugter

Sonnenliebhaber, die noch wenigen Strandanhänger legten sich allein um der Wärme willen in die Sonne. Erst nach 1945 tauchte das Sonnenbaden als Snobismus auf (Urbain, 1994) und sollte eine wesentliche Rolle im Urlaubs-Herdenwandern spielen. In den 1950er-1960er Jahren wird die Anziehungskraft der Sonne unwiderstehlich, physisch und stärker als alle Diskurse. »Es ist Sommer, es gilt, braun zu werden, das ist alles, braun zu werden!« (M28); »Ja, für das Sonnenbaden vergißt man alles, da vergißt man wirklich alles!« (F94). Man vergißt so sehr, daß die Aufforderung zum Wahnsinn führen kann. Maud, 17 Jahre, fühlte sich wie unter Entzug, irritiert, unfähig, sich auf etwas anderes zu konzentrieren: es war sehr schönes Wetter und sie war hier, in der Stadt, dazu verdammt, sich nirgends der Sonne darbieten zu können. Einzige Lösung: der öffentliche Park, wo nur sehr wenige Frauen es wagen, sich zu entblößen. Auch sie ist zunächst sehr zögerlich. Aber der Ruf der Sonne ist zu stark: »Das mache ich wirklich, weil ich nicht mehr anders kann ... am Ende meiner Kraft bin. Ich brauchte ein Sonnenbad, um jeden Preis!« (F75).

Das Vergnügen ist zunächst das einer unmittelbaren Empfindung auf der Haut, das einen einhüllt und manchmal, wenn auch selten, das Gefühl gibt, berührt zu werden. »Es ist angenehm, wie eine warme Berührung« (M59). Und dann ist da das Gefühl, sich nach einem Sonnenbad »gut« zu fühlen. Maud bemerkt sofort den Einfluß auf ihre Stimmung. »Sobald ich ein bißchen Sonne abbekomme, bin ich wie ausgewechselt.« Doch warum fühlt man sich gut? Für Muriel (F70) handelt es sich um eine sehr physische, reale, tiefe Empfindung. Zu einer Zeit, als die Sonne noch einen besseren Ruf hatte, bewiesen Mediziner die wohltuenden Folgen der Strahlen, besonders die keimtötenden, heilenden, schmerzbetäubenden und stimulierenden (Descamps, 1987). Xavier gibt ein komplexeres Beispiel: »Es tut einem Menschen gut zu bemerken, daß er einen gut gebräunten Körper hat« (M59). Nicht, weil er gebräunt ist, sondern weil er bemerkt, daß er gebräunt ist. Hier kommt der neue ästhetische Code ins Spiel, der das Braunsein als einen Schönheits- (und

Gesundheits-) Faktor einstuft. Resultat: man fühlt sich auch deshalb gut, weil man in die richtige Kategorie eingeteilt wird, weil man es geschafft hat, diese Klassifizierung zu erhalten. In Wirklichkeit interagieren biologische und soziale Effekte, so daß es schwer ist, sie zu trennen. Die positive Repräsentation der Bräunung schafft Dispositionen, die die Wahrnehmung angenehmer Empfindungen begünstigen (zur Zeit der Ablehnung der Sonne fühlte man vor allem ihre Verbrennungen). Die Bräune kann über einen sozialen Umweg auch einen Effekt auf die Gesundheit haben, wie es das Beispiel von Marcelline zeigt. Sie sagt von sich, sie habe »große Probleme« (wir wissen nicht mehr darüber), die sie durch eine unermüdliche Bearbeitung ihres Äußeren, besonders dank des Bräunens, verbirgt: »Man kann mir äußerlich nichts ansehen, sagen mir die Leute, ich habe ein Äußeres, das alles verbirgt« (F149). Diese Person, gut in Form, lächelnd und braungebrannt, die sie in der Öffentlichkeit vorspielt, schafft ihr ein Bild von sich selbst, an das sie schließlich selbst glaubt: »Das hilft mir irgendwie.«

Die Konkurrenz

Das Sonnenbaden, diese Welt der unmittelbaren Empfindungen, ist auch eine Welt der einfachen Gedanken, der Versunkenheit in eine vegetative Lethargie des schlaffen Körpers. Aber an erster Stelle ist es die Welt der Konkurrenz. Da Braunsein es ermöglicht, (in der Rangordnung von Schönheit und Gesundheit, sowie in der Kategorie derer, die sich einen Urlaub leisten können) positiv eingestuft zu werden, ist es wichtig, brauner zu sein als die Cousine, die Nachbarin, die Kollegin und die Freundin. Und da die Regeln dieses kleinen Spiels so einfach sind, lassen sich viele umso leichter einwickeln. Angesichts der ermüdenden Schwierigkeit des Kampfes aller gegen alle auf der Bühne des normalen Lebens, angesichts der Ungewissheit des ästhetischen Urteils bietet das Braunsein eine erholsame Alternative (es genügt, mehr oder weniger braun zu sein) und die Möglichkeit zum Aufholen für die, die das Gefühl haben, es weniger gut getroffen zu haben und deren vermutlichen Gemütszustand Bruno zum Ausdruck bringt: »Ob ich gut gebaut bin oder nicht, auf jeden Fall bin ich braun« (M14). Wenn Marceline ihre Haut bräunen läßt, vergißt sie ihre Lebensprobleme und denkt nur noch an die Konkurrenz: »Wir lieben es, braun zu werden, und wir sind da, um unsere Bräune zu vergleichen« (F149). Das ist ganz einfach und führt dazu, daß manche Anhänger es nicht selten zu Exzessen kommen lassen. Für Pascale ist es »... mehr als ein Vergnügen, es ist ein Leiden, man muß leiden, um schön zu sein.« (F80). Kein Vergnügen mehr, sondern Arbeit, die Vorstellung von Mühe, sogar von Schmerz, die wie bei jeder Arbeit akzeptiert wird. Es kommt sogar vor, daß selbst ein Sonnenbrand nicht als negativ erlebt wird; das Gefühl der Haut, die spannt und brennt, ist ein wenig der Beweis dafür, daß man gut gearbeitet hat, und daß der Körper morgen noch schwärzer sein wird. Marjorie beobachtet und kritisiert dieses maßlose Bräunen: »Sein Leben am Strand zu verbringen, um so schwarz wie nur irgend möglich zu sein, finde ich völlig uninteressant, ich finde das bescheuert« (F1). Damit ist sie nicht die einzige, denn heute entwickelt sich eine neue Sensibilität, die durch die medizinische Kritik an der Sonne angeregt wird.

Mit den Risiken umgehen

Seit kurzem gibt es eine Umwälzung in der Strand-Landschaft: der göttliche Stern ist plötzlich ins Kreuzfeuer geraten. Am Ursprung dieser, wie auch vieler anderer Kehrtwendungen zuvor, findet sich die Mediziner-Gilde, die der Sonne fast einstimmig den Krieg erklärt hat. Zeitschriften sind hier effiziente Medien und verbreiten die neuen Ratschläge: man muß sich vor den Strahlen in acht nehmen und schützen, oder sich ihnen am besten erst gar nicht aussetzen. Doch das Verhalten scheint sich nicht zu ändern, und die Ärzte beklagen sich, daß nicht auf sie gehört wird. Unsere Umfrage erlaubt zu sagen, daß dem nicht so ist, ihre Rede wurde bis in die hintersten Ecken der Hütten verstanden. Fast die Gesamtheit der dreihundert befragten Personen hat sich als sehr gut informiert erwiesen, beunruhigt und besorgt. Denn von nun an müssen sie ein neues Risiko meistern, das wie ein schwarzes Schreckgespenst über ihrem blau leuchtenden Urlaubshimmel schwebt. Ein unpassendes und äußerst ungelegenes Risiko, das in totalem Widerspruch zu ihrem Verlangen nach einem befreiten Körper und sorglosem Sonnen steht. Ein Risiko, das es nicht schafft, dieses starke Verlangen zu unterdrücken. Nur eine ganz kleine Gruppe von Ex-Sonnenanhängern hat ihr Verhalten radikal geändert. Beispielsweise Catherine, Kosmetikerin, die es trotz finanzieller Folgen ihrer Äußerungen nicht lassen kann, ihren Kunden vom Sonnenbaden abzuraten. Sie hat ihre Praxis in der Nähe des Strandes, aber dieser Ort erfüllt sie inzwischen mit Widerwillen, und sie versucht, die Frauen, die ihre Praxis besuchen, auf diplomatische (und vergebliche) Weise davon zu überzeugen, auf die Sonne zu verzichten. In ihrer Verzweiflung rät sie zu Cremes »der Art Sunblocker Faktor 25« (F160). Caroline ist auch eine von denen, die ihre Meinung vollkommen geändert haben: »Damit ist Schluß, ich will nicht mehr braun werden, ich will nicht mehr braun werden! Ich muß jetzt jedesmal an ein Roastbeef denken!« (F101). Sie muß an ein Roastbeef denken, weil die Verhaltensänderung ganz plötzlich, infolge eines schweren Sonnenbrandes stattgefunden hat. Dies ist kein außergewöhnlicher Fall. Die Umfrage hat in der Tat gezeigt, daß die meisten solcher Verhaltensänderungen nach bestimmten Vorfällen aufgetreten sind (Sonnenbrand oder Brustkrebs im Bekanntenkreis), als ob der medizinische Diskurs zwar gehört, aber auf Distanz gehalten würde, solange ihn kein Ereignis in den Kontext persönlicher Wirklichkeit stellt. Caroline ist auch repräsentativ für den Wandel des ästhetischen Codes, wenn sich die Handlungsweisen ändern. Früher träumte sie davon, immer brauner zu werden, und schreckte auch nicht davor zurück, rot zu werden, um dieses Ziel zu erreichen. Nun hat sie in der Rangfolge der Hautfarben eine Kehrtwendung gemacht:

»Diese Frauen finden sich zweifellos attraktiver, dabei hat eine Frau mit weißer Haut zehnmal mehr Charme« (F101).

Catherine und Caroline repräsentieren jedoch nur eine ganz kleine Gruppe, die Extremistinnen der Weigerung. Am anderen Ende der Skala bilden auch die »Super-Bräunungs«-Fanatikerinnen (F160), die Warnungen gegenüber unsensibel sind, nur eine kleine Gruppe. Eine Freundin von Elise illustriert diesen Typus sehr gut: »Sie will die ganz tiefe Bräune, sie benutzt kein Schutzmittel, sondern im Gegenteil einen Aktivator, um superbraun zu werden, um einen unglaublichen Bräunungsgrad zu erreichen .... Und dies, obwohl sie die Schäden kennt: sie hält sich auf dem Laufenden, sie liest viele Zeitschriften« (F73). Wie soll man also einem Verlangen widerstehen, wenn es unwiderstehlich ist und sich in eine Gewohnheit, eine Sucht verwandelt hat? »Das ist wie mit dem Alkohol oder den Drogen, obwohl man sagt, daß sie schlecht sind« (F69). Und was würde schließlich aus dem Strand ohne das Sonnenbaden: »Sie glauben doch nicht, daß Leute in meinem Alter wieder anfangen, ›Backe, backe Kuchen‹ zu spielen!« (M36). Der Strand, das ist der freie und matte Körper, vom Meer geleckt und von der Sonne gestreichelt, er ist die vollendetste Manifestation dieser mächtigen und tiefgreifenden historischen Entwicklung hin zur passiven Körperlichkeit. Der medizinische Diskurs wird gehört, aber er wird nicht in der Lage sein, eine solche Entwicklung zu stoppen. Er kann sie nur ein wenig bremsen oder abschwächen (das Verlangen weniger leidenschaftlich und extrem werden lassen), indem bestimmte Verhaltensformen verändert werden (das Verlangen weniger unkontrolliert machen). In diese Richtung entwickelt sich die Praxis der großen Mehrheit.

Das neue Sonnenbaden

Das Verlangen ist zu mächtig, zu sehr verinnerlicht, so daß der Hinweis auf Hautrisiken zwar weithin gehört wird, den unwiderstehlichen Drang zum Sonnenbaden aber nicht unterdrükken kann. Die Mehrheit neigt deshalb dazu, eine neue Art des Am-Strand-Seins und des Sonnenbadens zu erfinden, um den Widerspruch zwischen den Gefahren, die man eingeht, und der Lust, die stärker ist als alles andere, zu meistern.

Erste Schwierigkeit: die Einheit des Denkens. Dies ist ein Grundelement des Identitätsprozesses: wir verjagen die kleinste Dissonanz in uns wie einen Todfeind (Festinger, 1957). Nun ist aber eine konzeptionelle Einheit zwischen Hautrisiko und glücklichem Sonnenbaden nicht gerade einfach, soviel läßt sich zumindest sagen. Die einfachste Methode besteht darin, die Reflexion nicht allzusehr zu vertiefen. Doch das Ergebnis ist nicht sehr befriedigend, und der Interviewer macht den Mißerfolg offensichtlich. So bei Thérèse. Nachdem sie uns auf überzeugende Art die gut gelernte Lektion von den Gefahren der Sonne aufgesagt hat, beendet sie ihren Vortrag plötzlich mit der entgegengesetzten These: einer bedingungslosen Lobrede auf die Ästhetik der Bräune. »Man kann sagen, was man will, es ist trotzdem schöner« (F104). Oder Elisabeth, die sich so in ihren widersprüchlichen Erklärungen verwickelt, daß ihre Äußerungen und ihr Verhalten an geistige Verwirrung grenzen. Anfangs ist sie vom allgemeinen Charakter des Interviews ermutigt, vertritt eine Position, die sehr vom Gefahren-Diskurs beeinflußt ist, und kündigt sogar eine Wende im ästhetischen Code an: »Ich lege mich nicht mehr in die Sonne, und wenn die Ozonschicht keinen Schutz mehr bietet, wird es in fünf Jahren nicht mehr in Mode sein, braun zu sein« (F169). Einige Minuten später, *sotto voce*, gibt sie zu, sich trotz allem in die Sonne zu legen, und als würde diese Geste den Widerspruch wegwischen, fügt sie hinzu, daß sie ein Handtuch auf den Busen legt, um ihn vor den Strahlen zu schützen. Dieses erste Eingeständnis befreit ihre tieferen Gedanken, ihr Verlangen, das stärker ist als alles andere. Ihre Stimme wird erneut schmetternd, um ihre Strandpraktiken, ihre Liebe zum Sonnenbaden und zum Oben-Ohne zu beschreiben! »Ich bin wie eine Zikade, ich liebe es, wenn die Sonne mich wärmt, ich laß mich braten, ich habe zu sehr Lust darauf, das ist stärker als ich.«

Nach dem Denken der Körper: die Kunst besteht darin, Gesten zu finden, die beruhigen und den Eindruck vermitteln, man habe das Problem gelöst. Oft sind es kleine Gesten, kleine Veränderungen, die genügen, um sich davon zu überzeugen, man habe dem Risiko Rechnung getragen, und die es erlauben, den Diskurs zu vergessen, der das Strandvergnügen trübt. Erste Methode: Sonnencreme. Sie sorgt gleichzeitig für physischen und mentalen Schutz. Je größer das Bewußtsein des Risikos ist, desto mehr neigt der Sonnencreme-Konsum dazu, sich zu erhöhen. Dies kann so weit gehen, daß er in manchen Fällen sogar zu einem Verhalten der manisch-beschwörenden Art führt: »Sich ständig eine Menge Creme« auftragen (F94), »Zwei Kilo, wenn es sein muß« (F59). Zweite Methode: die Regulierung von Dauer und Intensität des Sonnenbads. Schluß mit der Zeit des maßlosen Bräunens. »Oh, ich erinnere mich daran, daß man sich regelrecht gebraten hat, und wenn man zurückkam, war man total verbrannt« (F148). Nun jedoch, »Wenn man spürt, daß man sich ein wenig zu sehr erhitzt, sagt man sich: Schluß jetzt!« (M85). Die Aufenthalte am Strand sind kürzer, die ganz heißen Stunden werden gemieden. Dennoch ist die Veränderung für die große Mehrheit im Grunde sehr begrenzt und auf ein Detail fixiert, das stark in den Vordergrund gerückt wird und wie ein Schutzritual wirkt. So hat jeder sein Argument, seine Vorstellung oder magische Geste, die es ihm erlaubt, sich ohne Einschränkung zu sonnen. Das Prinzip ist oft das gleiche: ein negatives Gegenbeispiel bezeichnen und schlecht machen. Die Dunkelhäutigen raten den Hellhäutigen zur Vorsicht, die Stammgäste der Bretagne kritisieren die Anhänger des Südens. Bei den Frauen, die ihr Bikinioberteil anbehalten, ist das am meisten benutzte magische Argument die Fokussierung des Risikos auf den Busen. Auf unsere Fragen zum Sonnenbaden antworteten sie zum Oben-Ohne: als ob sich die Gefahr nur auf diesen Teil des Körpers beziehen würde. So Jacqueline, karamel-farben, die auf die Frage zu den Hautrisiken des Sonnenbadens antwortet: »Man hat die Frauen für die Schäden durch die Sonne sensibilisiert, sie passen besser auf.

Ich habe schon immer gedacht, daß das nicht gut ist: die Haut ist da viel empfindlicher« (F98). Die gleiche Verschiebung zwischen der Frage (Hautrisiken) und der Antwort (Busen) bei Pierrette: »Man muß aufpassen mit der Sonne, ich will meinen Busen nicht gefährden« (F78).

Auch wenn die offensichtlichen Verhaltensänderungen begrenzt sind, ist das neue Sonnenbaden Ausdruck einer tiefgreifenden, weniger sichtbaren Veränderung: Sonnenbaden ist nun reflektierter und kontrollierter, es erfordert ein wirkliches technisches Können. Die Untersuchung zeigt, daß das Wissen, das man sich angeeignet hat, im Grunde wenig rational ist, ein bißchen hier und ein bißchen da genascht, durchsetzt mit zähen Aprioris. Denn es geht vor allem darum, die magische Geste zu legitimieren, das Wichtige ist die Konstitution einer persönlichen Theorie des Sonnenbadens, die mit der bereits bestehenden Praxis übereinstimmt. Séverine beispielsweise scheint sich ihrer Überlegungen sehr sicher: »Wenn man den ganzen Nachmittag bleibt, ist das schädlich, man muß sich ein zeitliches Limit setzen. Ich sonne mich eine Stunde, nicht mehr.« – eine Stunde Oben-Ohne, denn jenseits dieses »zeitlichen Limits« bleibt sie noch lange, auch in den heißen Stunden, am Strand, lediglich mit hochgezogenem Badeanzug. Séverine liest Zeitschriften und hat den Eindruck, darin die Bestätigung ihrer Theorie zu finden. Trotz seiner Irrationalität erscheint dieses angesammelte Wissen mit seinen erlernten und weitergegebenen Regeln, seinen Schulen (Frauen-Presse) und Spezialisten wie richtige Kompetenz. Entsprechende Fragen erweckten in der Umfrage häufig das Interesse und brachten die Augen zum Glänzen: viele waren stolz auf ihre Wissenschaft, und es war ihnen wichtig, sie vorzutragen. Wie Marcelline, die kaum zu bremsen ist, denn sie ist gefangen zwischen einem starken Verlangen nach Sonne und einem weniger starken Risikobewußtsein, wodurch sie gezwungen ist, eine ausgefeilte Technik zu entwickeln. Sie vermeidet zu lange Aufenthalte, zu starke Sonne, sie cremt sich am Busen gründlich ein und berechnet ihre Zeit ganz genau, um das Lotteriespiel mit einem Maximum an Regelmäßigkeit zu betreiben. Außer bei »allzu empfindlichen Brüsten« rät sie zu Meerwasser, »dem besten Mittel«, »dem gesündesten«, »das nicht schadet« und »lange hält«, Meerwasser, das pünktlichst zwischen den Sonnenbädern eingesetzt wird. »Naja, ich bin Bräunungs-Spezialistin!« (F149)

Das Oben-Ohne

Entstehung und Entwicklung

Die Oben-Ohne-Mode hatte 1964 in Saint-Tropez ihren Ausgangspunkt (Fontanel, 1992). Sicherlich hatten sich auch vorher
schon hier und da einige entblößte Busen gezeigt, aber eher im
Verborgenen, ohne zu einer Massenbewegung zu führen. Ende
der 60er Jahre hingegen entsprach die Idee ganz dem Zeitgeist:
»Zu dieser Zeit damals begann das, und man wollte es für
nichts auf der Welt verpassen« (F148). Diejenigen, die sich in
dieses Abenteuer stürzen, lösen dann auch gleich noch den
Sturz des BHs aus. Die Verbreitung an einem bestimmten Ort
ging zwar schnell vonstatten, von Strand zu Strand und von einer Region zur anderen jedoch eher langsam. In der Bretagne
mußte man die zweite Hälfte der 1970er Jahre, an manchen
Stränden sogar die 1980er Jahre abwarten. Irène hatte an der
Côte d'Azur mit Oben-Ohne angefangen. Als sie 1976 in der
Bretagne auf Durchreise war, mußte sie es quasi heimlich praktizieren, halb in den Dünen des hinteren Strandes versteckt, zusammen mit »einer Gruppe von Freundinnen«, die, nach der
Terminologie von damals, »Monokini machten«. Die Gruppe
von Freundinnen beschloß, am Strand Volleyball spielen zu gehen. Überflüssig zu sagen, daß jede ihr Oberteil anzog. Irène
erinnert sich an den Moment, als eine ihr Oberteil verlor: »Ich
erinnere mich an die Panik der Mädchen, wie sie sich aufgeregt
vor sie stellten und all das. Wenn ich daran denke, ist das schon
witzig.« (F182). Sowohl der Strand als auch die Pionierinnen
selbst sollten von dem neuen Geist überrascht werden, der bald
die Nackheit der weiblichen Brust veralltäglichen, die emotionale Distanz und die Gesten der Ungezwungenheit lehren
sollte. Doch zunächst gab es noch viel zu tun, um das »Natürliche« an dieser Verhaltensweise freizulegen, denn damals war
noch viel Emotion im Spiel.

Hinsichtlich aktueller Entwicklungstendenzen ist man sich vollkommen uneinig. Die Ergebnisse unserer Umfrage vermitteln zu diesem Punkt den Eindruck extremer Konfusion. Für die einen ist die Praxis des Oben-Ohne stark im Zurückgehen, für die anderen stark im Kommen. Eine detaillierte Analyse unserer dreihundert Interviews erlaubt es, die Gründe für diesen Mißklang zu verstehen. Die Entwicklungsprognose der Befragten ist fast immer direkt mit ihrer Meinung zum Oben-Ohne und bei den Frauen auch mit ihrem persönlichen Verhalten verknüpft. Diejenigen, die dem Oben-Ohne gegenüber positiv eingestellt sind, erwarten eine weitere Zunahme; diejenigen, die eher ablehnend sind, denken, daß es zurückgehen wird. Für Marcelline, die vor 10 Jahren damit begonnen hat, »verbreitet sich das immer mehr« (F149); für Jessica, die gerade erst damit begonnen hat, »gibt es das mehr und mehr« (F16); für Muriel, die in einem öffentlichen Park experimentiert, »machen das mehr und mehr alle Altersgruppen« (F70). Für Benoît, der »eine Frau im Badeanzug bevorzugt«, »geht das seinem Ende zu« (M44); für Francine, die eindeutig dagegen ist, »wird das nicht mehr lange anhalten« (F63); ebenso für Huguette, die den Schluß zieht: »Die Frauen mußten erkennen, daß sie sich damit keinen guten Dienst tun« (F175). Die Vorstellung vom Rückgang der Praxis ist bei den Frauen, die gerade damit aufgehört haben, besonders stark, als ob diese Ansicht nötig wäre, um ihre Entscheidung zu bekräftigen. Claudine (F65) braucht so nötig die Bestätigung ihrer Entscheidung, daß sie ihren eigenen Fall als (einzigen) Beweis für den allgemeinen Rückgang anführt. Danach wurden am selben Strand, zwanzig oder dreißig Meter voneinander entfernt, Séverine und Lucette interviewt. Die erste macht Oben-Ohne, die zweite nicht. Logischerweise ist ihre generelle Meinung entgegengesetzt, aber interessanterweise ist es auch ihre konkrete Beschreibung dessen, was vor ihren Augen geschieht. Sie sehen nicht denselben Strand. Séverine sagt, sie mache Oben-Ohne, »weil es mehr und mehr alle machen« (F183); Lucette macht es nicht und erklärt: »Das gibt es fast nicht mehr, vor allem nicht an diesem Strand« (F184).

Sie beschreibt die unmittelbare Umgebung, wo es tatsächlich wenige Frauen ohne Oberteil hat (denn die subtilen Mechanismen der Platzwahl führen dazu, daß sich die Frauen, die praktizieren, tendenziell zusammenfinden, hier eher um Séverine herum). Auch andere Elemente, die mit dem Ort oder den momentanen Umständen verknüpft sind, beeinflussen die Meinung. Besonders die Intensität der Sonne zum Zeitpunkt des Interviews. An strahlenden Sonnentagen sieht man mehr Oben-Ohne, da wächst dann die Vorstellung, es nehme tendenziell zu; umgekehrt wird die Tendenz an grauen Tagen als im Abnehmen begriffen gesehen.

Der ideologische Charakter der Antworten erleichtert die Arbeit der wissenschaftlichen Evaluation der Entwicklung nicht gerade. Man muß vorsichtig sein. Unleugbar erlebt die Praxis des Oben-Ohne heute nicht mehr diesen Aufschwung wie in den letzten zehn Jahren. Sie hat ein bestimmtes Niveau erreicht und erlebt nun vielleicht sogar einen leichten Rückgang. Diese relative Abnahme muß jedoch kein grundlegendes Umschlagen der Entwicklung ankündigen. Sie ist vielmehr stark mit dem aktuellen Kontext der medizinischen Kampagne bezüglich Hautrisiken verknüpft (der Schutz der Brüste ist eine der bevorzugten magischen Gesten) und muß außerdem detailliert betrachtet werden. So trifft diese Abnahme vor allem auf soziale Milieus mit hohem kulturellem Kapital zu, für die diese Praxis, seit sie sich so verbreitet hat, keine Möglichkeit sozialer Differenzierung mehr bietet, und die außerdem für den medizinischen Diskurs besonders empfänglich sind. Der leichte Rückgang der Zahl der Frauen, die zu einem bestimmten Zeitpunkt an einem Strand Oben-Ohne machen, bedeutet außerdem nicht, daß die Zahl der Anhängerinnen an sich abgenommen hätte. Er resultiert vielmehr aus einer Verhaltensänderung, aufgrund derer die Brüste der Sonne eher selektiv und nur zeitweise ausgesetzt werden. Ein wenig überspitzt beschreibt Alain dieses Kurzzeit-Busensonnenbad folgendermaßen: »Die Damen der besseren Gesellschaft machen das heute schon noch, aber nur für fünf oder zehn Minuten, damit ein bißchen Luft hinkommt, nicht mehr«

(M36). Dem setzt er andere gesellschaftliche Milieus entgegen: »Frauen, die ihren Busen unbedeckt lassen, bis er rot wird, das ist so ein bißchen die Arbeiter-Seite, die Kleinbürger«. Sicherlich eine karikierende Äußerung, die aber nicht ohne Grundlage ist. Oben-Ohne ist in der Tat in den unteren Bevölkerungsschichten und in ländlichen Regionen noch neuer, und die Bewegung befindet sich dort noch in der Aufschwungsphase. Parallel dazu ist die Art, es zu tun, eine andere, umfassendere, vollständigere, wenn der Schritt einmal getan ist. Der Rückgang des Oben-Ohne betrifft also nicht alle am Strand.

Eine wirkliche Schwächung erfährt nicht die Praxis selbst, sondern die sie begleitende Begeisterung, die imaginäre Antriebskraft ihrer Weiterentwicklung. »Früher war das im Sinne von Abenteurerinnen, heute ist es normal« (F80); das Oben-Ohne ist nun die Norm, die in den Strandgewohnheiten verankert ist. Während die Praxis etwas selektiver und die Dauer des Entblößens ein wenig kürzer geworden ist, verstärkt sich gleichzeitig ihre Banalisierung weiter, was die individuelle Entscheidung dafür erleichtert. Diese doppelte Entwicklung kommt im Benutzen einteiliger Badeanzüge gut zum Ausdruck. Die Gegner des Oben-Ohne sehen im Rückgang der Popularität von Bikinis den Beweis für den Wunsch der Frauen, sich eher zu bedecken. Aber dem ist nicht so. Denn Mode ist vor allem mit ästhetischen Kriterien verknüpft. Zudem erlaubt der Einteiler einen flexibleren Umgang mit dem Oben-Ohne (in Form von kurzen, aber häufigen Sequenzen), verglichen mit dem gymnastischen Können, das das Zumachen eines Bikini-Oberteils mit zum Sand hin gedrehtem Körper erfordert, das Gesicht und die Gesten Ungezwungenheit vortäuschend. Eine Wolke entfernt sich, der Strand ist weniger überfüllt, und schon wächst da ein Verlangen: »Und hopp, ich rolle ihn einfach hinunter« (F162).

Oben-Ohne wird zum Gemeinplatz und neigt im Kontext verschiedener Entwicklungen, die ebenfalls in Richtung natürlicher Nacktheit gehen, dazu, ganz normaler Teil des historischen Prozesses der Befreiung des Körpers zu werden. Betrachten wir zum Beispiel, was im Wasser passiert. Scheinbar gibt es hier nichts zu sagen; das, was oberhalb der Wasseroberfläche zu sehen ist, scheint sich nicht verändert zu haben. Doch unter Wasser ist die Körperlichkeits-Bewegung am Werk: die Wahrnehmung der Berührung mit Wasser auf nackter Haut weckt anregende Vorstellungen. Die Folge: Frauen gehen für dieses Vergnügen oben ohne ins Wasser, obwohl sie sich ansonsten in aufrechter Position ohne Oberteil nicht wohlfühlen. Andere lösen dieses Problem auf andere Weise: sie rollen den Badeanzug hinunter oder ziehen das Bikini-Oberteil aus, sobald sie im Wasser sind. »Wegen des angenehmen Gefühls« (F182); »Das ist super« (F184); »Vergnügen am Oben-Ohne habe ich im Wasser. Wenn ich bade, ziehe ich manchmal das Oberteil aus, das ist ein Gefühl von Freiheit. Ich empfinde meinen Körper als viel freier und es macht mir wirklich Freude, oben ohne im Wasser zu sein, das ist echt klasse« (F32). Auf der Suche nach diesem Vergnügen geben sich manche nicht damit zufrieden, das Oberteil auszuziehen. Wie z. B. Caroline, die, erinnern wir uns, »an ein Roastbeef denken muß« (F101) und deshalb kein Oben-Ohne mehr macht. Oder Marianne, die sich ebenfalls am Strand nicht entblößt. »Im Wasser hingegen ziehe ich mich aus, weil ich es liebe, ganz nackt zu baden. Wenn ich weit genug weg bin und sicher, daß mich niemand sieht, ziehe ich wirklich ziemlich regelmäßig meinen Badeanzug aus, denn ich liebe das. Ich ziehe ihn vollständig aus. Es ist herrlich, nackt im Meer zu baden« (F31). Bertrand (M54) möchte sich nicht allzu genau äußern. Nur andeutungsweise und sich ins Fäustchen lachend gibt er uns zu verstehen, daß die Wasser-Nacktszenen mit seiner Freundin ein großes Vergnügen darstellen, bei dem jegliche Distanz baden geht.

Das Handtuch am Pranger

Umkleidekabinen sind nicht mehr das, was sie einmal waren. Zwar werden sie von den städtischen Verwaltungen erhalten, weil sie ein wesentliches Detail des Bade-Stereotyps mit altmodischem Charme sind, doch sie haben ihren ursprünglichen Nutzen verloren, nämlich daß man sich vor fremden Blicken geschützt umziehen kann (Urbain, 1994). Heute, Körperbefreiung verpflichtet, zieht man sich am Strand vor allen um, was einige technische Probleme aufwirft. Vor einigen Jahren schienen die wesentlichen Schwierigkeiten so einigermaßen gelöst: jeder bedeckte sich sorgfältig mithilfe eines Badetuchs, das die intimen Gesten verbarg. Jedenfalls einigermaßen, denn diese Übung war nicht risikolos und erforderte ganz besonderes Können. »Man brauchte einen Haufen Zeug, Handtücher und den ganzen Kram« (F160); »Und wenn du es schließlich geschafft hattest, den Verschluß zu verdrehen, lagst du mit dem Gesicht im Sand, und genau dann schauten alle zu dir herüber. Es war schrecklich« (F182). Daher die Erfindung einer funktionstüchtigeren Ausrüstung: ein Strandbadetuch, das die Person vom Hals an vollständig umhüllt: die »Frottee-Kabine«. Funktionalität ist die eine Sache, Angepaßtheit an die Vorstellungen der Zeit eine andere. Dieser neue Aufzug erschien so lächerlich und daher der Mehrheit so obsolet, daß sich sein Gebrauch kaum verbreitete. Die Kabine entsprach zu sehr einer veralteten Vorstellung von Schamhaftigkeit, einem übertriebenen Bedürfnis nach Bedeckung, das der zweiten Phase des Prozesses der Zivilisation nicht würdig war. Kettenreaktionsartig disqualifizierte diese Ablehnung auch das Handtuch: bereits wenig funktionell, schien es zu allem Überfluß den Vorstellungen der Zeit auch noch unangemessen. Das komplizenhafte Lachen, das von der Beobachtung einer Szene herrührte, in der eine Person »sich in ihrem Versuch, zu vermeiden, daß alles hinunterrutschte, drehte und wandt« (F133), verwandelte sich in ein spöttisches, ganz einfach abschätziges Lachen über unangemessenes Verhalten. »Was mich am Strand nervt, sind Leute, die eine falsche Scham vorspielen, zum Beispiel jemand, der sich mit einem Handtuch, das herunterhängt und so, auszieht« (F100). Die Sitten und Gebräuche des Strandes erfordern genaue Beobachtung, um jede stigmatisierende Geste zu vermeiden und sich nicht zu disqualifizieren. Innerhalb relativ kurzer

Zeit bekam das Handtuch, das bis dahin eher Zeichen für ein entspanntes Verhalten war (gegenüber denen, die sich zu Hause umzogen), einen negativen Anstrich und wurde an den Pranger der Geschichte gestellt. »Sich hinter einem Handtuch zu verstecken wirkt heute ein bißchen idiotisch« (F5). Pausenlos wird bei Suzannes Tochter, die fünf Jahre alt ist und in einer Kultur des Nichtversteckens von Nacktheit erzogen wird, durch diese Handtuchszenen, die für sie schon einer anderen Zeit angehören, Neugier geweckt. Sie geht näher heran, um diese eigenartige Szene genauer zu betrachten. »Na, da wird sie aber staunen müssen!« (F76)

Aber wie soll man es denn nun machen? Ein jeder muß hier über einen überschäumenden Ideenreichtum und die Fähigkeit zu einer gewissen Würde der Bewegungen verfügen. Die Kunst besteht darin, den Eindruck von Natürlichkeit und Ungezwungenheit zu vermitteln. Dabei kann dann selbst das Handtuch kurz benutzt werden, ohne allzu großes Risiko, daß mit Fingern auf einen gezeigt wird (unter der Bedingung, daß es ruckzuck und ohne den zu deutlichen Wunsch, sich zu bedecken, benutzt wird). Vorzuziehen ist es jedoch, sich »sein eigenes kleines System zusammenzubasteln« und sich mit anderen Hilfsmitteln als dem Handtuch »umzuziehen, ohne es sich groß anmerken zu lassen« (F128), zum Beispiel mit Hilfe von Rock oder Hemd, die mehr und mehr zu diesem Zweck eingesetzt werden.

Doch das absolute Verhaltens-Muß, das, anstatt zu stigmatisieren, Überlegenheit betont, besteht darin, Eleganz und Ungezwungenheit beim Ausziehen ohne Schutzvorkehrungen an den Tag zu legen, ohne allzuviel den Blicken preiszugeben. Sich so zu verhalten, ist diskret, es ist noch wenig verbreitet, aber sehr im Kommen. Ludovic zögert seit letztem Jahr nicht mehr, »sich nackt auszuziehen« (M80). »Das ist einfach so passiert«, ohne daß er allzuviel darüber nachgedacht habe, einfach weil er »gespürt« habe, daß er es machen konnte. Denn die Strandmentalität entwickelt sich weiter. Der Körper fährt fort, sich zu befreien und zu entblößen, das Denken wird immer toleranter.

Nichts schockiert mehr oder sollte schockieren, jeder muß frei sein, besonders, was seinen Körper angeht. Nur das vollständige Ausziehen überrascht noch (die Genitalien bleiben mit einem starken Verbot behaftet), viele reagieren, indem sie den Blick abwenden oder, wenn sie in der Gruppe sind, mit einem Lächeln, um die Verlegenheit aufzulösen. »Das bringt mich zum Lachen, aber es stört mich nicht« (F158). Denn das wichtigste ist das Akzeptieren des Prinzips, der Wille zur Toleranz, der jeden dazu bringt, seine Abwehrreaktionen zu kontrollieren. Jacqueline zieht sich inzwischen aus, »ohne besondere Vorkehrungen zu treffen« (F98), denn sie hat bemerkt, daß dies am Strand akzeptiert wird: »Man hat viele Freiheiten.« Dennoch kann sich nicht jeder ausziehen, und es ist auch nicht möglich, sich egal wie auszuziehen. Auch wenn sich der Blick abwendet, wird die neue Technik sehr genau beobachtet, die Schnelligkeit, mit der sie durchgeführt wird, sollte nicht darüber hinwegtäuschen, daß eine intellektuelle Anstrengung dahinter steckt, die sich in der Kodierung dessen, was man tun kann und was nicht, widerspiegelt. »Ja, wenn man es auf natürliche und diskrete Weise tut. Wenn man den Slip auszieht und so, kann das natürlich ein bißchen ... sein« (F182); »Man sollte nicht provokant sein, alles hängt von der Art und Weise ab, wie man es tut« (F158). Diskretion, Schnelligkeit (aber ohne Hast, die von Geniertheit zeugen könnte), lockere Zurückhaltung in den Bewegungen, um sich vor dem Verdacht des Exhibitionismus zu schützen, Zurückhaltung, in der sich jedoch eine Sicherheit der Gesten ausdrückt, die von Ungezwungenheit und Natürlichkeit zeugt. Denn darin liegt der Kern für die Akzeptanz dieser neuen Praxis: durch sein Verhalten beweisen, daß »man das entspannt macht, ganz natürlich« (F182), daß man sich »total wohl dabei fühlt« (F27). Der erste Reflex am Strand ist, diese Nacktheit zu banalisieren. »Wir sind alle gleich« (F151); »Die Leute achten gar nicht darauf« (F182). Doch Ungezwungenheit als privilegiertes Banalisierungsinstrument schafft hier eine unerwartete Wendung: Das Verhalten, das Gegenstand von Stigmatisierung hätte werden können (daß mit Fingern auf einen gezeigt wird oder man dafür ausgeschlossen wird, daß man es gewagt hat, sich so zu zeigen), wird im Gegenteil zu einem positiven Distinktionskriterium, wenn Technik und Harmonie ein hohes Niveau erreichen. Julie ist voller Bewunderung für die besten Spezialisten dieser Art des kontrollierten Sichausziehens, eine Bewunderung, die verknüpft ist mit der Tatsache, daß »das Leute sind, die eine gewisse Erziehung haben« (F27).

Der soziale Druck, der am Strand am Werk ist, bringt einen dazu, sich vor den Augen aller umzuziehen, und jeder bastelt an seinem eigenen System, um den Widerspruch zu lösen: sich zu sehen geben ohne sich zu sehen zu geben. Diese Entwicklung, bei der Verbote schwächer zu werden scheinen, hat jedoch auch einige problematische Aspekte. Beispielsweise das Tragen eines normalen BHs. Zunehmende Toleranz und Befreiung bringen einige Frauen dazu, sich ohne »besondere Vorkehrungen« (F98) an- und auszuziehen, und, einfach um das Leben zu erleichtern, ihren BH am Strand zu entfernen oder wieder anzuziehen. Wenn sie ihre Brüste nackt zeigen, warum sollte es dann anstößig sein, sie mit einem Kleidungsstück bedeckt zu zeigen? Oberflächliches Nachdenken könnte einen glauben lassen, sie seien damit schließlich weniger nackt. Gefördert durch die Toleranz hört das Nachdenken hier häufig auch schon wieder auf, die Funktionalität der Geste und die eigene Strand-Trägheit bringen einen dazu, sich keine weiteren Fragen zu stellen. Scheinbar genügt es auch hier, die richtigen Ausdrucksformen zu finden: ein konzentrierter Gesichtsausdruck, schnelle und entschlossene Körperbewegungen, weit entfernt von aller zweideutigen Unzüchtigkeit. Aus dem Blickwinkel der Männer jedoch ist die Wirklichkeit weit weniger einfach. Denn intime Wäsche ist sehr stark erotisch konnotiert: ein BH ist kein Bikini-Oberteil, selbst wenn er gleich aussieht und ungefähr die gleiche Funktion erfüllt. Die sexuelle Markierung ist umso größer, als sich dies genau im Rahmen von Gesten des An- und Ausziehens bewegt, die selbst schon voller Ambiguität sind. Und schließlich, wie soll man ein solches Verhalten deuten: am Strand, in der Öffentlichkeit, Oben-Ohne zu praktizieren, und danach, unter den Kleidern, wieder einen BH anzuziehen? Hier kann ein Grund für viele Fragen liegen, für viel Verwirrung, die die ruhige Banalität der sommerlichen Nacktheit stört. Glücklicherweise bringen vegetative Lethargie und Toleranzgeist einen dazu, sich nicht zu sehr an den Details aufzuhalten und alles der allgemeinen Entwicklung hin zur Befreiung des Körpers zuzuschreiben, ohne allzu genau hinzusehen, allerdings unter der Bedingung, daß der normale BH wirklich normal ist, ohne übermäßige Rüschen und Spitzen, und daß die Gesten imstande sind, so gut es geht, Banalität zu vermitteln.

Die Verbreitung des Oben-Ohne

Am Strand hat die Oben-Ohne-Mode eine Art Grenze erreicht, sie hat sich veralltäglicht und funktioniert nun wie eine Art Basis für neue Erfahrungen der Entblößung. Jenseits des Strandes jedoch geht die Verbreitung weiter, allerdings nicht beliebig. Man hätte sich eine konzentrische Ausweitung um die Badestätten herum vorstellen können. Doch die Grenze (dort, wo der Sand aufhört) ist strikt und unüberschreitbar. Sobald man den Strand verläßt, tritt das Nacktheitsverbot für den Busen wieder in Kraft. Man muß die normative Macht dieser Begrenzung verstehen. Die Banalisierung des Oben-Ohne könnte nicht funktionieren, wenn sie nicht durch einen bestimmten Ort gekennzeichnet wäre, der abgetrennt ist und sich vom normalen Leben wie Urlaub vom Alltag abhebt. Genau diese Vorstellung, daß das Oben-Ohne nur am Strand möglich ist, verstärkt gleichzeitig die Möglichkeit, es zu praktizieren. Stéphanie hat Angst, »flatterhaft, wie ein leichtes Mädchen oder so was« (F41) zu erscheinen, wenn sie Oben-Ohne macht. Auch hebt sie im Interview von Anfang an den Strand vom Rest der Welt ab: »Solange das nur am Strand passiert, ist es etwas anderes«. Irène praktiziert das neue Sichausziehen in der Öffentlichkeit: »Das ist der Ort dafür, das ist der Strand« (F182). Während sie sonst eher prüde ist: »Ich würde niemals zu dekolletiert herumlaufen«. Warum der Strand? »Weil es der Ort dafür ist« (M15); »Weil es am Strand nicht dasselbe ist« (M79). Was macht es schon aus, daß es keine Erklärungen gibt. Allein die Vorstellung einer Grenze, die um das legitime Gebiet gezogen ist, zählt, einer Grenze, die unnachgiebige Verteidiger hat. Évelyne (F157) zum Beispiel, die Oben-Ohne praktiziert, in diesem Aufzug Ball spielt und sich öffentlich auszieht, ist hundert Meter von der symbolischen Grenze entfernt Apothekerin und als Geschäftsfrau äußerst ablehnend gegenüber jeglichem Fehltritt in Form eines nackten Busens außerhalb des erlaubten Territoriums (sie lehnt sogar Badekleidung in ihrer Apotheke ab). Ein anderes Beispiel ist Sabine. Sie stand kürzlich neben einer Frau ohne Bikinioberteil in der Bäckerei am Rand des Strandes. Angesichts dieses Nichtrespektierens der Grenzen kann sie ihre Abscheu kaum unterdrücken: »Was die Hygiene angeht, ist das nicht gerade toll!« (F159).

Die Grenzen werden so genau bewacht, daß die Avant-Garde der Verbreitung nur an ganz anderen Orten auftreten kann, an bestimmten Orten, die dem Körper eher erlauben können, sich von der Kleidung zu befreien als andere. Ihr Hauptmerkmal besteht darin, dem Strand zu ähneln: es bedarf der Sonne, des Wassers, der Möglichkeit zu baden, eines Platzes, wo man sich hinlegen kann. Oben-Ohne verbreitet sich deshalb derzeit an den Ufern von Seen und Flüssen und in Freibädern. In dem Maße, in dem sich die Entwicklung (langsam) verbreitet, wird das Bezugs-Stereotyp weniger obligatorisch: warum zum Beispiel Wasser? Wäre es nicht möglich, Oben-Ohne zu praktizieren, nur um sich an einem ruhigen Ort zu sonnen? Nach starkem Widerstand öffnen sich die ländlichen Gebiete und selbst die Berge (mit denen in unserer Vorstellung kaum vegetative Lethargie assoziiert wird) vorsichtig der ruhigen und eroberungslustigen Nacktheit, ebenso die öffentlichen Parks. Sobald sie in der Vorstellung als möglich erscheint, dauert es nicht lange, bis sie Realität wird. Die Geschichte von Muriel verdeutlicht das gut. Sie praktizierte Oben-Ohne zwar am Strand, aber in dem Park in der Nähe ihrer Wohnung, mitten in der Stadt, genehmigte sie es sich bis zu dem Tag nicht, an dem eine Frau damit anfing. »Da habe ich mir gesagt, warum ich nicht? Und habe meinen Badeanzug hinuntergeschoben« (F70). Seither sind sie im Park eine kleine Gruppe, die eine Art Strand ohne Strand geschaffen hat, um sich zu schützen: Nähe zu einer »Wasserfläche« (ein Plantschbecken für Kinder), rituelle Ausrüstung (Handtuch, Sonnenbrille, Sonnencreme). Die Verbreitung geht durch Nachahmung, ohne reflexiven Umweg, voran. Es genügt, daß der Ort als legitim betrachtet werden kann. Werden die Leute hingegen interviewt und sind somit gezwungen, ihre Meinung auf rationale Weise zu formulieren, tritt die Besonderheit des Strandes und das Verbot anderer Örtlichkeiten in den Vordergrund, eine Art bequeme Grundsatzposition, um Ordnung in die eigenen Vorstellungen zu bringen, tolerant zu erscheinen und gleichzeitig die gewöhnlichen Leitlinien nicht aus den Augen zu verlieren. Deshalb wurde der Gegensatz zwischen Strand und außerhalb des Strandes häufig aufgewertet: »Am Strand kann man das akzeptieren, aber außerhalb nicht« (F184); »Nein, am Strand ist das gut. Aber hier muß es auch aufhören« (F6). Hinter dieser krampfhaften Betonung der Grenzen steht offensichtlich die Angst vor einer Unordnung hinsichtlich der Sitten und Werte. Aber es ist interessant festzustellen, daß die meisten ihre Meinung sehr schnell ändern, sobald die Interviewer die Information geben, daß es diese Praktiken bereits gibt. »Warum eigentlich nicht, das ist eine Art sich zu sonnen, wie jede andere« (F179). Es ist das Unbekannte, die Hypothese der Infragestellung der gewohnten Leitlinien, die dazu führte, sich dem zu widersetzen, zumal nur eine einzige Verhaltensnorm zu existieren schien. Sobald eine neue mögliche Norm erscheint, zwingt die Toleranz zu einem offeneren Urteil.

Langsam und diskret, aber unaufhaltsam verbreitet sich das Oben-Ohne durch die Konstruktion neuer legitimer Territorien. Am Ufer von Seen, Flüssen und Schwimmbädern, in Parks und abgeschiedenen Ecken auf dem Land. Aber der beliebteste Ort, der fast so wichtig ist wie der Strand, ist zweifellos der Garten. »Ich mache das vor allem zuhause, wenn mich keiner sieht« (F55). Die Zahl der Frauen, die erklärt haben, in ihrem Garten Oben-Ohne zu praktizieren, ist so groß (ungefähr die Hälfte), daß man vor einem Problem steht, wenn man die Wirklichkeit dieser Örtlichkeiten kennt (nur sehr wenige sind wirklich vom Blick der Nachbarn abgeschirmt). Der Wunsch, sich als modern zu präsentieren, hat zweifellos die Bedeutung dieser Garten-Nacktheit künstlich aufgebläht, eine zeitlich begrenzte Praxis (zum Beispiel in einem Familiengarten oder am Urlaubsort) wurde dazu benutzt, eine Antwort allgemeiner Art zu entwickeln. Nichtsdestotrotz scheint Oben-Ohne in den Gärten sehr verbreitet und mit der Vorstellung verknüpft zu sein, das Zuhause biete am besten die nötige Ruhe, unter welchen realen Bedingungen diese Ruhe auch immer zustande kommt. Blickspiele im Umfeld der Gärten sind sicher zahlreicher als man denkt, verdeckt und undurchschaubar (unerwartete Entwicklung der nachbarschaftlichen Beziehungen), was sich alles von dem, was am Strand passiert, sehr unterscheidet. Die Verbreitung dieser Praxis ist indessen Teil derselben Gesamtentwicklung hin zum Körper und der Verinnerlichung der Emotionskontrolle.

Den Busen bräunen

Zurück zum Strand, mit einer einfachen Frage aus dem Interview: Warum praktizieren Sie Oben-Ohne? Die einfachsten Fragen können die lästigsten sein, wenn keine oder nur wenige Antworten verfügbar sind. »Weil es eben so ist«, sagten die einen, »Weil es alle machen«, sagten die andern. Warum seine Schönheit zur Schau stellen? Ein heimliches erotisches Spiel? Diese noch lästigeren Fragen eröffnen uns den Zugang zu den Kulissen des Strandes, deren heimtückische Maschinerie wir später noch betrachten werden. Doch bleiben wir zunächst beim Sichtbaren, dem Dekor. Wenn eine Oben-Ohne-Praktizierende unter intellektuellen Anstrengungen über ein »Weiles-eben-so-ist« oder ein »Alle-machen-es« hinausging, war die erste Antwort, die ihr auf den Lippen lag: wegen des Bräunens. Denn das Verlangen nach Sonne ist (trotz des neuen Bewußtseins für die Risiken) so groß, daß es darauf drängt, die der Sonne aussetzbaren Oberflächen immer noch mehr zu vergrößern. In diesem unaufhaltsamen Rückzug der Textilien hat sich eine Fixierung auf den Busen entwickelt, dessen Bräunung manchmal einem kategorischen Imperativ gleichkommt, der fast vom Busen selbst auszugehen scheint. »Der Busen will auch etwas Sonne abbekommen, es gibt keinen Grund, seinen Busen daran zu hindern, die Sonnenwärme zu kosten« (M1) äußert ein Mann, von seiner Freundin sprechend. Ein Trieb, der sich perfekt mit dem absoluten ästhetischen Kanon vereinbaren läßt, den das Bräunen der Brüste heute darstellt. »Es ist schön, einen gebräunten Busen zu haben, ich finde das wirklich wunderschön« (F10). Diese Vorstellung wurde von fast allen bestätigt, wie eine machtvolle kollektive Hymne, so daß die fünf oder sechs Personen (von dreihundert), die sagten, sie präferierten weiße Haut, trotz allem die Schönheit sonnengebräunter Brüste, die am Strand Bewunderung hervorrufen, eingestehen mußten. Das Bräunen der Brüste scheint wie eine ästhetische Norm zu sein, die sich jenseits jeder Rationalität durchsetzt. Denn für wen ist diese Schönheit, außer für den Strand? »Es ist blödsinnig, sich da zu bräunen, wo es doch niemand sehen wird« (F59). Doch muß Schönheit nützlich sein? Kann man nicht einfach schön sein, um für sich selbst schön zu sein? »Oh, es ist einfach hübsch, so hübsch, wirklich sehr hübsch!« sagt Odile (F79), und diese Antwort dürfte genügen. Doch sie hat auch eine Ergänzung, ein konkretes und unbestreitbares Argument: die schrecklichen weißen Streifen. »Und außerdem hat man dann nicht diese weißen Streifen, die wirklich schrecklich aussehen, das muß man schon sagen« (F79).

Die häßlichen weißen Streifen

Diese Streifen, diese häßlichen weißen Streifen. In jeder Untersuchung per Interview gibt es Formulierungen, die von Mund zu Mund wiederkehren, sogar mit denselben Worten, die von allen und auf die gleiche Weise ausgesprochen werden, und deren ständiges Wiederkehren auf das Vorhandensein einer weithin anerkannten und stark wirkenden gesellschaftlichen Wahrheit hinweist. Für das Oben-Ohne stellen die weißen Streifen solch eine markante Formulierung dar, eine Strandlitanei, eine fast obsessive Fixierung. »Es ist wegen der Streifen durch das Oberteil, ich mache Oben-Ohne, um keine Streifen vom Oberteil mehr zu bekommen« (F98); »Es ist eine Frage der Streifen, ich habe einfach keine Lust, Streifen zu haben« (F178); »Um keine häßlichen weißen Streifen zu bekommen« (F39). Die Streifen repräsentieren ein derartiges Stigma, daß sie manchmal wie eine Krankheit dargestellt werden. Mit einer Grimasse der Abscheu redet Marc von dem Widerwillen, den eine Frau bei ihm hervorruft, »die überall weiße Streifen hat« (M23); das gleiche Naserümpfen bei Gabrielle, die von »weißen Flecken« spricht (F72). Ludovic versucht, sich tolerant zu zeigen. Doch der negative Beiklang der »Streifen« ist so stark, daß er seine Position revidieren muß: »Wenn du mit einem Mädchen segeln gehst, das Streifen hat, dann hat es eben Streifen!« (M80).

Warum werden die weißen Streifen so sehr in den Vordergrund gerückt? Weil es nicht immer möglich ist, Oben-Ohne zu machen, ohne sich die geringste Frage zu stellen. Sicherlich stellt man sich wenige, so wenige wie möglich, man träumt davon, sich überhaupt keine zu stellen, sich einfach von seinem Verlangen nach Sonne tragen zu lassen. Doch der Ehemann, die Familie und die Freundinnen, die kein Oben-Ohne praktizieren, zwingen einen manchmal dazu, Gründe anzugeben: warum zeigt man sich halb-nackt in der Öffentlichkeit? Eine solche Frage ist so komplex und so störend, grenzt so stark an Verdächtigungen hinsichtlich diffuser, wenig statthafter Motive, daß in aller Eile ein einfaches und allen einleuchtendes Argument konstruiert werden muß. Die weißen Streifen sind dieses Argument: weiße Streifen, die umso häßlicher und schrecklicher werden, je größer der Bedarf nach einem einfachen Argument ist. Entsprechend der Fixierung auf die Grenze des Strandes, um die Legitimität des Ortes zu erhöhen, gibt es diese Fixierung auf die weißen Streifen, um die Legitimität der Praxis zu erhöhen. Véronique hatte anfangs mit großem Interesse auf die Fragen geantwortet, vor allem auf die abstrakteren (es ist ihr wichtig, ihre intellektuelle Kapazität unter Beweis zu stellen). Hierfür ist sie bereit, in die Tiefen ihrer geheimen Motivationen hinabzutauchen. Plötzlich hat sie das Gefühl, zu weit gegangen zu sein, und verunsichert gibt sie das Argument der Streifen zur Antwort. »Es ist auch wegen der Streifen, nur deshalb« (F54). Sonst erfährt man nichts mehr von ihr. Ein bequemes Argument, die Verteufelung der Streifen macht das Leben leichter – bis zu dem Tag, an dem die Frau aufhört, Oben-Ohne zu praktizieren, denn dann wendet sich das Argument gegen sie. Einzige Möglichkeit: es vergessen und die Urteilskriterien ändern. So hat es Claudine gemacht: »Jetzt habe ich Streifen, aber das stört mich nicht« (F65). Die Schönheit von sonnengebräunten Brüsten, die eine wirkliche kollektive Gewißheit darstellt, zu vergessen oder zu leugnen, ist indessen keine einfache Sache. Von Fragen in die Enge getrieben muß Claudine zugeben: »Ein Körper ohne Streifen ist dennoch schöner.« In flagranti beim Vergehen des Widerspruchs ertappt, schafft sie es nur mit Mühe, die Einheit ihrer Aussagen wiederherzustellen: »Viele Frauen weisen dem eine besondere Bedeutung zu, ich nicht.« Claudine fühlt sich nun müde und möchte das Interview abbrechen. Wie sie haben auch andere Frauen diese Müdigkeit gespürt, wenn sie in die Situation kamen, früher den magischen Satz mit den Streifen benutzt zu haben, und es nun nicht mehr zu können, was sie zu intellektuellen Verrenkungen zwang, die sie das Ende des Interviews herbeiwünschen ließen. Einige haben das Problem auf andere Weise gelöst: indem sie sich auf Argumente versteiften und sich hartnäckig weigerten, weiter darüber nachzudenken. Marie und Delphine waren zusammen am Strand, die eine machte Oben-

Ohne, die andere nicht. Marie tut es, »um keine Streifen zu haben« (F153); Delphine »[...] sind die Streifen egal« (F154). Es war unmöglich, mehr darüber zu erfahren.

Die hypothetische Begegnung

Die Mehrheit findet es also schöner, einen gleichmäßig gebräunten Körper zu haben, ohne »häßliche weiße Streifen«, und es ist sinnlos, nach Argumenten zu suchen. Dennoch kann diese Erklärung fadenscheinig wirken. Für wen ist denn diese Schönheit gedacht? Die Gegner des Oben-Ohne glauben, hier einen unbestreitbaren Kritikpunkt zu haben: »Die Streifen, die Streifen! Man zeigt doch seinen Busen nicht, wenn man am Abend ausgeht oder eingeladen ist« (F1). Nun ist es aber genau diese Vorstellung vom Ausgehen und von Begegnungen, die am meisten genannt wird, wenn es Frauen gelingt, sich etwas genauer auszudrücken. Meist handelt es sich, ob verheiratete oder aus Überzeugung alleinstehende Frauen, nicht um ein konkretes Projekt, meistens besteht nur eine kleine Eventualität einer wirklichen Begegnung. Was zählt, ist das Imaginäre, das Mögliche wird als konkret realisierbar erträumt, selbst wenn es unwahrscheinlich ist. Diese Szene, wenn die Frau sich ihrem Partner nackt präsentiert, ihren tollen, gleichmäßig gebräunten Busen zeigt, oder eben diese schändlichen weißen Streifen. Mangels der Begegnung mit einem neuen Partner, kann auch der Ehemann dafür herhalten: es ist (zumindest theoretisch) wegen ihm, daß man die Streifen verabscheut. Es gilt jedoch zu verstehen, daß der Blick des Partners im allgemeinen im Sinne einer Bitte interpretiert wird, die gar nicht existiert, und deshalb einfach nur ein Vorwand ist, um eine ziemlich zerbrechliche argumentative Logik zu stützen. Vanessa konnte sich einige Jahre lang nicht entschließen, ihr Oberteil zu entfernen. Alles änderte sich, als sie einen »Freund« hatte (F68). Hat ihr der Freund seine Meinung zu dieser Frage mitgeteilt? Nein, er hat sich mit einer Bemerkung begnügt: »Na sowas, das ist ja eigenartig. Letztes Jahr hast du das noch nicht gemacht« (F68). In Wirklichkeit weiß Vanessa nicht genau, was er über Oben-Ohne denkt. Was allein zählt, ist, daß seit ihrer Begegnung alles einfacher geworden ist. »Ich möchte keine Streifen haben und so. Letztes Jahr mußte ich mich noch nicht vor jemandem ausziehen, deshalb hat mich das nicht gestört.« Heute stören sie die Streifen, und das kommt ihr gerade recht. Denn ein sonnengebräunter Busen »ist schöner, finde ich«.

Das knappe Sommerkleid

Nun ist der Ehemann hinsichtlich seiner ästhetischen Wünsche leider wenig gesprächig und die hypothetische Begegnung mit dem Fremden kann schwer als öffentliches Argument dienen. Dies zwingt also dazu, ein anderes Argument auf die Frage: wer kann die häßlichen Streifen sehen, wann erfüllen sie mit Scham? zu finden. Die Erwiderung ist prompt und einheitlich, eine neue markante Formulierung wandert von Mund zu Mund: sobald man im Urlaub den Strand verläßt, ist man leicht bekleidet, mit einem dekolletierten T-Shirt oder einem knappen Sommerkleid. Das knappe Sommerkleid ist in der Erklärungskette die ideale Ergänzung zu den weißen Streifen. Elisabeth zeigt auf die Stelle an ihrer Schulter, wo die Spur eines Trägers wäre: »Ich habe ein paar sehr sexy Klamotten, ich muß unbedingt überall braun sein, das würde mich ziemlich stören, wenn da noch etwas weiß wäre« (F169). »Hinsichtlich der Kleidung sind diese ganzen weißen Streifen nicht schön, wenn man im Sommer ein knappes Kleid anzieht« (F96). »Ich mag ein schönes Dekolleté, wenn da ein Streifen ist, ist es nicht schön« (F67). »Wenn man keine Streifen vom Badeanzug hat, sieht es wirklich hübsch aus, ein ausgeschnittenes Kleid anzuziehen« (F66). Laure faßt die Bedeutung des Themas zusammen, indem sie das knappe Sommerkleid zum einzigen Argument macht, um ihr Verhalten zu erklären. »Ich mache das, um ohne Probleme ein knappes Sommerkleid tragen zu können« (F94).

Rückkehr zur Natur

Die gleichmäßige Bräune, die Angst vor Streifen und das knappe Sommerkleid sind die unmittelbaren Gründe, diejenigen, über die problemlos gesprochen werden kann. Doch darunter ist dieser Drang, das Bikini-Oberteil auszuziehen, in eine historische Entwicklung hin zum Körper, die zweite Phase des Zivilisationsprozesses, eingebettet. Kommt man im Interview auf die impliziten Motivationen, die einen dazu drängen, etwas zu tun, ohne nach der Meinung des bewußten Ichs zu fragen, werden die Äußerungen vage und die Sätze kurz. Dennoch ist da eine diffuse Wahrnehmung entfernterer Gründe, und manchen gelingt es auch, einige Aspekte davon zum Ausdruck zu bringen. So zum Beispiel die Einheit mit der Natur (die im allgemeinen als ein Rückschritt, eine Opposition zum Fortschritt der Zivilisation gesehen wird). Wie künstlich der Strand auch sein mag, er ist das Bild der Natur selbst, der Konfrontation mit den Elementen im reinen Zustand. Die Vorstellung vom nackten (oder halb-nackten) Körper verstärkt den Eindruck einer Symbiose zwischen Person und Welt: keine Hindernisse mehr, direkter Kontakt. Und dies ist umso einfacher, je mehr die Natur zur Grundlage jeglicher Konstruktion eines Beweises und der natürliche Körper zur Grundlage des Beweises für die eigene Existenz wird. Das Gefühl von in Wind und Sonne getauchter Nacktheit erlaubt Corinne, in ihren Träumen selbst »Natur, Natur-Frau, Mutter Natur« zu sein (F148). Man sucht nach einer Gelegenheit, mit der Natur in Kontakt zu treten, nach einer Möglichkeit, sich selbst in ihr ohne die Zwänge der Zivilisation zu erleben: »In unserer Gesellschaft wurden viele Tabus aufgestellt, dies ist eine Möglichkeit, sich über sie hinwegzusetzen« (M86), und zwar durch das Weglassen von Kleidung, dieser künstlichen Grenze zwischen dem Natur-Körper und der Natur-Welt: »Das ist die Rückkehr zur Natur, wir sind ohne Klamotten geboren« (F97); »Nichts an sich zu haben, bedeutet den Naturzustand, die Rückkehr zur Natur« (F170). Durch die Einheit mit den Elementen: »In den Elementen leben« (F170); »Das ist sehr eng mit der Natur, den Wellen, der Sonne, dem Strand verknüpft« (F12); »Man fühlt sich der Natur näher« (F93). Und die Suche nach Grundwerten: »Man versucht, zur Natur zurückzukehren, sich gehen zu lassen, die wirklichen Werte wiederzufinden« (F125). Die im Vergleich zu den Streifen oder zum Sommerkleid stotternde und schüchterne Bezugnahme auf die Natur wird tendenziell einen immer größeren Platz einnehmen. Weil sie Teil einer Gesamtentwicklung ist und weil die Banalisierung des Oben-Ohne dieses »natürliche« (mit der Natur gleichgesetzte) Verhalten dank der Vermischung der beiden Bedeutungen dieses Wortes noch »natürlicher« (normaler) macht.

Die Befreiung der Frau

Die Rückkehr zur Natur ist Teil des Widerstandes gegen die Welt der Künstlichkeit und Zwänge und nährt einen Freiheitshunger, der im Oben-Ohne eine Möglichkeit gefunden hat, gestillt zu werden. »Das ist die allgemeine Freiheit, das ist diese Geschichte, zu sagen: ich bin frei und ich sonne mich, wie ich will« (M35); »Um zu zeigen, daß es mit all den Tabus und so zu Ende ist« (M45). Hat Oben-Ohne auch speziell mit der Befreiung der Frau etwas zu tun? Der Strand ist sich einig: ja. Warum und wie? Die Antworten kommen konfus und stotternd: da ist ein Zusammenhang, ganz offensichtlich, doch genaueres läßt sich dazu nicht sagen. Aber der Interviewer möchte nunmal genaueres hören. Neue Müdigkeit unter der Sonne, bevor sich dann doch eine neue Antwort herausschält: die sexuelle Befreiung. Es war vor allem die Frau, die an der sexuellen Befreiung interessiert war, und Oben-Ohne muß mit allem, was sexuell ist, in irgendeinem Zusammenhang stehen. »Ich bin kein Spezialist, aber ich nehme an, daß das mit der Verhütung und der Pille zu tun hat« (M46); »Es war eine Befreiung, die Frauen hatten Lust, sich zu befreien, die sexuelle Befreiung und Schluß« (F9). Die sexuelle Befreiung stellt in der Tat einen wesentlichen Bestandteil der zweiten Phase des Zivilisationsprozesses dar, einen besonderen Bestandteil, der zur Entstehung des Privatlebens geführt hat. Im Gegensatz dazu schafft die Banalisierung des Oben-Ohne in der Öffentlichkeit des Strandes (zumindest theoretisch) eine Distanz zur Sexualität. Die sexuell-private Komponente der Körperlichkeits-Bewegung, die an manchen Punkten zu ihrer öffentlichen Komponente im Widerspruch steht, macht die Interpretation einiger Phänomene schwierig. Was soll man zum Beispiel von Myriam denken, die sich 1981 in ganz Frankreich ohne Oberteil plakatieren ließ, bevor sie dann auch noch das Unterteil versprach? Die feministische Bewegung empörte sich und meinte, hier ein Bild der Frau in ihrer traditionellen Rolle als sexuelles Objekt auszumachen (Montreynaud, 1992). Die in einer Umfrage befragten Personen erblickten darin eher bereits die Banalisierung weiblicher Nacktheit. Der Erfolg der Plakatierungskampagne resultierte aus ihrer Ambiguität. Einer Ambiguität, die auch am Strand vorhanden ist. Die Verknüpfung des Oben-Ohne mit der sexuellen Befreiung ist für die Befragten jedenfalls eine heikle Angelegenheit, weshalb man sich lieber an die zweite Antwort hält: die Emanzipation der Frauen als Bewegung, die Gleichberechtigung anstrebt und versucht, die traditionelle Gleichgültigkeit des Mannes gegenüber dem Wohlergehen der Frau aufzubrechen (Shorter, 1984). »Das muß mit der Freiheit der Frau zu tun haben, sich zu verwirklichen und so, um vielleicht damit ein wenig zu sagen, wir sind gleich wie die Männer und wir pfeifen auf euch« (M60); »Ja, es gab diese Zeit, in der man sich abgrenzen und sagen mußte: wir sind Frauen, und die Meinung der Männer kann uns gestohlen bleiben« (F73). Eine Zeit (heute überholt), in der das Oben-Ohne ein Werkzeug zur Selbstbestätigung darstellte, auf persönlicher Ebene wie auf der aller körperlich und gesellschaftlich emanzipierten Frauen in ihrer Gesamtheit. »Man hatte genug von diesem Mysterium Frau, die feminin sein mußte, leise sprechen, und all das« (F37); »Heute hat sie begonnen, sich ihren Platz einzurichten, sie wird vom Mann respektiert und stellt sich mehr in den Vordergrund« (M89).

Hautnahe Empfindungen

Die Welt des Strandes ist nicht die der großen Gedanken. Es ist eine Welt des Unmittelbaren, ganz nah am Körper; Befreiung muß somit vor allem eine sein, die am Körper verspürt wird. Annie nimmt Bezug auf die 1960er Jahre: »Viele Tabus in bezug auf den Körper sind verschwunden« (F37). Der Kontext dieser Zeit verstärkte die persönlichen Empfindungen: die Vorstellung von Befreiung schuf die Bedingungen für ihre Wahrnehmung. »Sich vom Oberteil befreit zu fühlen, ist wirklich ein sehr angenehmes Gefühl« (F37). Das Vergnügen Annies rührt vor allem von der Vorstellung her, sich befreit zu fühlen. Nicole versucht aufzuzeigen, daß das Gefühl auch genau umgekehrt sein kann, daß es, wenn man sich einmal an ein Oberteil gewöhnt hat, »störend ist, ohne herumzulaufen, und das tut mir körperlich weh« (F32). Doch mit ihren Äußerungen bleibt sie allein. Die Assoziationskette der Befreiung, innerhalb derer das Wegfallen von Kleidungsfesseln mit positiven Empfindungen in Verbindung gebracht wird, ist ungebrochen. Heute können nackte Haut und geschmeidige Körper eindeutig nur noch als Vergnügen betrachtet werden. »Da stört nichts, keine Träger, am Rücken zwickt nichts, man fühlt sich gut, das ist Bewegungsfreiheit« (F67). Grundlage dieses Vergnügens ist Zwanglosigkeit, ohne daß es jedoch möglich wäre, dieses Gefühl detaillierter zu beschreiben. »Man fühlt sich einfach gut, man fühlt sich wohl«, sagt Françoise (F151); »Um sich wohl zu fühlen«, präzisiert Florence (F187). Wer könnte schließlich ein so umfassendes Phänomen wie den Prozeß der Zivilisation erklären?

Dennoch werden ganz konkrete und spezielle Empfindungen wahrgenommen und gesucht, die Teil dieses diffusen Wohlgefühls von Zwanglosigkeit und Befreiung sind. Die Berührung von Wasser und nackter Haut, die, wie wir bereits gesehen haben, zu Unterwasser-Entblößungen führt. Der heiße, weiche Sand, der einen streichelt, in den man hineingreifen kann, der alles mit sich machen läßt (Urbain, 1994). Die Wärme der Sonne. »Man fühlt sich gut, man fühlt die Wärme« (F65). Vor allem die Wärme auf den Brüsten. »Man fühlt sich wohler, man hat stärker das Gefühl von Wärme direkt auf dem Körper« (F87). Auch der Wind, das Streicheln des Windes. »Es ist angenehm, die Sonne auf der Haut zu spüren, den Wind und all das zu fühlen« (F37); »Die Luft auf den Brüsten ist angenehm, es ist wirklich angenehm, man fühlt sich gut« (F9). Was hier im Wasser, in der Sonne und im Wind gefällt, ist der direkte Kontakt, die Berührung der Haut, und dies an intimen Stellen, was das Gefühl sinnlichen Vergnügens verstärkt, als wäre es eine Art Substitut, um einen Mangel an Zärtlichkeit auszugleichen. »Es ist vor allem die Berührung der Sonne auf dem Körper, was mir gefällt« (F68); »Die Wärme und der Wind liebkosen einen, und all das, das ist wirklich toll« (F79); »Es ist ein unendlich gutes und sinnliches Gefühl« (F12). Dieses Vergnügen ist manchmal so groß, daß es zum alleinigen Beweggrund für das Oben-Ohne werden kann. Für Viviane und Danièle zum Beispiel ist ein sonnengebräunter Busen nicht besonders wichtig. Was Viviane sucht, ist »Kontakt«, »Kontakt mit der Luft, mit der Sonne« (F93). Ohne diesen Kontakt, besonders am Busen, hat der Strand für Danièle keine große Anziehungskraft mehr: »An dem Tag, an dem ich mich nicht mehr Oben-Ohne hinlegen kann, werde ich überhaupt nicht mehr an den Strand kommen, weil ich dann absolut nicht mehr das gleiche Vergnügen hätte« (F97). Und schließlich erhöht häufig auch Nacktheit an sich die Intensität der Empfindungen. »Ich mache Oben-Ohne, weil ich Lust habe, quasi nackt zu sein, nichts auf mir zu spüren als die Sonne« (F100). Vermutlich trifft sie damit den Kern dieses Vergnügens der Empfindungen auf der Haut.

Körpertherapie

Die Praxis des Oben-Ohne ist ein Indikator, der anzeigt, daß ein bestimmter Grad an Ungezwungenheit und Entspannung erreicht wurde. »Früher war ich schüchtern, jetzt ist mir das egal, ich habe eine Schwelle überschritten« (F149). Aber es ist nicht nur ein Indikator. Oben-Ohne ist auch ein Hilfsmittel, das aktiv angewandt wird, um über sich selbst hinauszugehen, um diese Fähigkeit zur Ungezwungenheit gegen innere Widerstände aufzubauen: »Wenn man sich am Strand weiterentwickelt, so daß man sich den anderen gerne zeigt und so, dann entwickelt man sich auch woanders weiter« (F183). Catherine, die Kosmetikerin, die an der Grenze zum Strand ihre Praxis hat, hat festgestellt, daß sich viele Frauen genieren, sich in ihrer Praxis nackt zu zeigen, sie seien »verklemmt«, sagt sie (F160). Sie war sehr erstaunt, einige davon am Strand oben ohne anzutreffen. Wie konnten sie sich gegenüber Catherine genieren, aber ohne Komplexe vor aller Welt Oben-Ohne machen? Catherines Urteil über diese Frauen ist streng, aber ihre Beobachtung ist richtig: »Sie tun das, um vor sich selbst sagen zu können, daß sie es wagen.« Ihrer Ansicht nach reine Prahlerei. Was sie nicht versteht, ist der dynamische Charakter, die Tatsache, daß die am Strand eroberte Freiheit anderswo neu eingesetzt werden kann.

Drei Geschichten, die von Yvette, Edith und Gisèle, verdeutlichen auf unterschiedliche Weise diesen therapeutischen Nutzen des Oben-Ohne. Mit 34 Jahren hat Yvette sich entschlossen, das Oberteil auszuziehen. Bis dahin war sie gleichzeitig körperlich gehemmt, unglücklich im Haushalt und einem Ehemann ausgeliefert, der ihr wenig persönlichen Freiraum ließ; es schien ihr, als ersticke sie in ihrem Leben. Doch als der Wind der Revolte einmal zu wehen begann, ging alles sehr schnell, im Kopf wie im Körper. Das Verlangen nach Freiheit überwältigte sie auf umfassende Weise, ihre Entscheidungen in bezug auf ihre Ehe gingen Hand in Hand mit ihren Strandgewohnheiten. Sie kann sich nicht mehr erinnern, wie das alles genau angefangen hat, aber sie hat den Eindruck, daß das Oben-Ohne der große Auslöser war. »Ich frage mich, wie ich es geschafft habe, mich von all dem zu befreien, ich war wirklich total gehemmt, und das hat mich in bezug auf eine ganze Menge Dinge befreit« (F86). Sie fühlt sich von dieser Entwicklung, die ihr Leben verändert hat, immer noch getragen: ihre Freiheit hat einen besonders starken Geschmack, ihre Empfindungen auf der Haut sind besonders zärtlich. »Heute fühle ich mich so befreit!« Und sie will noch mehr: »Vierzehn Jahre Ehe – es wird Zeit, daß ich mich ein wenig befreie.« Sie weiß noch nicht so genau, wie sie das machen soll. Im Moment bleibt das Oben-Ohne ihre schönste Rache an der Vergangenheit.

Auch Edith fühlte sich gehemmt, sie hatte unter einer Erziehung zu leiden gehabt, die ihr »den Körper zugeknotet hat« (F174). Sie zeigt regelrecht einen geheimen Haß gegenüber ihrer Mutter, die ihr dieses Erbe vermacht hat. Wie Yvette hat sie sich mit Hilfe des Oben-Ohne gleichzeitig von körperlicher Rigidität und dem Einfluß der Familie befreit. Ebenfalls wie Yvette hat sie versucht, sich durch Oben-Ohne zu rächen, hier in Form einer sehr grausamen und persönlichen Rache. Ihre Mutter liebte es immer, mit ihr zusammen an den Strand zu gehen; bis zu dem Tag, an dem Edith in ihrer Gegenwart das Oberteil auszog: »Um ihr zu zeigen, daß ich tun konnte, was ich wollte« (F174). Es war übrigens um dieser befreienden Geste gegenüber ihrer Mutter und nicht nur um des Vergnügens willen, daß sie das erste Mal Oben-Ohne machte.

Und schließlich die Geschichte von Gisèle. Sie hatte nicht die Art Hemmungen wie Yvette und Edith. Ihr Körper hatte ein anderes Problem: sie war dick, oder zumindest hielt sie sich dafür, und deshalb äußerst mißmutig, sobald sie einen Strand betrat: »Ich hatte immer diese etwas idiotischen Komplexe« (F67). Unter diesen Bedingungen war an Oben-Ohne also nicht zu denken. In der Anonymität eines im Ausland verbrachten Urlaubs jedoch fühlte sie sich weniger gehemmt, beinahe wohl in ihrem Badeanzug mit den über den Schultern zusammengebundenen Trägern. Dort beobachtete sie Szenen, durch die sich ihre Perspektive Stück für Stück verschob: pummeligere Frauen als sie selbst machten »ohne den geringsten Komplex« Oben-Ohne. Sie verglich sich: »Du hältst dich für dick, aber neben denen bist du nur eine halbe Portion«. Und diese anfängliche Identifikation verfeinerte ihre Beobachtung. Sie lernte diese Fähigkeit kennen, sich trotz Rundungen und dank des Oben-Ohne »in ihrer Haut wohl zu fühlen«. »Ich erinnere mich, es war im Club Méditerrané auf Sizilien, da war eine ziemlich dicke Frau mit einem Busen ... vielleicht so groß wie meiner ... die war auf einen Felsen gestiegen, und ihr Mann fotographierte sie. Also mit den Armen oben und so! Ich sagte mir, die fühlt sich wohl in ihrer Haut, sie hat keine Komplexe, ich finde das einmalig.« Das Beispiel war zu attraktiv, die Lust zu stark, und so dauerte es nicht lange, bis Gisèle zur Tat schritt. Heute, mit 57 Jahren, fühlt sie sich gut mit ihrem Körper, und sie denkt nicht daran, mit Oben-Ohne aufzuhören.

Der Urlaub

Urlaub definiert sich als Bruch mit dem Alltag, seinem Rhythmus und seinen Werten (Rauch, 1988). Urlaub ist manchmal sogar Suche nach der radikalen Verkehrung, dem schonenden Entzug, dem Vertauschen der Rollen, dem Geschmack von Abenteuer. Das normale Leben hingegen ist ständige Perfektionierung der häuslichen Organisation, Vereisung der Kommunikation und das Sicheinschleifen von Routinen. »Die Leute sind anders, sie zeigen nicht dasselbe Gesicht« (M58); »Im Sommer will man sich total befreien« (M54). Natürlich arbeitet die Logik des Normalen leise weiter, um die Verkehrung wieder zurechtzubiegen und im Kern der Urlaubsrevolution die Rhythmen und Routinen wiederherzustellen. Wie beispielsweise auf den Wohnwagenplätzen, wo die Fahrzeuge Wurzeln schlagen und mit Fernsehern und Blumentöpfen verspießern (Stassen, 1994). Doch der Strand ist ein Garant gegen dieses Restaurationsrisiko. Obwohl Familiensippen auch dort anhand von Riten territorialer Besetzung (Urbain, 1994) versuchen, die Ordnung des häuslichen Komforts herzustellen, ist der Strand vor allem der Gegen-Ort zur Stadt, er ist die Kargheit der Landschaft und die Entblößung schläfriger, auf ihre hautnahen Empfindungen konzentrierter Körper. Der Urlauber versucht immer, noch mehr zu bekommen: an Sonne, an dargebotener Haut, an Gefühl von Tapetenwechsel, an Freiheit. »Am Strand lasse ich mich vollständig gehen« (M54). Oben-Ohne stellt eine noch stärkere Garantie, einen Bruch im Bruch dar. »Bei sich zu Hause würden sie das nie machen, aber am Strand, das ist einfach Freiheit und Urlaub« (M58); »Sie haben Lust zu sagen: gut, wir sind im Urlaub, Schluß mit den Tabus« (F156); »Es ist ein Trip, sie machen, was sie normal nicht machen, das ist die große Freiheit« (M40). Oben-Ohne ist mehr als eine leise Kompensation. Angesichts der Enge des Alltags, des Erstickens an der Routine, stellt es den Versuch einer Erweiterung des Lebensrahmens an diesem Ort dar, der sich für's Lockersein anbietet, das Fünkchen Abenteuer, das einem so fehlt.

»So ist es eben«

Für die eine ist es die Angst vor weißen Streifen, für die andere die Suche nach der Liebkosung durch den Wind: die genauen Gründe dafür, Oben-Ohne zu machen, sind zahlreich und wechselnd. Doch sie sind alle Teil eines Gesamtzusammenhangs, und Annick schafft es auf ihre Weise, diesen zu beschreiben: »Man weiß nicht so ganz genau, ob man nun froh darüber ist, daß einem die Sonne auf den Busen scheint, froh, daß man dadurch ein schönes Profil hat, froh darüber, daß uns die anderen anschauen, ich gebe zu, man stellt sich nicht allzu viele Fragen. Es ist ein genereller Zustand der Freiheit, das erfüllt einen, die Sonne scheint, man läuft herum, man wird betrachtet, man fühlt sich gut in seiner Haut, man hat einen schönen sonnengebräunten Busen; das ist es, was das Volk will!« (F12) Und das Volk will vor allem nichts von all dem wissen, außer unter bestimmten Umständen. Nur sehr wenige geben Gründe für ihr Handeln an. Warum sollte man sich mit Nachdenken plagen, wo der Strand doch zur Faulheit einlädt. Häufig hat der Körper befohlen, ohne daß der Kopf ein Wörtchen mitzureden gehabt hätte, einfach besiegt von diesem Wunsch, der aus dem tiefsten Inneren des Selbst kam. »Es war einfach, weil ich Lust dazu hatte, das ist alles, das ist einfach alles!« (F79). Das ist alles und es gibt nichts zu sagen, der Strand möchte nichts sagen: wo doch alles so einfach ist, so sommerlich einfach, warum sollte man da nach komplizierten Gründen suchen? »Es ist ganz einfach, ich fühle mich so besser« (F62). Auf dieser Ebene oberflächlicher Evidenz ist die Antwort oft nahe an einer Tautologie. Als beispielsweise der Interviewer Séverine fragt, warum sich Oben-Ohne verbreitet hat, antwortet sie: »Weil es das immer mehr gibt« (F183). Man steht nun in Versuchung, diese Äußerungen nicht zu berücksichtigen, sie wie Nicht-Antworten zu behandeln. In Wirklichkeit zeugen sie jedoch von einer wichtigen Wirklichkeit, einer verinnerlichten Evidenz, die sich eben nur auf diese fast tautologische Weise ausdrücken kann.

Die Oben-Ohne-Opposition

Das Dekor wäre unvollständig, würde ich vergessen, die kritischen Meinungen anzuführen. Oben-Ohne hat auch seine Gegner. Ehrlich gesagt sind es am Strand wenige, denn diejenigen, die dort sind, definieren sich genau durch die Tatsache, auf diffuse Weise die Werte (Zwanglosigkeit, Sonne, Toleranz) zu teilen, die auch Grundlage des Oben-Ohne sind. Außerdem kommt Kritik nur selten zum Ausdruck, denn die befragten Personen haben Angst, ein steifes und altmodisches Bild von sich zu vermitteln, wenn sie es wagen, sich gegen diese durch Zwanglosigkeit und Modernität gekennzeichnete Entwicklung auszusprechen. Nicht zu vergessen, daß der wichtigste dieser Strandwerte die Toleranz ist: jeder kann tun, was er will. Ein Vorteil – und nicht der geringste – der Toleranz besteht darin, den Verbrauch an intellektueller Energie einzusparen, die für die Bildung einer argumentativ belegten Meinung unter der Sonne nötig wäre. Weil jeder tun kann, was er will, ist es möglich, keine Meinung zu haben. Und schon kann sich wieder vegetative Lethargie breitmachen. Die Mehrheit der Frauen, die nicht Oben-Ohne machen, antwortet deshalb auf diese einfache Weise: Oben-Ohne, das ist für die, die das wollen, aber ich habe kein

Bedürfnis danach. Manchmal wird noch ein kleiner Gegen-Gesang leichter Kritik hinterhergesäuselt, nur um anzuzeigen, daß noch eine heimliche Reserve vorhanden ist. Kritik kann nur diskret sein, wenigstens am Strand. Im Hinterland, im tiefen und traditionellen Frankreich, im Verborgenen der Intimität, kann man auch eine andere, offen feindselige Meinung hören.

Zum Beispiel die von Geneviève. »Ich bin dagegen, denn ich mag es nicht, Frauen zu sehen, die sich so zur Schau stellen, das zieht die Männer an« (F176). Da sie sich bewußt ist, daß ihre Äußerung nicht zeitgemäß ist, weigert sie sich, mehr dazu zu sagen, aber es ist offensichtlich, daß sie dieses Verhalten, das den grundlegendsten und einfachsten Regeln des Lebens widerspricht, nicht verstehen kann. Jenseits des Mikrophons, im Wiederhall verbündeter Ohren, bietet sich die unverständliche und provozierende Nacktheit eher für Kommentare an. »Wenn ich manchen alten Leuten zuhöre, sagen die: Oh je, oh je, das Oben-Ohne ist das letzte, es ist eine Schande, zu unserer Zeit hätte man so etwas niemals gemacht« (M89). Angélique gibt die Äußerung ihrer Mutter wieder: »Für sie sind Busen am Strand abscheulich, das letzte« (F38). Bei Christelle das gleiche Gefühl von Abscheu angesichts dieses »geölten Fleisches, das aussieht wie ein Steak, das ist unappetitlich, wie ein Tierweibchen« (F8). Marjorie findet, daß das »zu den Dingen gehört, die man nicht macht, das ist unanständig und unsittlich, und zu drei Vierteln ist es Exhibitionismus« (F1). Christelle und Marjorie gehören nicht zum traditionellen Hinterland, das hinter vorgehaltener Hand kritisiert. Sie wurden am Strand interviewt, sind zwanzig Jahre alt und drücken sich klar und deutlich aus. Doch sie stellen eine Ausnahme dar. Am Strand wird meist vorsichtig und auf Umwegen kritisiert.

Zum Beispiel, indem Vorwände benutzt werden, wie der des »schönen Badeanzugs«. Der »schöne Badeanzug« gehört auch zu diesen Sätzen, die von Mund zu Mund gehen. Hier jedoch im anderen Lager: was den Oben-Ohne-Anhängern das knappe Sommerkleid war, ist den Gegnern der schöne Badeanzug. »Ich finde das schön, eine Frau in einem hübschen Badeanzug«

(F99). Die Beweisführung stützt sich in der Regel auf das Beispiel eines einteiligen Anzugs, der »die Figur betont« (F7), was eine nützliche Überleitung darstellt. Denn nach Ansicht der Kritiker zeugt die Mode der einteiligen Badeanzüge vom Zurückgehen des Oben-Ohne. Es kommt also zu einem doppelten Quiproquo: der einteilige Badeanzug erleichtert gerade das Ausziehen und die Anhängerinnen des Oben-Ohne anerkennen durchaus seinen ästhetischen Wert. Sie sind die ersten, die zugeben, daß er »die Figur betont«; aber andere Faktoren (das Gefühl von Freiheit, die Bräune) bringen sie dazu, ihn hinunterzurollen. Im Grunde ist da also gar keine Opposition: das Thema des schönen Badeanzugs wird durch einen Taschenspielertrick aufgeplustert und ersetzt Argumente, die nicht offen angesprochen werden können.

Die Kinder

Auch die Kinder sind ein Vorwand. Dieses Thema tauchte oft ganz spontan auf, als handle es sich um eine tiefe Gewißheit: Oben-Ohne stört im Hinblick auf die Kinder. Warum? Wieder Müdigkeit unter der Sonne, die Antwort läßt auf sich warten; die Leute, die glaubten, hier ein entscheidendes Argument zu haben, werden nervös. Ihr Schweigen hat eine Erklärung: sie hatten eine Antwort, aber sie konnten sie nicht sagen. Denn die Bezugnahme auf die Kinder zeigt, daß sie vom tadelnswerten Charakter des Oben-Ohne, einer Verhaltensweise, die ihrer Ansicht nach an Immoralität und Obszönität grenzt, überzeugt sind, weshalb die jungen Geister davor geschützt werden müssen. Doch die Pflicht zur Toleranz hindert sie daran, es zu sagen. Sie sitzen deshalb selbst in der Falle dieser zu schnellen Antwort. Wie soll man sich nun herausreden? Die einen legen den Rückwärtsgang ein: »Ich weiß nicht, warum ich das gesagt habe« (F90). Die anderen bleiben bei der grundsätzlichen Behauptung: »Also wenn ich eine Frau mit Kindern Oben-Ohne machen sehe – irgendwie mag ich das nicht, vor den Kindern«

(F96). Die letzten schließlich schafften es, wirkliche Argumente zu finden: das Verhältnis zur Nacktheit in der Privatsphäre, das nicht in allen Familien dasselbe ist, wodurch das Kind verunsichert werden kann, wenn es den Busen einer anderen Frau sieht, während es nicht einmal den seiner eigenen Mutter zu sehen bekommt. Anderes Argument: die Komplexität der durch Oben-Ohne eingeführten kulturellen Codes, die Tatsache, daß nackte Busen am Strand legitim sein sollen, 50 Meter entfernt jedoch verboten, von den einen gepriesen, von den anderen kritisiert, während das Kind gerade versucht, Codes zu vereinfachen, um sie zu erlernen. Rachel achtet immer darauf, sich nicht in die Nähe einer Mutter zu legen, die nicht Oben-Ohne macht. Der Gegensatz soll das Kind nicht dazu bringen, sich Fragen zu stellen, sagt sie und fügt hinzu, und dies ist sicherlich das wichtigere Motiv: »Und außerdem ist ein Kind sehr direkt, äh, wenn es da eine Frage zu stellen gibt, wird es sie stellen« (F179). Die Kinder sind in der Tat die einzigen, die das Gesetz des Schweigens brechen, das die nackten Busen am Strand umgibt. Während sie in den Augen der Gegner diejenigen sind, die gestört werden, sind sie für die, die praktizieren, die Störenfriede.

Rivalität

Kritik ist nicht einfach, sie läuft Gefahr, altmodisch und verklemmt zu wirken. Aber gleichzeitig ist es den Frauen, die kein Oben-Ohne praktizieren (und den Männern, die sie begleiten), auch nicht möglich, überhaupt keine Kritik zu üben. Denn ihr Verhalten könnte schließlich defizitär erscheinen: defizitär im Vergleich zu Zwanglosigkeit und Modernität. Deswegen wird gegen Oben-Ohne eine Art kontrollierter Kritik vorgebracht, die ihrem Maß nach jedoch mit der Toleranzverpflichtung kompatibel ist. Das Thema des schönen Badeanzugs ist ein gutes Bespiel, besonders wenn dadurch versucht wird, das ästhetische Klassifikationsspiel, das am Strand im Gange ist, zu

beeinflussen. Caroline, in einem eng anliegenden, tollen Badeanzug, entwickelt eine allgemeine Theorie: »Wenn ich ein Typ
wäre, fände ich eine Frau in einem tollen Badeanzug attraktiver« (F101). Die Verpflichtung zur Kritik steht in einem engen
Zusammenhang mit der persönlichen Position. Eine Frau, die
sich die Frage, ob sie ihr Oberteil auch ausziehen könnte, nicht
stellt, nie gestellt hat und auch in Zukunft nie stellen wird,
kann sich die Kritik sparen und in ihrer Strand-Schläfrigkeit
verharren. Diejenige hingegen, die dem Oben-Ohne auf ir-
gendeine Weise nahe ist (zum Beispiel, weil sie gerade erst damit aufgehört hat), fühlt sich zu Erklärungen gezwungen, um
ihr Image, das bedroht erscheint, zu verteidigen. Chantal, 38
Jahre alt, ist ein solcher Fall. Sie akzeptiert Oben-Ohne bei
Frauen, die unter 40 und »sehr schön« sind. Jenseits dieser
strikt begrenzten Kategorie ist ihre Kritik streng: »Nein, also
wirklich, das sieht ja aus wie die Auslage einer Metzgerei oder
so was. Das ist wirklich keine Art, befreit zu sein, es gibt andere
Arten sich zu befreien, man muß nicht seinen Busen am Strand
zur Schau stellen« (F59). Das Befreitsein bildet den Kern dieser
Notwendigkeit zu Kritik. Oben-Ohne legt die Fähigkeit zur
Ungezwungenheit an den Tag, was unausweichlich auf die
Nicht-Praktizierenden zurückfällt, die negativ gezeichnet sein
könnten, blieben sie ohne Argumente. Deshalb ist es für sie
wichtig, sich an diesem Punkt zu verteidigen. »Die Freiheit ist
innen und nicht in solchen Auftritten wie diesen da« (F175).

Der große Busen

Unter den am Strand chorähnlich immer wieder erklingenden
Sätzen ist der am meisten verbreitete zweifellos dieser: »Jeder
kann tun, was er will.« Oder um genauer zu sein: »Jeder kann
tun, was er will, aber ...« Die Toleranzverpflichtung erreicht genau dort ihre Grenze, wo es notwendig wird, Grenzen zu ziehen, um den besonderen Charakter dessen, was akzeptiert ist,
zur Geltung zu bringen. Ohne diese Grenzen wäre die gesamte

Ordnung der gewöhnlichen Existenz bedroht. Der perverse Effekt dieser zwingenden Grenzziehung ist, daß sie Sündenböcke schafft, Zielscheiben, die es erlauben, daß anderweitig unterdrückte Kritik doch noch zum Zug kommt. Der große Busen ist einer dieser Sündenböcke. Er ist groß, unübersehbar, widersetzt sich somit der Banalisierung, er wippt hin und her und ist erfüllt von einem Leben, das der Strand nicht sehen will. An diesem Punkt wird er zu einem Busen, der anders ist und radikal als solcher kategorisiert wird, zum Gegenstand einer Fixierung, wie wir sie bereits hinsichtlich der weißen Streifen oder des schönen Badeanzugs gesehen haben. Nathalie schenkt dem Oben-Ohne nicht die geringste Aufmerksamkeit, außer, natürlich, »wenn es eine Frau ist, die wirklich einen enormen Busen hat« (F52). Bei Claudine und Antoine ist die Ablehnung noch stärker, beinahe schon Abscheu: »Eine riesige, fette Frau mit nacktem Busen, das ist wirklich schrecklich« (F52). »Wenn eine Frau einen großen Busen hat, ist es wesentlich häßlicher, da hängt alles und so, das gefällt mir nicht, das ist nicht schön« (M2). Einigen war es peinlich, wider Willen in ihrer Kritik so weit getrieben worden zu sein: »Es gibt Frauen, mit schweren Brüsten, und für sie ist es nicht einfach« (F148). Doch meistens sprudelte die Kritik. Und das Eindreschen auf die bezeichneten Opfer ging sogar so weit, ihnen andere Motive als anderen Frauen zu unterstellen: »Bei Frauen, die einen großen Busen haben, ist es wirklich Exhibitionismus, und dann laufen sie auch noch in der Gegend herum, die haben wirklich kein Schamgefühl« (M43). Die Stigmatisierung kann sogar über den Rahmen des Strandes hinausgehen, zum Unglück der Bäckerstochter, die es gewagt hatte, Oben-Ohne zu machen: »Mein Sohn sagte: Oh je! Zum Glück bin ich es nicht, der die Tochter des Bäckers heiraten wird, also die hat Brüste, Mann, oh Mann! Die sind ja größer als Suppenschüsseln« (F113).

Brustkrebs

Kritik ist heute diskret, was nicht immer der Fall war. Noch
vor ungefähr zwanzig Jahren, als Oben-Ohne noch eine margi-
nale Praxis war, verschafften sich die Gegenstimmen laut und
deutlich Gehör. Dennoch war es von Anfang an nicht einfach,
nackte Busen, diese Zeichen von Modernität und Ungezwungenheit, anzuprangern, denn dies barg immer das Risiko, als re-
aktionär eingestuft zu werden. Aus diesem Grund mußten von
Anfang an Umwege gefunden werden. So entstand ein Gerücht. Wie bei allen Gerüchten stand am Anfang das Zusam-
menwürfeln vereinfachender Vorstellungen, das auf miß-
bräuchliche Weise eine weibliche Angst mit der neuen
störenden Praxis verschmelzen ließ: Oben-Ohne stand im Verdacht, Brustkrebs zu erzeugen. Die Geburt dieses Gerüchts lag
weit vor dem medizinischen Diskurs zu den Hautrisiken. Als
letzterer sich verbreitete, fand er somit ein begünstigendes Terrain. Natürlich waren die Ausgangsdaten nicht dieselben: die
Mediziner sprachen von der Haut im allgemeinen, nicht speziell von den Brüsten. Aber ein Gerücht gibt sich nicht mit Details ab. Der medizinische Diskurs sprach von Krebs und vom
Strand, und diese Begriffe reichten aus, um das Schmelzpro-
dukt zu verstärken, um dem Gerücht zu neuem Leben zu ver-
helfen, diesmal sogar mit edlen wissenschaftlichen Trümpfen in
der Hand: Oben-Ohne verursacht Brustkrebs, die Mediziner
sagen das. »Ja, ich lese diese Hefte, ich weiß, daß das mit dem
Brustkrebs dort steht« (F26). In diesen Heften war sicherlich
von der Haut die Rede, aber diese Fixierung auf den Busen ist
scheinbar unwiderstehlich. Wenn die Mediziner »Sonne« sagen,
versteht das Gerücht »Oben-Ohne«, wenn sie »Hautkrebs« sagen, versteht es »Brustkrebs«. Dabei sind die medizinischen Informationen doch einfach: wiederholtes, übertriebenes und
brutales In-der-Sonne-Liegen kann, vor allem bei heller Haut,
Hautkrebs hervorrufen. Da der Busen in der Regel selten unbedeckt ist, bekommt er leichter einen Sonnenbrand, und deshalb
müssen für ihn besondere Vorsichtsmaßnahmen getroffen wer-

den, aber der Unterschied zum restlichen Körper ist nur gering. Das Gerücht hingegen isoliert die Brust, vor allem im Lager der radikalen Gegner, die hier ein ideales vereinfachendes Argument gefunden haben. »Ich bin dagegen, wegen dem Brustkrebs« (F75). »Ich persönlich bin dagegen, denn es ist krebserregend« (F75); »Oh, das ist gefährlich, immerhin nimmt der Brustkrebs von Jahr zu Jahr zu« (F159). Doch das Gerücht geht weit über die Gegner hinaus. Davon zeugt die Häufigkeit, mit der Oben-Ohne und die Risiken des Rauchens gleichgesetzt werden. »Nun rauche ich schon, noch mehr möchte ich in Richtung Krebs nicht riskieren« (F21). Wenn im Umfeld Brustkrebs vorkommt, hat dies oft direkte Rückwirkungen. Jeanine drückt dies folgendermaßen aus, wobei in ihrem Satz ein ungewollter Sinn entsteht: »Oben-Ohne ist nicht sehr gesund; ich hatte eine Freundin, die ist an Brustkrebs gestorben« (F33). Als nachgefragt wurde, zeigte sich, daß die Freundin gar kein Oben-Ohne machte. Aber die Lust an der Undifferenziertheit ist zu groß. Kurz danach (auf einen Sonnenbrand hin, der die Vorstellung von einem Risiko noch verstärkte) hörte Jeanine definitiv auf, Oben-Ohne zu praktizieren. Natürlich geht sie weiterhin an den Strand, um sich zu sonnen, aber in sorgloserer Stimmung, da ihre Brüste nun geschützt sind. Denn die Fokussierung des Risikos auf den Busen hat den enormen Vorteil, den medizinischen Diskurs abzulenken und verantwortungsloses Sonnenbaden weiterhin zu ermöglichen. Claudine (F65) ist als Krankenschwester bezüglich dieser Fragen sehr gut informiert, sie ist eine der wenigen, die von Hautkrebs und nicht von Brustkrebs sprechen. Obwohl sie sich von dem Gerücht abgrenzt, bringt sie doch eine hochentwickelte Theorie zur besonderen Empfindlichkeit der Haut an dieser Stelle vor, die sie deshalb auch durch das Tragen eines Badeanzugs schützt. Eine Theorie, die es ihr erlaubt, sich in Ruhe zu sonnen: sie ist die Braungebrannteste am ganzen Strand und gibt zu, sich intensiv auch den stärksten Strahlen auszusetzen.

Verfeinerung oder Rückschritt?

Der Strand denkt nicht gern und redet nicht gern. Sonnenbad-Lethargie (»es sind Ferien«), Banalisierung (»keiner achtet mehr darauf«) und Toleranzgeist (»jeder kann tun, was er will«) wirken so zusammen, daß das Schweigen eine solide Basis hat. Dennoch sind die Pro- und Kontra-Positionen entschiedener, als man angesichts dieses Schleiers aus Nicht-Gesagtem vermuten könnte. Sie entsprechen den Verhaltensweisen eines jeden, die ihrerseits Teil von Gewohnheiten sind, die von weit her kommen, von der Kindheit und dem Verhältnis zum eigenen Körper (das sich nicht so leicht verändern läßt, wie man sich vielleicht wünschen würde). Bei bestimmten Gelegenheiten, meist beim Überschreiten einer räumlichen, verhaltensmäßigen oder morphologischen Grenze (z.B. der große Busen), wird das Schweigen gebrochen und die eigene Bequemlichkeit vergessen: man muß sich eine Meinung bilden, sie vielleicht sogar äußern. Nun wird aber die Müdigkeit um so größer, als sich beim Nachdenken eine unerwartete Tiefe und Komplexität offenbart: Oben-Ohne ist keine einfache Sache. Der Kern des Problems wird in diesem Nebel eines Kontextes, der dem Denken nicht gerade nachhilft, nur selten getroffen. Es geht um den Sinn dieser Praxis: Warum Oben-Ohne? Für die Gegner ist die Antwort klar: es handelt sich um einen Rückschritt. Die Begriffe, die benutzt werden, sprechen da übrigens für sich. »Zitzen«, »Weibsbilder«, »Fleischauslage«: sie evozieren wilde, organische Animalität; das Fehlen ästhetischer Kultur in der Verhöhnung der Schönheit; Obszönität, das Fehlen von Zurückhaltung und jeglichen Gefühls für die Grenzen, eines Gefühls, das nicht nur die Grundlage der Moral, sondern jeglicher Kultur ist. Paradoxerweise neigen die Anhänger des Oben-Ohne dazu, die Bewegung, an der sie teilhaben, auf analoge Weise zu interpretieren, sie kleiden ihre Antworten lediglich in schmeichelhaftere Worte; die Rückkehr zu den herrlichen Primärerfahrungen, die Einfachheit des Naturzustands im Gegensatz zur Zivilisation. Genau hier liegt die Frage: Ist Oben-Ohne, wie andere Lockerungen hinsichtlich des Körpers, die Manifestation eines weiteren Fortschritts im Prozeß der Zvilisation, dem Prozeß der Aneignung des Beherrschens der Emotionskontrolle auf hohem Niveau? Oder geht hier die Revolution der Sitten so weit, daß sie ins Gegenteil umschlägt, so wie Extrempunkte manchmal zusammenfallen? Die Antwort ist nicht einfach. Die befragten Personen haben übrigens ihre Meinung dazu ständig geändert, im einen Moment betört vom Reiz der neuen Freiheit, im anderen angeekelt von dieser »Fleischauslage«. Theoretisch ist Oben-Ohne eine kulturelle Ausarbeitung, eine verfeinerte Distanz, ganz in der Nähe des Körpers und seiner Nacktheit, denen es aber so nah ist, daß nicht sicher ist, ob dieses Ideal erreicht wird.

Zweiter Teil

Die Kontrolle der Gesten

Es wird Zeit, hinter das Bühnenbild zu blicken. Wenn die befragten Personen die Handlungsbühne beschreiben, stellen sie sich vor, sie sei improvisiert, als ob der Körper frei wäre, nur nach seinem eigenen Kopf zu handeln. Nichts stimmt weniger. Jede Geste, auch die kleinste, hat einen Sinn, jede Geste, auch die kleinste, hat Folgen. Man sollte sich nicht von Lethargie und Indifferenz täuschen lassen: der Strand beobachtet und kontrolliert auch die kleinsten Details. Wir werden uns in diese im Dunkeln liegenden Kulissen vertiefen. Doch zunächst sollten wir die Funktionsweise der Zonen im Halbdunkel des Mechanismus besser verstehen.

Der anonyme Körper

Der eigene Körper

Die Schamgrenzen sinken, der Körper liefert sich nun den Blikken aus. Diese Entwicklung könnte einen glauben machen, er würde dadurch weniger intim. Aber das Gegenteil ist der Fall. Alles, was mit dem Körper zu tun hat, wird mehr und mehr als strikt persönlich, wesentlich und als allein mit dieser Person wesensgleich erlebt. Er ist Fleisch, die Konkretheit des Selbst in einer Welt, in der sich das Konkrete verflüchtigt, er markiert die Begrenzung des Selbst an den Grenzen der Haut. Der Körper gehört einem, und nur einem selbst, denn er ist der Garant des Selbst. Sogar diejenigen, die einem nahestehen, haben hier kaum etwas zu sagen.

Die Befragung bringt die überraschende Intensität dieser Personalisierung des Körpers zutage. Francis weigert sich, hinsichtlich seiner Begleiterin eine Meinung zu äußern: »Es ist ihr Körper, sie kann damit machen, was sie will« (M37). Sicher, sie leben als Paar, aber alles, was den Körper betrifft (einschließlich einer so heiklen Frage wie der des Oben-Ohne), steht strikt in der Verantwortung dessen, der ihn bewohnt. Yvette hatte Skrupel, eine solche Verantwortung allein auf sich zu nehmen. Sie hätte sich das Einverständnis ihrer Tochter gewünscht, bevor sie ihre Brüste am Strand zeigte. Doch das hat sie nicht bekommen: »Du bist frei, Mama, es ist dein Körper, du kannst machen, was du willst« (F86). Familienmitgliedern ist es verboten, sich einzumischen. Das ist, anders als früher, nicht mehr ihre Sache. Die Entwicklung in Richtung Personalisierung des Körpers ist so stark, daß die meisten Eltern nicht versuchen, ihre Töchter hinsichtlich der Oben-Ohne-Frage zu beeinflussen, sondern deren Entscheidungen respektieren, selbst wenn sie ihnen unangemessen erscheinen: die bis zum Hals bedeckte Tochter neben der Mutter im Bikinihöschen führt zu keinerlei Familiendebatten. Aber am erstaunlichsten ist dies bei Paaren: die Praxis des Oben-Ohne offenbart, wie stark die Paarbeziehung auf dem Individuum gründet, das über sein eigenes kleines Universum herrscht, und wie weit sie vom Ideal der Verschmelzung entfernt ist, das sie angeblich beseelt. »Dein Körper gehört dir«, sagt Dominique, »selbst wenn du mit jemandem lebst, bist du ihm keine Rechenschaft schuldig« (F100). Für Roselyne ist Autonomie hinsichtlich des Körpers ein so selbstverständliches Prinzip, daß sie wütend wird, als der Interviewer seine Frage zur Meinung ihres Mannes wiederholt: »Mein Mann, mein Mann! He, das ist meine Sache, nicht seine!« (F125).

Der Körper gehört einem selbst, jede ihn betreffende Entscheidung kann nur eine persönliche sein. Man hätte jedoch annehmen können, daß es im Umfeld dieses heute unantastbaren Prinzips dennoch Raum für Diskussionen gäbe: eine persönliche Entscheidung nach ehelicher Konsultation in irgendeiner Form. Doch eheliche Verhandlungen gibt es nicht, undurchdringliches Schweigen, die geheime und souveräne Entscheidung. »Das ist eine persönliche Sache, sie fragt mich nicht nach meiner Meinung, und ich sie übrigens auch nicht nach ihrer. Ich stelle mir keine Fragen, sie ist frei zu tun, was sie will« (M43). Fréderic kann nicht einmal sagen, ob seine Frau Oben-Ohne praktiziert oder nicht. Er geht nicht mit ihr zusammen an den Strand, und sie haben nie darüber gesprochen. »Offen gesagt reden wir nicht über das, was draußen passiert. Vielleicht macht sie es, wenn sie an den Strand geht. Ich habe keine Ahnung, und es stört mich nicht« (M28). Auch hier sind wir weit entfernt vom idealen Paar, wie es sich in der kollektiven Bilderfabrikation präsentiert: integriert und hyper-kommunikativ, transparent. Meinungsumfragen zeigen die stetige Zunahme solcher Werte, den gesellschaftlichen Traum von der Verschmelzung des Verliebtseins, die in das totale Paar mündet, die Überschreitung der Grenzen des Individuums. Doch die Antwort ist nicht dieselbe, je nachdem, ob man nach den Werten oder nach den Praktiken fragt. In der Praxis ist der Wunsch entgegengesetzt: es ist der nach einem eigenen Bereich.

Das eheliche Schweigen hinsichtlich des Oben-Ohne wird nicht als Defizit erlebt, sondern wird sogar in höchstem Maße eingefordert, eine Art Garantie für das Autonomieprinzip. »In einer Paarbeziehung macht jeder das, wozu er Lust hat, sonst lohnt es sich nicht, zusammen zu sein« (F151). Das Schweigen ist hier also eine Form der Kommunikation und zeigt scheinbar eine stillschweigende Übereinkunft an. Für Muriel hat die Tatsache, daß ihr Ehemann nichts dazu gesagt hat, die Bedeutung einer Akzeptanz: »Wenn er nicht einverstanden gewesen wäre, hätte er es vorher gesagt« (F70). Nachdem Ghislaine (F30) uns gegenüber zunächst betont hat, ihr Mann sei einverstanden, gibt sie doch zu, daß sie niemals darüber diskutiert haben. In Wirklichkeit kennt sie seine tatsächliche Meinung nicht. Doch das Schweigen kann auch andere Gründe haben, es kann ein zähes Schweigen sein, hinter dem sich eine Divergenz verbirgt, die nicht zum Ausdruck kommen kann. Für Corinne gibt es »in der Paarbeziehung Dinge, die tabu sind, Dinge, die man nicht ansprechen sollte« (F148), besonders, wenn eine Frau gerne Oben-Ohne praktizieren möchte, aber spürt, daß ihr Mann dagegen ist. Unter solchen Bedingungen kann das Schweigen nicht lange aufrecht erhalten werden, denn aus irgendeinem Grund lodert die Divergenz auf: dann bricht das Wort hervor, kurz und befreiend. Lionel hatte sich nie dazu geäußert; oder genauer gesagt, Nathalie erinnert sich nicht daran: »Er hat darüber nie etwas zu mir gesagt, ich glaube nicht, daß wir je darüber gesprochen haben« (F52). Bis zu dem Tag, an dem sie mit der Brust in der Sonne einschlief und vollkommen rot nach Hause kam. Lionel platzte; er hatte einen Vorwand, die lange zurückgehaltenen Anschuldigungen herauszulassen. Nathalie erinnert sich an die Szene: »Da hat er mir aber die Ohren langgezogen« – und die Träger hoch, sie zog ihr Oberteil wieder an.

Es wird also wenig darüber gesprochen, manchmal herrscht völliges Schweigen: so die weibliche Version. Doch manchmal geschieht es, daß dem Mann zwei oder drei kleine Sätze herausrutschen, die so banal sind, daß die Frau sich nicht daran erinnert, die aber deshalb nicht weniger wichtig sind: diskrete

Unterstützung der Entscheidung, oder im Gegenteil eine Zurückhaltung, die wie ein Anhaltspunkt für potentielle zukünftige Kritik geäußert wird. Der Freund von Vanessa hat einen vorsichtigen Satz riskiert: »Na so was, das ist ja eigenartig, letztes Jahr hast du das nicht gemacht« (F68), so vorsichtig, daß sie nicht darauf geachtet hat. Rachels Freund war deutlicher: »Er hat mal eine Andeutung gemacht, daß ich es auch anlassen könnte« (F179). Ein einziges Mal, ganz kurz, ohne größere Erklärung. Dennoch schafft es Rachel seither nicht mehr, so sorglos damit umzugehen: »Es stimmt, ich stelle mir nun die Frage: ziehe ich es aus oder ziehe ich es nicht aus?« Auch wenn eine solche männliche Bemerkung kurz und scheinbar banal ist, kann sie wichtige Folgen für die Entscheidung haben. Das hängt ganz von der Frau ab und von ihrem Willen, diese unterschwelligen Andeutungen des Partners zu verstehen oder nicht. Lydie (F158) hat entschieden, taub zu sein. Doch Lucas hatte auch keine genaue Meinung, als er sie (als sie das erste Mal zusammen an den Strand gingen) fragte, warum sie nicht Oben-Ohne machte. Sie hatte sehr schroff geantwortet; seither hat Lucas nie wieder davon gesprochen. Nils ist hartnäckiger. Er hatte in Form von stichelnden Bemerkungen einen heimlichen Krieg geführt, in dem er schlicht immer wieder sagte, daß »es wirklich hübsch ist« so seine Brüste zu zeigen. »Um ihm eine Freude zu machen« (F73), hatte Elise es versucht. Seinen Lieblingssatz wiederkäuend hatte Nils das »wirklich hübsch gefunden«. Doch Elise war offensichtlich nicht überzeugt und hörte ganz plötzlich mit dem Oben-Ohne wieder auf, das ihrem Mann solches Entzücken bereitete. Seither murrt Nils und hört nicht auf, »darüber zu sinnieren«, wann immer er einen Vorwand findet. Und er hat einen gefunden: die weißen Streifen. »Er findet das wirklich häßlich, wenn man sich auszieht«. Aber nichts zu machen: Elise hat nicht mehr die geringsten Zweifel.

Die kleinen Bemerkungen des Ehemanns

Die Praxis des Oben-Ohne ist zutiefst individuell. Der Ehemann ist somit dazu verdammt, nur eine zweitrangige Rolle zu spielen und nur anläßlich kurzer Wortwechsel auf der Bühne zu erscheinen, oder sogar gar nichts zu sagen und eine Statistenrolle zu spielen, bei der allein seine Gegenwart an der Seite seiner Frau genügt, um den legitimen Charakter ihres Oben-Ohne zu verstärken. »Das hängt auch davon ab, in wessen Begleitung sie sind. Vorhin war hier neben uns eine Dame, die nicht den Eindruck machte, provozieren zu wollen, sie war mit ihrem Mann da« (F181); »Es war auch der Blick meines Mannes, der mir Sicherheit gab und mir sagte: du bist O.K.« (F73).

Doch in manchen Fällen ist das Repertoire des Ehemanns nicht uninteressant. Daß Worte so rar sind, bedeutet nicht, daß der Mann keinen Einfluß hätte. Auch wenn der Körper der Frau nur ihr gehört, verfügt der Mann doch über heimliche Waffen, um den Gang der Dinge zu beeinflussen. Und diese Waffen braucht er auch, denn man sollte aus dem ehelichen Schweigen nicht schließen, daß er keine Meinung habe. Wenn er sich nicht stärker äußert, dann nur aus Respekt vor dem Autonomieprinzip. Die junge Generation hat beispielsweise eine Vorstellung von der Exklusivität der Paarbeziehung (Spencer, 1993), die sich mit dem Gedanken, Teile des weiblichen Körpers in der Öffentlichkeit zur Schau zu stellen, schlecht verträgt. »Allein an einem Strand – O.K., aber nicht wenn da andere Typen sind« (M16). Philippe ist zwiegespalten. Er ist eher für Oben-Ohne, aber wenn es um seine Freundin geht, ist seine Reaktion eine andere: »Also bei meiner Freundin, offen gesagt, da fällt es mir schwer, das zu akzeptieren, ich gebe zu, ich wäre ein bißchen eifersüchtig« (M89). Würde er sich einmischen und wie? »Nicht, indem man kategorisch Nein sagt, sondern eher, das gefällt mir nicht, fertig. Irgendwie würde es mich, offen gesagt, schon stören, aber ich will es nicht verbieten.« Philippe suchte deshalb nach Umwegen, um seine Meinung zum Ausdruck zu bringen. Wie auch der Freund von Marianne. Er hat

»nichts gesagt«, sie hat es nur »gefühlt«: »Da bin ich ganz sicher, es würde ihm absolut nicht gefallen« (F31). Und sie nimmt an, daß er, obwohl er nicht einverstanden wäre, nichts genaues sagen, sondern lieber »eine Woche lang ein Gesicht ziehen würde«. Nervöse Gesten anstelle von Kommunikation kennzeichnen übrigens auch schon dann sein Verhalten, wenn Marianne im Garten Oben-Ohne macht. Er kann nicht mehr stillsitzen, »und schaut unentwegt, ob die Nachbarn, die 50m entfernt sind, nicht 'rüberschauen könnten«, wobei er durch diese Unruhe eine Botschaft vermitteln will. Damit verstärkt er wirkungsvoll den Druck, der Oben-Ohne am Strand verbietet, aber im Garten will Marianne nichts davon hören.

Innerhalb der Paarbeziehung wird wenig zum Oben-Ohne gesagt. Vor allem nicht von der Frau, die damit ihren Wunsch nach körperlicher Autonomie manifestiert. Das eheliche Schweigen ist in Richtung Frau-Mann am ausgeprägtesten. Der Mann sagt ein bißchen mehr dazu, in Form von kleinen, versteckten Sätzen, die nicht immer gehört werden. Er redet besonders dann, wenn eheliche Uneinigkeit besteht, um sich gegen die Entblößung dessen, was er als strikt persönlich betrachtet, zu wehren. Oder, im Gegenteil, um seine Frau dazu zu bewegen, sich öffentlich zu enthüllen. Vor allem 35- bis 49-jährige Männer gehen manchmal nach Jahren des Schweigens zu ehelicher Offensive über, um ihre Frauen dazu zu bringen, ihren Busen zu zeigen (hier ist anzumerken, daß auch im Hinblick auf FKK-Lager Frauen dem Druck des Ehemanns ausgesetzt sind, sich auszuziehen: Hartmann, Fithian, Johnson, 1970). Diese Offensive kann entschlossen sein, aber nur in dem Maße, wie sie noch eine Art Pflicht zur Zurückhaltung respektiert, die durch einen begrenzten Gebrauch der Sprache gekennzeichnet ist. Nicole (F32) weiß, daß es ihrem Ehemann gut gefallen würde; er hat aber nie etwas offen gesagt; mit 52 Jahren betrachtet sie das Problem nun als erledigt.

Der Mann von Hélène war zwar auch nicht expliziter, hat aber Ergebnisse erzielt. »Manchmal muß man bei mir ein bißchen nachhelfen«, sagt Hélène«, »und hier ist nachgeholfen worden. Es ist vollbracht« (F114). Er mußte nicht sehr nachhelfen: sie überlegte schon seit längerem, es war lediglich der Auslöser, auf den Hélène noch wartete. Ist die Frau weniger bereit, verlieren sich die Worte des Partners im Wind des Strandes. Nils war erfolgreich: »Ich selbst hätte es nicht einfach so gemacht, es war mein Mann, der mich dazu gebracht hat« (F73). Als Élise ihr Oberteil dann wieder anzog, wurden die Klagelieder ihres armen Mannes (»es war doch so hübsch«) langsam zu einem ehelichen Nebengeräusch, auf das sie nicht mehr achtete. In manchen Fällen jedoch ist die Motivation des Ehemannes so stark, daß er aus seiner Pflicht zur Diskretion heraustritt und zu offenen Feindseligkeiten übergeht, um seine Frau umzustimmen. Thierry hat kein Glück. Er träumt davon, sich am Strand neben eine Frau mit nackten Brüsten zu legen. Seit seiner Jugend hatte er drei Liebesbeziehungen. Trotz seiner nachdrücklichen Bitte war keine der Frauen bereit, sich in der Öffentlichkeit zu entblößen. Er beendete die Beziehungen aufgrund »mangelnder Gemeinsamkeiten« (M18). Thierry ist auf der Suche nach partnerschaftlicher Übereinstimmung, die auf Schweigen beruht. Geredet wurde nur, weil dieses Basis-Schweigen fehlte, und es war vergeblich. Auch andere Beispiele zeigen, daß ausgiebige und energische Kommunikation eher Symptom der Uneinigkeit zwischen den Partnern und des Erlahmens der Paarbeziehung ist. Odile hat sich trotz ihrer Zweifel den Anweisungen gefügt: »Das war mir peinlich! Das war mir ja so peinlich!« (F79). Ebenso eine Freundin von Chantal (F59), die nun das Oberteil auszieht, wenn sie mit ihrem Mann zusammen ist, und es wieder anzieht, wenn sie allein am Strand ist.

Woher kommt dieses männliche Verhalten? Warum veranlassen oder gar zwingen sie ihre Frau, ihre Brüste in der Öffentlichkeit zu entblößen? Die Antwort der Befragten kommt prompt: aus Stolz. »Ein Mann ist immer stolz, wenn er seine Frau sieht, nicht wie sie sich zur Schau stellt, aber eben daß man sie anschaut« (F65). Im Zentrum dieses männlichen Stolzes steht die Schönheit der Frau: sie ist 35, 40, 45 Jahre alt, ihr Körper kann sich jedoch sehen lassen wie der einer Jüngeren. »Ich sage immer, solange man sie anschaut, ist sie schön« (M85). Durch die Blicke auf seine Frau fühlt auch der Mann sich jung und schön. Guy, ein mißgestimmter Beobachter der neuen Strandsitten, verurteilt diesen manipulierenden Narzißmus: »Sie werten sich damit auf wie mit einem tollen Schlitten« (M47). Oben-Ohne zeugt von dem Anspruch, schön zu sein, und manifestiert eine Fähigkeit zur Zwanglosigkeit – ein anderes Element, das mit Stolz erfüllt. »Wenn ich eine Frau habe, die nicht verklemmt ist, heißt das, daß ich auch nicht verklemmt bin« (M85). Michael, 18 Jahre alt, hat noch keine Freundin. Er stellt sich imaginäre Szenen vor, in denen er in Begleitung seiner Freundin ist. Er hätte gerne, daß sie ihr Oberteil am Strand auszieht: »Das würde mir ein Gefühl von Überlegenheit geben. Das ist es, was für mich Oben-Ohne ist, Überlegenheit« (M17). Hören wir diese Aussagen genau an. Es geht den Männern nicht um ihre Frauen oder die Beziehung: sie reden von sich wie auch die Frau von sich geredet hat. Der Körper der Frau gehört ihr, und nur ihr. Doch der Mann kann aus diesem höchst persönlichen Eigentum einen Nutzen ziehen, indem er einfach nur an der Seite derjenigen ist, die sich den Blicken aussetzt.

Wäre Oben-Ohne somit eine vollkommen persönliche Praxis, sowohl aus der Sicht der Frau wie auch aus jener des Mannes? So weit kann man wohl nicht gehen. Wenigstens an einem Punkt steht die Praxis mitten in der Funktionsweise der Paarbeziehung. Es ist ein Punkt, der so geheim ist, daß es sehr schwierig war, ihn zu vertiefen und solides Befragungsmaterial zu gewinnen. Meistens wurden nur dann, wenn über andere Leute geredet wurde, einige Erklärungen abgegeben. So von Jocelyne, für die Oben-Ohne »eine Art« leichter und stillschweigender »Untreue« darstellt, die sich eben auf Blicke begrenzt: »Bei manchen verheirateten Frauen ist da auch eine Art Untreue, eine Untreue, die nicht gefährlich ist, im Grunde ist es ein Spiel« (F170). »Untreue« unter der Kontrolle des Ehemanns, ja sogar auf seine Initiative hin. Mehrere Männer haben uns zu verstehen gegeben, daß der Blick auf die dargebotene

Nacktheit ihrem Liebesleben ein bißchen Würze hinzufüge, als ob diese kleine Erfahrung dem Gewöhnlichen wieder Konturen gebe und die sexuelle Anziehung wieder erweckte. In der zweiten Phase des Beziehungszyklus, eben genau in dem Alter, in dem Männer ihre Frauen dazu bewegen, sich am Strand auszuziehen, beruht die männliche Unzufriedenheit auf dem Sinken der physischen Anziehungskraft ihrer Partnerin. Die Unzufriedenheit der Frauen im gleichen Alter entspringt der Routinisierung des Lebens, dem Schwächerwerden der Gefühle und der intimen Kommunikation (Kaufmann, 1993). Oben-Ohne stellt ein symbolisches Substitut dar, das Körnchen (legitimen) Abenteuers, das einen vergessen läßt, daß das Leben jegliche Überraschung verloren hat. Diese weibliche Perspektive entwickelt sich entweder mit stillem Einverständnis des Ehemannes oder heimlich, gegen ihn, eheliche Zufriedenheit wird hier innerhalb eines rein persönlichen Prozesses wiederhergestellt (Kaufmann, 1992). So zieht es eine Frau wie Jessica (F16) vor, ihr Oberteil auszuziehen, wenn sie allein ist. »Es macht ihnen Freude, angeschaut zu werden, vor allem wenn ihr Mann nicht da ist« (M88). Auch Séverine kennt dieses einsame Oben-Ohne-Vergnügen. Weil sie aber gegen das Risiko einer Aufspaltung ihres Lebens kämpfen will, zwingt sie sich, ihr Oberteil nicht wieder anzuziehen, wenn ihr Mann an den Strand kommt. Mit dem Ergebnis zufrieden betont sie: »Wenn er an den Strand kommt, mache ich es vor ihm, das stört ihn nicht« (F183). Machen wir uns die Ungeheuerlichkeit dieser Antwort bewußt: der Mann könnte derjenige am Strand sein, den das Oben-Ohne seiner Frau am meisten stört! In diesem Fall scheint er das übrigens auch wirklich zu sein: während sie sich bräunt, verbringt er seine Zeit damit, mit den Kindern zu spielen, weit weg von Séverine, als wolle er sie ignorieren.

Die Familie

Oben-Ohne wirft die klassischen Begriffe von Intimität über den Haufen. Je öffentlicher, fremder, anonymer der Strand ist, desto weniger geniert man sich; hingegen umso mehr, je familiärer der Strand ist. Abgesehen vom Ehemann und einigen Nahestehenden (einer Schwester, einer Freundin) wird das Sich-Ausziehen schwieriger, wenn man sich kennt. Vor allem bei Verwandten. Die Nennung des Vaters oder der Mutter hat viele Male Schreie hervorgerufen. »Also mein Vater, reden wir nicht davon!« (F169). Élisabeth kommt nie mit ihren Eltern an den Strand. Häufig wurde auf den familiären Charakter von Strandgewohnheiten hingewiesen (Urbain, 1994). Unsere Befragung deutet jedoch darauf hin, daß eher Familienfragmente als ganze Sippen im Vordergrund stehen, und daß Alleinstehende und Paare ohne Kinder genauso wichtig sind. Der Strand ist kein Ort intergenerationeller Praxis, abgesehen von Familien, deren Kinder noch klein sind. Die unterschiedlichen Vorstellungen der Generationen bezüglich des Körpers spielen hier eine wichtige Rolle. Fanny liebt es, Oben-Ohne zu machen, und sie tut es, ohne sich viele Fragen zu stellen. Sie hat kaum bemerkt, daß ihr Vater dann wegrückt und daß er außerdem immer seltener an den Strand kommt. Er hat nur mit seiner Frau darüber gesprochen, um ihr seinen inneren Widerstand mitzuteilen: »Oh, also mein Mann mag das gar nicht, es ist für ihn furchtbar, seine Tochter Oben-Ohne machen zu sehen!« (F98). Emmanuelle (F178) stellt sich nicht einmal die Frage, ob sie vor ihren Eltern Oben-Ohne machen könnte. Sie sind so dagegen, daß diese Vorstellung undenkbar ist. Auch die Mutter von Hélène könnte wirklich schockiert sein: »Oh nein, vor meiner Mutter würde ich mir das nicht erlauben, sie würde das nicht verstehen, sie ist zu alt« (F14). Élise glaubte nicht, damit zu schockieren, denn ihre Mutter ist »ein offener Mensch« (F73). Sicher, die familialen Gewohnheiten bei ihr zu Hause waren immer sehr reserviert, und wäre es nur nach ihr gegangen, hätte Élise ihren Busen niemals am Strand gezeigt. Aber es schien Nils eine solche

Freude zu machen, er fand das so »nett«, daß sie schließlich nachgegeben hat. Bis zu dem Tag, an dem ihre Mutter sie nahtlos braun, also ohne »weiße Streifen«, unter der Dusche entdeckte. Die folgende Szene war heftig. Unter dem Eindruck der Überraschung klammerte sich ihre Mutter an grundsätzliche und beruhigende Prinzipien: das Schamgefühl, die elterliche Verantwortung. Élise ist 32 Jahre alt und diese mütterlichen Ermahnungen hätten ihr etwas deplaziert erscheinen sollen. Doch bald danach entschied sie, damit aufzuhören, ohne Nils die Gründe zu erklären. Es war ihre persönliche Sache. Sie wählte statt der Beziehung die Familie.

Nacktheit in der Familie

Der Zusammenhang zwischen der Nacktheit innerhalb und der außerhalb der Wohnung ist offensichtlich, beide sind Teil derselben historischen Entwicklung. Géraldine kann sich nicht vorstellen, sich in Gegenwart ihrer Mutter oben ohne am Strand zu zeigen, weil sie sich so auch im Familienkreis nicht zeigt. »Außer als ich klein war, habe ich mich meiner Mutter nie nackt gezeigt. Das war mir unangenehm. Wenn es Leute sind, die ich nicht kenne, stört mich das nicht« (F6). Der Wandel hinsichtlich des Nacktseins in der Familie ist sehr einschneidend. Von einer Generation zur anderen haben sich die Grundsätze in ihr Gegenteil verkehrt. »Ich habe meine Mutter nie nackt gesehen, außer als sie starb, meinen Vater habe ich niemals nackt gesehen. Es ist schon komisch, daß meine Tochter ihren Vater und ihre Mutter nackt gesehen hat« (F97); »Als wir klein waren, waren wir das nicht gewohnt, da war eine gewisse Scham. Wir hingegen duschen vor unseren Kindern und haben nicht diese Scham« (F93). Catherine (F160) wollte lediglich im Garten ein wenig sonnenbaden, anständig mit ihrem einteiligen Badeanzug bekleidet, der die Brust bedeckt. Aber auch das war noch zu viel für ihren Großvater, der sich gezwungen fühlte, wieder nach Hause zurückzufahren, um nicht dieses Bild sehen zu müssen, das nicht in seine Vorstellungen paßt. Für die Generation der heutigen Großeltern war Nacktsein in der Familie ein Tabu; in jungen Familien ist es im Gegensatz dazu das Verstecken der Nacktheit, das tendenziell undenkbar wird. »Zu Hause schlafe ich nackt, ich stehe auf und bin nackt, ich laufe nackt vor den Kindern herum« (F100).

Die Nacktheit in der Familie zeugt von der wachsenden Bedeutung des Körpers in der Sphäre der Intimität. Der erotische Körper des verliebten Paares, der gefühlvolle Körper in der Nestwärme der Gruppe, der maskenlose Körper des nicht von öffentlichen Rollen eingezwängten Individuums. Auf dieselbe Weise, wie der Körper der Garant für das Selbst ist, werden seine Nähe und Authentizität zu Grundsteinen der Intimität: Nacktsein ist eine Art Garantie für Nähe und Authentizität. Viele Frauen haben dies intuitiv verstanden und versuchen nun, mit Hilfe der Bademode ihre familialen Praktiken zu reformieren, indem sie im Binnenraum der Familie eine Entspannung einführen, die paradoxerweise in der Öffentlichkeit leichter fällt. Ghislaine (F30) ist auf dem Weg, dies zu schaffen: dank des Strandes entblößt sie auch zu Hause Stück für Stück ihren Körper. Der nächste Schritt besteht nun darin, Oben-Ohne im Garten zu üben. Doch während sie es ausgestreckt auf ihrer Liege, also unter Strand-Bedingungen, schafft, sich wohl zu fühlen, verliert sie ihre Ungezwungenheit, sobald sie diese Position verläßt. Laure hatte eine ähnliche Entwicklung im Sinn, ist aber nicht so weit gekommen. Bei ihrem ersten Versuch am Strand war ihr kleiner Sohn, der die Brüste seiner Mutter seit der Stillzeit nicht mehr zu Gesicht bekommen hatte, durch diese plötzliche Änderung der Codes zutiefst erstaunt, und er schwieg nicht: »Zieh dich wieder an, Mama!« (F94). Laure hat nicht insistiert. »Nun gut, wenn das genügt, um ihm eine Freude zu machen! Und ich habe mich ja auch nicht sehr wohl gefühlt! Naja, nun machen wir eben so weiter. Meine Kinder sind mein Leben. Ich will sie nicht damit ärgern, daß ich Oben-Ohne mache!« (F94).

»Leute, die ich kenne ...«

In einer Gruppe von Freunden ist die Praxis des Oben-Ohne nicht einfacher, es sei denn, sie kennen sich sehr gut und haben dieselben Strandgewohnheiten. Séverine (F183) macht es in einer kleinen Clique, aber sobald jemand Neues hinzukommt, zieht sie ihr Oberteil wieder an. Jocelyne (F170) ist radikaler: sie praktiziert nur, wenn sie allein ist oder mit einer Freundin, nie in der Gruppe. Wie auch Marcelline, die versucht genauer auszuführen, warum: »Man muß das respektieren, denn zwischen Männern und Frauen, da könnte es passieren ...« (F149). Die Gedanken von Bob gehen nicht so weit. Er gibt sich damit zufrieden, ein gewisses Vergnügen dabei zu empfinden, ein Auge auf anonyme Busen zu werfen, »wenn sie schön anzusehen sind« (F4). Doch wenn er und seine Frau mit einer Freundin zusammen sind, die Oben-Ohne praktiziert, ist es nicht mehr dasselbe, das Vergnügen wird durch Peinlichkeit verdorben: »Das ist ihm unangenehm, weil es eine Freundin ist« (F4). Denn der Umgang mit Beziehungen wird schwierig, wenn Freunde gewohnt sind, zum sexuellen Bereich eine Distanz herzustellen, um ihre Intimität zu regulieren. Die Nähe des anatomischen Objekts, das mögliche Quelle von Erotik ist, mischt die Karten neu: Ist die Interaktionsregel immer noch dieselbe, verschiebt sie sich nicht auf eine andere Ebene? »Das verkompliziert die Beziehungen«, sagt Gilles (M86). Roland (M93) trifft am Strand häufig ein befreundetes Paar. Wenn die Frau ihr Oberteil anhat, geht er hin, um mit ihnen zu reden, wenn sie Oben-Ohne macht, begnügt er sich mit einem kleinen Gruß von Weitem. Für Stephanie ist Oben-Ohne mit engen Freunden am kompliziertesten, mit denen, die sie »männliche Kumpel« nennt, und die es umso mehr von möglichen Liebhabern zu unterscheiden gilt, als sie zu solchen werden könnten. »Wenn es Unbekannte sind, ist dir das egal, du wirst sie nie wieder sehen, es ist dir total egal. Aber männlichen Kumpel zeigst du deinen Busen nicht, denn das ist ein sinnlicher, geheimer Teil von dir, der deinem Liebhaber vorbehalten ist« (F41).

Ein anderer, noch unangenehmerer Fall: die unerwartete Begegnung mit einem Freund, den man aus einem anderen Kontext als dem des Strandes kennt, die Begegnung mit einem Bekannten, einem Arbeitskollegen. Der Schock ist dann der einer plötzlich mit ihrer Eigenartigkeit konfrontierten Intimität. Was man sonst von sich zu sehen gibt, ist nicht das, was hier zu sehen ist. Flucht, Anonymität und Unsichtbarkeit sind hier unmöglich; man muß mit dieser Diskrepanz umgehen, was seinen Ausdruck häufig in einem tiefen Gefühl der Peinlichkeit findet. Der Busen ist entbanalisiert, plötzlich der Ungezwungenheit, die ihn sonst so gut kleidete, entrissen. Die Frau empfindet sich gegenüber dieser Person, die sie wiedererkennt, ohne es zu zeigen, als wirklich nackt. Die Verlegenheit ist übrigens nicht nur ihrerseits. Sie ist auch auf seiten des intimen Fremden, den man getroffen hat, und der ebenfalls mit einer Nackten konfrontiert ist, die noch nackter wird: »Sie würden mich nicht anschauen, das würden sie nicht wagen, oder wenn sie mich anschauen würden, würden sie bis hier erröten« (F76). Suzanne hat zahlreiche Kunden, die denselben Strand wie sie besuchen. Deshalb ist sie mit solchen Zusammentreffen so häufig konfrontiert, daß sie sich darauf eingestellt hat. Das größte Risiko geht von den »reifen Damen« aus, die Suzanne als »eine schicke und vornehme Dame« betrachten. Deshalb hat sie eine Verteidigungstechnik entwickelt: sie verbietet es sich, sich beim Dösen und Träumen gehen zu lassen und beobachtet laufend sehr aufmerksam den Strand. »Es passiert mir manchmal, daß ich die ganze Zeit damit beschäftigt bin, den Badeanzug hoch- und runterzurollen, weil ich jemanden den Strand heraufkommen sehe. Ich habe wirklich kein Interesse daran, Kunden zu verlieren, weil ich meine Brüste freilege, das ist einfach eine Frage des Geschäfts« (F76). Arbeitsbeziehungen stellen die größte Schwierigkeit dar. »Was unangenehm sein kann, ist, wenn man sich ungestört glaubt, Oben-Ohne macht und paff – man stößt mit der Nase auf einen Arbeitskollegen« (F170). Der den Blicken eines anonymen Individuums dargebotene Körper ist ungebunden, ohne Zukunft, nur für diesen Moment da. Die Begegnung mit einem Arbeitskollegen hingegen wird Rückwirkungen in einem ganz anderen Kontext als dem des Strandes haben. »Man braucht die Anonymität, das ist eine Frage des Schamgefühls, und außerdem verhindert das Kommentare, die später gemacht werden könnten« (F170). »Das ist ein Bild von sich, das man im Rahmen beruflicher Beziehungen nicht abgeben möchte« (F62): die unterschiedlichen Rollen entsprechenden Öffentlichkeiten müssen unterschieden bleiben (Goffman, 1974), nur das Individuum allein kennt das Geheimnis seiner multiplen Leben (Simmel, 1993), in jeder Interaktion liefert es nur ein Fragment seiner selbst, eine Facette seiner Identität, die von einer Interaktion zur anderen unterschiedlich ist. Das plötzliche Zusammentreffen von Rollen, die eigentlich getrennt hätten bleiben sollen, trifft die Person im Kern dieses Systems zersplitterter Selbstorganisation, was zu Peinlichkeit, und, tiefer noch, zu Verunsicherung hinsichtlich der eigenen Identität führt. Denn die Begegnung mit dem Arbeitskollegen ist auch die Begegnung mit einem anderen Teil seiner selbst, einem Teil, der anders sozialisiert ist. Über den anderen, dem sie begegnet ist, begegnet sich die Person selbst, ist sich selbst fremd.

Dieses Prinzip ist bei allen Bekannten dasselbe, wenn auch in abgemilderter Form, wenn es zu keiner Begegnung sondern nur zur Beobachtung kommt, oder wenn die soziale Beziehung keine so einschneidende ist wie eine Arbeitsbeziehung. Dies erklärt das Zirkulieren eines weiteren markanten Ausdrucks: die Angst vor den »Leuten, die ich kenne«. »Was mich am meisten stört, ist von Leuten umgeben zu sein, die ich kenne« (F27); »Um mich herum Leute zu spüren, die ich kenne, das stört mich am meisten« (F73); »Ich habe keine Lust, mich vor Leuten, die ich kenne, auszuziehen« (F1). Das Ideal des Oben-Ohne ist der den Blicken völlig Fremder, Anonymer dargebotene Körper. Mit Ausnahme manchmal des Ehemannes, ist jede der momentanen Strandsozialisierung vorausgehende soziale Beziehung mögliche Quelle von Peinlichkeit und verschiedenen Schwierigkeiten. Deshalb dieses systematische Streben, sich möglichst weit von zu Hause zu entfernen, dieses In-die-

Fremde-Gehen, um eine möglichst große Distanz zu allen »Leuten, die ich kenne« herzustellen. Yolande erinnert sich an diese Frau aus ihrem Viertel, die »wundervolle Brüste« hatte (F113) und die ihren Worten nach die erste war, die sich in Fécamp entblößte. Die Szene führte quasi einen Aufruhr herbei: das Gerücht verbreitete sich innerhalb weniger Minuten im ganzen Viertel und die Frauen veranstalteten spontan eine Art Demonstration, die die Strandwächter zum Einschreiten zwang. Ein solches Ereignis ist heute undenkbar. Das Risiko ist nicht mehr das körperlicher Angriffe. Es befindet sich vielmehr auf der Ebene des Gerüchts und der diffusen Verbreitung von Gesprächsfetzen, die den Ruf von jemandem ausmachen. »Solange es Fremde sind, weiß ich, daß da nichts rückwirkt und nicht darüber nachgedacht wird« (F73). Zu nahe bei sich zu Hause hingegen, vor allem in provinziellen Gegenden, bleibt die Freiheit, die man sich am Strand nimmt, nicht ohne Folgen. »Wenn man von hier ist, muß man doch aufpassen, denn es gibt da böse Zungen« (F159). Mangels Entfernung (weil es das Haushaltsbudget nicht zuläßt) ist es somit vorzuziehen, sich nicht in einer Umgebung niederzulassen, in der die sozialen Beziehungen zu stark, zu eng sind. Dies ist das Modell der Einsamkeit oder des Sich-Versteckens hinter flüchtigen und distanzierten Beziehungen, die nur mit dem Strandkontext verknüpft sind: ein Körper ohne Vergangenheit und ohne Zukunft, in völliger Bewegungsfreiheit. Nicht mitgegangen, nicht mitgehangen, ganz unbefangen.

Das Alter der Nackten

Die kleinen Mädchen

Kaum den Windeln entstiegen, sind auch die Babys schon ganz im Trend des Nacktseins. Sie stellen sogar ein wahres Symbol für die Entwicklung hin zum Körper dar, die offensichtlichste Manifestation des natürlichen Charakters der Nacktheit. Im Zentrum dieser Offensichtlichkeit, der Sakralisierung des Kindes in unserer Gesellschaft, wird das nackte Kind als lustig und reizend definiert: »Die ganz nackten Kinder, das ist lustig, das ist süß« (F156); »Schauen Sie sich die Kleinen an, die ganz nackt sind; das ist wirklich total süß« (F181). Vergessen ist die Nacktheit der Elendsviertel von Port-au-Prince, die einen anderen Blick wachruft. Hier ist kindliche Nacktheit einfach unwiderstehlich »süß«. Doch ohne daß irgendetwas gesagt oder selbst nur gedacht würde, transformiert sich das »süße Kind« mit drei oder vier Jahren plötzlich in sein Gegenteil, das nackte Geschlechtsteil wird anstößig, Badehosen bedecken die kleinen Hintern. Dies umso mehr, als die Kinder selbst die Scham entdecken und die ersten bruchstückhaften Elemente des sozialen Codes erlernen, der Nacktheit in der Öffentlichkeit verbietet. Die kleinen Mädchen verbergen diese so neue Intimität mit einem Bikini-Höschen. Das Oberteil jedoch ist etwas anderes. Hier ist das gesellschaftliche Verbot weit weniger stark: der beste Beweis dafür ist die große Zahl von Frauen, die Oben-Ohne machen. Doch das kleine Mädchen kann auch aus anderen Gründen das Verlangen haben, sich zu bedecken. Die Zeit der frühen Kindheit ist gekennzeichnet von dem Versuch der Jungen und Mädchen, sich auf für ihr Geschlecht spezifische Weise zu sozialisieren. Es müssen Spiele, Gesten und Gefühle gefunden werden, die eine unanfechtbare Identität bilden: Mädchen oder Junge (Macoby, 1990). Was juckt es die Mädchen, daß ihr Oberkörper so flach ist wie der ihrer männlichen Kameraden:

die Vorstellung, daß der Busen eines der Kennzeichen von Weiblichkeit ist, haben sie schon vor den entsprechenden physischen Formen. Mangels dieser Formen, muß ein Kleidungsstück dafür herhalten. Das Bikini-Oberteil zeigt an, daß man ein wirkliches kleines Mädchen ist, auf dem Weg dazu, eine Frau zu werden. Die Tochter von Yvon kann sich keine Sekunde mehr ohne ihr Bikini-Oberteil vorstellen: »Das ist die kleine Frau in ihr, die sich hier zu entwickeln beginnt« (M45). »Ein Bikini-Oberteil sieht nach Dame aus, wie ein BH, ganz Dame« (F148, über ihre Tochter). Die Mütter versuchen übrigens kaum, sich dieser Bitte um ein Oberteil zu widersetzen, die, wie einige Jahre zuvor die Nacktheit, nun gerührte Ausrufe auslöst: »Ist das süß!«, »Das ist ja nett!«. Kein Argument widersetzt sich diesem »süß« und »nett«. Zunächst zieht das kleine Mädchen sein Oberteil an wie es eine Halskette anziehen würde: nur phasenweise, um einen Zustand zu betonen, und nicht um seine Brüste zu verbergen. Dann transformiert sich diese Geste Schritt für Schritt in eine Gewohnheit, und das Verbergen tritt in den Vordergrund. Fanny, neun Jahre alt, angesichts des Mikrophons ganz ernst, erklärt uns mit größter Feierlichkeit: »Ich ziehe es vor, einen Bikini anzuziehen, denn ich habe keine Lust ... also ich will meine Brüste nicht aller Welt zeigen« (F189). Dabei ist diese Innovation noch so neu, daß es ihr noch manchmal passiert, ihr kleines Oberteil zu vergessen: während des Interviews ist sie »oben ohne«! Die Vorstellung von Scham war schneller als die Herausbildung des Automatismus der Gesten.

Die problematische Adoleszenz

Sobald sich die ersten weiblichen Formen zeigen, ist dieses Spiel mit der Kleidung, um sich als Frau auszuweisen, vorbei. Doch nun klebt das Oberteil mehr denn je an der Haut: die Adoleszenz ist, zusammen mit dem fortgeschrittenen Alter, für Oben-Ohne das schwierigste Alter (wie sie auch im FKK-Lager das schwierigste Alter ist; Descamps, 1987). »Diese Zeit, wenn sie beginnen, einen Busen zu haben, diese ganze Zeit werden die Brüste versteckt« (F148); »Die ersten Ansätze eines Busens mag man nicht aller Welt zeigen« (F52). Dies liegt zunächst daran, daß die Adoleszenz ein Moment der Identitätsreformulierung ist, der nicht frei von Unbehagen ist. Oben-Ohne hingegen ist aufs engste verknüpft mit der Fähigkeit zu Ungezwungenheit und einem unproblematischen Verhältnis zum Körper. »Wenn man jung ist, fühlt man sich nicht sehr wohl in seiner Haut, es fällt einem schon schwer, sich überhaupt zu zeigen, und dann noch oben ohne!« (F178). Dies liegt auch daran, daß sich die Unsicherheit besonders auf den Busen bezieht. Welches zukünftige Aussehen entsteht hier angesichts dieses beginnenden Wachstums? Die Brüste werden genau begutachtet, sie kommen einem zu klein, zu groß, nicht genügend reizvoll vor. Die narzißtische Unsicherheit ist hier noch größer als hinsichtlich der Menstruation (Gros, 1987). Gwendoline, 15 Jahre alt, die der Interviewer in seinen Befragungsunterlagen als ein »super Mädel« beschreibt, weigert sich, Oben-Ohne zu machen, weil »man gut gebaut sein muß«.

Nicht alle jungen Mädchen erleben solche Schwierigkeiten. Es gibt sogar welche, die, unterstützt von einer Nacktheit begünstigenden familialen Atmosphäre, in keiner der Etappen ein Bikini-Oberteil anziehen. Wie Sophie, die sich »nie eine Frage dazu gestellt hat« (F39). Oder wie Corinne. Als sie klein war, erlebte sie die Tatsache, die Brust frei zu haben, mit wirklichem Vergnügen. Als der Busen zu sprießen begann, war sie ganz niedergeschlagen: »Ich habe mir gesagt, Mist, jetzt ist es vorbei, jetzt kann ich mich nicht mehr so in die Sonne legen« (F148). Denn die Oben-Ohne-Mode war erst an ihrem Anfang. Sie ließ sich jedoch nicht im geringsten von den Veränderungen ihres Körpers irritieren und wurde ohne zu zögern zu einer der ersten: »Und dann kam die Oben-Ohne-Zeit: oh, super, jetzt können wir den Busen in der Sonne braten! Und tatsächlich wurde er gebraten.« Diese Art des Verlaufs, ohne je den Schatten eines Badeanzugs auf den Brüsten zu haben, ist jedoch selten. Eine verhüllte Phase, wenn auch nur kurz, kennzeichnet im allgemeinen die Adoleszenz. Gaelle, 23 Jahre, die uns erklärt, es »immer gemacht zu haben«, hat doch »am Anfang eine Weile gebraucht« (F95). Wie Marion: »Ich habe es immer gemacht, außer im Alter zwischen 13 und 15 Jahren, wenn man sich nicht so richtig traut« (F28). Im allgemeinen ist diese Phase länger und die Wiederentdeckung des Oben-Ohne findet später statt. Bei Céline mit 17 Jahren: »Davor war ich zu jung« (F10). Bei Jessica mit 18 Jahren: »Davor habe ich mich nicht getraut« (F16). Bei Rachel noch später: »So mit 21, 22 Jahren bringt man so langsam zum Ausdruck, daß man nun eine gewisse Reife hat« (F179).

Doch statt Scham und unzureichendem Selbstvertrauen, die die Adoleszenz charakterisieren, arbeitet in diesem Alter unterschwellig ein genau entgegengesetzter Drang, der junge Mädchen dazu bringt, Oben-Ohne zu machen, auch wenn sie sich genieren: sie sind in den Klauen eines *double bind* gefangen. Die Motivation ist hier eine ziemlich andere als zu allen anderen Zeitpunkten des Lebens. Die Befragten haben dieses besondere Verhalten oft bemerkt und interpretieren es als eine Provokation, als das Herausfordern von interessierten männlichen Blicken, die mit der gewöhnlichen Art, Oben-Ohne zu machen, bricht. »Es gibt da so etwas heißblütige junge Mädchen, die laufen oben ohne herum, um angeschaut zu werden« (M95); »Wenn man jung und süß ist, hat man Lust, angeschaut zu werden, und man hat das Gefühl, daß das irgendwie funktionieren könnte« (F71). Eine Interpretation, die nicht ganz richtig ist. Das Verhalten ist wirklich ziemlich unterschiedlich, aber die Motivation ist nicht so extrem. Das, was die jungen Mädchen dazu bringt, das Oberteil auszuziehen, ist viel diffuser, sich mehr im Inneren abspielend, persönlicher und gebunden an eine ganz neue Fähigkeit zu Ungezwungenheit und zur Bestätigung des neuen Selbst, und diese Fähigkeit zu Ungezwungenheit und Selbstbestätigung nimmt genau diesen Test zum Anlaß, um sich zu konsolidieren. Sicher, dieser innere Gewaltakt und das schlecht verborgene Schamgefühl definieren einen Verhaltensstil, der einen Mangel an »Natürlichkeit« verrät:

Kichern in den Gruppen junger Mädchen, Blicke von der Seite und aufgeregte Pupillen. Da denkt dann der Strand, daß sie sich amüsieren und die Blicke suchen. Doch wenn es stimmt, daß das erotische Gewicht hier schwerer wiegt und zu unkontrollierten Bewegungen führt, versuchen sie vielmehr, sich davor zu schützen und ein unlösbares Problem zu lösen: sich zu zeigen, ohne sich zu sehr zu zeigen.

Das Fieber der Vierziger

Wenn dieses schwierige Alter vorbei ist, beginnt die am wenigsten problematische Phase, die bis zum Alter von 30 bis 40 Jahren geht. Es ist nicht leicht, hier ein durchschnittliches Alter anzugeben. Denn obwohl sich die einzelnen Phasen von einer Frau zu anderen ähneln, ist doch das Alter zum Zeitpunkt der Verhaltensänderungen nicht dasselbe. So kann die bekleidete Phase der Adoleszenz bis zum Alter von 25 Jahren andauern, sich sogar (dann aus anderen Gründen) bis zum Alter von 30, 35 oder 40 Jahren erstrecken, bevor das Oberteil ausgezogen wird. Umgekehrt kann die Zeit, in der der Busen den Blicken ausgesetzt wird, schon mit 30 Jahren oder sogar davor wieder zu Ende sein. Bei all dieser großen Vielfalt kristallisiert sich dennoch ein sehr starker und charakteristischer Zeitpunkt der Mobilisierung und des Wunsches heraus, im Anschluß an die Phase der Jugend Oben-Ohne zu machen: das Alter von ungefähr 35 bis 40 Jahren.

In diesem Alter ist die Unsicherheit der Adoleszenz verschwunden. »Wenn man jünger ist, hat man Ängste, wenn man älter wird, ist einem das eher egal« (F124); »Anfangs traute ich mich nicht so richtig, doch dann, wenn man älter wird, sagt man sich: warum eigentlich nicht« (F87). Nun taucht aber genau in diesem Moment, in dem der Körper gesetzter geworden ist, eine neue Sorge auf: das Ende der Jugend, die Trübung der strahlenden Schönheit. Zum ersten Mal fühlt die Frau, daß sie älter wird, und diese Vorstellung wäre unerträglich, wenn der

Körper nicht seine Fähigkeit zum Widerstand gegen den Verbrauch durch die Zeit unter Beweis stellen würde. Dieser konkrete Beweis für eine noch lebendige Jugend ist zu wertvoll, um versteckt zu werden. Häufig auch mit der Unterstützung des Ehemannes muß dem ganzen Strand verkündet werden, daß man zu der Kategorie derer gehört, die sich noch zeigen können: »Sie wollen damit sagen, daß sie nicht alt sind« (M92). Die Befragten haben dieses nach-jugendliche Fieber auf eindrückliche Weise auf die Angst vor dem Altern zurückgeführt: »Weil sie Angst haben, alt zu werden« (F159); »Weil sie merken, daß sie älter werden« (F66). Diese Nach-Jugend legen wir, um zu vereinfachen, beim Alter um die 40 an. Einige Befragte lieferten für dreißig- oder fünfzigjährige Frauen dieselben Interpretationen. »Dreißigjährige Frauen haben Angst, älter zu werden, deshalb machen sie es wie die Jungen« (F81); »Mit 50 würde man gerne weniger schnell alt werden« (M31). Die Angst vor dem Altern ist die negative Seite, die positive ist der Tick von Jugendlichkeit, den Oben-Ohne verleiht, eine Erneuerung, die man nicht mehr erwartete und die der Entblößung einen spielerischen und euphorischen Charakter zukommen läßt. Dieser inneren Feststimmung liegt ein Verführungsspiel nicht fern. »Es gibt welche, die haben noch mit 45 Jahren Lust zu gefallen, und das ist normal, das ist total normal, sie wollen zeigen, daß sie noch gefallen, daß sie noch verführerisch sind« (F156); »Im Grunde ist es angenehm, sich auch noch in einem bestimmten Alter sagen zu können: man betrachtet uns« (F149). Doch wie im Fall der jungen Mädchen, sollte man auch hier mit der Interpretation nicht zu weit gehen. Das Spiel läuft innerhalb klar definierter Grenzen ab. Es ist nur möglich, weil der Strand es legitimiert und banalisiert. Und vor allem ist es ein Spiel mit sich selbst: der Blick der anderen dient dazu, sich selbst zu betrachten.

Die Entzauberung

»Es liegt mir nichts mehr an diesem Kleinmädchen-Spiel: oh, schaut, ich zeige euch immer noch alles, und es ist nicht einmal so schlecht! Man muß wissen, wann man aufhören muß« (F12). Annick ist von ihrer Entscheidung nicht so überzeugt, wie diese Aussage vermuten läßt. Vorsichtiger fügt sie hinzu: »Vielleicht ist das idiotisch, denn man kann alt und trotzdem schön anzusehen sein, aber ich schaffe das nicht.« Auf die gleiche Weise wie früher, als die Umstände einen irgendwann dazu brachten, das Oberteil zu entfernen, kommt ein Moment, an dem andere Umstände einen plötzlich dazu bringen, es wieder anzuziehen, als ob die Gesten den Gedanken vorauseilten. Es ist stärker als man selbst, wie sehr man es auch immer bedauern mag, Oben-Ohne entspricht dem gegenwärtigen Leben nicht mehr, der Busen hat seinen Zauber unwiederbringlich verloren. Wie kann eine solche, häufig schnelle Veränderung stattfinden? Sie ist das Ergebnis eines langen Prozesses, der ausgehend von einigen Elementen, die uns Mauricette geliefert hat, in etwa rekonstruiert werden kann. Von Anfang an war da in der Tiefe ihres Denkens eine kleine kritische Begleitmusik. Je mehr ihre Körperformen die volle Reife und die Falten der Erfahrung annahmen, wurde diese Musik weniger eindringlich. Doch dann fand sie deren Echo in den Blicken am Strand. Diese Musik hatte diese Blicke transformiert, sie waren nicht mehr dieselben. Sie sagten nicht mehr: »Das ist schön anzusehen«; sondern: »Findest du nicht, das sieht langsam ein bißchen nach Senioren-Liga aus?« (F142). Mauricette zog ihr Oberteil wieder an, wie man die Seite eines Buches wendet: weil die Geschichte des Lebens ihren Verlauf nimmt.

In dieser Geschichte, die voranschreitet und dazu auffordert, sich wieder anzuziehen, gibt es nicht nur den Körper und seine geringere Straffheit, nicht nur die Blicke am Strand und ihre (bis dahin ungekannte) Grausamkeit. Noch ein weiterer Faktor spielt eine Rolle: der mehr oder weniger familiale Charakter der Sozialisation. Wir haben gesehen, inwiefern Oben-Ohne eine individuelle Praxis ist, die sich der Integration in dauerhafte soziale Beziehungen meist entgegenstellt. Diese Feststellung bestätigt sich hier aufs Neue. Das Fieber der Vierzigjährigen wird häufig von einem familialen Ereignis hervorgerufen, das auf eine Desozialisierung und wiedergefundene Autonomie hinausläuft: Scheidung oder geringere Präsenz kleiner Kinder. Umgekehrt entspricht auch die Entzauberung häufig einer Veränderung der Lebensumstände: der spielerische und beziehungszentrierte Charakter der ersten Zeit als Paar tritt in den Hintergrund, an seine Stelle tritt eine Mobilisierung, die die Etablierung einer strukturierten häuslichen Organisation voraussetzt, besonders anläßlich der Geburt von Kindern. Das ist es genau, was Claudine erlebt hat, obwohl sie es nicht so darstellt: »Als ich noch Oben-Ohne machte, blieb ich liegen und bewegte mich nicht von der Stelle. Seit ich ein Baby habe, mache ich das nicht mehr. Ich finde es nicht ästhetisch, überall so herumzuspazieren, zu laufen, also nein!« (F65). Dieser Vorwand verbirgt nur unzureichend die ethische Veränderung: ihre Gedanken werden nun von der Familie in Anspruch genommen, es ist, als ob ihre alten Verhaltensweisen zur Aufwertung des Körpers nun ihre Substanz verloren hätten, sie findet keinen Geschmack mehr daran. Dies drückt sich im Wiederaufkeimen des Geniertseins aus, wobei die Entzauberung den kritischen Blick auf ihr eigenes Äußeres verstärkt: »Ich fühle mich oben ohne weniger wohl und nicht mehr hübsch, nun ist es eben häßlich!« Dieser Ausruf des Bedauerns bringt zum Ausdruck, daß Claudine mit dieser inneren Entwicklung, der Sinnentleerung ihrer Strandgewohnheiten, nicht gut umgehen kann (und sie nicht versteht). Ihre Stimme ist matt und voller Bitterkeit. Und dies um so mehr, als sich der Prozeß der Entzauberung nicht auf das Oben-Ohne zu beschränken scheint: die Strandgewohnheiten als solche verlieren ihre Würze. Sie zwingt sich dazu, sich genauso zu verhalten wie vorher (außer, daß sie das Bikini-Oberteil nicht mehr auszieht), aber fühlt sich von sich selbst und ihren früheren Gefühlen distanziert, wie wenn sie »nicht mit dem Herzen dabei wäre« (F65). Offensichtlich war das Oben-Ohne das, was Spaß machte am Strand, nun ist diese Attraktivität verlorengegangen (also die Attraktivität des Strandes, doch selbst wenn man es auf Claudine beziehen würde, wäre dies kein Widerspruch). Es bleiben nur sinnentleerte Formen, die durch ihre Inhaltslosigkeit signalisieren, daß definitiv eine Seite umgeschlagen wurde. Es fällt Claudine schwer, die Zeit ihres Lebens, in der ihr Körper die Hauptrolle spielte, ziehen zu lassen.

Verhaltensweisen können also die Entzauberung überleben. Aus Gewohnheit und weil es schwierig ist, mit der eigenen Vergangenheit zu brechen, werden sie fortgeführt. Deshalb praktizieren viele Frauen mit kleinen Kindern Oben-Ohne. In manchen Fällen kommt zu diesem verhaltensmäßigen Erbe noch ein weiteres Element hinzu: Oben-Ohne wird dazu benutzt, im Rahmen der Inanspruchnahme durch die Familie als Person nicht völlig unterzugehen. In welcher Situation auch immer, Oben-Ohne repräsentiert doch stets den Wunsch nach individueller Bestätigung. Wie kann man vor diesem Hintergrund mit dem Aufhören umgehen, wenn der Wunsch doch immer noch gleich stark ist? Die beste Methode ist die, seine Gedanken auf einen Vorwand zu fixieren. Pierette hat aufgehört, als sie ihr zweites Kind bekam. Sie anerkennt, daß sich die Inanspruchnahme durch die Familie damals intensiviert hat, jedoch weigert sie sich, das als Erklärungsgrund zu nennen. Statt dessen rückt sie ein anderes Argument in den Vordergrund, nämlich ihr Erkennen der Brustkrebsrisiken. Für Nathalie war das Sandkorn, das ihr Strandleben zum Kippen brachte, ein »sehr, sehr schmerzhafter« Sonnenbrand (F52), der Lionel zum ersten Mal dazu brachte, das Wort zu ergreifen und ihr »die Ohren langzuziehen«. Sie zieht es vor, dies nicht in Verbindung zu bringen mit einer Reihe von Ereignissen, die doch alle während knapp eines Jahres vor ihrer Rückkehr zum Zweiteiler stattfanden: die Heirat mit Lionel, die für ihr Leben als Paar einen großen Schritt markierte, die Auflösung der Gruppe von Freundinnen, mit denen sie Oben-Ohne machte, die Geburt ihres ersten Kindes.

Frühes Altern

»Man muß einfach sagen, ab 45 verwelkt eine Frau« (F156).
Der Strand ist tolerant: jeder kann machen, was er will. Aber er
ist auch grausam in seinen ästhetischen Urteilen. Besonders das
Alter ist hier ein noch stärkerer Ausschlußfaktor als in der normalen Gesellschaft. Das ist die Kehrseite der Überbewertung
von Jugend und Schönheit. Alles, was weniger jung und schön
ist, altert im Strandkontext besonders schnell. Dieser Prozeß
des frühen Alterns wird vom Oben-Ohne noch betont (das Jugend und Schönheit noch mehr in den Vordergrund rückt). Im
Land der bloßen Busen beginnt die Kategorie »alt« bei einem
Jahrgang, in dem die Person anderswo noch als jung bezeichnet
würde. »Also die alten Leute, das schockiert mich, diese alten
Damen über 40« (F19); »Man sieht ziemlich viele Alte, so um
die 30 oder 40, die sich besser wieder anziehen sollten. Das ist
wirklich nicht schön, da hängt alles, das ist nicht schön« (M58).
Nachdem Benjamin sein Toleranzprinzip verkündet hat (»Ja,
alle Frauen können Oben-Ohne machen«), legt er doch, wie
viele, eine Altersgrenze fest. Seine ist sehr restriktiv: »Zwischen
16 und 25« (M6). Angesichts der Überraschung des Interviewers revidiert er, in einer Anwandlung von Großzügigkeit:
»Naja, zwischen 16 und 30«. 30 Jahre sind für ihn wirklich das
Maximum, das er zugestehen kann, jenseits dieser Grenze kann
es keine Schönheit mehr geben. Benjamin ist 16. Das Alter wird
vor allem in jungen Jahren sehr niedrig angesetzt, auch von denen, die sich selbst der schrecklichen Grenze nähern. Rachel,
23 Jahre, findet, daß mit 25 Jahren »der Busen nicht mehr derselbe ist« (F179); ebenso Angelina, auch 23 Jahre alt: »Mit 25
ist man nicht mehr so in Schuß, da will man seinen Busen nicht
mehr zeigen« (F81).
   Der Strand hat eine doppelbödige Sprache, und jeder bedient
sich ihrer auf individuelle Weise. Da ist erstens die Toleranz: jeder kann tun, was er will. Und zweitens: ja, aber. »Leute in einem bestimmten Alter haben natürlich das Recht dazu, aber
ich muß sagen, daß mich das schockiert« (F6). Es ist erstaunlich

festzustellen, daß diese beiden Satzteile, die von fast allen Befragten reproduziert wurden, beinahe immer in zwei unterschiedlichen Intonationen ausgesprochen wurden, um den Unterschied zwischen den beiden semantischen Ebenen zu markieren. Entweder wurde die Toleranz laut und deutlich proklamiert, bevor dann, *sotto voce*, schüchtern eine restriktive Bedingung gemurmelt wurde. Oder das Freiheitsprinzip wurde im Gegenteil in eintönigem und unüberzeugtem Ton ausgesprochen, wie eine Art Zwangspräambel, bevor so etwas wie ein zu lange verdrängter Herzensschrei hervorbrach: »Sie haben das Recht, es zu tun, aber ich finde das schrecklich, es gibt schließlich Grenzen!« (F96). Natürlich entwickelt die demokratische Vernunft einen mentalen Druck, der die Lust am Kritisieren hemmt. Christelle äußert sich zunächst in ganz normaler Ausdrucksweise: »Man kann es alten, häßlichen und schlaffen Busen nicht verbieten, sich braten zu lassen« (F8). Aber es ist stärker als man selbst, der Haß der alten nackten Brust muß abfließen. Sobald die Schleusen geöffnet sind, braust die Flut der Worte, und nichts hält sie mehr auf. Floriège: »Es gibt Grenzen, da muß man wissen, daß man aufhören muß!« (F114); »Es gibt eine Grenze, wenn Sie ein gewisses Alter erreichen und alles herunterhängt, ist das wirklich nicht mehr schön, dann muß man damit aufhören« (F182); »Ich sage Ihnen ganz offen meine Meinung: über 40 ist es häßlich« (F19); »Der Körper einer nackten Frau mit 50 ist häßlich« (F42). »Ich finde, in einem bestimmten Alter, wenn man nicht mehr schön anzusehen ist, sollte man besser seine Brüste zusammensammeln« (F86); »Wenn man diese Leute in einem bestimmten Alter sieht, deren Busen bis zum Nabel hängt, also meiner Meinung nach sollte man den lieber verstecken« (F66); »Ich könnte mich wirklich schieflachen, sie merken nicht, daß sie dadurch gräßlich, scheußlich wirken« (F75).

117

Die Spielregeln

Die Analyse eines Prozesses setzt eine genaue Definition des Kontextes, in dem er abläuft, voraus. Es handelt sich nicht einfach nur um ein Dekor, hinsichtlich dessen es genügen würde, einige informative Anmerkungen zu machen. Der Kontext ist ein »ethnographisches Hier und Jetzt«, das bis ins kleinste Detail verifiziert ist (Birdwhistell, 1981, S. 293). Die Fäden eines Kontextes, sind sie einmal entwirrt und hält man sie in der Hand, erlauben, auf die makro-soziologische Ebene der Funktionsweise der Gesellschaft zu gelangen. Dieses scheinbare Paradox gilt es zu verstehen: bei einer verstehenden und dynamischen Analyse sozialer Tatbestände erlaubt es selbst der kleinste Ausschnitt, auf die allgemeinsten Konzepte zu stoßen. Diese Vorgehensweise ist nicht einfach, denn das Eindringen ins Detail ist auch eine Reise in die Unendlichkeit winzigster Daten. So widmete Ray Birdwhistell einer Filmszene von 18 Sekunden eine höchst umfangreiche Analyse, und Albert Scheflen beschäftigte sich zehn Jahre seines Lebens mit einem Film von 30 Minuten. Beiden ist es nicht gelungen, ihr Thema wirklich erschöpfend zu behandeln (Winkin, 1981). Deshalb wird hier nicht auf alles ausführlich eingegangen, die Aspekte werden aufgrund ihrer Verknüpfung mit den zwei oder drei theoretischen Fragen, die ich mir stelle, ausgewählt. Die erste dieser Fragen ist zweifellos folgende: Wie wird eine gesellschaftliche Norm konstruiert und wie verhält sich diese Norm als Achse für die Definition von Wahrheit? Für eine Antwort ist es nötig, den Kontext der Interaktion im Umfeld des Oben-Ohne genau zu kennen. Deshalb wurden die Strände, an denen die Interviews durchgeführt wurden, innerhalb derselben Region ausgewählt (Süd- und Nordküste der Bretagne, Küsten der Normandie). Um die Mechanismen herausarbeiten zu können, sollten die jeweiligen Spielregeln nicht all zu unterschiedlich sein. Stammgäste der Strände im Süden werden manche Regeln wiedererkennen, andere wiederum nicht, denn sie sind mit einem unumgänglichen »ethnographischen Hier und Jetzt« verknüpft.

Jeder kann tun, was er will, aber nicht alles ist erlaubt. In der Stille des Austauschs von Blicken und Gesten regiert ein äußerst genauer Verhaltenscode den Strand und vor allem das Oben-Ohne. Das Instrument zur Kontrolle der einen durch die anderen ist die Vorstellung von einer Grenze, die das, was man tun kann, von dem, wovon abgeraten wird, trennt. Da gibt es zunächst geographische Grenzen: fast alle sehen sie dort, wo die letzten Sandkörner die Grenze zwischen Strand und Stadt markieren. Dann morphologische Grenzen: große, alte oder Hängebusen nehmen eine betont stigmatisierende Konnotation an. Des weiteren Grenzen, an denen sich morphologische und verhaltensmäßige Aspekte überschneiden: was den einen erlaubt ist, ist den anderen nicht erlaubt. Und dies nicht immer in dem Sinne, wie man annehmen könnte: Nach Ansicht Laurènes muß eine Frau, die »zu schön ist« (F116), in ihren Gesten vorsichtig sein und sehr zurückhaltend bleiben, sonst »nervt das«. Und schließlich verhaltensmäßige Grenzen: es gibt Stellungen und Verhaltensweisen, die aus dem erlaubten Rahmen herausfallen. Wie diese junge Frau, die Oben-Ohne und in einer Bermuda herumspazierte und dadurch »schockierte« (F73). Sie schockierte Élise und, das »spürte« sie, auch den Strand ringsum. Wir werden in diesem Kapitel einige dieser Verhaltensweisen und Verhaltenscodes in Augenschein nehmen und mit ihnen die Spiele stillschweigender Körper, die das verborgene Gesetz des Oben-Ohne respektieren.

Die Platzwahl

Die Wahl des Platzes, an dem man sich in den Sand legt, ist nicht dem Zufall überlassen, vor allem dann nicht, wenn die Brust entblößt werden soll. Präferenzen und Gewohnheiten halten einen dazu an, sich bestimmten Zonen zuzuwenden. Hat man diesen Ort erreicht, sind es die Leute, die sich dort bereits befinden, die die genauere Wahl des Platzes, wo man sich niederläßt, bestimmen. Einige Elemente wirken anziehend, besonders die Dichte an Frauen, die auch Oben-Ohne machen. Es gibt einige, wie Danièle, die sich rundum wohl fühlen, und die dann wie ein Magnet wirken: »Da bilden sich richtige Clans. Leute, die mich so ohne alles sehen, kommen in meine Nähe, um dasselbe zu tun« (F97). Ein anderer Anziehungsfaktor: die Suche nach Ähnlichkeit und der angenehme Charakter dieser Art von Verwandtschaft. Junge nähern sich Jungen, Ruhige den Ruhigen, die, die allein sind, denen, die allein sind. Für diejenigen, die Oben-Ohne praktizieren, gibt es mehr Abschreckendes als Anziehendes, es zieht sie jedoch vor allem zu Frauen und Gruppen ohne Kinder hin. Männer haben sehr differenzierte und widersprüchliche Wunschebenen, die ihnen die Entscheidung erschweren. Heimlich würden sie sich oft wünschen, sich in die Nähe von hübschen Frauen zu legen, die Oben-Ohne machen. »Es gibt Frauen, die sind wirklich häßlich, stellen aber alles zur Schau. Es stimmt schon, daß man lieber jemanden in seiner Nähe hat, der angenehm anzusehen ist« (M37). Indessen schreibt die offizielle Plazierungsideologie vor, nicht allzu offensichtlich auszuwählen, sondern sein Handtuch an die erste freie Stelle zu werfen, die sich auf geradem Weg findet. Dieser kollektive Druck wird durch einen ehelichen noch verstärkt, sofern der Mann mit seiner Frau zusammen auf der Suche ist. Eine diffuse Wahrnehmung der Geniertheit derer, die Oben-Ohne praktizieren, ihr persönliches Geniertsein und die Angst, ein zu nahes Sichniederlassen könnte als Mißachtung des Banalisierungscodes interpretiert werden, veranlassen sie andererseits dazu, sich möglichst weit entfernt von entblößten Busen hinzulegen. Einige Männer, wie z. B. Terry (M40), benutzen diese Widersprüche dazu, komplexe Überlegungen auszuarbeiten: Angesichts dessen, daß die Oben-Ohne-Praktizierenden sich in der Annahme ausziehen, nicht als nackt betrachtet zu werden, bedeute, sich allzu weit von ihnen entfernt niederzulassen, daß man diese Ansicht nicht teile und daß man sie somit unterschwellig auf eine andere Art betrachte. Sich in der Nähe von Oben-Ohne-Praktizierenden niederzulassen bedeutet somit paradoxerweise, die Banalisierung und Legitimität des Oben-Ohnes unter Beweis zu stellen. Terry, alleinstehender Vierziger mit forschem Auftreten, legt somit sein Handtuch ganz in die Nähe entblößter Oberkörper. Das ist genau die Art von Situation, die Corinne am meisten stört: »Ein Typ, der ganz allein am Sonnenbaden ist und fast auf dir draufsitzt, weil du Oben-Ohne machst, also das ist wirklich ätzend!« (F158).

Doch die Anziehungskraft ist sekundär, ihr Gegenteil, also die Abstoßung, wirkt besonders bei Frauen, die Oben-Ohne praktizieren, viel stärker. Bevor sie sich für einen Ort entscheiden, an dem sie sich den Blicken aussetzen wollen, schauen sie sich um,'ob sich keiner der in der Regel besonders abschreckenden Akteure in der Nähe befindet: Gruppen männlicher Jugendlicher, Männer, die allein sind (umso mehr, wenn sie alt sind), Personen, deren Blick auf sie fällt, und Familien mit Kindern. Vanessa vermeidet es, sich »neben Jungs oder so was« niederzulassen (F68), Danièle »neben jemand, der herumschaut« (F97). Doch diese Ortsinspektion kann nur flüchtig sein. Sie dauert nur einige Sekunden, höchstens einige Minuten, bis zum Ende dieser Fußstrecke, die von selbst schon auf einen bestimmten Ort hinauszulaufen scheint, und bedient sich nur flüchtiger Blicke, denn schließlich muß der Eindruck vermittelt werden, daß man nicht wirklich auswählt, vor allem nicht seine Nachbarn, und daß es lediglich darum geht, den Platz zu finden, der von Anfang an für einen bestimmt war. Deshalb kann sich die Wahl schnell als schlecht erweisen oder zum Schlechten hinwenden, denn das ständige Kommen und Gehen verändert die Umgebung. So kommt beispielsweise am Nachmittag die Masse der Familien mit Kindern, was dazu führt, daß Danièle ihr Handtuch zusammenfaltet: »Vor allem am Sonntag ist das wirklich nicht auszuhalten« (F97). Katia behauptet, nicht allzu sehr auf ihre Nachbarschaft zu achten. Aber »wenn sich eine Gruppe von vier oder fünf Jungs neben mir niederläßt, ist das etwas anderes« (F96). Wenn sie Blicke spürt, die mit dem Strandcode nicht vereinbar sind, zögert sie nicht, den Platz zu wechseln. Doch eine solche Entscheidung ist selten, denn sie zeugt vom Versagen der Strandtoleranz, mit der zu umgeben sich doch jeder zutiefst wünscht. Hat sich jemand einmal einen Platz ausgesucht, ist er durch seine edlen Vorstellungen zu einer weitgehenden Gefangenschaft verdammt. Diese Gefangenschaft wird durch die vegetative Lethargie noch erschwert, die den kleinsten Umzug wie eine Herkulesarbeit erscheinen läßt. Der Frau, die Oben-Ohne praktiziert, bleibt somit lediglich die Möglichkeit, ihr Oberteil je nach Entwicklung der Belegschaft um sie herum aus- und anzuziehen. »Wenn ich merke, daß mich jemand zu sehr anschaut, ziehe ich meinen Badeanzug hoch« (F171). Oder man beschränkt sich darauf, auf dem Bauch zu liegen.

Die Abgeschiedenheit

Die Schwierigkeiten des Nebeneinanders nehmen in dem Maße zu, in dem der Andrang am Strand größer wird, weil dadurch die Distanz zwischen den Körpern abnimmt. Edward Hall (1971) hat gezeigt, daß diese Nähe die Wahrnehmungen (Gerüche, Hitze) intensiviert und diversifiziert – ein Empfindungsreichtum, der mit der Banalisierung des Oben-Ohne unvereinbar ist, denn diese Banalisierung benötigt eine subtile Regulierung auf Distanz allein durch den Blick. Die Frauen verlassen somit den Strand (sie haben es sich so eingerichtet, daß sie kommen, wenn am wenigsten Andrang ist) oder ziehen ihr Oberteil wieder an. Manche entscheiden sich auch dafür, sich an abgelegenen, von der Menge eher vernachläßigten Strandzonen hinzulegen. Doch Aude (F118), eine genaue Beobachterin, hat bemerkt, daß diese Frauen eben dort am meisten auffallen und insbesondere auch den Blicken von Spaziergängern ausgesetzt sind, die weniger in die Strandideologie eingeweiht sind. Gilles macht die gleiche Feststellung: »Wenn sich die Frauen ein wenig abseits hinlegen, in die kleine Ecke da hinten, und die Leute vorbeigehen, sieht man gleich diese Blicke« (M86). Dann gibt es da noch eine andere Möglichkeit: die Befestigung des persönlichen Territoriums. Gleich nach der Ankunft am Strand wird dieser Bereich durch eine Anzahl von Gegenständen markiert: Handtücher, Taschen, Sonnenschirm, Spiele (Urbain, 1994), sowie bearbeitete Stellen im Sand (geglättet, flach getrampelt, Hügelchen, Sandkuchen). Diese materialen Anhaltspunkte bilden eine Art Basis, von der aus der wesentliche Prozeß ausgelöst wird: die Ausarbeitung symbolischer Barrieren, die das ganz persönliche Territorium definieren (Gullestad, 1992), das Edward Hall »die kleine Schutzzone oder Kristallkugel« nennt (1971, S. 150). Für Stephanie konstituiert sich diese Zone vor allem durch ein inneres Kino, das sie sich mit Hilfe des Träumens erschafft. »Du erschaffst dir deine Welt neu, du bist ein bißchen wie in einer Kristallkugel« (F41). Es genügt, die Augen zu schließen, und schon schließen sich die Grenzen des Territoriums. Und sie fügt eine wichtige Präzisierung hinzu: Nur die Liegeposition läßt dem Träumen freien Lauf und schafft gleichzeitig einen stärkeren Schutz, vor allem wenn die Brust nackt ist. »Wenn du liegst, entsteht, selbst wenn die anderen dich ansehen, eine Form von Intimität.« Christelle ist derselben Meinung: »Wenn man in seiner Ecke liegt, ist das etwas anderes, dann ist das die eigene Parzelle« (F8). Achten wir auf den Aussagereichtum dieser nur scheinbar banalen Äußerung: es ist die Tatsache, zu liegen, die diese Parzelle konstituiert, durch diese Stellung ändert das Territorium tiefgreifend seine Innenansicht, und zwar zweifellos mehr als durch die sichtbare Markierung nach außen. »Sobald du aufstehst, bist du nicht mehr in diesem Kokon, du bist bei den anderen; sobald man aufsteht, ändert sich die Situation« (F41). Am Strand befindet sich die Zone größter Intimität flach am Boden, in Sand-Berührung. Und dies ganz besonders dann, wenn Oben-Ohne gemacht wird, weil dann auch der Wunsch nach Intimität größer ist und weil der Busen physisch weniger sichtbar ist, abgeflacht und weniger in Bewegung. Sitzend oder stehend hingegen erhält er mehr Volumen, ist in Bewegung, hängt unter Umständen herab – alles Dinge, die aus verschiedenen Gründen Blicke auf sich ziehen.

Der flachgelegte Körper

Der Oben-Ohne-Code definiert sich durch einen ständigen Austausch zwischen den inneren Empfindungen derer, die Oben-Ohne praktizieren, und der Kontrolle durch den Strand. Hinsichtlich des liegenden Körpers ist dieser Austausch zwischen Innen und Außen besonders harmonisch: Die, die Oben-Ohne machen, fühlen sich in dieser Stellung wohler, die, die schauen, finden, daß es sich dabei um eine gute Angewohnheit handelt. Die Wirklichkeit, die jeder tagtäglich beobachten kann, ist so komplex, daß wir dazu neigen, sie zu schematisieren, um sie zu verstehen. Und dies nicht irgendwie, sondern auf dichotome Weise (Bozon, 1991), die einzige Art, um eine Handlungsanleitung zu definieren. Es gibt schwarz und weiß, das Gute und das Schlechte, das Normale und das Anomale. Oben-Ohne wirft ein besonders schwer zu lösendes Problem auf: Wie kann man sich erklären, daß ein nackter Busen anderswo ein erotisches Objekt ist, nicht aber (zumindest theoretisch) am Strand? Ein im Strandkontext zu schwieriges Problem, wo der Wunsch doch gerade dahin geht, nicht zu viel zu denken. Die einzige Lösung besteht darin, entweder die Strategie des Sündenbocks oder die einer Fixierung auf Grenzen anzuwenden, also eine forcierte Dichotomisierung, ein mechanistisches Entzweischneiden der Wirklichkeit. So kommt es dazu, daß die Liegende gleichzeitig von innen und von außen Legitimität und Normalität erlangt, während diejenige, die sich in aufrechter Position befindet, als anomal und tadelnswert betrachtet wird. »Im Sand liegend geht das ja noch, aber wenn eine herumspaziert, also das ist wirklich ein bißchen ...« (F52); »Liegend, O.K., aber ich finde, sobald man aufsteht, um ein Spiel zu machen oder zu baden, sollte man seinen normalen Badeanzug anhaben« (F185). Die Evidenz eines klaren Gegensatzes zwischen liegend und aufrecht drängt sich umso mehr auf, als sich die konkreten Bedingungen zwischen diesen beiden Positionen tatsächlich verändern. Wenn man sich wieder aufrichtet, verläßt man diese schützende Kristallkugel, man zieht sogleich eher Blicke auf sich, und die eigene Wahrnehmung dieser Blicke wird geschärft. Wenn man dann auch noch herumspaziert (zum Beispiel ans Ufer, um zu baden), ist dieses Heraustreten aus dem eigenen Territorium noch intensiver, das Aufrechtstehen vergrößert den Blickwinkel des Strandes, das Gehen führt einen nahe an jeder Art unbekannter Gruppen vorbei, die Bewegung verhindert eine diskrete Unbeweglichkeit des Busens. »Wenn man liegt, sieht man das nicht in gleichem Maße, wie wenn man sich aufrichtet« (F183); »Man sieht mehr, eine Person, die steht, wird genauer beobachtet« (F186). Und auch mit weniger Neutralität beobachtet, das neugierige Interesse ist proportional zur Seltenheit einer Praxis. »Wenn sie liegen bleiben, weiß man, daß sie es nicht machen, um angeschaut zu werden, aber wenn sie herumspazieren, ist klar, daß sie wissen, daß die Blicke der Männer auf sie gerichtet sind« (F27). Der Strand weiß, daß der Blick dann intensiver und wie auf einen Brennpunkt hin ausgerichtet ist. Und sehr schnell hat er den Verdacht: dem Provozieren solcher Blicke können nur Motivationen zugrunde liegen, die sich jenseits des legitimen Rahmens befinden. »Aufrecht ist es Exhibitionismus« (F182). Zu den interessierten (vor allem männlichen) Blicken kommen also verdächtigende (vor allem weibliche) Blicke hinzu. Wenn eine Frau, die oben ohne ist, aus ihrem flachliegenden Kokon heraustritt und sich wieder aufrichtet, setzt sie sich unmittelbar dem diffusen Druck all dieser Blicke aus. Marcelline hat das versucht: sie hat sich »nackt« gefühlt (F149). Wenn dann der Wille und die Selbstsicherheit schwankend sind, dauert es nicht lange, bis Unbehagen und Schamgefühl die Gesten kantiger werden lassen, was noch mehr solche Blicke anzieht, die von der Frau als kritisch empfunden werden, so daß sich das Wiederanziehen des Oberteils von selbst gebietet. Jessica hat eine ziemlich überraschende Erklärung dafür abgegeben, daß sie sich gezwungen fühlt, sich wieder anzuziehen, wenn sie sich aufrichtet: »Weil ich leicht friere« (F16). Ein Satz, der einen zum Lächeln bringen könnte, aber sie ist nicht die einzige, die diese Anwort gegeben hat. Jeder Satz, der von mehreren Personen wiederholt wird, verdient Aufmerksamkeit. Schauen wir ihn uns also genauer an. Aufgrund des Windes und der Nähe zum Wasser hat man wirklich, sobald man sich aufrichtet oder in Richtung Meer geht, das Gefühl, es sei weniger warm. Dieses Gefühl wird durch das Heraustreten aus dem schützenden Kokon noch verstärkt. Nun besteht der gewöhnliche Reflex, wenn einem kalt ist, darin, ein Kleidungsstück anzuziehen. Besonders bei Frauen, die hinsichtlich des Oberkörpers an diese Geste gewöhnt sind (eine Jacke oder Weste über den Schultern, dann, wenn das Gefühl von Kälte zunimmt, über der Brust geschlossen, die Schultern bedeckt). Deshalb erscheint Jessica ihre Erklärung einfach, logisch und ausreichend. Dabei spielt es für sie keine Rolle, daß dieses magere Stück Stoff wenig wärmenden Komfort bietet (vor allem bei Bikinis), oder daß ein nasser Badeanzug nach dem Baden einen eher auskühlt. Was zählt, ist allein die Sicherheit, die diese reflexartige Geste gibt, die sich perfekt in das Interaktionsspiel einreiht. Das Gefühl des Frierens stellt sich passend zum äußeren Druck der Blicke ein; das Sich-wiederanziehen wird selbstverständlich.

Es ist nicht so, daß der Strand Oben-Ohne verbieten würde, sobald man aufrecht sitzt, steht oder geht – der Strand verbietet gar nichts, er rät nur, ohne etwas zu sagen. Es gibt Frauen, manchmal sogar viele, die ohne zu zögern diese stillschweigende Vorschrift brechen. Diejenigen, die das schaffen, tun es jedoch nicht willkürlich. Dank der Beachtung einiger Kriterien gelingt es ihnen, sich in tolerierte Legitimitätsnischen einzuschleusen – gleichsam Ausnahmen des allgemeinen Gesetzes. Die erste Ausnahme beruht auf der Begründung der Handlung. Einfach ziellos herumzuspazieren, kann nur auf den Wunsch, sich zur Schau zu stellen, zurückgeführt werden, während die Tatsache, sich mit einem bestimmten Ziel von der Stelle zu bewegen, den tadelnswerten Aspekt dieses Sichzeigens dämpft, und zwar besonders, wenn es sich um eine unüberlegte Bewegung handelt: aufstehen, um den davongeflogenen Sonnenschirm oder den von einem Kind hergeworfenen Ball aufzuheben, ist weitgehend erlaubt. Auch oben ohne zu bleiben, wenn man baden geht, entspricht dieser Art von Ausnahme, wenngleich in geringerem Maß. Die Entfernung zum Wasser darf nicht zu groß sein, damit dies akzeptabel bleibt. Dies ist auch der Grund, weshalb sich manche Frauen am Ufer entlang niederlassen. Denn die Toleranz wächst mit der Nähe zu den Wogen. Irène ist gegen Oben-Ohne, wenn man aufrecht ist, »außer wenn das Meer wirklich ganz nah ist« (F182). Außerdem sollte man beim Gehen nicht trödeln, der Gesichtsausdruck der Frau (Blick nach unten oder aufs Meer gerichtet) sollte davon zeugen, daß sie in keiner Weise vom anvisierten Ziel abweicht. Rachel ist schrittweise vorgegangen. Sie hat damit begonnen, sich auf dem Bauch liegend, das Bikini-Oberteil aufzumachen. Dann hat sie einige kurze Momente mit der Vorderseite nach oben ausprobiert, wenn sie »spürte«, daß die Bedingungen günstig waren: »Man dreht sich für einen Moment um, dann legt man sich wieder auf den Bauch« (F179). Nachdem sie schrittweise diese Vorderseiten-Phasen verlängert hatte, tat sie einen großen Schritt: »Und dann, Schritt für Schritt, geht man auch so zum Meer und kommt ohne alles zurück, so hat es begonnen, das wär's!« Sie schwört, daß sie nicht weiter gehen würde, daß jede Vorstellung eines Spaziergangs undenkbar ist (ihr Weg ist sehr direkt): »Oh nein, dabei würde ich mich unwohl fühlen.«

Die zweite Art von Ausnahme beruht auf einer ästhetischen Hierarchie: Schönheit lockert Verbote. »Im allgemeinen werden sich diejenigen, die keinen schönen Busen haben, nicht beim Spielen oder wenn sie aufstehen zeigen« (F79). Die dritte schließlich resultiert aus Ungezwungenheit, aus einer Anmut der Gesten. »Man sieht sehr gut, wer sich oben ohne wohl fühlt, sie haben einen sicheren Hafen, während andere ganz verspannt auf ihrem Handtuch liegen!« (F94). Das Paradox ist hier folgendes. Die aufrechte Position erfordert viel mehr Ungezwungenheit, damit eine Ausnahme gemacht wird. Doch ist diese Ungezwungenheit erreicht (oder vorgetäuscht), ordnet einen allein die Tatsache, es zu schaffen, aufrecht oben ohne zu sein, einer höheren Kategorie der Ungezwungenheit zu, wodurch wiederum die verspannt Liegenden disqualifiziert werden, obwohl die Nachsicht gegenüber Oben-Ohne in aufrechter Position eigentlich sehr begrenzt ist. »Die, die das nur auf ihrem Handtuch macht, ist eine Frau, die locker sein möchte, es aber nicht wirklich ist; wenn eine herumspaziert, sieht man, daß sie wirklich locker ist« (M45). Diese unerwartete Wendung ist jedoch schwierig zu handhaben. Alles spielt sich in den kleinsten Details des Ausdrucks und der Körperbewegungen ab. Der Strand liegt auf der Lauer, er paßt Schwierigkeiten und Verstöße gegen die Ausnahme ab (die umso mehr auftreten, als der vom Strand ausgeübte Druck zu Unbehagen führt), immer dazu geneigt, eine nicht gerechtfertigte Inanspruchnahme von Ungezwungenheit und das Aufrichten des Körpers zu verweigern. »Sie stehen auf, weil sie freier sein wollen, aber man spürt, daß man sie nicht allzusehr anschauen sollte, sie wollen sich wohlfühlen, aber im Grunde sind sie irgendwie gehemmt« (M31). Frauen, die oben ohne dem Sport oder Spiel frönen, sind wieder ein anderes Problem. Eigentlich bewegen sie sich im Rahmen der ersten Ausnahme: sie üben eine Aktivität aus. Aber wird diese Aktivität nicht gerade deshalb gewählt, um sich zur Schau zu stellen? Hinzu kommt ein erschwerender Umstand: Sport steht in vollkommenem Widerspruch zur Unbeweglichkeit, die einen wichtigen Paragraphen im Gesetzbuch des Oben-Ohne darstellt. Der Strand ist somit *a priori* zurückhaltend, und die Analyse der beiden anderen Ausnahmekriterien besonders genau. Busenform, Alter und Anmut der Gesten müssen tadellos sein. Dieser Perfektionismus hat eine unerwartete Konsequenz: auch die sportliche Technik muß perfekt beherrscht werden, um eine Klassifizierung ganz oben anstreben zu können. Edith ist von einer Szene noch ganz schockiert: eine Frau, die es gewagt hatte, sich oben ohne auf ein Surfbrett zu stellen, obwohl sie Anfängerin war: »Sie fiel ständig herunter, das wackelte in alle Richtungen hin und her, also das ist nicht schön!« (F174). »Ein präziser Fall: jemand, der Volley-Ball spielt, nicht spielen kann und oben ohne und auch sonst spärlich bekleidet spielt – das ist doch bezeichnend, was!« (F28). Unterschwellige Aussage: das bedeutet, sie macht es aus anderen Gründen als sportlichen. Wenn nicht der Beweis dafür erbracht wird, daß man wirkliche Sportlerin ist, kann die Ausnahme nicht gewährt werden. Claudine betont: die Ausübung von Sport oben ohne ist möglich, aber nur unter der Bedingung, daß die Frau »sehr muskulös« ist (F65). Vanessa (F68) präzisiert: gleichzeitig muskulös und gertenschlank, die Erlaubnis, sich zu bewegen, ist proportional zur Schlankheit. Corinne lehnt sich gegen all diese Restriktionen und die Strenge der dichotomen Kategorisierungen, dieses »dies ist O.K., jenes ist ist es nicht«, dieses Entzweischneiden des Lebens ohne jegliche Grundlage auf. Wenn man im Hinblick auf seinen Körper frei ist, warum sollte man dann liegend frei sein, nicht aber im Stehen? »Was ich nicht begreifen kann ist: liegend Oben-Ohne zu machen, aber sich, sobald man aufsteht, um baden zu gehen, wieder anzuziehen. Das sind Leute, die gedanklich nicht so richtig in Harmonie mit sich sind.« Corinne möchte mit sich selbst in Harmonie sein, eine Harmonie von Körper und Kopf. Sie weigert sich, dem Druck des Strandes nachzugeben und geht deshalb ohne Oberteil baden. Doch ohne es zu wissen, verletzt diese scheinbar Revoltierende das Gesetz des Oben-Ohne nicht. Sie kumuliert sogar die drei Ausnahmekriterien: ihre Handlung hat ein Ziel, sie ist jung und schön, ihre Gesten weisen keinerlei Unbehagen auf.

Die Unbeweglichkeit

Der Strand ist der Ort, an dem sich der Körper in vegetativer Lethargie gehen läßt, an dem er zu einem passiven Sammelbekken zarter Empfindungen wird. Die Unbeweglichkeit trägt zur Begründung der Ethik des Ortes bei. In diesem körperlich unbeweglichen Rahmen fügt die Praxis des Oben-Ohne der Starrheit noch einen Grad hinzu, jedoch aus anderen Gründen. Der Körper und seine Sekrete haben den Zivilisatoren immer Angst gemacht. In der mittelalterlichen christlichen Kultur brachte sein unkontrolliertes Gestikulieren nur Geringschätzung und Mißtrauen hervor. Der Körper hat sich im Erlernen von unterwürfigen und bescheidenen Bewegungen zu disziplinieren (Schmitt, 1990). Besonders der Busen darf dadurch, daß er in Bewegung gerät, nicht zu Überraschungen führen. Es gehört sich, daß er idealerweise klein ist oder fest zusammengehalten wird, wenn er schon nicht von der Form her straff ist (Bologne, 1986). Schon die Römer peitschten für das Hin- und Herwakkeln eines Busens aus, das als Zeichen von Animalität und Barbarei gewertet wurde. In unserer heutigen Zeit schafft es auch die zweite Phase des Prozesses der Zivilisation nicht, dieses Verbot mit seinen tiefen historischen Wurzeln auszulöschen. Davon zeugt der Mißerfolg der hüpfenden Werbekampagne für Dim-Büstenhalter (Fontanel, 1992): Ein Busen muß stillhalten und fest bleiben. Da er aber auf Plakaten und Bildschirmen mehr und mehr nackt gezeigt wird, muß er (sofern er nicht in einem erotischen Kontext in Szene gesetzt wird) Zurückhaltung zeigen, wenn er nicht gestützt wird. Dies insbesondere am Strand, wo der Banalisierungsimperativ fordert, daß der Busen nicht zu viele Blicke auf sich zieht. Es ist übrigens bemerkenswert: immer in Situationen, in denen der Körper eines anderen zu nah ist oder Emotionen wecken könnte, während die Umstände Zurückhaltung auferlegen, werden Unbeweglichkeit und Starrheit zu gerne gebrauchten Verteidigungswerkzeugen. So auch in der U-Bahn zu den Stoßzeiten, wenn die Fahrgäste auf manchmal sehr intime Art gegeneinander gepreßt werden und (mit unterschiedlicher Gutwilligkeit) versuchen, sich von der Theorie der Banalisierung von Berührung zu überzeugen, indem sie sich möglichst wenig bewegen und ihre Muskeln anspannen (Hall, 1971).

Der Busen muß deshalb, soweit möglich, unbeweglich sein. »Liegend ist es O.K., ich bewege mich nicht« (F6). Da völlige

Unbeweglichkeit unmöglich zu erreichen ist, müssen die Bewegungen kontrolliert, auf das Wesentliche beschränkt und langsam sein, um nicht zu viel Wackeln hervorzurufen, gleichzeitig aber auch nicht zu langsam, um keinen Anlaß für eine lustbetonte Interpretation zu bieten. Eine Geste wie das Verteilen von Sonnencreme auf dem Busen (sie wird aufgrund des wachsenden Bewußtseins für Hautrisiken immer häufiger) ist besonders heikel in ihrer Durchführung. Die normsendende Mehrheit des Strandes, die den gesellschaftlich noch nicht integrierten Charakter dieser Prozedur erkennt, neigt dazu, den Blick leicht abzuwenden. Bei anderen Verfehlungen schaut sie nicht weg, sie zögert auch nicht, Zuwiderhandelnde, die versuchen, hinter erlaubten Bewegungen Schutz zu suchen, zu schnappen. So hat Aude (F118) eine Frau bemerkt, die sich öfter als nötig umdrehte und die eigentlich erlaubten Stellungswechsel dazu nutzte, ihren Busen mehr als nötig in Bewegung zu versetzen und so die Blicke auf sich zu ziehen (Aude präzisiert, daß die Seitenblicke der Frau, um zu prüfen, ob sie denn auch bemerkt werde, ihren Verdacht bestätigten). Doch es ist die aufrechte Position, die alle Vorwürfe auf sich konzentriert, denn sie führt unausweichlich dazu, daß sich der Busen bewegt: »Also wenn da manche herumlaufen, da hat man das Gefühl, die Brüste gehen spazieren« (F62). Man könnte sich sogar fragen, ob es nicht diese Bewegung des Busens ist, die die Kritik so sehr auf die aufrechte Position fixiert, und nicht diese Position als solche. Denn in der Regel ist der Vorwurf des Bewegens mit dem des Sichaufrichtens verknüpft. »Es gibt einige, die stehen auf, bewegen sich: die möchten, daß sie bemerkt werden, das spürt man« (F4); »Man kann schon aufstehen, aber ohne die Stellungen und Bewegungen zu übertreiben« (F4). Außerdem trifft die Kritik wieder auf morphologische Kriterien: Jeder schlaffe, große oder Hängebusen kann aufgrund seines Auf- und Abhüpfens besonders leicht bemerkt werden. Der Zwang zur Unbeweglichkeit ist somit direkt proportional zur Brustelastizität. Corinne ist wegen all dieser Verbote empört, sie ist für eine möglichst große Freiheit aller nackten Busen, in allen Stellungen – abgesehen von den großen, die »wenn schon, dann in Ruhelage« sein sollten (F148). Wie Phillipe sagt, »alles hängt vom Busen ab« (M89). Es gibt genaue Kriterien: »Wenn ein Busen straff und apfelförmig ist, dann hat das Spannkraft, dann geht's.« Den gewohnten Sündenbock hingegen verurteilt er (von der stillen Mehrheit unterstützt): den großen Busen. »Also, eine Frau mit einem großen Busen, der herumwackelt, das ist nicht hübsch.« Xavier legt dieselbe Situationsanalyse vor, aber in einem Ton falscher Komik: »Also ich finde, wenn Frauen ein Paar großer Brüste, so Waschlappen-Brüste, haben und dann anfangen zu rennen, also das kann ziemlich komisch sein, eine Frau mit solchen Brüsten zu sehen, die schrecklich aussehen« (M59). Dabei ist ihm eine Ausnahme seiner Kritik wichtig: »Also das bezieht sich jetzt nicht auf kleine Busen, denn bei kleinen hält das ja so einigermaßen.« Im Gegensatz zum großen Busen, der alle Empörung und alle Intoleranzen auf sich vereint, spaltet der kleine Busen den Strand in zwei Lager. Einige sind bereit, ihm angesichts geringerer Sichtbarkeit und Beweglichkeit alles zu erlauben. Andere hingegen bringen zum Ausdruck, daß es nicht ausreicht, in perfekter Übereinstimmung mit den Spielregeln zu sein, sondern daß außerdem auch die gültigen ästhetischen Regeln zu beachten sind. »Da gibt es welche, die genieren sich nicht, Oben-Ohne zu machen, obwohl sie flach sind wie ein Brett« (F168).

Nacktheit im Blick

Sehen oder nicht sehen?

»Wenn du am Strand liegst und ein wenig liest, schläfst, döst, bist du so ein bißchen in deiner eigenen Welt, du bist ganz allein, du redest ein wenig mit zwei, drei Freundinnen, du erschaffst dir deine eigene Welt, du bist ein bißchen wie in einer Kristallkugel« (F41); »Man ist hier, um sich zu sonnen, es warm zu haben, es sich gut gehen zu lassen, an nichts Großes zu denken, außer vielleicht an irgendwelche kleinen Dummheiten« (F172). Der Strand ist zum Teil dieses halb bewußte, halb unbewußte Dahintreiben, dieses Kommen und Gehen zwischen Träumereien und sanften Körperempfindungen. Die anderen sind eine Art Landschaft, ein Hintergrundgeräusch ohne reale Existenz. Man ist nicht um der anderen willen da, sondern um seiner selbst willen, und dies unabhängig davon, ob man Oben-Ohne macht oder nicht: »Das macht man nicht wegen der anderen, sondern um seiner selbst willen« (F179); »Du machst das für dich selbst, du bist am Strand, und das wegen dir, und die anderen sind dir völlig egal!« (F100). Diese Indifferenz manifestiert sich in der Weigerung, sich zu zeigen oder herumzuschauen: »Ich schaue mich nicht um, ich bin in aller Ruhe in meiner Ecke« (F96); »Oh, also ich kümmere mich überhaupt nicht darum, ich kümmere mich einfach nicht darum, das ist mir Wurst, ich schaue nicht, ob die anderen schauen, ich achte gar nicht darauf« (F114).

Aus der Perspektive der Träume und Grundsatzerklärungen betrachtet, ist der Strand wohl so. Aber das Auge ist anderer Meinung. Denn es ist dafür da, zu schauen, und, außer wenn das Lid geschlossen ist, kann es gar nicht anders als zu schauen. Natürlich gibt es tausend Arten zu schauen, und das ist es wohl, was die Leute meinen, wenn sie sagen, sie schauen nicht: sie beobachten nicht aufmerksam, sie lassen lediglich das Auge über die Landschaft gleiten. Doch hinter dieser scheinbaren Gleichgültigkeit bringt das Auge doch seine Ernte ein, und die Ernte ist reich. »Wenn man am Strand ist, beobachtet man alles, was um einen herum passiert, das ist sicher« (F66). Um in einer Umgebung wirklich zu leben, muß man sie sich einverleiben, die Geräusche, Gerüche, Farben, Formen und Bewegungen erfassen. Ausgehend von dieser Basisfunktion macht das Auge aber mehr, viel mehr, was auch immer diejenigen sagen mögen, die vorgeben oder denken, sie würden nicht hinsehen. Das Spektakel hat unwiderstehliche Anziehungskraft. Coralie (F115) ist eine von denen, die uns versichert haben, sie würden nie aus ihrer Kristallkugel heraustreten. Doch einige Minuten später erzählt sie uns detailliert eine eigenartige Szene: eine Frau, die ihr Bikini-Oberteil vorne anzog, hinten aber aufließ. Denn die kleinste Diskrepanz zu erlaubten Verhaltensweisen oder einem durchschnittlichen Aussehen zieht den Blick auf sich, mag der Wunsch der Person, nicht hinzusehen, auch noch so groß sein. Nun führt diese Art zusammengesammelter Information in der Regel zu einem kategorischen Pro- oder Kontra-Urteil: »Wenn man hinsieht, urteilt man auch, man kann gar nicht anders« (M29). Wir sind vom indifferenten Blick weit entfernt.

Wo liegt zwischen denen, die behaupten, nichts zu sehen, und denen, die zugeben hinzusehen, die Wahrheit? Seltsamerweise zweifellos auf beiden Seiten! Denn das Strandleben ist charakterisiert durch ein ständiges Kommen und Gehen zwischen Lethargie, inneren Träumereien, dem Genuß der Landschaft und der Teilnahme am Schauspiel. Ein Lidschlag genügt, um vom einen zum anderen überzuwechseln. Dieses »Spiel mit Gegenwart und Rückzug« (Grafmeyer, Joseph, 1979) ist typisch für den öffentlichen Raum, und der Strand ist eine seiner weitestgehenden Manifestationen. Denn es gibt kaum einen Ort, an dem das, was öffentlich den Blicken ausgeliefert wird, so privat wäre, an dem sich das Private so intensiv der Öffentlichkeit ausliefern würde, ohne sich preiszugeben. Der fließende Übergang zwischen der eigenen Welt und der Teilnahme am Schauspiel des äußeren Scheins ist eines der subtilen Strandvergnügen, das durch die häufige Ambiguität der Situationen noch erhöht wird, diese unzähligen Zwischenbereiche, wenn ein eingefangenes Bild heimlich ins persönliche Kino integriert wird, oder wenn das Spüren eines Blickes auf sich dem Schlaf eine andere Dimension gibt. Stéphanie hat das richtige Wort gefunden: sie ist in ihrer »Kristallkugel« (F41). »Ganz allein« in ihrer Kugel, in der »du deine eigene Welt erschaffst«; aber eine Kristallkugel ist durchsichtig, man kann nach Belieben sehen und gesehen werden.

Nichts sagen

Nadine erzählt: Sie hatte beschlossen, sich auf den Quais der Seine ein wenig zu sonnen. Angezogen war sie mit einem »kleinen, sehr korrekten Bikini« (F62). Eine Gruppe Männer ging auf der Brücke oben drüber vorbei und begann, »sie anzumachen, zu pfeifen und Kommentare abzugeben«, was sie dazu veranlaßte, ihr »Zeug zusammenzupacken«. Solcher Art Abenteuer sind am Strand undenkbar, weil dort große Toleranz herrscht und weil sich der wesentliche Teil des Austausches im Stillen abspielt, besonders was das Oben-Ohne betrifft. Der Strand mag zwar, wenn er bevölkert ist, sehr laut erscheinen, doch das Schreien und Lachen sollte nicht darüber hinwegtäuschen, daß es sich auf kleine Gruppen beschränkt und eine Form der Selbstdarstellung in der Öffentlichkeit darstellt. Die Kommunikation spielt sich jedoch kaum über Worte ab, alles läuft über Blicke. Um nackte Busen herum wird die Stille der Interaktionen noch intensiver. Angelina spürte um sich herum mehrmals eine heftige Mißbilligung, doch nie ein Wort, »aber diese Blicke!« (F81). Trotz tiefgreifender Unterschiede hinsichtlich der Meinungen und Verhaltensweisen ist es äußerst selten, daß etwas gesagt wird. Und wenn, dann kann es ein Wort sein, das von weitem nur schwer verständlich ist und auf verdrehte, ironische Art ausgesprochen wird. Gisèle, die von sich selbst sagt, sie sei »ziemlich rundlich«, war, wir erinnern uns, so weit gekommen, sich dank des Beispiels anderer Pölsterchen an den Ufern des Südens zu befreien. Dann kam ein Tag, der dieser Befreiungserfahrung beinahe ein Ende bereitet hätte: »Oje, einmal habe ich einen Kommentar gehört, der hat mir ganz und gar nicht gefallen. Jemand sagte: oh, die Franzosen sind aber gut genährt!« (F67). Da Reden untersagt ist, sind die Folgen des Redens, wenn es doch einmal herausplatzt, besonders gravierend. Mylène erinnert sich an eine »sehr dicke« Frau (F156), oben ohne im Schwimmbad, Gegenstand aller Blicke und Blickfang besonders eines Mannes, der sie fixierte, »als ob er noch nie so etwas gesehen hätte; sie hat das sofort gemerkt«. Eine kurze Bemerkung genügte: »Dann war er es, der sich am meisten genierte. Er wußte gar nicht mehr, wo er hinsehen sollte«; und der Druck der Blicke ringsum ließ für eine Weile nach. Eine größere Rolle als das Reden, das immer die Ausnahme ist, spielt in Wirklichkeit die Unterstellung des Redens. Isabelle praktiziert Oben-Ohne, ohne sich irgendwelche Fragen zu stellen, denn »wenn das jemanden schockiert, wird er es mir schon sagen« (F135). Ist schon einmal jemand gekommen, um es ihr zu sagen? »Nein, noch nie.« Wenn Muriel im Park Oben-Ohne macht, fängt sie die vorwurfsvollen Blicke auf und fürchtet sich schon vor dem Tag, an dem sich doch einmal ein Mund öffnet. Das ist bisher nicht vorgekommen, und immerhin verfügt sie über eine Garantie von ganz oben: »der Parkwächter sagt nichts« (F70).

Innerhalb von Gruppen lösen sich die Zungen ein wenig, auch wenn es unter Freunden, innerhalb der Familie oder zwischen Mann und Frau nicht immer einfacher ist zu reden. Claudine begann, Oben-Ohne zu machen, obwohl sie für gewöhnlich mit der Familie ihres Mannes zum Strand ging. Die Überraschung führte in dieser kleinen Gruppe zu einer Art Schock, mit großen Augen und geschlossenen Lippen. Doch Stück für Stück änderte sich der Blick der Schwägerinnen und ebenso ihre Vorstellungen, immer noch alles ohne ein Wort. In aller Stille, die zum Konsens geworden war, entblößten auch sie ihre Brüste. »Ich habe nie groß darüber nachgedacht« (F65).

Dann beschloß Claudine, damit aufzuhören, während ihre Schwägerinnen weitermachten. Wieder kommentarlos. Doch es gibt auch einen Fall, in dem in Hülle und Fülle geredet wird: innerhalb von Gruppen (besonders, wenn ihnen keine Praktizierenden angehören) über Busen, die außerhalb der Gruppe gesehen wurden. Und dies kritisch: »Es gibt so Großväter, die motzen herum, aber sie tun es in ihrer Ecke und mit ihren Leuten« (M86). Oder lachend und scherzend: »Manchmal bringt uns das ein bißchen zum Lachen, wir machen uns ein bißchen lustig, denn wir sagen uns: die sollte man besser verstecken. Denn wenn sich die Frauen bücken und – bumm – alles herunterpurzelt ...« (F66). Ein schrilles Lachen, bei dem der Vorwurf durchdringt: »Man kritisiert, aber nur im Spaß« (F133). Diese Ausdrucksform ermöglicht es, sich vorzumachen, man stelle keine Beurteilungskriterien auf. »Zusammen mit meiner Freundin oder anderen Freunden albern wir wirklich oft herum, wir sagen dann: oh, schau mal, die da ist nicht schlecht, es steht ihr gut, oder schau, die hängen wirklich zu sehr! Aber wir machen nur Spaß« (M9). Dieses endlich mögliche Reden hat einen inneren Sinn. Denn indem Beurteilungskriterien definiert werden, »das ist gut, das ist schlecht«, wird gleichzeitig auch ein Verhaltenscode definiert. Die kritisierten Busen sind nur ein Vorwand: sie erlauben es, innerhalb der Gruppe zu kommunizieren, wenn man nicht direkt darüber reden kann.

Das Fühlen

Interessant ist es zu analysieren, wie Frauen nach der Ankunft am Strand in diesen Zustand des Oben-Ohne-Seins kommen. Nur eine Minderheit tut es sofort, ohne zu zögern. »Es käme mir nicht mehr in den Sinn, ein Bikini-Oberteil anzuziehen, das geschieht ganz automatisch, es gehört zum Strand« (F173). »Ich denke nicht darüber nach, es geschieht ganz automatisch. Das ist alles« (F70). Die anderen, die bedeutend zahlreicher sind, schauen sich erst einmal für eine gewisse Zeit heimlich um, und dies umso länger, wenn ihnen nicht alle Voraussetzungen erfüllt zu sein scheinen, oder wenn sie noch nicht lange Oben-Ohne praktizieren und ihre Ungezwungenheit noch zerbrechlich ist. Zu Beginn des Urlaubs genierte sich Claudine (F65) wegen ihrer weißen Haut, die die Nacktheit des Nacktseins noch unterstrich. Manchmal wartete sie fast eine Stunde, bis sie sich auszog. Heute kleidet sie ihre Bräune und sie legt sich, ohne den Strand eines Blickes zu würdigen, direkt oben ohne hin. Doch obwohl sie behauptet, sie sehe sich nicht um, wirft auch Claudine einen kurzen Kontrollblick voraus. Joëlle geht auf ähnliche Weise vor. Sie wartet nicht. Sobald sie angekommen ist, »ziehe ich mich aus und Schluß« (F71). Aber erst, nachdem sie kurz kontrolliert hat, daß »alle Oben-Ohne machen«. Selbst wenn das Ideal darin besteht, sich zu verhalten, als sei man allein auf der Welt, ist da immer ein Minimum an Strandkontrolle. Diejenigen, die diese Prüfphase eher ausdehnen, geben es zu: sie beginnen damit, sich erstmal umzuschauen. Agnès zählt die nackten Busen, bevor sie sich dazu entschließt: »Ich schaue mich um, um zu sehen, ob es welche machen« (F87). Séverine schaut sich vor allem den Blick der Männer an, um zu sehen, ob darin die legitime Art, nackte Busen zu betrachten, beachtet wird: »Ich schaue mich um, ja, ich schaue mich um, und zwar vor allem, um zu sehen, wen es da hat. Also einfach, weil da immer welche sind, die einen nerven. Also ich schaue mich einfach um« (F183). Suzanne analysiert den Strand peinlich genau, um sich ihm anzupassen: »Ich schaue, ob es da Badeanzüge hat oder nicht, ich mache es einfach wie die anderen. Wenn ich sehe, daß Oben-Ohne gemacht wird, mache ich auch Oben-Ohne, wenn ich sehe, daß da keine ist, die es tut, mache ich es auch nicht.« (F76). Im Grunde führt jede Frau, die Oben-Ohne praktiziert, auf ihre Art eine vorausschauende Beobachtung durch. Bei den einen ist sie so kurz, daß sie sich dessen nicht einmal bewußt werden, bei anderen hingegen ist sie manchmal so lang, daß nicht einmal mehr zur Tat geschritten wird. Doch der Blick ist in beiden Fällen derselbe: es ist nicht der über die Landschaft gleitende Blick, der ziellos zwischen den Bildern umherirrt, sondern ein aktiver Blick, der es erlaubt, das zu konstruieren, was Peter Berger und Thomas Luckmann (1991) ein »Typisierungsschema« nennen, eine Ordnung der gesehenen Dinge, um das angemessene Verhalten zu definieren.

Wie ist es möglich, an diesem Ort lethargischer Körperlichkeit, an dem jede intellektuelle Bemühung deplaziert erscheint, eine solche kognitive Arbeit zu leisten? Ganz einfach: indem man den Erkenntnisprozeß einfach über den Körper laufen läßt. Deshalb sind es auch nur wenige, die, wie Agnès, Séverine und Suzanne, zugeben, daß sie den Strand beobachtet und analysiert haben. Die anderen, die große Masse, versuchen uns zu erklären, wie sie die Klarheit ihrer Entscheidung in ihrem Körper »spürten«. Laut Ray Birdwhistell ist »die Natur der Wahrheit immer verknüpft mit der Form des Kontextes« (1981, S. 297). Am Strand, wo Egozentrismus, gefühlsbetontes Wissen und hautnahe Empfindungen regieren, muß diese Wahrheit idealerweise tief aus dem Inneren des Selbst kommen und sich von selbst aufdrängen, ohne daß darüber geredet werden müßte. Als ob der Körper seine Gründe hätte, die die Vernunft nicht kennt.

Trotz wiederholten Fragens bleibt Laurence fest von der Evidenz dieser inneren Klarheit überzeugt: »Man hat Lust oder nicht, man weiß nicht so richtig, wieso« (F138). Dominique spitzt diese Position bis zum Extrem zu: »Das muß etwas Natürliches sein, ich mache es nur, weil ich nicht darüber nachdenke« (F100). Nun praktiziert Dominique aber nur zeitweise Oben-Ohne (»Es ist keine Gewohnheit«). Wie schafft sie es dann, nicht darüber nachzudenken, und gleichzeitig ihr Verhalten zu ändern? »Das hängt vom Kontext ab«, ob »ich mich gut fühle und Lust habe, Oben-Ohne zu machen«. Mehr sagt sie dazu nicht, und sie ist überzeugt, eine einfache und kohärente Antwort gegeben zu haben. Und dabei hat sie sich innerhalb weniger Sekunden auf drei verschiedene Arten berufen, wie die Wahrheit zum Ausdruck kommen kann: eine vollständig inkorporierte Klarheit, die mit einem Automatismus verknüpft ist, die Betrachtung des Kontexts und das innere Gefühl. Wie sie haben viele Frauen die Ebenen der Beobachtung des Strandes und der inneren Wahrnehmungen vermischt. »Das hängt von meiner Laune ab, es hängt davon ab, ob ich entspannt bin, ob es viele Leute hat« (F54); »Je nachdem, das hängt davon ab, ob ich ein Gefühl der Entspannung haben kann, von der Atmosphäre« (F37); »Es kommt darauf an, ob man sich gut fühlt, ob es warm ist, ob es nicht zu viele Leute hat« (F124). Die Atmosphäre, die Wärme, die Leute: in Form von Andeutungen werden einige Bemerkungen zur Umgebung gemacht. Doch jede Betonung wird auf die Laune, die Entspannung, das »wenn man sich gut fühlt« gelegt. Zwar fand durchaus eine Lage-Besichtigung statt und wurde dabei auch eine Reihe von Kriterien festgehalten (die Dichte der Strandbevölkerung, der Anteil an nackten Busen, das Verhalten der unmittelbaren Umgebung, die Sonnenintensität usw.), doch dies alles wurde sofort wieder in einem halb-bewußten Bereich vergraben, wodurch die Illusion eines inneren Wissens wirken kann, die für den Zusammenhang der Körperlichkeit charakteristisch ist (Perrin, 1985). Nachdem Maryse darauf hingewiesen hat, daß »das auch von der Umgebung abhängt« (F124), schafft sie es trotz aller Bemühungen nicht, dies zu präzisieren: sie »fühlt« es. Manche weisen auf einige Elemente direkter Kontextanalyse hin; andere sind sich ihrer Beobachtung des Strandes nicht bewußt und hängen eher der Vorstellung von einem Prozeß des gefühlsmäßigen Erkennens, eines vom Körper übermittelten Wissens an. Das Interview mit Éric und Florence ist hier aufschlußreich. Der Interviewer befragt Florence, die ohne zu zögern antwortet: sie beobachte den Strand überhaupt nicht und mache Oben-Ohne, wann immer sie Lust dazu habe. Sofort widerspricht ihr Éric: »Das stimmt nicht! Das stimmt nicht! Ich kann das bezeugen, sie schaut sogar ganz genau hin« (M92). Überraschenderweise behält Florence ihren Standpunkt bei: nein, sie habe die Wahrheit gesagt, sie schaue sich absolut nicht um, bevor sie ihr Oberteil auszieht. Da nimmt Éric das Beispiel genau dieses Tages, weniger als eine Stunde zuvor. Florence hatte Vorbehalte:

»Sieh mal, hier ist kein einziges Mädchen, das Oben-Ohne macht.« Und er mußte sie ermuntern: »Mach' schon, du wirst die erste sein und ein Beispiel geben.« Erst nach einem ehelichen Hin- und Her und der Beobachtung der Umgebung wurde die Entscheidung getroffen. Florence gibt zu: das hatte sie vergessen.

Die Beobachtung findet systematisch und manchmal auch ausführlich statt, aber nur ein kleiner Teil des gesammelten Wissens tritt ins Bewußtsein (deshalb ist es schwierig, sich daran zu erinnern und darüber zu reden). Das Wesentliche geschieht über den Körper und löst eine Reihe von Zeichen aus, die als innere Empfindungen wahrgenommen werden. Die strahlende Sonne, die Ruhe des Strandes, ein hoher Anteil nackter Busen werden mit persönlichen Voraussetzungen kombiniert und determinieren so das Gefühl von Entspannung und die Lust zur Entblößung. Je größer das Gefühl von Ungezwungenheit ist, desto stärker entwickelt sich die Illusion, die Entscheidung sei allein den Tiefen des Selbst entsprungen. Ein Wort, das häufig benutzt wird, um diese immanente Wahrheit zu bezeichnen, ist die Laune: »Das hängt von meiner Laune ab« (F60). Der Interviewer insistiert: Was steht hinter Adelines Laune? Sie denkt lange und sicher besten Willens nach, aber sie findet nichts: »Nein, das hängt einfach von meiner Laune ab«. »Das kommt drauf an ...« Marie zögert kurz: »... ich weiß nicht ... das hängt von meiner Laune ab« (F153). Dieser Begriff ist, wenn es darum geht, auszudrücken, was man fühlt, deshalb so erfolgreich, weil er auf subtile Art mehrdeutig ist und weil er perfekt an das Durchlaufen des Wissens durch den Körper angepaßt ist: Die Laune ist etwas typisch persönliches, inneres, aber gleichzeitig ist es möglich, daß sie von äußeren Umständen beeinflußt wird. »Je nach den Umständen mache ich Oben-Ohne oder nicht, es hängt von meiner Laune ab« (F37). Es hängt von meiner Laune ab, aber meine Laune hängt von den Umständen ab.

Den Blick fühlen

Der Strand lehnt nüchternes Umherschauen ab, er beobachtet, indem er vortäuscht, er wisse nicht, daß er es tut. Insbesondere tun dies Frauen, die ihr Oberteil ausziehen und für diesen Vorgang ein genaues und unmittelbar operationalisierbares Wissen benötigen: da es ihnen untersagt ist, allzu genau hinzusehen, »erfühlen« sie ihre Umgebung. Nicht mit der Nase, nicht mit den Händen am wenigsten mit den Ohren: sie fühlen mit den Augen. Und das, was sie da verstohlen betrachten, um ihre Diagnose zu erstellen, ist vor allem der Blick der anderen. Eine Frau, die Oben-Ohne macht, ist nicht allein, sie befindet sich inmitten eines visuellen Austauschsystems, innerhalb dessen ein jeder hinter seinem harmlosen kurzen Blick über die Landschaft beobachtet, manchmal sogar ohne es zu wollen. »Es gibt Leute, die sehen sie, ohne sie sehen zu wollen, und doch sehen sie sie gezwungenermaßen« (F66). Und jeder beobachtet wie auch er beobachtet wird. »Man hat immer das Gefühl, von den Leuten ein bißchen beobachtet zu werden« (F182). Wird man eher angeschaut, wenn man oben ohne ist? Das ist die Frage. Die Frau muß diesen Blick also analysieren. Dafür hat sie, wie der, der beobachtet, als Analyseinstrument auch nur einen Blick zur Verfügung. Sie muß also eine Möglichkeit finden, zu »fühlen«, zu sehen ohne zu sehen. Dies geschieht vor allem über vage Wahrnehmungen aus dem Augenwinkel oder über Blicke, die über die Landschaft gleiten. »Ich schaue jetzt gerade nicht, wer herschaut, aber man sieht es genau« (F187).

Diese diffuse Beobachtung erlaubt die Definition des angemessenen Verhaltens: ziehe ich das Oberteil aus oder nicht. Der quantitative Aspekt kann eine wichtige abschreckende Wirkung haben. Männliche Blicke können Annie stören, »aber nicht, wenn es nur ein paar sind« (F37). In der Minderheit zu sein, eine aufrechte Position oder ein vorteilhaftes Äußeres ziehen ein Maximum an Blicken auf sich. »Wenn man, anders als die anderen, ganz allein ist, wird man angeschaut« (F65). Die Vervielfachung nackter Busen hingegen mindert den Druck, selbst wenn sich gleichzeitig auch die Zahl der Beobachter vervielfacht. »Es gibt da immer ein paar Männer, die komisch schauen, aber da ich nicht die einzige bin, schauen sie alle Welt an« (F70). Doch der quantitative Aspekt muß mit dem Inhalt der Blicke gekreuzt werden, oder genauer gesagt, mit der Vorstellung, die sich die Beobachtete von diesem Inhalt macht. Eine Frau, die sich ihrer Schönheit sicher ist und Blicke aufschnappt, die sie für bewundernd hält, wird dadurch nicht veranlaßt, sich wieder anzuziehen. Umgekehrt fühlt sich eine Frau verurteilt, wenn sie findet, daß ihr Busen nicht die erforderliche Festigkeit besitzt. Oder wenn sie sich unwohl fühlt, weil der Blick eines Mannes vom gewöhnlichen Code abweicht und anzeigt, daß er sich für ihre Nacktheit interessieren könnte. »Wenn es ein ganz normaler Blick ist, stört mich das nicht, aber wenn ich das Gefühl habe, da hat jemand keinen normalen Blick, dann stört mich das« (F84). Der quantitative und der qualitative Aspekt der Blicke müssen schließlich noch mit dem Grad der Ungezwungenheit der Frau gekreuzt werden. Florence ist vor der kleinsten Intensivierung des durch Augen ausgeübten Drucks auf der Hut: »Ich mag das irgendwie nicht, wenn man mich anschaut, denn schließlich fühlt man das« (F187). Da sie sich oben ohne gerade mal so einigermaßen wohlfühlt, genügt es in ihrem Fall, wenn einige Blicke auf sie geworfen werden, und sie zieht ihr Oberteil wieder an. Marion hingegen ist auf sich selbst konzentriert, entspannt, sie fühlt nicht mehr, wer sie anschaut und entzieht sich so dem Druck. »Wer mich anschauen will, der soll es tun und Schluß. Ich denke nicht darüber nach und ich sehe sie nicht« (F28).

Der visuelle Druck des Strandes, seine Wahrnehmung durch die Frau und die Verstärkung eines Automatismus des Sichwiederanziehens sind somit direkt verknüpft mit einer Anzahl objektiver Kriterien: der Dichte an nackten Busen, dem qualitativen Aspekt der Blicke, der Form des Busens und dem Ungezwungenheitsgrad. Indessen ist die Frau nicht ohne Handlungsmöglichkeiten: mit Hilfe von Tricks und einem starken Willen kann es ihr gelingen, dem Druck zu entkommen.

Zunächst, indem sie den stillschweigenden Verhaltenscode respektiert. Je mehr sie sich in die Norm fügt und die erlaubten Handlungsweisen befolgt, umso mehr vermindert sie ihre Sichtbarkeit. »Wenn ich Oben-Ohne mache und nur daliege, achte ich nicht auf die Leute um mich herum« (F30). Dann als nächstes, indem sie (im ständigen Hin- und Her zwischen persönlicher Kristallkugel und dem Schauspiel des Strandes) den egozentrischen Aspekt des Strandlebens verstärkt. »Ja, natürlich gibt es Blicke, aber schließlich tut man das für sich selbst, die anderen sind einem egal« (F95). Und schließlich, indem man an der eigenen Ungezwungenheit arbeitet und sich von der Natürlichkeit dieser Praktik überzeugt. »Das wichtigste ist, die Dinge auf natürliche Weise zu tun: wenn da welche schauen – was soll's« (F100). Diese verschiedenen Vorgehensweisen erlauben es, die Intensität der Blicke um eine Stufe zurückzuschrauben, als ob sie weiter entfernt wären und ihr Druck abnehmen würde. Sie sind immer noch da, und die Frau sieht sie, aber ihr Zwangspotential ist geschwächt. »Die Männer beobachten einen ständig, selbst wenn man nur daliegt. Ich tu so, als ob ich nichts sehen würde, ich schlafe, ich schaue die Person, die mich beobachtet, nicht an; so muß man es machen« (F79). Konzentriert sich die Frau immer noch mehr auf sich selbst und sind obendrein die Umstände besonders günstig, dann kann sogar der Eindruck entstehen, die Blicke würden verschwinden. »Also wenn ich Oben-Ohne mache, denke ich eigentlich nicht, daß man mich anschaut« (F170). Wenn Jessica nur daliegt, fühlt sie die Blicke nicht, sie achtet nicht mehr auf die Botschaften, die scheinbar von ihnen transportiert werden. Aufrecht hingegen ist das Gefühl sehr unmittelbar und physisch (sie ist es, die uns sagt, sie sei verfroren), wenn sie jedoch liegt, ist ihr »weder kalt noch warm« (F16). Wenn die Augen des Strandes auf diese Weise auf Distanz gehalten werden, kann es zu einer Wendung kommen, indem die Frau von der Defensive zur Offensive übergeht. Von ihrer Ungezwungenheit und deren Wahrhaftigkeit überzeugt, ist es nun sie, die über die Blicke urteilt, die versuchen, über sie zu urteilen, und sie bemerkt Verhaltensabweichungen seitens der Beobachter. »Wenn jemand einen lüsternen Blick hat, ist das sein Problem« (F5). Ein nicht konformer Blick trägt nicht zur Verstärkung des Druckes bei, weil er seinerseits stigmatisiert ist. Corinne geht in ihrem Gegenangriff noch weiter: »Ich möchte sehen, wo sie hinschauen, ich tu' nicht so, als ob sie nicht hersehen würden, ich verteidige mich, indem ich ihnen in die Augen sehe« (F148). Dennoch zeigt dieser Sieg des Oben-Ohne über mißbilligende oder lüsterne Blicke entgegen dem, was einige der Frauen denken, daß der Blick des Strandes zwar abgewehrt, aber niemals ignoriert werden kann. Der Mechanismus der Beobachtung der Parameter bleibt auf diffuse und unbewußte Weise immer in Gang. Séverine ist sehr bestimmt: »Ich achte nicht darauf« (F183), doch wenn sie einen intensiven Blick entdeckt, »darf der nicht zu lange anhalten«. Danièle ist eine von denen, die sich oben ohne richtig entspannt fühlen; sie zögert nicht, die erste zu sein, die sich entblößt, was dann eine Welle auslöst. Normalerweise werden Blicke von ihr so stark zurückgedrängt, daß sie das Gefühl hat, sie total zu ignorieren. Doch heimlich arbeitet ihr Auge und taucht plötzlich aus der Heimlichkeit auf, um sie von der Existenz »bestimmter Blicke« zu unterrichten (F97). Dann analysiert sie den Intensitätsgrad dieser Blicke, während sie weiterhin versucht, den Beobachter nicht zu beachten. Gelingt ihr das nicht, zieht sie ihr Oberteil wieder an.

Frauenblicke

Der Blick von Frauen auf nackte Busen ist sehr widersprüchlich. Sie betrachten auf sehr direkte Weise und »weniger diskret« (F81). Dennoch übt dieser Blick weniger Druck aus. Daß sich Frauen erlauben, offen zu beobachten, liegt übrigens daran, daß sie intuitiv wissen, daß von ihnen weniger Zwang ausgeht. Als ob der Blick von Frau zu Frau eher erlaubt und neutral sei. In Wirklichkeit ist er alles andere als neutral, er ist lediglich inhaltlich widersprüchlich. Es kann sich um einen

Blick aus reiner informativer Neugier handeln: »Es ist dasselbe, wie wenn ich eine Modezeitschrift lese« (F162). Diese Neugier ist oft geprägt von Nicht-Agressivität, Nachsicht, manchmal sogar Sympathie. »Der Blick einer Frau stört mich nie. Vor allem, weil ich eine Frau bin und auch andere Frauen anschaue; ich mag viele körperliche Ausdrucksformen anderer Frauen. Und da ich selbst andere Frauen mit einem liebevollen Blick betrachte, werde ich auch nichts Negatives hineinprojizieren, wenn mich eine Frau betrachtet« (F148). Es ist jedoch nicht selten, daß der Blick äußerst kritisch und argwöhnisch ist und mit äußerster Genauigkeit auf sein Objekt gelenkt wird, um Druck auszuüben. »Also es gibt Frauen, die fixieren mich eine Viertelstunde lang« (F135).

Der Strand denkt nicht gerne zu viel nach. Jede komplexe Frage wird ignoriert oder simplifiziert. Die Vielfalt weiblicher Blicke wird deshalb tendenziell im Sinne eines harmlosen, ein bißchen im Hintergrund stehenden Blickes verwischt. Ein Rückzug und eine Neutralisierung, die dafür den Männerblick umso deutlicher in den Vordergrund treten lassen. In Wirklichkeit kommt es oft vor, daß gerade ein weiblicher Blick die Speerspitze der sozialen Kontrolle bildet, daß gerade er es ist, der Unbehagen und das Wiederanziehen des Oberteils auslöst. Doch angesichts der Komplexität der visuellen Interaktionen (subtil, vielfältig, wechselnd) benötigen diejenigen, die Oben-Ohne praktizieren (wir haben dieses Vorgehen bereits mehrmals gesehen), ein vereinfachtes kognitives Schema, das ihnen ermöglicht, ausgehend von bereits erstellten Entzifferungsschemata schnell zu kategorisieren. Diese Schemata verstärken ihrerseits die Klassifikationen und Diskriminierungen. So, wie solche Schemata etwa den großen Busen als Stigma konstituieren, um dem nicht-großen freie Bahn zu gewähren, oder »aufrecht« mit »sich zur Schau stellen« assoziieren, um die Tatsache, daß jemand liegt, als Nicht-zur-Schau-Stellung schätzen zu können, teilen sie auch Blicke in grobe Kategorien ein. Der erste Schritt besteht in der Trennung von Frauenblicken und Männerblicken. Im zweiten Schritt, dem wichtigsten, wird eine weitere Einteilung der männlichen Blicke vollzogen, die mit größter Genauigkeit in zwei Unterkategorien aufgeteilt werden: normale und andere Blicke.

Der Spanner: Konstruktion eines Stereotyps

Normal ist der Blick, der nichts sieht: »Nein, wenn ein Mann kein Voyeur ist, schaut er auch nicht hin« (F185). Oder der Blick, der nur flüchtig und in Beachtung der korrekten Art und Weise hinsieht. Wir werden noch darauf zurückkommen. Der andere ist der, »der komisch schaut« (F179), wobei »komisch« das beliebteste Adjektiv ist, um das Gegenteil dessen, was »normal« ist, zu bezeichnen. Der verbreitetste komische Blick ist der aus dem Augenwinkel. »Das sind unaufrichtige Leute« (F97), sagt Danièle, Männer, die nicht wissen, wie sie sich zwischen ihrer Lust zu sehen und der Angst davor, als Voyeure betrachtet zu werden, verhalten sollen. »Ach wissen Sie, ich sehe manchmal Männer, die aus dem Augenwinkel herüberlinsen und dabei so tun, als würden sie ihre Zeitung lesen. Sie sind wie kleine Kinder, die einen Marmeladetopf stehlen!« (F113). Auch Éléonore hat solche Männer bemerkt, die »zwanghaft schauen« (F168), die sich auf den Bauch legen und so tun, als würden sie schlafen, aber dabei ein Augenlid halb öffnen oder, schlimmer noch, mit eingedrückter Nase unter der Achselhöhle ihres angehobenen Armes durchschielen. Doch solche Eigenartigkeiten bleiben auf der Ebene von Kindereien, die man verzeiht, oder, wie es Yolande ausdrückt, von Marmeladediebstählen. Schlimmmer ist der Fall des wirklichen Störers, des zudringlichen Spanners, der weder seinen Blick noch seine Gedanken zu verheimlichen sucht. »Du siehst es, wer spannt, wer ganz allein ist und einen Meter neben dir vorbeigeht« (F148); »Sie gehen an einem vorbei, wenn man daliegt, und schauen ganz genau hin!« (F68); »Du merkst es: du gehst baden, er geht auch baden, und dann schwimmt er nicht, sondern ist ständig um dich 'rum!« (F148). Geht er nicht nur deshalb so nah an einem vorbei, weil es an dem übervölkerten Strand keinen anderen Weg gibt? Ist der Blick, den er auf sie wirft, nicht ohne Hintergedanken und wird einfach, ohne daß er es will, auf sie gezogen? Nein, die Antwort ist eindeutig, da ist keinerlei Verwechslung möglich: den Spanner erkennt man sofort, ohne den Schatten eines Zweifels. Von diesem Punkt an wird seine Beschreibung einem anderen Register entnommen. Sie wird tendenziell exzessiv, auf die extremsten Fälle fixiert, bedient sich einiger Anekdoten, die völlig überzogen werden, oder rutscht in die abstrakte Definition eines Stereotyps ab: der Spanner, wie ihn der Strand braucht. »Da gibt es diesen Spanner, der festgenagelt dasteht wie ein Vorstehhund und sich nicht mehr rühren kann« (M47). Corinne hat ihre Geschichte, die, auch wenn sie übertrieben interpretiert sein mag, für sie unverzichtbar ist, um problemlos kategorisieren zu können: »Ich war mit den Kindern und meiner Nichte da, die gerade in die Pubertät kommt. Da war ein älterer Herr, der mindestens 55 war und die ganze Zeit um die Mädchen herumschwänzelte. Sein Blick war ... es war ein Vergewaltigerblick, du spürst das! Du spürst das wirklich! Er schaut dir nicht in die Augen« (F148). Natürlich gibt es diese Art von Verhalten. Es ist sogar außerordentlich gefährlich für diese gesellschaftliche Übereinkunft, die hinsichtlich des Oben-Ohne die Oberhand hat, denn es ist das perfekte Sandkorn im Getriebe des Mechanismus, der auf der Kunst beruht, zu sehen, ohne zu sehen. »Man muß schon aufpassen, es gibt da Typen, die sind nicht zimperlich« (F156): Sie haben die Spielregeln nicht verstanden und könnten alles kaputtmachen. Obwohl sich Danièle eigentlich sehr wohl fühlt, ist sie sich dieses Risikos bewußt. »Das Problem ist der Voyeurismus. Ich weiß, daß man es jedes Jahr mit einem oder zwei Spannern am Strand zu tun hat, das weiß man einfach. Die gibt es eben. Und ein enthüllter Busen, das stimuliert sie, das ist schon komisch!« (F97). Angélique fand sich einmal »zwei widerlichen Dicken« gegenüber wieder, »uh, das hat mich wirklich angewidert!« (F38). Doch das Stereotyp des Spanners, das hier in seiner Extremform präsentiert wird, hat auch seinen konkreten Nutzen: es legitimiert den normalen Blick in einer weiten Definition von

Normalität und erleichtert die Beobachtungsarbeit der Praktizierenden, die sich damit zufriedengeben, sich alarmiert zu fühlen, sobald ein indiskutabler Spanner auftritt.

Ist es auf diese Weise erst einmal von den beobachteten Realitäten losgelöst, wird das Stereotyp als abstrakte Form zu einem leicht manipulierbaren Instrument. Und es wird manipuliert. Hierfür genügt es, den Mittelpunkt der Zielscheibe zu verschieben. Nachdem auf einige verurteilungswürdige Verhaltensweisen Bezug genommen wurde, wendet man sich voll und ganz der Definition der anvisierten Gruppe zu. Dabei stützt man sich nicht auf präzise, gesicherte Fakten, sondern auf persönliche Vorstellungen und Präferenzen. Édith hat einen Spanner erwischt: »Ein Opa vom Lande, im Arbeitsoverall und so – zumindest in einer Badehose hätte er inkognito durchgehen können – der nähergekommen ist, um ganz genau hinzuschauen« (F174). Der Großvater war vielleicht ein bißchen zu nah gekommen, doch die Beschreibung des verurteilungswürdigen Verhaltens bleibt ziemlich vage. Im Grunde ist das einzige, womit die Anprangerung hier legitimiert wird, die Tatsache, daß es sich um einen »Opa vom Lande, im Arbeitsoverall und so« handelte, der es gewagt hatte, einen Fuß an den Strand zu setzen. Édith selbst bestätigt das: »In einer Badehose hätte er inkognito durchgehen können«. Die Definition des Spanners driftet oft in Richtung Sozialkritik ab. Ihrer Beschreibung zufolge waren Angéliques »widerliche Dicke« von einfacher Herkunft. Während das Universum der Arbeiterkluft strengstens überwacht wird, bewahren feine Manieren und mehr noch das Jungsein vor infamer Kategorisierung. Auf einem skizzierten Computer-Porträt des Schuldigen würde der verachtenswerte Spanner schnell zu einem Alten, oder, wie häufig assoziiert wird, einem »lasterhaften Alten« (wobei die Befragten diesen Begriff nie benutzt haben). »Es stört mich mehr, wenn es ältere Personen sind, ich finde das lästerlicher« (F187); »Es gibt Alte, die sind lüsterne Alte, da kann man nichts machen« (F169). Umgekehrt werden Junge von vornherein von jeder Sünde freigesprochen, wie auch immer sie sich verhalten. »Bei den Jungen ist das normal« (F68); »Wenn ein Junger, so bis 30, 35 Jahre, spannt, dann stört mich das nicht, das ist normal, es ist in Ordnung« (F148). Nachdem Corinne auf diese Weise die Jungen freigesprochen hat, greift sie hingegen die Älteren an. Auch hier beginnt das Altsein früh: »Und dann gibt es da eine Kategorie von Männern, die erkennt man gleich, so ab 45, ich gebe zu, da habe ich Schwierigkeiten«. Viele Frauen haben ihre Zielscheibe genauso bezeichnet wie Corinne: die »Alten«, die »älteren Männer«, aber innerhalb einer relativ genauen Altersspanne, die die ältesten Personen nicht miteinschließt. Céline, 18 Jahre: »Die älteren Männer, die über 35 sind« (F10); Vanessa, 20 Jahre: »Die 40- bis 50jährigen« (F68); Séverine, 26 Jahre: »Die 40- bis 50jährigen« (F183); Maurice, 69 Jahre: »Es gibt da einige, so um die 40 bis 50 Jahre, die haben einen ziemlich lüsternen Blick« (F23). Woher kommt diese Relativierung des Alters? Zweifellos, weil der Strand die ersten grauen Haare tendeziell etwas früh sieht. Aber vor allem aufgrund der Zwischenposition dieser Männer. Wären sie jünger, wären sie entschuldigt; wären sie älter, würden sie einer, was die Beziehungen zwischen Männern und Frauen angeht, weniger problematischen Kategorie angehören. Mit 40 bis 50 Jahren (oder ein wenig darüber hinaus) sind sie genau alt genug, um aus der Sphäre der Strandtoleranz herauszufallen, bleiben aber gleichzeitig mögliche Sexualpartner (es ist übrigens genau dieses Alter, in dem Männer sich junge Frauen suchen, wenn sie eine neue Paarbeziehung eingehen). Sie haben also alles, um eines nicht konformen Blickes verdächtigt zu werden. Sie sind die idealen Spanner.

Das System der Blicke

Strandmodernität

Vor dem Jahrhundert der Aufklärung »wurde der Körper wenig beschrieben, nur undetailliert geschildert, und in einer gewissen Unbestimmtheit erlebt [...] Seine Präsenz drängte sich weniger über die Augen auf; über das Sehen wurde nicht mehr wahrgenommen als über die anderen Sinne« (Perrot, 1984, S. 62). Inzwischen »ist der Blick zum dominanten Sinn der Moderne geworden« (Le Breton, 1990, S. 106), zum privilegierten Werkzeug der Freiheit des Individuums in seinen Interaktionen und der Distanzierung, die es erlaubt, die eigenen Zielscheiben zu wählen und hierbei nicht selbst zur Zielscheibe zu werden. Besonders in öffentlichen Räumen (Simmel, 1989), wo das Auge mehr und mehr als Herrscher regiert und wo, wie am Hofe, »sich alle heimlich gegenseitig beobachten, weil alles als Zeichen fungiert« (Perrot, 1984, S. 62). Da uns einerseits die Intelligenz der Sprache in ihren Bann zieht und wir uns andererseits so sehr auf das materielle Substrat des Blickes (das Bild) konzentrieren, haben wir den beträchtlichen Platz, den der Blick selbst in unserer Gesellschaft einnimmt, noch nicht erfaßt. Wollen wir seinen neuen Reichtum beschreiben, stellen wir unsere sprachliche Armut fest, eine Armut, die die redaktionelle Arbeit nicht gerade erleichtert (ich nehme dies zum Anlaß, dem Leser meine Entschuldigungen hinsichtlich der schwer verdaulichen begrifflichen Wiederholungen zu unterbreiten).

Der Strand ist ein fortschrittliches Laboratorium zur Erforschung dieser Modernität des Blickes. Historisch wurde der Strand, ausgehend von der intimen Wahrnehmung diffuser Empfindungen, als Ort für den Körper erfunden und wies dem Blick von Anfang an einen privilegierten Platz zu (Corbin, 1988). Das Strandstereotyp, das die Massen anziehen soll, ist im wesentlichen ein visuelles Bild (vor dem Hintergrund des

Rauschens der Wellen und der Schreie der Möwen), das auf paradigmatische Weise auf der Postkarte festgehalten wird, ein Papierbild, das ein anderes, durch die »Beharrungskraft der Netzhaut« festgehaltenes Bild (Urbain, 1993, S. 57) widerspiegelt. Im Mittelpunkt das Meer, das unwiderstehlich ruft und betört: man muß es unbedingt sehen, mit dem Auge berühren, selbst wenn sich der »Meeresblick« auf einen weit entfernten blauen Fleck beschränkt. Die visuelle Erwartung ist so stark, daß der Entbehrungszustand somatische Folgen haben kann. Vor diesen Kulissen treten die Körper auf die Bühne. Auch sie durch den Blick und unter den Blicken: kaum ein Ort ist so sehr durch die Spiele des Scheins strukturiert wie der Strand. Erving Goffman (1983, S. 8–9) lag hier durchaus richtig: Er beginnt sein Buch *Wir alle spielen Theater* mit einer Strandszene, in der der (einem Roman entnommene) Held sich die verschiedenen Arten vorstellt, wie ihn der Strand sieht, und dann Verhaltensweisen zusammenstellt, um so gesehen zu werden, wie er sich das erträumt.

Das Auge

»Die soziale Kompetenz des Auges ist enorm« (Goffman, 1988, S. 153); es wäre ein Irrtum, den Blick als gegenüber der Sprache zweitrangig zu betrachten. Sicherlich besetzt die Sprache eine privilegierte Position: sie ist es, die auf die direkteste und effizienteste Art die explizitesten und konzeptualisiertesten Botschaften übermitteln kann. Sie ist die sichtbare Spitze des Kommunikationsgebäudes. Doch durch ihre Sichtbarkeit verdeckt sie die Bedeutung non-verbaler Kommunikation. Ray Birdwhistell hat sich gegen die Vorstellung aufgelehnt, die Geste situiere sich innerhalb eines schwammigen Rahmens um die Sprache, und bedauerte, daß der Akzent in Forschungsarbeiten in übertriebenem Maße auf die Sprache gelegt werde (Winkin, 1981). Die verbale Interaktion zweier Gegenüber gewinnt ihren Sinn nur innerhalb eines größeren Systems, eines breiten Kommunikationskontextes, der auf Körperbewegungen und Blicken basiert. Ohne diese stillen Austauschformen wäre die Sprache stumm.

Im Gegensatz zur gesprochenen Sprache sind »körperliche Ausdrucksformen« wenig zentriert und beabsichtigt, sie bilden »die Grundlage einer diffusen Interaktion«, die allen in der Umgebung zugänglich ist (Goffman, 1981, S. 268). Es wird eine unendliche Vielzahl von Bildern wahrgenommen, aber nur ein kleiner Teil davon bewußt (Le Breton, 1990). Dies insbesondere am Strand: zwischen den Sequenzen mit geschlossenen Lidern scheint der Blick ziellos und absichtslos über die Landschaft zu irren. Doch ohne es zu wollen, arbeitet er und akkumuliert ein beachtliches Wissen. Diese Vorgehensweise ist sogar besonders leistungsfähig und auf der Höhe der gesellschaftlichen Innovation. Denn der neue Sehmodus scheint tendenziell ein hin- und herspringender, hypermobiler, flüchtiger und über Oberflächen gleitender zu werden (Sauvageot, 1994); der Strandblick ist genau so, pickt sich auf spielerische Weise etwas heraus. Gregory Bateson benutzt ein Bild, das eher an Fleischfresser erinnert: »Ich habe schon sehr früh das Gefühl gehabt, in das, was ich sehen konnte, hineinzubeißen – die Augen sind äußerst orale Organe« (1981, S. 285). Auch der Strandblick beißt, indem er sich nämlich plötzlich an besonders starken Bildern festbeißt und sie gierig verschlingt. Hierfür wird aus der Flut des Gesehenen eine Auswahl getroffen, und vielleicht zeigt der Blick gerade hier seine erstaunlichste Seite. Denn in diesem Hin- und Herspringen (und sogar geistesabwesenden Hin- und Herspringen wie am Strand, die Augen vom Träumen getrübt), im schnellen Dahingleiten über die Oberfläche der Kulisse, speichert der Blick doch mit größter Sorgfalt fürs Detail alles, was er sieht. Er ist der genaueste unserer Sinne (Cyrulnik, 1993), derjenige, der es uns erlaubt, auch von weitem eine präzise und bedeutungsvolle Information zu erfassen.

Die Landschaft

Eine erste Funktion des Strandblickes besteht darin, sich der Landschaft zu vergewissern. Eine weite sandige Ebene ohne irgend etwas anderes würde nicht dasselbe Vergnügen bereiten: man muß von Zeit zu Zeit die Realität der lebendigen Postkarte in sich aufnehmen. Anschließend muß man dahin gelangen, sie genießen zu können, sich nicht mit dem gewöhnlichen Stereotyp zufriedenzugeben, sondern Details zu entdecken, die den Charme der Gegend und des Moments verstärken. Von diesem Gesichtspunkt der Landschaft her bedeuten nackte Busen für Männer eine gewisse Annehmlichkeit. Éric gibt uns die Formel für die Magie dieses Ortes: »Sonne, Meer, Strand und nackte Busen« (M89); »Ich denke, das ist angenehm, vor allem für die Herren« (F52); »Oben-Ohne gehört zum Strand, man fühlt sich besser, es ist angenehm« (M86); »Man muß sagen, das ist angenehm fürs Auge, vor allem bei schönen Brüsten« (M81). Diese Annehmlichkeit ist umso größer, als sie mit einem Traum eins wird, innere und äußere Bilder ineinanderfließen, man zwischen verstohlenen Blicken, um eine heimliche Beute zu erhaschen, und sanftem Schlummern hin- und hergleitet. »Ein sonnengebräunter Körper, ein schöner Busen, ein angenehmes Gesicht, Haare im Wind, und natürlich der Strand, der feine Sand: und schon taucht das Mädchen in einem Traum auf ...« (M92).

Das Auge läßt sich ganz nach Belieben gehen. Passiv wie der Zuschauer in einer Theatervorstellung und mitgerissen von der Unruhe des Strandes. Es verweilt an hervorstechenden Punkten des Strandumtriebs, bei allem, was entzückt oder erstaunt: Schönheit (»und schon taucht das Mädchen in einem Traum auf«), Sexualität (das Paar, das gegen das Berührungsverbot verstößt), Grausamkeit (gewalttätige Eifersucht zwischen zwei Kindern), Komik (die Verrenkungen dessen, der sich unter seinem Handtuch umzieht) und Dramatik (alte, faltige Busen, die zu sehen schmerzt). Das Auge springt von einem dieser Mikro-Ereignisse zum anderen, doch das am meisten Sichtbare ist oft nur ein Vorwand: auf seiner Reise sammelt es auch gewöhnlichere Bilder. »Die Gesten, die wir leer nennen, sind in Wirklichkeit vielleicht die reichsten von allen« (Goffman, 1974, S. 81). Wenn der Blick passiv über den Strand streicht, bringt er das Bild von einfachen Gesten mit, bereits gesehene Bilder, die sich über frühere Schemata legen. So konstruiert sich Tag für Tag die Wirklichkeit der Wirklichkeit: durch die äußere Bestätigung der bereits zuvor inkorporierten Bilder. In diesem Hin und Her ist das Individuum weniger passiv als sein Blick: es projiziert seine Bezugsrahmen auf das Gesehene und versucht, sie ihm überzustülpen (Goffman, 1991). Ein kleiner Seitenblick genügt. Doch die individuelle Kreativität hat ihre Grenzen; es ist riskant sich vorzustellen, die Ampel sei grün, wenn sie rot ist. Der Blick führt den Traum auch zur Wirklichkeit zurück, einer Wirklichkeit, die eine Grundfeste hat, nämlich genau diese so wenig sichtbaren Gesten (wenig sichtbar, weil sie von allen auf die gleiche Weise ausgeführt werden). Das, was die Umgangssprache eine »normale« Geste nennt: die Grundlage der Plausibilität findet sich in der Norm, die von den gängigen Körperbewegungen in einer Gesellschaft aufgedrängt wird. Jean-Claude Schmitt (1990) zeigt, wie äußerst ritualisiert und explizit in den westlichen Gesellschaften des Mittelalters die Gesten waren, welche Normalität markierten. Kodifizierte Körperhaltungen symbolisierten die Wahrheit einer ganzen Zivilisation. Inzwischen ist das explizit Normative unsichtbar geworden, indem es sich in der Masse verloren hat, während hingegen die marginalsten Verhaltensweisen die Aufmerksamkeit auf sich ziehen. Doch in beiden Situationen ist die Vorgehensweise für das Individuum dieselbe: nämlich die Wirklichkeit ausgehend von der beobachteten Normalität zu konstruieren. Der Blick, der diese grundlegende Konstruktion ermöglicht, ist ruhig und erfordert keine große Anstrengung des Bewußtseins. Denn schließlich genügt es, die bereits verinnerlichten Schemata (im Gedächtnis und im Körper in Form von Gewohnheiten) zu bestätigen. Tritt eine Verschiebung zwischen der beobachteten Norm und den Gewohnheiten auf, muß das Individuum Anpassungen durchführen (Goffman, 1973b). Auch hier herrscht wieder Entspannung vor und der Wille, zu jedem Preis an die Norm zu glauben. Mit der normativen Angleichung »sorgt das Individuum nicht nur einer gewisse Ruhe vor, sondern glaubt auch, es habe das Recht, auf sie zählen zu dürfen« (Goffman, 1973b, S. 228). Diese wichtigste visuelle Arbeit verträgt sich somit bestens mit der gewohnheitsmäßigen Untätigkeit des Strandes.

Der Blick, der hängenbleibt

Doch vor dem landschaftlichen Hintergrund, den das Auge passiv aufnimmt, und vor dem Hintergrund der normativen Konstruktion, die sich still und leise vollzieht, tauchen plötzlich Bilder auf, die hervorstechen und die Bißlust wecken; das Auge greift zu, übermittelt die Information an das Denken, das sie gierig verschlingt und unter Umständen mit intellektuellem Kauen beginnt. Die Intensität der Unterbrechung des visuellen Rhythmus kann sehr unterschiedlich sein. Sie ist gering, wenn die Aufmerksamkeit nur verstohlen auf ein Detail gerichtet wird, das sich ein wenig von den Kulissen abhebt. »Es stimmt schon, wenn man an den Strand geht, hat man immer einen mobilen Blick« (M37); »Klar, man schaut sich um, das ist normal. Man betrachtet Männer und Frauen. Und man sagt sich: oh là là, hat die aber einen schönen Körper! Oder: Ihr Körper gefällt mir« (F148). Der Eindruck kann aber auch stärker sein: wenn das Auge unwiderstehlich von etwas Gesehenem angezogen wird und daran hängenbleibt, ebensosehr eingefangen wird, wie es einfängt, wenn man »nicht anders kann als hinzusehen« (M37).

Oben-Ohne ist auf dem Weg zur Banalisierung, wenigstens in den Augen des Strandes. Dies bedeutet, daß es in dem Maße an Sichtbarkeit verliert, als es Teil der Normalität wird. Weil es normal wird, sehen es die Blicke nicht mehr, und weil es die Blicke nicht mehr sehen, wird es normal, Oben-Ohne zu praktizieren. »Das ist so sehr zur Norm geworden, daß man, wenn es sich um einen normalen Busen handelt, gar nicht mehr hinsieht« (F8). Unter einer Bedingung: daß der Busen »normal« ist, also innerhalb der morphologischen Norm, auf der die soziale Norm basiert. Ist der Busen anomal, wird auch das Oben-Ohne anomal. Dann verliert es seine Alltäglichkeit und Unsichtbarkeit; die Blicke bleiben daran hängen. Ein Busen kann auf zwei Arten anomal sein: er kann häßlich sein oder zu schön. Der Strand wirft diese beiden Extreme häufig in derselben Kategorie zusammen, um den Wechsel des Blickregisters zu erklären. »Mein Mann achtet nicht darauf, außer wenn da etwas gar nicht hübsch oder besonders hübsch ist« (F73); »Man schaut zu den Personen hin, die anomal gut gebaut oder anomal häßlich sind« (M43); »Wenn ich so Waschlappen oder Raketen hätte, würde ich es lassen« (F39); »Wenn sie außergewöhnlich schön oder häßlich sind, ziehen sie entweder Blicke von Bewunderern auf sich, denen das Wasser im Munde zusammenläuft, oder höhnische Blicke, wenn sie wie Zitzen bammeln« (F8). Christelle hat das richtige Wort gefunden: sie ziehen den Blick auf sich. Das Individuum ist nicht Herr über das Verhalten seiner Augen (außer, wenn es sie schließt): der Busen, der die Regeln mißachtet, die einen ruhigen Blick und die Banalisierung ermöglichen würden, ist es, der die Blicke auf sich zieht. Oder, wie es Yannick ausdrückt: »Manche Busen stellen sich irgendwie zur Schau, wenn es große oder komische Busen sind« (M1). »Manchmal zieht ein Busen die Blicke besonders auf sich, weil er besonders attraktiv ist« (F71). Arnaud ist dieses Hin- und Herspringen des Blickes, dieses ungewollte Angezogensein, das ihn immer wieder dazu bringt, an problematischen Aspekten des Strandes hängenzubleiben, beinahe etwas peinlich. Er zieht es vor, »nicht darauf zu achten«, aber manchmal wird sein Blick »von irgendetwas anomalem angezogen, zum Beispiel einer Frau, die einen enormen oder mißgebildeten Busen hat. Das zieht meinen Blick an, wie wenn bei jemand das Bein amputiert ist« (M21). Eine Behinderung zieht für gewöhnlich »in hervorragender Weise Blicke auf sich« (Le Breton, 1992, S. 92). Am Strand zieht auch die kleinste Behinderung in noch hervorragenderer Weise die Blicke auf sich; es ist kein Zufall, daß man dort so selten Amputierte sieht. Am Oben-Ohne-Strand, wo zur Definition von Normalität insbesondere morphologische Kriterien herangezogen werden, wird das kleinste Fettpölsterchen zur Behinderung. Vor allem, wenn das zugehörige Verhalten die Spielregeln nicht aufs allergenauste beachtet. »Man sieht hin, wenn etwas schockiert, wenn etwas vom Normalen abweicht« (F157). Es kann genügen, daß eine Frau mit einem einfach nur etwas umfänglicheren Busen sich aufsetzt, und schon schlüpft dieser Busen in die Rolle des großen Busens. Liegend, sonnengebräunt und unbeweglich hätten die Blicke über ihn hinweggleiten und ihn banalisieren können. Agnès hat diese Erfahrung gemacht: sie hat genau bemerkt, wie sehr sich die Blicke veränderten, wenn sie aufstand, und wie dieses Eingefangensein der Blicke sogar zuwege brachte, die Körper der Beobachter in Bewegung zu versetzen: »Das sieht man am Blick, man spürt beim Vorbeigehen den Blick auf sich, sie wenden sich sogar um« (F87).

Woher kommt dieses nicht zu unterdrückende Angezogensein? Weil etwas anomal ist, sagt der Strand. Aber warum ist man von Anomalität so stark angezogen? Weil das Normale lediglich zu einem ruhenden Blick auffordert, der die gewohnten Schemata bestätigen soll, das Anomale hingegen ruft zu etwas ganz anderem auf: es erfordert eine ganz erhebliche Anstrengung. Denn jede Anomalität stellt die Definition der Norm, die das Zentrum der Konstruktion von Wirklichkeit bildet, in Frage. Sie bringt einen dazu, das Ungewöhnliche zu sehen und zu denken, seinen Platz im Verhältnis zum Normalen zu definieren, zu entscheiden, ob man die frühere Kategorisierung beibehält oder eine Veränderung der Spielregeln akzeptiert. Das Normale ist keine stabile Realität, seine Zukunft ist offen. Es hängt von der unendlichen Zahl von Mikro-Antworten ab, die Augenblick für Augenblick gegeben werden.

Der Reflex-Blick

Der nackte Busen ist ein komplexes Objekt und zieht die Aufmerksamkeit nicht nur dann auf sich, wenn er häßlich oder zu schön ist. Männerblicke bleiben auch einfach deshalb an ihm hängen, weil es ein Busen ist und weil er nackt ist, und dies aufgrund einer Art Atavismus, den auch die Banalisierung nur oberflächlich auslöschen kann. »Ob sie es zum Bräunen oder zur Provokation machen, hübsch oder nicht hübsch sind, sie ziehen in jedem Fall den Blick auf sich« (F181); »Oh, das zieht das Auge einfach an, das läßt sich nicht leugnen« (M28); »Sobald ein Körper nackt ausgezogen wird, können die Leute nicht anders als hinsehen, da geht irgendetwas vor sich« (M2). Claudine hat gesehen, wie diese Anziehungskraft bei ihren Nachbarn gewirkt hat: »Eine nackte Brust zu sehen, zieht ihren Blick an« (F65). Ihre Erklärung erlaubt es uns, in unserer Analyse des visuellen Mechanismus einen Schritt weiter zu gehen: der Blick wird durch das Sehen angezogen. Anders gesagt, zunächst wandert der Blick über die Landschaft und sammelt gewöhnliche Bilder; erst dann lösen einige der letzteren, die massenhaft gesammelt wurden, Aufmerksamkeit aus. »Der Blick wandert immer herum, deshalb wird er von nackten Busen natürlich angezogen« (F37). Das erste aufgesammelte Bild hat eine Information bezüglich des Ereignisses geliefert, dann wird der Blick angezogen, ohne daß der Kopf etwas zu sagen hätte. Anschließend erst schaltet sich das Denken ein, um die Dauer des nun bewußt gewordenen Blickes zu regulieren und seine Art und Weise zu definieren, um ihn zu unterbrechen, um nachzudenken oder um, auf der Grundlage der zusammengestellten Informationen, zu träumen, bevor man von einem anderen Bild in Anspruch genommen wird.

Die Anziehungskraft des Nackten ist keine anthropologische Konstante. Wenngleich tief in der männlichen Mentalität verwurzelt und einen reflexartigen Blick auslösend, ist sie dennoch auch eine kulturelle Konstruktion, die Variationen aufweist. Heutzutage geht der Prozeß der Banalisierung dahin, den Reflex abzuschwächen, denn die Praktik ist »normal«. »Ja natürlich, das zieht den Blick schon an, aber gleichzeitig sieht man so viele, daß man schließlich gar nicht mehr darauf achtet« (M4). Séverine, die einen normalen Busen hat und ihn den Blicken nur im Liegen aussetzt, hat ein Nachlassen des Drucks durch Blicke gespürt. »Ich fühle mich weniger gehemmt als am Anfang, denn inzwischen sieht man viele. Und ich finde, daß die Leute weniger hinsehen« (F183). Brigitte hat sogar den Eindruck, daß Blicke aufgrund von Nacktheit völlig verschwunden sind. »Die Männer achten nicht mehr darauf, das ist Teil der Sitten geworden, es gehört zur Umgebung« (F7). Es ist Teil der Sitten geworden: die Normalisierung hat es geschafft, Unsichtbarkeit zu konstruieren. Das gehört zur Umgebung: der Blick gibt sich damit zufrieden, umherzuwandern, wie er es mit dem Rest der Kulisse tut.

Mit ihrem Standpunkt gehört Brigitte jedoch einer Minderheit an. Für Jessica und die Mehrheit der Oben-Ohne-Praktizierenden gibt es diesen durch Nacktheit angezogenen Blick noch. Doch er ist so kurz, als gäbe es ihn nicht. »Die Leute schauen zwei Sekunden hin und dann geben sie es auf – schließlich hat es überall welche« (F16). Alles spielt sich auf der Ebene der Regulierung der Länge und Intensität des ersten visuellen Reflexes ab; es muß ein (erlaubter) Reflex bleiben und dieser darf nicht zu einem (verbotenen) willentlichen Blick werden. Der Strand hat definiert, was Normalität ist, und kontrolliert auf seiten der Betrachter wie der Betrachteten, daß sie beachtet wird. Männer betonen die Art und Weise des Schauens: hinsehen, aber nur einmal, ohne sich »darauf zu stürzen«, und nicht kleben bleiben. »Ich sehe hin, ja, ich sehe schon hin, aber ich sehe nur einmal hin, das ist alles« (M88); »Natürlich schaue ich hin, aber auch nicht mehr als das« (M18); »Einfach so hinzusehen ist schon angenehm, aber man sollte sich nicht regelrecht darauf stürzen« (M93); »Man bleibt nicht den ganzen Tag daran kleben« (M4). Die Frauen messen eher die Länge des Blickes (die »zwei Sekunden« von Jessica sind nur eine Redewendung, die tatsächlich erlaubte Dauer ist wesentlich kürzer) und kontrollieren die Fähigkeit, den Blick wieder zu lösen. »Nur so ein Blick, der sich dann wieder löst, das geht eigentlich, nur wenn er intensiv wird, fühlt man sich gestört« (F87); »Nur ein bißchen, wenn der Blick zu sehr insistiert, stört es« (F149); »Er sollte halt nicht zu lange anhalten« (F183). Suzanne räumt ein, daß da schon »ein bißchen Voyeurismus« im Spiel ist, bevor sie dann den normalen Rahmen umreißt: »aber nicht viel, die Leute gehen gewöhnlich darüber hinweg« (F76).

Die Kunst zu sehen, ohne zu sehen

»Es gibt immer auch Blicke, die ausarten, aber man sagt sich, daß die Leute die Schwierigkeiten eben überwinden müssen. Das gehört zu den Dingen, die sich langsam entwickeln müssen und eines Tages kein Problem mehr darstellen werden« (F37). Annie ist sich sehr bewußt, daß sie an einem historischen Prozeß, an einer schrittweisen Änderung der Sitten teilnimmt. Der Strand wurde Ende des 18. Jahrhunderts unter der Herrschaft eines Blickes erfunden, der heute nicht mehr gebräuchlich ist. Da der Strand (bevor der Körper dort sein Gesetz diktieren sollte) im wesentlichen als Landschaft geboren wurde, war der fixe und ruhende Blick dort zunächst legitim, was durch das Spiel mit dem Opernglas, »von dem Zeitzeugen übereinstimmend aussagen, es sei zu dieser Zeit am Strand ein beliebter Zeitvertreib der Männer gewesen« (Corbin, 1988, S. 93), sehr schön symbolisiert wird. Nur einige ältere Leute zeugen durch ihr Verhalten noch von dieser vergangenen Zeit. So beispielsweise Yolande, 73 Jahre, die es sich für ihre langen Sitzungen gezielter Beobachtung auf ihrer Liege bequem eingerichtet hat: »Das ist besser als ein Fernsehmagazin« (F113). Oder die »Leute mit ihren Strandhütten«, die sich, wie Xavier bemerkt hat, »jeden Nachmittag in aller Ruhe hier mit ihrem Fernglas niederlassen« (M59). Heutzutage nimmt der Strand nichts mehr offensichtlich unter die Lupe, sondern läßt den Blick dahingleiten; es gehört sich nicht, zu fixieren und offensichtlich interessiert hin-

161

zusehen, sondern im Gegenteil beinahe zerstreut, »als ob man etwas anderes ansehen würde« (M68). Dieser neue Blick hatte sich bereits vor dem Aufkommen der Oben-Ohne-Mode relativ gut durchgesetzt. Letztere führte dann zu großer Verwirrung: »Ganz am Anfang schauten sich alle Leute an« (F79). »Die Männer sagten: oh, hast du die da gesehen! Hast du die gesehen!« (F81). Die Normalisierung ermöglichte es, den neuen visuellen Modus wiederherzustellen. »Heute ist das etwas Alltägliches, das ist absolut nicht mehr der gleiche Blick« (F81).

Zur Beschreibung des Blickes gibt es unendlich viele Ausdrücke: flammend, wild, provokant, kalt, verschlossen, eigensinnig, begierig, verzehrend, neugierig, indiskret, offen, ehrlich, strahlend, begeistert, aufrichtig, unschuldig, ruhend, fröhlich, schelmisch, boshaft, funkelnd, ironisch, spöttisch, traurig, schmerzvoll, ängstlich, tränenreich, verwirrt, verwirrend, samtig, glühend, aufmerksam, warm, bewundernd und verliebt (Descamps, 1989). Diese Ausdrücke verweisen auf eine Bedeutung, auf eine Botschaft, die man übermitteln möchte, oder auf ein Gefühl. Der Strandblick nimmt idealerweise keines dieser Adjektive an. Da gibt es keine Botschaft zu übermitteln und es wird vom Individuum erwartet, daß es keinerlei Emotionen hat oder sie geheimhält. Es ist ein neutraler, für andere sinnentleerter Blick, ein Blick für sich. Ein zweckfreier Blick wie der des Ästheten, der die »Distanziertheit des reinen Blicks« als höchste Manifestation von Freiheit, losgelöst von jeder Notwendigkeit und jeglichem Interesse, anstrebt (Bourdieu, 1987, S. 103). Oben-Ohne erfordert somit eine Anstrengung (die sich als solche nicht zu erkennen geben darf), denn das reflexartige Angezogensein muß überwunden werden, um die Loslösung zu erreichen. Ein Satz, der sehr häufig aufgegriffen wurde, spiegelt das gesuchte Modell sehr gut wieder: schauen, als ob man etwas anderes anschauen würde. »Ich sehe das an meinem Freund, er ist nicht hier, um den ganzen Strand anzuglotzen, nur um zu sehen, ob es was zu sehen gibt, er schaut so herum, als ob er andere Leute anschauen würde« (F71). Ein etwas konfuser Satz mit doppeltem Sinn, der aber die Kunst des Sehens ohne zu sehen gut wiedergibt. Als ob er andere Leute anschauen würde: auf die gleiche Weise, wie er die anderen Personen anschaut. Aber auch: als ob seine Gedanken woanders wären, während seine Augen zerstreut, losgelöst von ihm, schauen. Deshalb sind seine Augen ausdruckslos, neutral, oder besser noch voll der Unbestimmtheit einer einsamen Träumerei.

Die Kunst zu sehen, ohne zu sehen, ist nichts Neues. Jean-Claude Bologne berichtet von einer Zeit, in der sie intensiv angewandt wurde. Seit der Renaissance führten neue Vorstellungen hinsichtlich des Schamgefühls (erste Phase des Prozesses der Zivilisation) dazu, daß Exkremente und die Defäkation als etwas äußerst Widerwärtiges galten. Die paradoxe Folge war, daß die entsprechenden Orte aus den Diskursen verschwanden und von den Architekten vergessen wurden. Dadurch wiederum wurde der Akt öffentlich (eine der wenigen Möglichkeiten, sich vor der Öffentlichkeit zu schützen, bestand darin, einen Busch zu finden, aber oh weh, Büsche waren selten, und wenn es regnete äußerst unpraktisch), während sich gleichzeitig sein intimer Charakter als Selbstverständlichkeit durchzusetzen begann. Die einzige Möglichkeit, mit diesem Widerspruch umzugehen, bestand darin, ein System von Blicken zu etablieren, das auf der Kunst des Sehens ohne zu sehen beruhte. Im Jahr 1731 empfahl die höfische Etikette folgendes: »Wenn man an einer Person vorbeikommt, die gerade dabei ist, eine Notdurft zu verrichten, tut man so, als bemerke man sie nicht, es ist also gegen die Regeln der Höflichkeit, sie zu grüßen« (Bologne, 1986, S. 165). Die Kunst zu sehen ohne zu sehen, dieses alte Verfahren, ist indessen auch für ganz aktuelle Entwicklungen des visuellen Austausches in öffentlichen Räumen typisch, in denen sich die Widersprüche zwischen den offiziellen Spielregeln und den Bereichen des individuellen Verborgenen vervielfachen. Sie ist heute eine alltägliche Methode, die aktiv und systematisch angewandt wird.

Die Kunst des Sehens ohne zu sehen basiert auf der Kontrolle über Starrheit und Bewegung. Der starre Blick ist nicht verboten, darf sich aber nur auf einen für alle Beobachter unzweifelbar neutralen Punkt richten. Am Strand ist das am offensichtlichsten der Horizont, das weite Meer, unter Umständen eine Möwe oder ein Boot. Die Sequenzen der Unbeweglichkeit sind nötig, um sich von der Bewegung zu erholen; sie erlauben es aber auch, heimlich aus dem Augenwinkel undeutliche Bilder aufzuschnappen. Doch die wesentliche Ausbeute wird im Rahmen des visuellen Dahingleitens gemacht, dem üblichen Trick, um zu verbergen, daß man beobachtet (Goffman, 1973b). Lucette und Patrick führen den Kopf einmal im Kreis herum: »Wenn das nur so eine Bewegung ist, die vorüber geht, stört mich das nicht« (F184); »Man führt seinen Blick einfach so spazieren, man dreht sich nicht um« (M96). Es fällt den Befragten schwer, eine so natürliche Technik, die normalerweise angewandt wird, ohne darüber nachzudenken, zu beschreiben. Lucette und Patrick übertreiben tendenziell die Gleichmäßigkeit ihres visuellen Dahingleitens. Denn die Beobachtung hat gezeigt, daß die Kopfbewegungen sehr ungleichmäßig sind, »also so nach rechts, nach links« (F30). Dennoch sollten ihre Äußerungen aufmerksam angehört werden. Wenn die Kopfbewegungen ungleichmäßiger sind, als behauptet wird, und dabei der Blick in alle Richtungen geschickt wird (die Augen müssen ihrerseits jegliche Fixierung vermeiden), ist die Vorstellung, die Lucette und Patrick davon zum besten geben, nicht nur einfach eine Verzerrung. Sie illustriert viel mehr das aktive Prinzip des Blickesystems, wie es auf der bewußten Ebene registriert ist: die Notwendigkeit dahinzugleiten.

Kleine Fehler sind erlaubt – schließlich ist der Strand tolerant. Doch es wird strengstens empfohlen, die frevelhaftesten aller visuellen Modi zu meiden, diejenigen nämlich, die innerhalb weniger Sekunden dem Glauben an das Sehen ohne zu sehen den Boden entziehen. Der größte Fehler ist der starre und ausdrucksvolle Blick (sei er bewundernd oder mißbilligend) auf einen nackten Busen; deshalb müssen die Augen neutral bleiben und dürfen niemals auf einem nackten Busen zum Stillstand kommen. Aber auch andere visuelle Verhaltensweisen sind problematisch. Zum Beispiel der maskierte Blick des

Voyeurs. Hier erreicht die Kunst ihre äußerste Verfeinerung. Das aus dem Augenwinkel wahrgenommene, undeutliche Bild wird toleriert, solange nichts darauf hindeutet, daß hier im besonderen die Betrachtung eines Busens im Gange ist. Der Seitenblick wird jedoch verachtenswert, wenn er ein doppeltes Spiel erkennen läßt, eine schändliche Taktik, um heimlich Bilder aufzuschnappen. Alles hängt von der Kontrolle auch kaum wahrnehmbarer Bewegungen des Gesichts und des Körpers ab, die ein ungeschicktes Individuum, für das das Sehen ohne zu sehen nur eine Maske ist, verraten. Ein anderes wichtiges Verbot gilt dem Austausch von Blicken. Der Strand basiert auf einem System individualisierter sozialer Beziehungen auf Distanz, die heimlich, nur für sich selbst und auf der Grundlage aufgeschnappter Bilder zusammengebastelt werden. Das Sichkreuzen von Blicken ist nicht nur deshalb nicht zu tolerieren, weil es einen anderen Kommunikationsmodus zum Ausdruck bringt, sondern auch, weil es die widersprüchlichste aller Beziehungen zum Oben-Ohne auf den Plan ruft: den Auslöser für eine amouröse Beziehung. Der Strand wiederholt es einstimmig: Oben-Ohne ist möglich, weil es nicht weiter geht. Weil man sich nicht berührt, weil man nicht miteinander redet, weil der Austausch zwischen der, die sich dem Sehen darbietet, und dem, der sie betrachtet, strikt in diesem Stadium der vollständigen Anonymität verharrt. »Da gibt es keine wirklichen Beziehungen, außer wenn sich die Blicke kreuzen« (M86); »Das ist genau der Punkt, wenn eine Person weiter gehen möchte, da muß man dann versuchen, nicht hinzusehen« (F149). Das Sichtreffen der Blicke ist eine klassische Modalität, wenn der Funke der Liebe überspringt: man schaut sich tief in die Augen. Am Oben-Ohne-Strand, der Skeptikern schließlich noch beweisen muß, daß der Männerblick völlig interesselos ist, ist diese Intensität von Blicken zwischen zwei Unbekannten nicht tolerierbar. Natürlich kommt es vor, daß sich zwei umherschweifende Blicke ganz zufällig treffen (Goffman, 1973b), daß sich der Blick eines Mannes, ohne es zu wollen, in dem einer Frau, die oben ohne ist, wiederfindet. Theoretisch ist das angemessene Verhalten in diesem Fall folgendes: Zunächst muß der Mann entgegen der romantischen Tradition der plötzlichen Entfachung von Liebe jede Äußerung von Emotionen unterdrücken (Rousset, 1984); immer die Ausdruckslosigkeit seiner Augen kontrollierend muß er sich dann schnell vom Blick der Frau lösen, jedoch ohne zu große Hast, die eine gewisse Verwirrung verriete. Er tut einfach so, als ob er etwas anderes angeschaut hätte.

Die Ambiguität des kleinen bißchen Mehr

Doch nicht nur die Logik der Normalisierung des Oben-Ohne, die zu einem neutralen und losgelösten Blick führt, ist hier am Werk. Sekundäre Logiken wirken ebenfalls und definieren verschiedene Blicksysteme, die sich auf mehrdeutige Weise mit dem Sehen ohne zu sehen vermischen. Eine davon ist die weibliche Selbsteinschätzung in Sachen Schönheit. Verbale Schmeicheleien können Gefälligkeiten sein, das eigene Bild im Spiegel ist subjektiv, doch Blicke, die man auf sich zieht, scheinen ein echter Maßstab für Schönheit zu sein. Es genügt, wenn eine Frau spürt, daß sie einen visuellen Reflex auslöst, um eine positive Konstruktion ihrer Identität zu nähren. »Es ist schön, angeschaut zu werden« (F128). Doch wie beim Sehen ohne zu sehen darf dieser Blick nicht zu lange anhalten. »Man wirft nur einen kleinen Blick auf sie, das dürfte ihnen gefallen« (M77); »Wenn es ein ausgeglichener Typ ist, wird er einen schnellen Blick auf sie werfen, oha, die da ist aber gut gewachsen« (M93). Dieser »ausgeglichene Typ«, anders gesagt der normale Mann, muß also von diesem alltäglichen, banalisierten Busen ein wenig mehr angezogen sein, als er es im allgemeinen wäre. Er kann und muß die strikt begrenzte Dauer des Blickes überschreiten und unter Umständen einen kaum wahrnehmbaren Anflug von Bewunderung vermitteln. »Das ist normal, sie schauen nun mal schöne Dinge an« (F91). Zwischen dem einen und dem anderen Blicksystem (kurz und mit leerem Blick hinschauen und länger, mit lebendigem

Blick hinschauen) besteht ein Widerspruch. Aber der Strand ist voller Widersprüche. Deshalb steht dort auch die Kunst des Kompromisses an oberster Stelle. In diesem Fall führt der Kompromiß zu einer subtilen Regulierung der zusätzlich erlaubten Dauer des Blickes: das kleine bißchen Mehr. »Diejenigen, die schön sind, schaust du ein bißchen länger an, nur geringfügig. Für die anderen ist es der Standard-Blick« (M93).

Schönheit läßt sich nicht objektiv messen. Die Frau muß in den Blicken lesen, um etwas zu erfahren. Doch was hat es mit diesem kleinen bißchen mehr Blick auf sich? Wurde er durch Schönheit ausgelöst? Oder nicht vielmehr durch Nacktheit? Oder ist es nicht eine Eigenartigkeit, die man an sich hat, oder schlimmer noch, ein Aspekt, der negativ beurteilt wird? Und wenn ja, welcher? Im allgemeinen steht die Aufnahme eines Bildes in einem emotionalen Kontext, der es erlaubt, Anziehung oder Ablehnung im Ausdruck der Augen zu erkennen (Le Breton, 1990). Doch am Strand ist der Blick normalerweise emotionslos, neutral, nicht zu entziffern. Agnès (F87) fühlt es genau, wie die Blicke auf ihr lasten, wenn sie Oben-Ohne macht; doch es ist ihr nicht möglich zu sagen, was diese Blicke bedeuten. Diese Ungewißheit ist umso verständlicher, als die Meinungen über ein- und denselben Busen stark auseinandergehen können. Nehmen wir den Busen einer 50jährigen. Roger schätzt diesen besonderen Charme »50jähriger Frauen, die schöner sind als 20jährige« (M31). Für Emmanuel hingegen ist es unausweichlich, daß man »mit 50 ausgemustert wirkt« (M79). Wir können sogar das Beispiel des großen Busens nehmen, der, wenn man dem offiziellen Diskurs glaubt, einmütig stigmatisiert ist. Der Blick Sophies, die sehr kleine Brüste hat, wird, ohne daß sie es will, angezogen, sobald sie etwas vollere Formen sieht. Sie kann nicht sagen warum; die Gründe für diese Anziehungskraft scheinen sich von einem Moment zum anderen zu ändern. Manchmal ist sie, wie die anderen am Strand, einfach überrascht von dieser besonders intensiven Nacktheit; manchmal hingegen ist da eine neidische Bewunderung: »Da sage ich mir: sie ist schon ein Glückspilz!« (F39).

167

Wie kann nun eine Frau mit volleren Formen wissen, daß der Blick Sophies an manchen Tagen ein bewundernder ist? Objektive Indizien, um eine Interpretationshypothese zu untermauern, sind äußerst selten. Die Informationen, die man sammeln kann, sind rein quantitativ (Zahl und Dauer der Blicke) oder beziehen sich auf die Art und Weise des Blickes (Starrheit). Sie geben durch die Tatsache, daß über das Sehen ohne zu sehen hinausgegangen wurde, Auskunft darüber, daß ein besonderes Interesse besteht, aber sagen nichts darüber aus, welcher Art dieses Interesse ist. Es ist allein Sache der Frau, sich dies auszumalen. Yvette erinnert sich, daß sie sich, als sie das erste Mal Oben-Ohne machte, aufs intensivste beobachtet fühlte. Während der ganzen Zeit, als sie so dalag, konnte sie an nichts anderes als an diese Blicke denken, vor allem an die der Frauen. Sie hatte große Angst, verurteilt zu werden: »Die da hängt ihren Busen in die Luft, um sich zur Schau zur stellen!« (F86). Doch trotz ihrer Bemühungen gelang es ihr nicht, zu wissen, ob ihre Interpretation richtig war. Schließlich gewöhnte sie sich daran und erreichte eine gewisse Gelassenheit, die es ihr heute erlaubt, die Blicke nicht mehr zu sehen. Sie erklärt diese Entwicklung folgendermaßen: »Die Frauen haben schließlich gemerkt, daß es nicht deshalb war, sondern einfach nur, um mich zu bräunen.« Sie ist sich nicht bewußt, daß sie es ist, die sich verändert hat, ihr Blick auf die Blicke und nicht die Blicke selbst. Denn der Strand ist in seiner ausdruckslosen Neutralität verharrt. Da die Frau dazu verurteilt ist, sich eine Meinung über die Blicke zu bilden, ohne über Beweise zu verfügen, auf die sie sie gründen könnte, schöpft sie aus ihrem Inneren. Die Interpretation des Blickes hängt somit stark von der Repräsentation ab, die sie von sich selbst hat.

Wird eine Situation positiv wahrgenommen, wirkt der Blick unterstützend, im gegenteiligen Fall destrukturierend. So schätzt es eine Person, angeschaut zu werden, wenn die Unterhaltung, an der sie teilnimmt, als angenehm betrachtet wird; wird sie als unangenehm betrachtet, möchte die Person lieber nicht angeschaut werden (Descamps, 1989). Genauso ist es am

Strand. Wenn eine Frau sich selbst schätzt und glaubt, gut anzukommen, lenkt sie den Blick (auf moderate Weise) auf sich. Diejenige hingegen, die sich auf den Gedanken an irgendein Makel konzentriert, denkt, daß nur dieser Aspekt angeschaut wird, und versucht, sich dem visuellen Druck zu entziehen. Alles hängt somit im wesentlichen von diesem kleinen inneren Kino ab. Glücklicherweise besteht die Logik der Selbstachtung darin, mit sich selbst ziemlich großzügig zu sein und sich eher positiver zu sehen, als es die anderen tun. Deshalb wird eine Frau, auch wenn ihr Busen seine stolze Pracht verloren hat, den Augenreflex, den sie auslöst, tendenziell als durch ihre einzigartige Schönheit hervorgerufen interpretieren und die heimtückische Grausamkeit des Strandes ignorieren. Bis zu dem Moment, an dem sie das Gefühl von Scham in sich aufsteigen spürt. Élise hat gespürt, wie dieses Unwohlsein in ihr aufstieg. Ihr Blick auf die Blicke änderte sich: »Ob Männer oder Frauen, sie schauen auf jeden Fall mißbilligend« (F73). Und während die Frau zwar zunächst noch fortfährt, ihr Selbstwertgefühl zu stärken, das einen dazu bringt, davon auszugehen, man komme gut an, und die täuschenden Spiegelungen dieser Spiele mit der reflektierenden Wasseroberfläche zu genießen, beobachtet sie auch weiterhin, aber nun mit einem anderen Blick. Es ist ein eher analytischer, kritischer Blick, der seine Informationen nicht mehr direkt an das bewußte oder träumende Denken weiterleitet, sondern an den Körper, der dem Schamgefühl die Schleusen öffnet.

Dritter Teil

Die drei Körper der Frau

Der Strand hält sich für frei, doch in Wahrheit wird auch die kleinste Geste, der kleinste Blick kontrolliert. Jenseits einer Vielfalt von Mikro-Interaktionen schält sich eine Vorstellung von Normalität heraus. Um letztere herum konstruiert sich ein zentrales Verhaltenssystem, das, ist es erst einmal installiert, sein Gesetz bis hin zur Regulierung auch der winzigsten Bewegung eines Fingers oder eines Auges wirksam werden läßt. Doch innerhalb eines gewissen Rahmens toleriert der Strand auch Abweichungen: an den Systemgrenzen scheinen sich Körper und Blicke einige Freiheiten herausnehmen zu können. Dem Bild vom »kleinen bißchen Mehr« wird unmerklich eine persönliche, andere, impertinente Note beigefügt. Die sichtbare Abweichung ist häufig sehr gering: ein Wort, das den Lippen entwischt, ein Schimmer, der die Augen zum Sprechen bringt, die Langsamkeit einer Handbewegung, von der Lust ausströmt. Aber schon wird die etablierte Legitimität stillschweigend in Frage gestellt. Diese Gesten sind nicht freier als andere und sie reden nicht allein für sich selbst, sondern sind Aufklärer einer Schattenarmee, die bereit ist, in die erste Reihe vorzurücken und die Schlacht zu schlagen. Von außen erwecken sie den Eindruck, mehr oder weniger die Regeln zu respektieren: die Körper gehorchen dem Gesetz. Die Gedanken jedoch sind andere. Hinter einer etwas abweichenden Geste verbirgt sich die Vorstellung von einer radikal anderen Ordnung am Strand, die jedoch verheimlicht wird und nur in geschliffener Form und in tolerierten Räumen zur Tat wird und lediglich zu kleineren Grenzzwischenfällen führt. Doch man sollte sich nicht täuschen lassen: hier ist ein hypothetisches neues Gesetz, eine andere Normalität in Arbeit. Drei verschiedene Ordnungsvorstellungen befinden sich hier im Kampf; eine, die Banalität, kämpft darum, ihre Vormachtstellung zu erhalten, zwei kämpfen darum, sich durchzusetzen: Sexualität und Schönheit. In jeder der drei Perspektiven wird der Frauenkörper anders gesehen; im Grunde gibt es drei Frauenkörper.

Die Banalität

»Das machen doch alle«

Der erste Frauenkörper ist ein seltsamer Körper, ja sogar eine Art Negation des Körpers: der, den man sieht, ohne ihn wahrzunehmen, der, den man nicht sieht. Er tritt im Kern des Normalen zutage, dort, wo er sich den Blicken durch seine Normalität entzieht. Die emotionale Explosivkraft des Bildes eines weiblichen Körpers wird somit durch die Kraft der Unsichtbarkeit resorbiert. Darin besteht das Paradoxe an den Entwicklungen des Prozesses der Zivilisation: das Zurschaustellen von Nacktheit macht den oder die Nackte(n) weniger sichtbar.

Oben-Ohne ist ein schönes Beispiel für diese Konstruktion des Unsichtbaren innerhalb weniger Jahre. Thierry erinnert sich an die Anfänge des Oben-Ohne und die erotische Bedeutung dieser ersten Entblößungen. »Heute ist das vorbei, man achtet nicht mehr darauf« (M18). Ein einstimmig vom Strand wiederholter Satz. »Früher haben die Männer vielleicht hingeschaut, aber heute achten sie nicht mehr darauf« (F182). Adelines Antwort ist genau dieselbe, betont aber noch zusätzlich den Zusammenhang zur quantitativen Verbreitung: »Heute praktizieren ganz schön viele Oben-Ohne, deshalb achten die Männer nicht mehr darauf« (F60). Die enorme Verbreitung des Oben-Ohne ist tatsächlich der wesentliche Erklärungsfaktor für den Banalisierungseffekt. »Wenn es da am Strand um die vierzig davon hat, schaut man sich eine an, zwei oder auch drei, aber danach wird es zur Gewohnheit« (M60); »Wenn man jeden Tag fünfzig sieht, achtet man nicht mehr darauf« (M45). Roselyne und Annie haben das genau begriffen, sie ziehen ihr Oberteil nur aus, wenn genügend andere um sie herum sind, um nicht aufzufallen. »Ich mache es nur, wenn es viele Leute hat, dann mache ich es wie alle, dann verschmelze ich mit der Masse« (F125); »Ich bin schließlich nicht hier, um die Blicke auf mich zu ziehen« (F37).

»Je selbstverständlicher es wird, um so mehr machen es: fast alle Frauen machen es« (F183). Alle Frauen? An dem Strand, an dem Séverine befragt wurde, praktiziert kaum ein Drittel der Frauen Oben-Ohne. »Ach, also heute, wo alle Welt das macht, achtet niemand mehr darauf« (F114). Alle Welt? An Hélènes Strand waren es sogar noch weniger. Sie, die Oben-Ohne mit vierzig angefangen hat, ist nicht wirklich repräsentativ für die Haltung »aller Welt«. Auch Muriel verschanzt sich hinter dem magischen Satz: »Das machen doch alle« (F70). Dabei ist sie am Tag des Interviews die einzige im Park, die es macht, und Zielscheibe zahlreicher Seitenblicke. Banalisierung ist hier nicht mit einem direkten zahlenmäßigen Effekt verknüpft, »das machen doch alle« verweist nicht auf eine genaue Berechnung, nicht auf eine Momentaufnahme, sondern auf einen allgemeinen Eindruck, der auf keinem exakten, meßbaren Anteil basiert, sondern auf der erreichten Unsichtbarkeit und der Überzeugung, daß diese Praxis normal ist. Kollektive Anerkennung sichert die dauerhafte Wirklichkeit einer Struktur ab (Berger, 1973): der allgemeine Eindruck, der von der Vergangenheit der Praxis ausgehend konstruiert wurde, hat ein unabhängiges und relativ stabiles Eigenleben entwickelt. Obwohl Muriel in diesem Park die einzige ist, schafft sie es, sich unsichtbar zu machen, indem sie sich sagt, daß es woanders »alle« machen oder wenigstens alle machen könnten, daß alle von der Banalisierung des Oben-Ohne überzeugt sind.

»Das sieht man doch überall«

Der nackte Busen ist am Strand banalisiert, er ist es aber auch in der Gesamtgesellschaft: das sieht man doch überall. »Das sieht man überall, im Fernsehen, überall« (F114); »Es gibt schließlich die Medien und all das, man achtet nicht mehr darauf, es ist völlig alltäglich« (F93); »Das sieht man überall, an den Stränden, im Fernsehen, ständig gibt es Werbung, in der Frauen ausgezogen sind« (F67). Das Fernsehen und die Werbung, höchste Instanzen der normativen Legitimation, werden sehr oft genannt: man wird darin mit Bildern von nackten Busen überschüttet bis auch der letzte Rest von Neugier gestillt ist. »Für jede kleine Seife ein nackter Busen, am Ende läßt sich damit auch nichts mehr an den Mann bringen« (M72); »Nackte Busen sieht man ständig, in sämtlichen Fernsehwerbungen, vom Shampoo bis zum Joghurt« (M47); »Sogar für eine Zahncreme kriegen Sie eine nackte Frau zu sehen, es gibt viel zu viele Bilder davon, man ist abgestumpft« (F156).

»Das machen doch alle« ist eine vereinfachte Vorstellung, die autonom geworden ist und ihre Wirkung als abstrakter Bezugspunkt entfaltet. Genauso ist es mit dem »das sieht man doch überall«. Zunächst, weil man das nicht wirklich überall sieht, denn an manchen Orten bleibt der Busen verhüllt: in Schulen, Büros, Fabriken, Sportstätten. Desweiteren, weil das Fernsehbild in diesem Zusammenhang Probleme aufwirft. Der Busen, der dort gezeigt wird, ist kein banalisierter Busen: denn er wird nackt gezeigt, um eben gerade die Aufmerksamkeit zu wecken. In manchen Fällen wird er sogar ganz offen in einer erotischen Rolle in Szene gesetzt. Natürlich findet auch eine Banalisierung dieser Sexualität, die sich zur Schau stellt, statt. Aber sie ist von anderer Art, unterscheidet sich grundlegend vom Sehen ohne zu sehen, das theoretisch von jeglicher sexuellen Komponente losgelöst ist. Doch der Strand beschäftigt sich nicht mit solchen Subtilitäten, er mag keine Widersprüche. Er benötigt einfache Vorstellungen, die er fürs eigene Wohlbefinden zusammensammelt und verquickt: nackte Busen verbreiten sich am Strand und anderswo, man sieht das überall, das Auge gewöhnt sich daran, also werden nackte Busen banal.

Mit dem geistigen Zaubertrick des »das sieht man doch überall« führt der Strand eine weitere grobe Vereinfachung durch. Denn tatsächlich wird die Banalisierung durch die Besonderheit des Strandkontextes definiert, der zu allem, was außerhalb ist, einen Gegensatz bildet. Denn gerade weil es eine klare Grenze gibt, ist Oben-Ohne am Strand erlaubt, aber nicht darüber hinaus. Nur auf dieser Grundlage entsteht Sicherheit. »Es stimmt schon, würde man außerhalb des Strandes einen nackten Busen sehen, würde man gleich ausflippen, aber hier achtet man nicht darauf« (M89); »Die Frauen, die für Zeitschriften Modell stehen, das sind nicht dieselben Frauen, das ist etwas anderes« (F33). Die gesellschaftliche Konvention, die Unsichtbarkeit schafft, ist eng verknüpft mit einem spezifischen Kontext. Daß Manet 1863 mit seinem *Déjeuner sur l'herbe* einen Skandal heraufbeschworen hat, liegt nicht am Umfang der Nacktheit, die er entblößt hat (viele Klassiker hatten mehr gezeigt), sondern an dem neuen Rahmen, in den er Nacktheit integriert (die normalen Lebensumstände), wodurch dem Betrachter die Anhaltspunkte für ein Sehen ohne zu sehen genommen sind.

»Schließlich sind wir alle gleich«

Die Männer achten nicht mehr darauf und außerdem gibt es sowieso nichts mehr zu sehen: »Schließlich sind wir alle gleich« (F40). Diesem neuen Argument zufolge würde die Banalisierung dem unpersönlichen Charakter des Busens entspringen, jeder Busen wäre nur ein eigenschaftsloser Repräsentant des Busens im allgemeinen. Seine archaische visuelle Anziehungskraft wäre somit lediglich darauf zurückzuführen, daß es sich um ein rares Gut handelte, welches sich heute jedoch in ein im Überfluß vorhandenes transformiert habe, wodurch jegliche Anziehung erstickt würde. »Ein nackter Busen berührt die junge Generation heute nicht mehr groß« (M45). Hier entfaltet die Banalisierung ihre Wirkung nicht in der Optik des Betrachters, durch die seine Fähigkeit zu sehen, ohne zu sehen, konstruiert wird, sondern sie resultiert aus einem absoluten visuellen Interessenverlust an der betrachteten Sache. Die Personen, die so geantwortet haben, stützten sich auf eine Argumentationsbasis, die es ihnen erlaubte, ihre Aussagen anzureichern: die Natürlichkeit des Nacktseins, eine vor allem dem christlichen Erbe entlehnte Vorstellung, daß sie Askese symbolisiere, die Reinheit vor dem Sündenfall. Dieses Thema wurde auch von der FKK-Bewegung ausgeschlachtet (Laurent, 1979). »Da gibt es nichts zu schauen, es ist einfach natürlich« (F182); »Es ist natürlich, schau dir Adam und Eva an« (M93).

Seines persönlichen Charakters enthoben, kann man dem Busen dann auch jede Besonderheit absprechen: er wird zu einem Bestandteil des Körpers wie jeder andere. Um zu dieser Gleichsetzung zu kommen, wird aufs neue das Natürliche herangezogen. Gegen die obsessive Fixierung auf bestimmte weibliche Körperpartien versachlicht und egalisiert die Bezugnahme auf eine Ur-Nacktheit den Blick. Der Busen wird wie der Rücken oder der Ellbogen zu einem Element ohne besondere Bedeutung: »Und außerdem ist das auch nicht so sehr wichtig, der Busen ist ein Körperteil wie jedes andere« (F93). Christelle bedauert diese Neutralisierung des Körpers als den »Verlust von etwas«, sie empfindet sie als »ein wenig traurig, ein wenig inhaltslos« (F8). Doch was kann ein solches Bedauern ausrichten gegen eine gesellschaftliche Entwicklung, die alles vorantreibt. »Das hat sich so entwickelt, der nackte Busen ist zu einem Körperteil wie jedes andere geworden« (F63). Die Frau wollte das nicht wirklich. Als sie sich an den ersten Stränden das Oberteil auszog und sich alle Blicke auf ihren Busen richteten, konnte sie das noch nicht ahnen. Yannick bemerkt diesen Widerspruch. »Und dabei ist es sie selbst, die bewirkt hat, daß der Busen heute weit weniger erotisch ist als vor fünfzig Jahren« (M1).

»Niemand achtet mehr darauf«

Der Strand hat seine einfachen Sätze, die von allen aufgegriffen werden, hinter denen sich aber komplexe Bedeutungen verbergen. »Das machen doch alle« oder »Das sieht man doch überall« sind solche Sätze, aber auch »Niemand achtet mehr darauf«, denn mit diesem Ausdruck werden zwei sehr unterschiedliche Ebenen der Unsichtbarkeit aufgezeigt.

Auf einer ersten Ebene wird der sexuelle Blick der Männer erlaubt und toleriert: die Banalisierung des Voyeurismus. »Oh ja, sie schauen schon hin, aber so, wie auch wir einem Typen nachschauen, der vorbeigeht, das ist heute so üblich« (F74); »Das ist nicht unmoralisch, das ist kein Voyeurismus, denn schließlich sind sie es, die sich den Blicken aussetzen« (M95); »Da gibt es schon viel Voyeurismus, vor allem auf seiten der Männer, aber Voyeurismus ist nor..., also man schaut doch alle an« (F148). Die Normalitätsgrenze ist hier sehr hoch angesetzt und schließt eine erotische Dimension mit ein: hier wird die Bedeutung des Voyeurismus zugegeben und gleichzeitig die Banalisierung des Oben-Ohne betont. Dieses paradoxe Ergebnis kommt zustande, indem die Normalisierung auf die sexuelle Komponente des Blickes bezogen wird, die als solche erkannt, jedoch gleichzeitig ihres problematischen Inhalts entledigt wird. »Mein Mann schaut schon hin, das ist normal. Wenn ich einen schönen Mann sehe, schaue ich auch hin. Ich schaue, er schaut, das ist normal« (F156). Diese weite Konzeption der Banalisierung muß aber unausweichlich Grenzen haben, die nicht überschritten werden dürfen, damit ihre Legitimität konstituiert werden kann. Das Berührungsverbot: »Da ist nichts dabei, sie fassen einen ja nicht an« (F33). Schlechte Manieren oder ein Spanner, der den Code des diskreten Blicks nicht beachtet: »Manche Jungs schauen einfach nur hin, aber es gibt auch Typen, denen hängt beim Schauen die Zunge bis hier raus« (M48); »Ich schaue schon als Mann hin, das ist niemals etwas Gleichgültiges, aber es ist sicher kein Voyeurismus, mir tropft nicht der Speichel von den Lippen« (M3).

Ein wesentlicher Bestandteil der Kommunikation besteht darin, zu wissen, was man nicht sehen soll (Watzlawick, 1981). Hierauf beruht ein zentraler Aspekt des Sehens, ohne zu sehen, wenn nämlich diese offiziell nicht gesehene Sache eigentlich längst bekannt ist und jeder weiß, daß derjenige, der sie nicht ansieht, sie bereits kennt. Auf der ersten Ebene grenzt dieser Mechanismus an ein Doppelspiel, ein doppeltes Ich: das Verhaltenssystem ist ein Schein, hinter dem sich imaginäre Schelme verbergen. Banalisierung findet somit nur an der Oberfläche statt, in der physischen Bewegung der Körper und Blicke. Auf der zweiten Ebene hingegen ist das gesamte Denken vom Banalen erfaßt, das doppelte Spiel verschwindet, der Busen wird wirklich ausgelöscht. Man braucht nicht mehr zu wissen, was man nicht sehen soll, weil man es nicht oder kaum mehr sieht: der Busen hat sich wirklich unsichtbar gemacht. Einige Männer haben uns klar und deutlich versichert, daß ihr Blick niemals daran hängen bleibt. Es ist schwer zu sagen, ob sie damit nicht lügen. In einigen Fällen schien die Antwort jedenfalls von Ehrlichkeit zu zeugen. So zum Beispiel bei Yvon. Er nimmt das Interview sehr ernst und auf die erste Frage hin wirft er, voller Bedauern, hier auf frischer Tat der Uninformiertheit überführt zu werden, einen schnellen Blick auf den Strand. »Oh je, darauf habe ich überhaupt nicht geachtet!« (M45). Der Interviewer nutzt die Gelegenheit und fragt ihn, ob er damit nicht ein wenig übertreibt. Yvon wird wütend: »Nein, also das war echt, ganz ehrlich! Ich sage die Wahrheit! Man achtet nicht mehr darauf.« Was die Hauptbetroffenen angeht, also die Frauen, die Oben-Ohne praktizieren, ist ihre Gewißheit hinsichtlich der tiefgreifenden Banalisierung unumstößlich. Es gibt viele, die, wie Marcelline, so überzeugt davon sind, daß sie überhaupt nicht mehr an die Blicke denken (außer im Fall des eindeutig identifizierten Spanners). »Ich achte nie darauf, die Leute schauen heute nicht mehr hin, das ist vorbei« (F149).

Das gewöhnliche Banale

Selbst wenn es nicht wirklich alle machen und es immer noch Blicke gibt, die ein wenig hängenbleiben, erlaubt doch die Vorstellung, daß »es alle machen« und daß »niemand mehr darauf achtet«, sich innerhalb einer Norm zu denken, die Unsichtbarkeit konstruiert. Die Unsichtbarkeit der banalen Geste ist ein zentrales Merkmal des gesellschaftlichen Lebens. Durch ihre unmerkliche Wiederholung wird Tag für Tag mitten im Gewöhnlichen Wirklichkeit konstruiert. Sie ist es, die die Bedingungen für den Aufbau sozialer Beziehungen schafft, sie ist es, die das Leben leichter macht.

Männer und Frauen begegnen sich pausenlos unter den verschiedensten Umständen, sie stehen in beruflichem, intellektuellem, sportlichem oder freundschaftlichem Austausch. In jedem dieser Kontexte reguliert ein genaues System von Gesten die Interaktion. Es sind so banalisierte und ritualisierte Gesten, daß sie vergessen werden. Der Körper wird vergessen, auch der weibliche Körper. Hier offenbart sich der erste Frauenkörper. Da ist zum Beispiel der Händedruck, ein ganz besonders harmloses Höflichkeitsritual. Und dabei handelt es sich um einen der seltenen Fälle, in denen das moderne Berührungsverbot im öffentlichen Raum aufgehoben wird, ein Mann und eine Frau sich berühren können, Haut an Haut, und dies mit der Hand, dem Streichelinstrument, einem besonders empfindsamen Körperteil. Was geschieht hier? Die Geste ist hart, mechanisch, frei von jeglicher Interpretation, die nicht konform mit dem Kontext wäre. Mann und Frau zwingen sich, ihren Körper zu verlassen und den Körper des anderen nicht zu spüren: als wäre die Hand außerhalb ihrer selbst, nichts als der banalisierte Träger eines Rituals, nützliches Instrument eines unzweideutigen Austauschs. Jegliche Ambiguität, jede Aufweichung werden erbarmungslos verjagt. Denn das soziale Gebäude hält nur durch eine klare Definition auch der einfachsten Gesten, die in der Unsichtbarkeit des Banalen zur Vollendung kommt, zusammen.

Die Banalisierung ist kein Verlust, keine Schwächung des Lebens: es ist ein aktiver Prozeß, der komplexe Arbeit und intensive Mobilisierung eines jeden erforderlich macht. Die Individuen entziehen sich ihr nicht; sie wirken im Gegenteil darauf hin, daß sich überall und in jedem Augenblick ihre Macht über sie vergrößert (Javeau, 1983), indem sie die Normalität der Gesten markieren und wiederholen, bis Unsichtbarkeit und Unempfindlichkeit erreicht sind. Mit Hilfe dieser

Wiederholung konstruieren sie die Konkretheit ihrer täglichen Wirklichkeit. Die Banalisierung ist eine kraftvolle, nicht abbrechende Entwicklung, die dazu neigt, alles aufzulösen, was ihr im Weg steht oder die Existenz komplizierter macht: das, was den Blick auf sich zieht, Fragen aufwirft, mit Emotionen erfüllt. Eine Entwicklung, die auf ihrem Weg eines Tages am Strand auf das Oben-Ohne gestoßen ist.

Die Sexualität

Das Banale definiert den ersten Körper der Frau, ihren unsichtbaren Körper. Doch nicht alle Blicke werden von der Banalisierung erfaßt, manche tun nur so, als würden sie sich ihr unterwerfen, bedienen sich aber in Wirklichkeit nur der Gesten des Strandes, um ihre Gedanken zu verstecken, manchmal betonen sie sogar offen ihre Opposition. Wir werden nun in eine ganz andere Welt eindringen, einen anderen männlichen Blick entdekken und einen anderen Frauenkörper, ihren erotischen Körper.

Männer und die nackte Wahrheit des Nacktseins

Wer sind diese Männer, die dem Gesetz des Banalen trotzen? Zum einen sind es die Randgruppen des Strandes, einfache Geister, die nach dem Rhythmus ihrer Triebe leben, dann Junge, die sich das Prinzip der Emotionskontrolle noch nicht einverleibt haben, und ältere Spaziergänger, die wenig vertraut sind mit den neuen Sitten, Nachzügler des Zivilisationsprozesses. Kurz, der Spanner, der schändliche Voyeur, so wie der Strand sein stereotypes Porträt zeichnet. »Es gibt so kleine Alte, die sind nur da, um zu spannen, die sind jeden Tag da, das ist für sie, wie wenn sie sich ein Heft mit nackten Frauen kaufen würden« (M16). Patrice betrachtet sie mit mehr Nachsicht. »Manchmal ist da so ein Typ, der's nötig hat, da sieht man manchmal so kleine Opas, die laufen fünfzehnmal am gleichen Mädchen vorbei. Ich persönlich reg' mich darüber nicht auf, ich finde das witzig« (M95). Wenn Patrice für diesen »kleinen Opa« Verständnis zeigt, geschieht das nicht aus purer Menschlichkeit, sondern weil er durchaus Gemeinsamkeiten mit ihm hat: er beansprucht für sich dieselbe Art von Blick, wenn auch innerhalb einer anderen, edleren Kategorie. Er ist der »normale Mann«. »Es hängt alles vom Bedürfnis des Mannes nach Phantasien ab. Wenn es sich um einen normalen Mann handelt, der es nicht allzu nötig hat, wird er sagen: sieh an, was für schöne Titten! Er wird sich daran freuen, aber das ist alles, Ende« (M95). Patrices Blick ist nicht heimlich, schamlos oder archaisch; er ist bestimmt, begründet und beispielhaft. In Wirklichkeit entspricht er der Vorstellung von einer anderen möglichen Spielregel, innerhalb derer der Normalfall nicht mehr die Unsichtbarkeit des nackten Busens ist, sondern eine visuelle und diskrete Erotik, die von allen verstanden und geteilt wird. Patrice ist übrigens überzeugt, daß dies heutzutage das wirkliche Gesetz ist, daß das andere nur eine Maske ist, ein System von offiziellen Gesten, das ein jeder vortäuscht, um in Ruhe träumen zu können, ein doppeltes Spiel in vollendeter Form. Wie all jene, die er repräsentiert, wird Patrice in seiner Haltung bestärkt durch den konfusen Parallelismus zwischen der Banalisierung der Nacktheit und der sexuellen Befreiungsbewegung. Die Banalisierung der Nacktheit ist Teil der zweiten Phase des Zivilisationsprozesses. Sie ist charakteristisch für den öffentlichen Raum und kennzeichnet die Fähigkeit zur Selbstbeherrschung bei unmittelbarer körperlicher und emotionaler Nähe. Die sexuelle Befreiung hingegen begründet durch das Aufladen von Präsenz und körperlicher Berührung Privatheit, emotionale Unmittelbarkeit und Intensität des Austausches zwischen Partnern. Theoretisch besteht also eine radikale Trennung zwischen den beiden Logiken. Doch wo steht das geschrieben? Nirgends. Wer sagt, daß es dem Mann am Strand verboten ist, sich unter einem privaten Aspekt zu erleben, sich von der Dynamik der Liebe überraschen zu lassen, wie es auch anderswo geschehen könnte? Niemand. Nur das leise Gewicht der Banalisierung drängt ihn dazu, zu sehen, ohne zu sehen.

Wenn Blicke sich kreuzen

Wie soll man die Bedeutung des sexuellen Blickes messen? Die Frage ist schwierig, denn Männer lügen und verheimlichen Dinge, um mit der offiziellen Banalisierungstheorie in Einklang zu sein. Es würde somit nichts bringen, einfach die Antworten zu zählen. Sicherlich ist es kein Zufall, daß viele Interviews voller Widersprüche sind, im einen Augenblick das Sehen ohne zu sehen proklamieren, im anderen das heimliche Vergnügen an einem erotischen Bild eingestehen: Blick und Gedanken wechseln im Bruchteil einer Sekunde das Register, und solche Veränderungen finden laufend statt. Eine bestimmte Methode hat es mir erlaubt, einige Anhaltspunkte im Sinne einer objektiven Analyse zu gewinnen: das Kreuzen der Meinungen mit den Merkmalen der Interviewsituation. In der Tat sind die Antworten je nach Kontext sehr unterschiedlich. Sie sind beinahe entgegengesetzt zwischen praktizierenden und nicht praktizierenden Frauen sowie zwischen Männern mit Partnerin und Männern in rein männlichen Gruppen. Sie sind außerdem je nach Frage unterschiedlich und je nach Geschlecht des Interviewers (Béjin, 1993): Männer geben sich mit einer Interviewerin entweder weniger oder (nachdem sie innerhalb des Interviews ein Verführungsspiel angezettelt haben) mehr preis, mit männlichen Interviewern bleiben sie hingegen eher neutral. Jede Situation ermöglicht es, Verzerrungseffekte herauszuarbeiten, Analysedistanz herzustellen und sich so an geheime Gedanken heranzutasten. Am interessantesten ist die indirekte Antwort, die beim Thema des sexuellen Blicks häufig ist. Obwohl der Interviewer eine Frage zum persönlichen Verhalten gestellt hat, antworten die Befragten häufig, indem sie sich auf das Beispiel anderer Männer beziehen. Dies geschieht in ausführlicher, höchst verständnisvoller Weise, die über indirekte Informationen gleichzeitig Informationen über die befragte Person liefert. Guy beispielsweise macht Aussagen allgemeiner Art, wobei er sich auf mitgehörte Gespräche beruft: »Sie tun alle so, als würden sie spazieren gehen, aber in Wirklichkeit schauen sie. Dafür gibt es keinen Grund, jedes funktionierende männliche Wesen wirft zumindest einen interessierten Blick darauf. Männern macht es Spaß, zu spannen, und wenn keine da sind, sind alle ein bißchen enttäuscht. Also nach der allgemeinen Ansicht der Männer ist das O.K.« (M47). Einige Male wird übrigens der Charakter seiner Beobachtung als Beobachtung von außen in Form von persönlicheren Aussagen aufgelöst. »Auf manche muß das ganz schön heftige Wirkungen haben, das ist sicher! Jaja, das kann einen nicht kalt lassen, schließlich ist man nicht aus Holz, oder!« (M88). Und schließlich hat eine Beobachtung des Verhaltens vor und nach dem Interview es ermöglicht, einige Aspekte der Aussagen zu kontrollieren, Blicke zu entdecken, die nicht mit den Erklärungen übereinstimmten. So zum Beispiel bei Olivier, der, nachdem er dabei überrascht wurde, wie er offensichtlich ganz genau hinschaute, so übertreibt, daß er damit die Unaufrichtigkeit seiner Antwort unter Beweis stellt: »Ich bin kein Voyeur, der sich die Busen der Frauen anschaut, das interessiert mich nicht, ich schaue überhaupt nicht hin« (M43).

Doch diese Methode der Kontextualisierung der Aussagen erlaubt es dennoch nicht, mit absoluter Objektivitätsgarantie die Bedeutung des sexuellen Blicks zu bestimmen: lediglich die Größenordnung kann annäherungsweise bestimmt werden. Bleibt die persönliche Überzeugung des Forschers. Zwei Jahre lang bin ich tief in das Spiel all dieser Blicke und Körper eingetaucht, habe manche ihrer Gesetze entdeckt und konnte mein Auge dank dieser Entdeckungen schärfen: ich habe begonnen, sie von innen heraus zu erleben und insbesondere die Bedeutung des sexuellen Blickes besser zu verstehen. Ich zögere um so weniger, meine Schlußfolgerungen hier zu präsentieren, als sich meine Meinung im Laufe der Untersuchung radikal geändert hat, wodurch das Risiko vermindert wird, daß ein *a priori* meine Wahrnehmung verzerrt hat. Ich dachte zu Beginn, diese Art von Blick sei dominant, das System der Gesten sei lediglich ein Paravent, hinter dem er sich versteckt. Oder theoretischer ausgedrückt: daß es eine individuelle Distanz zur sozialen Rolle gebe. Doch diese Vorstellung hat Tag für Tag an Boden verloren, wurde unter dem unleugbaren Gewicht des Banalen zerquetscht: Wir hatten es nicht nur mit einer Verschleierung zu tun, sondern auch mit einem wirklichen, intensiven und aufrichtigen Streben nach Unsichtbarkeit. Die sexuellen Blicke, die hinter Lügen hervorkamen, bestätigten das nur zusätzlich: obwohl sie nicht unbedeutend sind, bleiben sie doch verglichen mit der Kraft des Banalen zweitrangig.

Einstimmigkeit bei den bekleideten Frauen

Die bekleideten Frauen teilen diese Ansicht nicht. Tatsächlich unterscheidet sich eine Gruppe in ihren Antworten von den anderen: Frauen, die ihren Busen nicht zeigen und dies auch nie getan haben, nicht in Begleitung ihres Partners sind oder außerhalb des Strandes befragt werden. In ziemlich übereinstimmender Weise denken sie, wie Nadège, daß »das für Männer ja ein Anblick sein muß, an dem sie sich weiden können« (F19). Und Sandra fügt hinzu: »Was wollen Sie, die müssen doch glücklich sein, nackte Frauen zu sehen« (F61). Dies ist für sie eine einfache Gewißheit, die sie aber nicht schockiert. Andere scheinen eher unangenehm berührt, jedoch ohne es zu sagen. Ihre Art und Weise, die Worte zu betonen, laut auf den sexuellen Blick hinzuweisen, klingt wie eine Kritik, die sie nicht anders auszudrücken wagen. »Die machen das, um zu provozieren, das ist klar, um die Blicke auf sich zu ziehen. In dem Moment, in dem etwas zur Schau gestellt wird, fühlen sich alle Männer angezogen, unausweichlich. Da entsteht unausweichlich ein Blick mit sexueller Tendenz. Oh ja, unausweichlich!« (F69). Audrey, 20 Jahre alt, gelingt es nur mühsam, ihren Ärger und ihre Empörung über diese unloyale Konkurrenz zu verstecken: »Wenn ich mir die jungen Typen ansehe, die den Frauen nachsehen, sehe ich ganz genau, daß sie davon angezogen sind, daß sie das im Blick behalten« (F20).

Einige Frauen haben dieselbe Antwort gegeben, obwohl sie in Begleitung ihrer Männer waren: es ist stärker als sie selbst, sie mußten es loswerden. Huguette spricht sehr laut: »Die Männer schauen einfach hin, in diesem Bereich interessiert sie doch alles, das ist ein rein sexueller Blick!« (F175). An ihrer Seite signalisiert ihr Mann, daß er vollkommen einverstanden damit ist, das sei übrigens der Grund, weshalb auch er gegen Oben-Ohne sei. Dann eine persönlichere Frage an den Mann, um zu erfahren, ob er selbst auch schaut: Peinlichkeit und Antwortverweigerung. Peinlichkeit auch bei Mylène. Sie hatte das Interview ganz vorsichtig begonnen. Dann führte ein Wort zum anderen, ihre Theorien machten ihr Lust, noch mehr zu reden, immer deutlicher und lauter. »Da gibt es auch 'ne Menge Scheinheiligkeit! Denn die meisten Männer, ich würde sogar sagen, alle normalen Männer spannen, ob sie achtzig sind oder fünfzehn, wenn sie eine gut gebaute Frau nackt sehen! Wenn Sie ein Paar befragen, bei dem die Frau nicht praktiziert, wird der gute Mann, wenn er mit seiner Frau da ist, Ihnen sicherlich nicht sagen: ich liebe diese Frauen mit den nackten Busen ...« (F156). In diesem Augenblick unterbricht sich Mylène, sie spürt eine gewisse Geniertheit. Und sogleich lokalisiert sie die Quelle des Problems: ihr Mann, an ihrer Seite, hüllt sich in Schweigen. Sie erkennt: er ist das perfekte Beispiel für das, wovon sie redet, der normale Mann mit seiner Frau. Und ist es vielleicht im Hinblick auf ihn und nicht auf jene anonymen Männer am Strand geschehen, daß sie sich so plötzlich und eigenartig in eine Wut hineingesteigert hat? Das Schweigen wird immer belastender, Mylène hat keine Lust mehr zu reden, sie schließt das Interview mit einem im Vergleich zu ihrem brillianten Redefluß mittelmäßigen und undeutlichen Abgang: »Mit meinem Mann zusammen lache ich darüber.«

Gruppen-Praktiken

Eine andere besondere Kategorie bilden Männergruppen. Die Interviews mit Männern in der Gruppe (vor allem jungen Männern) verliefen in einer ganz besonderen Tonart. Die Antworten, mit einem Grundton aus Scherz und Spott versehen, führten beim Zuhörer zu einem paradoxen Resultat: er erkannte, daß sie aufrichtig waren und dem normalen Verhalten dieser Gruppe sehr nahe kamen, denn dieses Verhalten ist ebefalls auf Scherze und Spott gegründet. Die Anwesenheit auch nur eines einzigen Mädchens blockiert sofort diese typisch männliche Gruppendynamik, die man vor allem im jugendlichen Kontext antrifft (man findet sie beispielsweise auch in Fußballclubs oder Stubengemeinschaften beim Militär). Der sexuelle Blick dient hier (wie eine Art totemistische Formel) dazu, Scherze machen zu können, die wiederum zur Strukturierung der Gruppe beitragen. Doch der Blick geht in Wirklichkeit über diesen spielerischen Aspekt hinaus, und er ist ganz besonders derb. Dieser Blick ist kein Sehen, ohne zu sehen, ohne darüber zu sprechen mehr, sondern ein Sehen, um darüber zu reden, und ein Hinsehen, um zu sehen, zu fixieren, was auch immer es zu sehen gibt, den sexuellen Busen anzusehen. »Mit Kumpeln zusammen schaut man hin, das ist ziemlich witzig, wir amüsieren uns, wir machen Witze« (M32); »Mit Kumpeln zusammen macht man das, um miteinander Spaß zu haben, sowas, um sich krumm und schief zu lachen. Das ist nicht böse gemeint, he, das ist nur, um sich zu amüsieren« (M88); »In der Gruppe können sie schon manchmal bösartig werden oder sich über jemand lustig machen, man beginnt, Unsinn zu reden, Witze zu reißen. Allein ist man harmloser« (M89).

Die Praktiken Einzelner

Da die Praktiken von Gruppen am Strand unübersehbar sind, sollte man sie durchaus berücksichtigen. Sie sind jedoch klar in der Minderzahl. Im allgemeinen ist der sexuelle Blick die Sache von einzelnen und etwas höchst Verborgenes, ein Blick, der die Losgelöstheit des Sehens ohne zu sehen vorspielt, der Bilder einfängt, als wäre er dabei, einen Diebstahl zu begehen, ständig auf der Hut, sich nicht erwischen zu lassen. »Da gibt es unausweichlich etwas, was einen anzieht« (M13); »Das bewirkt schon etwas, sie so zu sehen!« (M17); »Es stimmt schon, ich schaue hin, aber da bin ich sicher nicht der einzige« (M46). Der Vergleich, der häufig zu Zeitschriften gezogen wird, in denen nackte Frauen abgebildet sind, wird hier umgedreht, der veränderte Blick verkehrt das Argument interessanterweise in sein Gegenteil. In der Perspektive des banalisierten Busens wurde der Vergleich herangezogen, um zu sagen: das ist nicht dasselbe, der Blick am Strand ist anders, desinfiziert. In der Perspektive des erotischen Busens wird der Gegensatz beibehalten, hier jedoch, um die größere Wirkung der Strandnacktheit zu betonen. »Das hier ist echt« (M18); »Das ist erotischer als in diesen ganz bestimmten Zeitschriften, denn hier siehst du die Person mit Haut und Knochen« (M16).

Für gewöhnlich befindet sich der sexuelle Blick in keinem wirklichen Bruch zur Banalisierung des Oben-Ohne. Er neigt vielmehr dazu, eine einfache Erweiterung des Sehens, ohne zu sehen, zu sein, die auf einer besonders angenehmen Konzeption der Umgebung basiert. Sequenzweise werden eindrucksvolle Bilder eingefangen und in einen imaginären Zusammenhang gestellt, der im Ganzen den geltenden Konventionen treu bleibt. Das Verhalten einiger Männer jedoch ist vollkommen anders. Bruno ist einer von diesen, und er ist überzeugt, daß die andern nur Theater spielen, daß das Spektakel in Wirklichkeit von allen mit tiefen, versteckten Emotionen erlebt wird. »Ich bin wenigstens so offen, es zuzugeben, und ich glaube, daß alle Männer so reagieren. Sind sie so offen, es zu sagen? Ich denke nicht« (M14). Mit dieser Einführungserklärung hat er auf Anhieb eine der interessantesten Interviewsituationen geschaffen: die Männer lügen, er hat den Mut zu reden, selbst gegenüber einer Frau, gerade und vor allem gegenüber einer Frau (er wird von einer Interviewerin befragt). Er sieht sich in der Rolle des Helden, der zugunsten einer bewundernswerten Transparenz die Maske fallen läßt; er wird also alles sagen. Und tatsächlich sagt Bruno alles, die größte Tugend ist für ihn in diesem Augenblick Offenheit. Er beginnt zunächst mit einer gewissen

Zurückhaltung. »Ich betrachte die Frau, wie ein Mann sie betrachtet, mit 36 Jahren bin ich nicht aus Holz gemacht, ich bleibe nicht unberührt von der Schönheit der Busen, die hier den Blicken dargeboten werden« (M14). Dann kommt er in Fahrt, gibt sich ganz seinen Phantasien hin. »Ich schwöre Ihnen, wenn Sie so junge Mädchen mit vierzehn oder fünfzehn Jahren sehen, die Oben-Ohne machen, also ich finde das ... im Extremfall könnte mir da schon eine Verführung Minderjähriger passieren, das muß ich Ihnen gestehen. So ist der Mann! Man könnte fast sagen, der Instinkt eines Tieres ... es ist ein natürlicher Instinkt, der Ruf des Fleisches!« Wir befinden uns hier an den Grenzen der physischen Beherrschung, weit entfernt vom banalisierten Busen, vom unsichtbaren Körper und vom Prozeß der Zivilisation. Auch Roland erwähnt (auf unbestimmt unpersönliche Art) die Nähe dieser Grenze im Kontext öffentlicher Parks: »Vor allem, wenn es da nur eine oder zwei hat, so im Stil großer Busen und so; das könnte schon Vergewaltigungsphantasien auslösen« (M93).

Die Männer, die ihren sexuellen Blick zugegeben haben, insistierten genau auf dieser Tatsache, daß die Grenze nicht überschritten würde, ganz besonders: alles geschieht im Kopf, das Begehren löst keinerlei sträfliche Initiative aus. Es löst auch keine sichtbaren physischen Effekte aus, viele lieferten dieses Element als Beweis für ihre Fähigkeit zur Selbstkontrolle. »Ich schaue hin, aber in körperlicher Hinsicht löst das nichts aus« (M88); »Das löst keine Empfindungen bei mir aus, das bleibt im Kopf« (M31). Ludovic ist der einzige, der auf verbalem Umweg den Gedanken einer phallisch lokalisierten Erregung erwähnt. »Das ist schon ein geiler Blick, Phantasien, ist sie schön, machst du dein Loch in den Sand« (M80). Ist sein Fall wirklich eine Ausnahmeerscheinung? Das Befragungsprotokoll bot keine Möglichkeit, zu klären, ob an diesem Punkt viel verheimlicht und oft untertrieben wurde.

Frauen: Doppeldenken

Hört man sich die Antworten der Oben-Ohne praktizierenden Frauen zum Thema des sexuellen Blicks an, gewinnt man den Eindruck einer völlig anderen Welt des Strandes, der Welt des unsichtbaren Körpers, der tiefen Überzeugung, daß »keiner mehr darauf achtet«. Ich bin sicher, es handelt sich hier um eine aufrichtige Überzeugung: ohne diese Aufrichtigkeit hätte sich die Banalisierung nicht so durchgesetzt wie sie es getan hat. Auch wenn die Meinungen sehr auseinandergehen, klaffen doch die Aussagen der Frauen, die sich ausziehen, und die der Männer, die die Frauen betrachten, sehr auseinander. Erstere glauben, praktisch nicht gesehen zu werden, während die anderen betonen, daß sie durchaus genau hinsehen, sich aber dem losgelösten Stil beugen, wie es sich gehört. Hier stehen sich also zwei Interpretationen des Sehens ohne zu sehen gegenüber. Die Frauen betonen den zweiten Teil dieses Ausdrucks: das Sehen ist nur ein Instrument, das es erlaubt, die Wirklichkeit des unsichtbaren Körpers zu konstruieren. Die Männer neigen eher dazu, den ersten Teil zu betonen: Die Kunst des Sehens ohne zu sehen ermöglicht es, ein bißchen hinzusehen.

»Ich bin manchmal ein bißchen naiv, eine Weile dachte ich, daß sie gar nicht hinsehen. Aber wenn ich dann die ganzen Reaktionen um mich herum mitbekomme, muß ich sagen, sie sind doch immer scharf darauf, eine Tussi zu sehen. Man könnte meinen, daß sie nicht mehr darauf achten, aber ich bin mir da nicht sicher« (F100). Wie Dominique sind sich viele der Oben-Ohne praktizierenden Frauen nicht ganz sicher. Einige haben sich auch selbst widersprochen. So zum Beispiel Ghislaine. Das gesamte Interview über hört sie nicht auf zu wiederholen, daß das »Teil der Sitten geworden« ist und daß da »keiner mehr drauf achtet« (F30). Bis ihr plötzlich entwischt: »Die Männer? Oh ja, natürlich, sie schauen schon hin, sie weiden ihre Augen an diesem Anblick.« Eine Feinanalyse der Antworten zeigt, daß es (entsprechend der beiden Pole des Sehens ohne zu sehen) gleichzeitig zwei verschiedene gedankliche Ebenen gibt, die je nach Kontext aktiviert werden. Angélique erklärt das so: »Sicher, Männer fühlen sich schon angezogen, und es muß sich dabei nicht um einen lüsternen Blick handeln, doch wir spüren ihren Blick gar nicht, wenn wir Oben-Ohne machen« (F38). Oben-Ohne benötigt einen möglichst ungebrochenen Glauben, um Ungezwungenheit zu erreichen. Die Frau gerät deshalb unausweichlich in eine Art Selbst-Überzeugungs-Spirale, die sie in den Momenten, in denen sie es schafft, nicht zu denken, als unsichtbar konstruiert und in gefühlsmäßigen Wahrnehmungen aufgehen läßt. In diesem starken Moment des Banalisierungsprozesses wird der männliche Blick tatsächlich nicht mehr wahrgenommen. Doch sobald irgendein winziger Vorfall eine Beobachtung mit sich bringt, eine Neuanpassung des Verhaltens, oder in einer Situation, die, wie die des Interviews, zum Nachdenken bringt, taucht die Realität des sexuellen Blickes wieder auf: Es ist nicht so, daß man überhaupt nichts von ihr wußte, man hatte sie lediglich irgendwo im Hinterzimmer der Gedanken gelagert, und daraus konnte sie so lange nicht entweichen, wie die vegetative Lethargie und der Wunsch, sich den Blicken darzubieten, das Regiment hatten.

Die Interviews endeten immer mit der Frage, welche denn die schwierigste Frage gewesen sei. Für Laurène war es die zum sexuellen Blick: »Denn irgendwie hat man das schon im Kopf, aber es zu sagen, ist etwas anderes« (F116). Es fiel ihr tatsächlich ziemlich schwer, auszudrücken, was sie wußte, aber lieber weiterhin nicht so genau gewußt hätte. In dem Maße, wie ihre Erklärungen (aufgrund einer Art ununterdrückbarer intellektueller Ehrlichkeit gegenüber sich selbst) ausführlicher wurden, fühlte sie ihr einfaches Strandvergnügen zerbrechlich werden. Wie auch andere ging sie aus diesem Interview, das sie zu Anfang auf die leichte Schulter genommen hatte, sehr müde hervor. Estelle wollte dieses Risiko nicht eingehen. »Ja klar, Blicke, Hintergedanken, natürlich. Aber solange man mich nicht anfaßt, geht mich das nichts an« (F171). Obwohl sie sich der Blicke bewußt war, wollte sie sie unbedingt ignorieren und, flach unter der Sonne liegend, schafft sie es sogar, sie zu ignorieren. Die Frauen weisen die Vorstellung eines solchen Blickes zurück, um Sicherheit und Entspannung zu erreichen; nur indem sie so handeln, kann die Banalisierung an Gewicht gewinnen. Diese Diskrepanz zwischen Männern und Frauen ist somit kein Produkt des Zufalls, kein Fehler, der zu korrigieren wäre: er ist ein Strukturelement des Prozesses. Denn es sind gerade die Frauen, die durch ihre Fähigkeit zum Nicht-Blick auf den Blick und durch ihren Wunsch, den Prozeß voranzutreiben, den gesamten Strand mitziehen. Die Männer, in ihrer Art zu denken mehr oder weniger hinterher, folgen nur, heimlich glücklich über ihre kleinen Phantasie-Basteleien, und verstehen nicht, daß diese Entwicklung, die sie unterstützen, zur Unsichtbarkeit des Frauenkörpers führt.

Exhibitionismus

Der Männerblick ist nicht homogen, ebensowenig ist es die Art und Weise, wie sich Frauen den Blicken aussetzen. Nicht alle sind in gleichem Umfang von der Banalisierung überzeugt, nicht alle versuchen, sich unsichtbar zu machen. Einige verdrängen den sexuellen Männerblick nicht in entfernte Bereiche des Denkens und gestehen das offen ein, sie geben zu, daß sie es hinnehmen, sich diesem Blick auszusetzen. So Géraldine: »Es stimmt, sie schauen hin, aber das ist irgendwie normal, man ist ein Symbol der Provokation« (F6). Sonia (F186) begleitet ihre kurze Antwort (»O ja, das interessiert sie ganz sicher«) mit einem verstohlenen Blick und unterdrücktem Lachen, das Bände spricht. Séverine hingegen, sehr selbstbewußt, äußert geradeheraus: »Das ist erotisch, wenn sie uns ansehen, träumen sie ihren kleinen Traum« (F183). Corinne denkt genauso, vor allem wenn sie die einzige ist, die am Strand Oben-Ohne macht: »Dann wirst du viel mehr umworben, sie denken, daß du mit Haut und Haaren zu haben bist« (F148). Was ist auf seiten der Frauen der Sinn dieses Spiels mit der Nacktheit, das gegen die Regeln des unsichtbaren Körpers verstößt? Zu diesem

Thema gestaltete sich die Umfrage schwierig, sie brachte nur fragmentarische Informationen hervor. Einige Männer gaben eine entschiedene Meinung ab, schmückten ihre Analyse gar mit Prozentzahlen aus: eine Minderheit von Frauen praktiziere Oben-Ohne um eines aus Exhibitionismus geborenen physischen Vergnügens willen. »Irgendwo haben sie schon eine schwache Stelle, sie tun es, um sich zu amüsieren« (M89); »Es gibt welche, die machen es, um andere in Erregung zu versetzen, das ruft bei ihnen bestimmte Empfindungen hervor« (M20); »60 % tun es, um braun zu werden, 40 % um zu provozieren« (M60). Die Männer wurden gebeten, sich ihr Verhalten auszumalen, wenn sie eine Frau wären. Sehr häufig war bei denen, die angaben, sie würden Oben-Ohne machen, ihre Antwort durch genau diesen Aspekt motiviert: »Ich würde es aufgrund dieses exhibitionistischen Aspekts tun« (M32). Nun wurden solche Exhibitionismus-Vorstellungen niemals von Frauen geäußert, die Oben-Ohne machen, sei es, daß sie sie verheimlichen wollten, sei es, daß es sich für sie tatsächlich um ein sehr sekundäres oder gar inexistentes Element handelt. Dieses Schweigen erklärt sich durch die Kraft des Banalisierungsprozesses, der dazu auffordert, jegliche sexuellen Inhalte auszuschließen; nicht davon zu reden und sogar möglichst wenig daran zu denken: offen erotische Empfindungen werden vom Strandkontext unterdrückt. Nicht daß sie etwa gar nicht vorhanden wären, aber sie tendieren dazu, Teil eines Empfindungskonglomerats zu sein, das als ganzes und auf diffuse Art und Weise wahrgenommen und dessen einzelne Komponenten nur schlecht identifiziert werden. Odile gesteht ein, daß am Anfang »die Tatsache, sich anderen Männern so zu zeigen, schon irgendwie schockierend ist, man ist ganz aufgewühlt« (F79). Doch dieses Gefühl hatte sie nicht gesucht, es war eine einfache Konsequenz, die sie auch nur am Anfang so erlebte: »Später habe ich mich daran gewöhnt«. Dieses Gefühl wird Teil des Erlebens in seiner Gesamtheit, fügt den hautnahen Empfindungen und dem Gefühl, eine neue Freiheit und Ungezwungenheit zu erleben, lediglich ein kleines Kribbeln hinzu.

»Sie haben Lust, etwas anderes zu erleben, etwas, was sie noch nicht erlebt haben und nicht jeden Tag erleben« (M2). Oben-Ohne ist die Revanche für die Routine und das Grau in Grau des Alltags; das kleine Kribbeln ist eine notwendige Zutat, um diese Festatmosphäre intensiver zu erleben, aber ohne daß mehr dahinterstecken würde. Eine weniger wichtige Zutat als die Sonne oder die durch die Banalisierung ermöglichte Ruhe. Auch hier ist die Diskrepanz zwischen Männern und Frauen sehr deutlich.

Eine lustige Gruppe hatte unsere Aufmerksamkeit geweckt: zwei englische Pärchen waren in heftiges Lachen ausgebrochen und warfen verstohlene Blicke in alle Richtungen. Peggy (F155), rosa Haut und großer, wogender Busen, war die Zielscheibe der Blicke. Auf unsere Frage hin erklärte sie, es sei das erste Mal, daß sie einer solchen kollektiven Ausziehaktion beiwohnten, da, wo sie herkämen, kenne man so etwas nicht, und für sie könne es sich nur um ein erotisches Spiel handeln. Nur ein Tag hier auf Durchreise, vollkommen anonym, hatten sie es gewagt, sich in diese Orgie zu stürzen und daran teilzunehmen. Der Kontrast zum Rest des Strandes war frappierend und machte die Kraft der Banalisierung und den Umfang deutlich, in dem die Entwicklung hin zur Unsichtbarkeit des Frauenkörpers die Vorstellung einer Zurschaustellung zurückdrängt.

Taucht diese Vorstellung doch auf, dann in charakteristischer Form, die nicht die sexuelle Zurschaustellung ist, wie sie auf männlicher Seite betont wird: es ist viel eher eine Form, die Aufmerksamkeit auf sich zu ziehen. Der Blick des Mannes kann tatsächlich auf diese Weise angezogen werden. An einem erotischen Bild haftend und allein auf den Busen fixiert, kann ihn die Frau auf sich als Person ziehen: was macht es schon, wenn sie zunächst nur wegen ihres Busens angeschaut wird. Dies ist die Hauptmotivation, wenn die Frau aus ihrer reinen Unsichtbarkeit des Banalen heraustritt und ihren zweiten Körper, den sexuellen, benutzt und in Szene setzt. Da man sich hier einer neuen Grenze nähert, die nicht überschritten werden darf (die der weiblichen Exhibition), muß der Strand die Formen der Unschicklichkeit, also dessen, was nicht gemacht werden darf, definieren. Was den Männerblick betrifft, haben wir gesehen, daß die stereotype Beschreibung des Spanners es ermöglicht, das Sehen ohne zu sehen zu legitimieren. Am entgegengesetzten Pol schält sich ein anderes Stereotyp heraus, das der »Provokantin«: diejenige, die »die Männer verführt« (F90). »Es gibt welche, die versuchen die Jungs zu verführen, das sieht man« (F33); »Manchmal ist es wirklich, um den Blick der Männer auf sich zu ziehen« (F61); »Für manche ist es wirklich eine Aufreißtechnik« (M93); »Ja, ich kenne welche, die das machen, um bemerkt zu werden. Ich hatte eine Freundin, die ging tatsächlich an den Strand, um Männer zu verführen, und entblößte dazu ihre Brust« (F19). Und so weiter. Die Beschreibungen rekonstruieren die Verhaltensweisen mit bemerkenswerter Präzision. Hier also, nach dem Roboter-Portrait des Spanners, nun das der Provokantin. »Das sieht man gleich, klar und deutlich, an den Blicken, an der Art und Weise aufzustehen, den Badeanzug zurechtzurücken, zu gehen« (F38); »Da werden Blicke geworfen. Und es gibt ja schließlich verschiedene Stellungen; diejenigen, die provozieren wollen, richten sich auf oder liegen nur halb da« (F33); »Sie drehen und wenden sich, tragen Creme auf. Es gibt so eine bestimmte Art, sich die Creme aufzutragen, über den Busen zu streichen, sich umzuschauen« (M2); »Es gibt diese Gesten, mit den Haaren, die man alle drei Minuten in Ordnung bringt, und dann streiche ich mir über die Haare, und ich schüttle sie: sie haben so ganz sinnliche Verhaltensweisen. Und wieder tragen sie Creme auf, streichen über ihre Brüste, wölben den Oberkörper« (M92).

Die Austauschbeziehungen

Die Geste der Hand auf der Brust, um sich Creme aufzutragen, ist problematisch. Sie zieht den Blick auf sich: der Strand hat es noch nicht geschafft, sie in ein System des Banalen zu integrieren. Wird sie zu energetisch durchgeführt, bringt sie den Busen in verbotene Bewegung, zu langsam könnte sie den Beobachter denken lassen, man sei eine »Provokantin«. Einige Männer, die nach Gesten wie dieser langsamen Bewegung der Hand auf dem Busen, die aus der Unsichtbarkeit heraustreten, auf der Lauer liegen, neigen dazu, sie systematisch als bewußte Verhaltensweisen zu interpretieren, nur dazu da, Aufmerksamkeit auf sich zu lenken. Éric ist davon überzeugt: »Natürlich machen sie das mit Absicht. Aber das macht unser Vergnügen nur noch größer, das läßt uns Männer träumen« (M92). Für ihn gibt es keinen Zweifel: der Strand ist ein Ort, an dem sich heimlich und in aller Stille ein erotischer Austausch entwickelt, und zwar über winzigste Zeichen, die den Phantasien auf die Sprünge helfen. Er denkt nicht allein so, die Gruppe der »Das-Oben-Ohne-zu-Ende-Denkenden« ist nicht zu vernachlässigen. Jedoch ist sie rein männlich. Keine einzige Frau hat erklärt, an eine solche Art Austausch zu denken. Analysiert man die Antworten genauer, stellt man übrigens fest, daß sich diese Männer kaum auf beobachtete Fakten stützen. Sie reden in allgemeinen Begriffen und verteidigen eher ein Prinzip, die Vorstellung von einer anderen Spielregel, die sie für möglich erachten. Für Dominique ist die scheinbare Indifferenz nur »Augenwischerei« (M33). Denn die Wirklichkeit ist für ihn ganz einfach: »Eine Frau ist per Definition exhibitionistisch und ein Mann ist per Definition Voyeur: somit klappt das ganz gut am Strand.« Julien und Jérome haben eine Schwäche für »Mädchen, die ein bißchen provozieren: da freuen wir uns drüber« (M15); »Das inspiriert mich, wenn sie provozieren« (M8); »Sie wissen das ganz genau« (M15). Roger stellt sich vor, daß »es denen, die es tun, um angeschaut zu werden, ganz gut gefällt, auf die Gefahr hin, die Männer dann wie Ferkel zu behandeln« (M31). Christophe ist einer der wenigen, die ein genaues Beispiel liefern. Er teilt mit, der Austausch finde in »der Komplizenschaft eines verstohlenen Blickes« statt (M32). Doch wenn es stimmt, daß die visuellen Spaziergänge sich kreuzen, kann man sich dann auch sicher sein, daß hier Komplizenschaft besteht?

Die »Zu-Ende-Denkenden« sind nicht völlig respektlos gegenüber Gesetzen: auch sie fixieren eine Grenze. Wieder ist es

Roger, der betont: »Es ist nicht so, daß man sie anschaut, um sich dann zu sagen: sie hat einen schönen Busen, um den sollt' ich mich mal kümmern, nein, es ist einfach, um sie anzusehen« (M31). Guy ist mit dieser Grenze, die man nicht überschreiten sollte, einverstanden und schlägt eine Art neuer Oben-Ohne-Regel vor: die »unschuldige Verführung«. »Natürlich sind sie mit dem Spiel, angeschaut zu werden, einverstanden. Das ist so dieses ›du-bist-frei-ich-bin-frei, du-schaust-mich-an-ich-schau-dich-an‹, aber an diesem Punkt ist Schluß. Das ist eine unschuldige Verführung, es ist nur ein bißchen Exhibitionismus und ein bißchen Voyeurismus, es ist soft« (M47). Éric zögert, was die Grenze angeht, etwas länger, weiß nicht, wo er sie ziehen soll. »Ich weiß nicht, wie weit das gehen kann, aber ich habe oft den Eindruck, daß es bei denen, die das machen, auch weiter gehen könnte« (M92). Wie Guy, Roger und Dominique denkt auch er, daß es legitim ist, offen hinzusehen, sogar den Blick an den Busen zu heften, besonders an den Busen derer, die »Provokantinnen« sind. Roger, 57 Jahre, vollständig angezogen unter seinem Sonnenschirm, ist die perfekte Illustration dessen, was ein Spanner ist. Sich selbst gegenüber aufrichtig, befolgt er seine eigenen Spielregeln und kann nicht verstehen, daß Frauen, die sich so zeigen, es schwer akzeptieren können, angeschaut zu werden. »Es ist eigenartig, die Frauen machen Oben-Ohne, aber wenn man sie anschaut, scheint es sie zu stören!« (M31). Dominique geht noch weiter: dem Prinzip des Oben-Ohne völlig zuwiderlaufend führt er einen zweideutigen Guerillakrieg und gibt zu, an dem Kampf, den er aufgenommen hat, Vergnügen zu finden. Sobald er seine Beute ausgesucht hat, läßt er mit hartnäckiger Indiskretion den Blick auf ihr ruhen, den er auch aufrechterhält, wenn es peinlich wird. Und er ist enttäuscht, bisher nur das Hochziehen des Badeanzugs oder einen stillschweigenden Platzwechsel provoziert zu haben. »Wenn ich Lust habe hinzusehen, sehe ich hin, das ist alles! Ich fände es gut, wenn eines Tages eine Frau etwas zu mir sagen würde, mich fragen würde, warum ich mit solcher Beharrlichkeit zu ihr hinschaue, oder sonst irgendetwas ...« (M33).

Anmache

Bei jungen Mädchen ist die Bedeutung der »Provokation« manchmal eine andere und entspricht eher der Vorstellung, die Männer sich davon machen. In der Hoffnung auf eine Liebesbeziehung kann die Entblößung bei ihnen in der Tat zu einer Aufforderung zur Begegnung werden. Und ihre Entblößung erregt auch mehr Aufmerksamkeit als die der anderen Altersgruppen. »Die Jungs am Strand schauen unweigerlich den jungen Mädchen nach, die oben ohne sind, sie sind es, die für die Jungs attraktiv sind« (F1). Außerdem stellt es eine Art Startschuß dar: »Sie sind ganz sicher herausfordernder« (M20). Und schließlich ist es »eine Möglichkeit, sich an sie ranzumachen« (F183). In diesem Fall läuft die Anmache nicht beliebig ab, sondern nimmt genau das Oben-Ohne zum Anlaß. Stéphane und David passen die Mädchen ab, »die das bewußt machen« (M20). Das Vorgehen ist häufig dasselbe und basiert auf der weiter oben beschriebenen Gruppenpraktik. Eine Bande von Jungs nähert sich einer Gruppe von Mädchen, wirft ein paar rituelle Neckereien über Oben-Ohne hinüber und hofft, daß dies ein nicht weniger rituelles Kichern hervorruft. »Wenn eine Frau oben ohne eine Gruppe Jungs kreuzt, drehen sie sich um und sagen: ›Nicht schlecht!‹, und sie wird ein kleines Lächeln auf dem Gesicht haben. Es ist nicht so, daß sie etwa gleich Vorstellungen wie ›die schnapp' ich mir‹ im Kopf hätten. Aber sie, sie freut sich« (M89). Aurélie war am Tag vor dem Interview mit zwei Freundinnen am Strand. Eine Gruppe von Jungs folgte ihnen, sie flüsterten und »lachten blöd«: »Uiuiui, die Ferkelchen«. Die Mädchen unternahmen nichts, um sie zu verscheuchen. Doch die schüchternen Angreifer beendeten auch so ihren Zirkus, zweifellos wußten sie nicht so recht, wie sie weitermachen sollten. Diese Anekdote illustriert gut den Status der Anmache in der Lieblingstheorie zum Oben-Ohne: sie ist sehr sichtbar, ja sogar geräuschvoll im Vergleich zur umgebenden kommunikativen Stille, aber sie führt nur zu sehr begrenzten Resultaten.

Oben-Ohne ist häufig eher ein Hindernis für die Kontaktaufnahme. Wir können hier aufs Neue beobachten, wie es Beziehungen verkompliziert, ob es nun, wie wir weiter oben gesehen haben, Beziehungen sind, die bereits bestehen, oder neue
soziale Beziehungen. Und wir können außerdem beobachten,
wie die Unsichtbarkeit an Wirklichkeit verliert, wenn sich Körper einander nähern. Das junge Mädchen, das Oben-Ohne
macht, ist kein junges Mädchen mehr wie jedes andere: sie wird
vor allem durch dieses Merkmal definiert, sie ist vor allem ein
nackter Busen. Dadurch wird jede potentielle Begegnung unter
dem Licht einer Anmache mit höchst sexueller Konnotation
gesehen. »Auch wenn du nur mit ihr redest, ist es Anmache,
das ist der Eindruck, den du vermittelst« (M17). Diese Situation erleichtert die Dinge nicht gerade und schafft nicht die nötige Ungezwungenheit. »Es ist mir ein wenig peinlich, wenn
das Mädchen oben ohne ist« (M22); »Man geht weniger leicht
auf sie zu, da ist schon so eine gewisse Geniertheit« (M15);
»Neulich hatten wir keine Zigaretten. Wir wollten nach welchen fragen, aber: huch, das Mädchen hatte, gerade bevor wir
hinkamen, ihren Busen an die Luft gesetzt. Wir haben eine
Vollbremsung eingelegt! Wir sagten uns: wir werden nicht zu
ihr hingehen, sie macht Oben-Ohne. Das ist schon komisch,
nicht? Aber wir haben echt die Vollbremsung eingelegt« (M17).
Die Blockade ist auf den komplexen Umgang mit Sexualität
zurückzuführen, der durch Oben-Ohne durcheinandergerät:
wie soll man vorgehen, um den Eindruck zu vermitteln, nichts
zu sehen, wo man sich doch gerade deshalb einem Mädchen
nähert, weil man es angeschaut hat? Ebensowenig wird die
Kontaktaufnahme durch den »Schneid«, die Ungezwungenheit,
die Überlegenheit der Frau, die es wagt, sich zu entblößen, erleichtert. »Eine Frau, die Oben-Ohne macht, hat ganz sicher
eine gewisse Überlegenheit« (M17); »Sie haben ganz schön
Mumm, das schüchtert einen ein« (M15); »Das ist klasse, das ist
ein Mädel, das Persönlichkeit hat und sich so wohl fühlt, aber
wenn man ihr gegenübersteht, ist das gar nicht so einfach«
(M16).

Für die einen erleichtert Oben-Ohne also den Kontakt, für andere erschwert es ihn, aber vor allem definiert es einen ganz besonderen Typus von sozialer Beziehung. Aude räumt ein, daß »das hilfreich sein kann, aber es hängt vom jeweiligen Mann ab« (F118). Christophe knüpft in beiden Fällen Kontakte, aber auf unterschiedliche Weise. »Wenn sie Oben-Ohne macht, achtet man mehr auf ihre körperliche Schönheit« (M32): der Körper ist präsenter und auf spielerische Weise definiert er den Typus einer unmittelbaren, physischen Beziehung, auch wenn man sich nicht berührt. Marjorie entwickelt eine sehr umfassende Analyse. Sie beginnt damit, zwischen »Verführerinnen«, »Gelegentlichen« und »Diskreten« (»Es gibt auch Menschen, die O.K. sind und Oben-Ohne machen«) zu unterscheiden. Erstere werden von den Jungs perfekt eingeordnet: »Sie sagen dann, das sind Mäuschen, die verführen wollen, die auf der Suche sind. Das sind für sie viel freizügigere Mädchen, irgendwie wird das schon eingeteilt« (F1). Mit ein wenig Bitterkeit (Marjorie macht nicht Oben-Ohne und fühlt sich ein bißchen einsam) stellt sie fest: »Wenn Jungs ein Mädchen suchen, sind sie vor allem hinter diesen Mäuschen her, die Oben-Ohne machen.« Indem sie sich auf diverse Beobachtungen bei ihren Freundinnen bezieht, betont sie, der Ruf, den diese Mädchen hätten, sei durchaus begründet, die, die sich am Strand auszögen, seien auch in sexueller Hinsicht freizügiger. »Das ist diese Art Mädchen, die zum Ausdruck bringen wollen: also Jungs, hier bin ich, he, ich bin da!« Marjorie wälzt ihren Verdruß immer wieder aufs Neue in ihrem Kopf hin und her, ohne etwas ändern zu können. Natürlich wäre es ihr möglich, wie ihre Freundinnen das Oberteil auszuziehen, um auch diese Attraktivität zu erlangen. Aber das will sie aus einem ganz präzisen Grund nicht: das ist nicht die Art von Beziehung, die sie sich erträumt, sie will nicht »diese Art Typ, der blöd grinst und nichts anderes im Sinn hat, als sich so ein Mäuschen aufzureißen«, sie möchte etwas tiefergehendes, gefühlvolleres, um ihrer selbst willen attraktiv sein, vielleicht für ein ganzes Leben: etwas Ernstes. Die wenigen Quadratzentimeter Stoff, die entfernt oder belassen werden, definieren also zwei Erwartungshaltungen. Das Amüsement, der Augenblick, die oberflächliche Beziehung werden mit dem Oben-Ohne, Zurückhaltung, Ernst, der Wille, sich einzulassen, und der Blick in die Zukunft mit dem Badeanzug assoziiert. Ein Körper, der das Denken dominiert, auf der einen Seite, das Denken, das den Körper dominiert, auf der anderen. Die jungen Mädchen mit bedecktem Busen lehnen es tatsächlich ab, einer spontanen Lust nachzugeben, ohne darüber nachzudenken: sie analysieren, was die Konsequenzen einer Verhaltensänderung sein könnten. »Sie haben Angst, von ihren Freunden könnte einer sagen: oh, die da, das ist eine Schlampe!« (M15). Aurélie (F17) hat begonnen, ihr Oberteil auszuziehen, aber sie bleibt auf der Hut und hat sich eine besonders ausgefeilte Strategie zurechtgelegt: sobald eine etwas festere Beziehung entsteht, wird sie mit Oben-Ohne aufhören. Indessen kostet es die jungen Mädchen in der Regel keine allzu große Anstrengung, eine Entscheidung zu treffen. Denn durch einen Zufall, der keiner ist, harmoniert jede der beiden Optionen mit entsprechenden Gewohnheiten hinsichtlich von Schamgefühlen, die Teil ihrer familialen Kultur sind, welche entweder für körperliche Unmittelbarkeit oder für gutes Benehmen und Zurückhaltung in allen Dingen prädisponiert.

Das Paar

Oben-Ohne ist eine zutiefst individuelle Praxis, die sich hauptsächlich innerhalb eines Systems von Blicken organisiert, das den weiblichen Körper unsichtbar macht. Wenn der Blick ein anderer ist und der sexuelle Körper in Erscheinung tritt, charakterisieren sich Interaktionen durch Anonymität, Distanz und stillschweigende, visuelle Form. Beziehungen, die nur einen selbst angehen, und in denen ein ferner Partner lediglich als Instrument zum Träumen benutzt wird. Das Paar, die dauerhafte, auf Sexualität gegründete Beziehung, stellt in diesem

Kontext ein paradoxes Element dar. Deshalb verschwindet es am Strand: wir haben beispielsweise gesehen, daß der weibliche Körper nur der Frau gehört und der Mann nichts dazu zu sagen hatte. Wenn das Paar in Erscheinung tritt, dann auf seinem hauptsächlichen Terrain, der Sexualität, und auf eine diffuse und diskrete Art und Weise, die den Regeln des Ortes entspricht, insbesondere anläßlich des Fiebers der Vierziger. In dieser Periode des Ehezyklus führt die Routinisierung häufig zu einem doppelten Unbefriedigtsein. Bei den Frauen ist dies auf das Nachlassen intimer Kommunikation zurückzuführen, bei den Männern darauf, daß die körperliche Attraktivität zurückgeht (Francescato, 1992). Oben-Ohne stellt dann das nötige Körnchen Abenteuer dar, das es möglich macht, die Routine ein wenig zu durchbrechen, das Leben als Paar wieder in den Vordergrund zu rücken. Das Paar kehrt auf die Bühne zurück. Und dies umso spektakulärer, als es eine wirkliche Bühne, ein Publikum gibt: die intime Welt wird aufgerüttelt, der Körper findet wieder zu einer vollständigeren Präsenz. »Sicher, das bringt einen in Form für den Abend« (M85). Raphael betrachtet »wesentlich beharrlicher den Busen seiner Frau als andere« (M13), aus der Nähe, ihn fixierend, in intensiver und interessierter Kontemplation, die er eigenartigerweise im täglichen Leben nicht wiederfindet: »Es stimmt schon, daß es am Strand wirklich sehr angenehm ist«. Der Strand als Umgebung ist wesentlich, aber er hat nur Augen für den Busen seiner Frau. »Das ist nicht dasselbe wie die anderen Busen, es ist eine Brust, die ich berühren kann, daran denke ich.« Wenn es die Spielregeln erlauben würden, würde er sie übrigens auch berühren. Doch er spürt, daß das nicht toleriert wird, nicht einmal unter dem Vorwand, jemanden einzucremen. Ein Vorwand, der hingegen hinsichtlich anderer schwer erreichbarer Körperpartien erlaubt ist: der Rücken und die Hinterseite. Laurent läßt sich das nicht entgehen: »Das ist 'was Schönes, vorsichtig den ganzen Körper einzucremen, das schafft Intimität« (M9). Diese Partner-Spiele an der zweideutigen Grenze zwischen Privatheit und Öffentlichkeit sind vielfältig. Thierry tut nichts dergleichen, die einfache Nähe genügt ihm: »Es ist sehr aufregend, mit einer Freundin zusammen zu sein, die oben ohne ist« (M18). Sabine ist mitteilsamer und aktiver. Mit kräftiger Stimme, unterstützt von starkem bretonischem Akzent, eine Person, die sicherlich nicht unbemerkt bleibt, und sei es nur aufgrund ihres vorteilhaften Äußeren, erklärt sie, daß ihre Reisen in den Süden für ihre Beziehung unersetzlich sind, um mit Hilfe von Boules-Spiel und Oben-Ohne Spannung zu erzeugen. Die wenig zurückhaltenden Bewegungen Sabines schaffen um sie herum eine gewisse Aufregung, sie hat das Gefühl, intensiver zu leben.

Besteht die Kehrseite dieses Gewinns für die Beziehung nicht darin, ihre Intimität der Allgemeinheit preiszugeben? Die Protagonisten glauben das nicht. »Da ist ja dieser Gegensatz zwischen Sehen und Berühren. Unsere Intimität in sexueller Hinsicht besteht in der Berührung, die Ausschließlichkeit unserer Beziehung findet sich im Berühren, das Sehen gehört uns nicht allein« (M92). Alle können es sehen, aber der Partner hat das Privileg, anders zu sehen, weil er weiß, daß er auch berühren kann. Der Strand ist nur ein Auge ohne körperliche Wirklichkeit, nur ein Dekor; die Blicke auf Busen sammeln nur Bilder, die auch Bilder bleiben. Das Paar hingegen wandelt dies in Kapital für die Beziehung um. Der zweite Körper der Frau, ihr sexueller Körper, tritt in den Vordergrund der Bühne, wenn er sich innerhalb eines Austauschs zwischen Partnern bewegt. Aber eine solche Art von Austausch ist im Kontext des Strandes zweitrangig. Das Wesentliche spielt sich auf Distanz ab, wo es jedoch vom Gewicht der Banalisierung niedergedrückt wird. Manchmal wird der sexuelle Körper in Form von kleinen »provokativen« Gesten präsentiert, aber es ist vor allem der Strand, der dies so interpretiert, es sind vor allem die Männer, die in ihrer Phantasie den erotischen Körper konstruieren und in deren Blicken sich dieser Traum spiegelt.

Die Schönheit

Der unsichtbare Frauenkörper schafft es nur mit Mühe, den erotischen zu verhüllen und die aufwallende Sexualität im Blick der Männer im Zaum zu halten: die emotionale Barbarei scheint nur oberflächlich besiegt und jederzeit in die Abgründe des Organismus und der Geschichte zurückgeworfen werden zu können. Doch dazu kommt es nicht. Denn der dritte Körper der Frau, ihr ästhetischer Körper, kommt zu Hilfe und sichert die Strandruhe, indem er den Drang der Leidenschaft umleitet. Er ist jedoch kein loyaler Verbündeter, er arbeitet in die eigene Tasche, versucht, sich gegenüber seinen beiden Rivalen durchzusetzen. Dadurch schafft er eine subtile Komplexität im Blick der Männer, die hin- und hergerissen sind zwischen den drei Körpern der Frau.

Vom Sex zum Schönen

– »Schauen Sie auf nackte Busen?«
– »Es kommt darauf an.«
– »Worauf kommt es an?«
– »Ob sie schön sind oder nicht. Wenn sie schön sind, schaue ich hin, wenn sie nicht schön sind, schaue ich nicht hin« (M55). Die Männer haben viel von der Schönheit der Frauen gesprochen. Vor allem deshalb, weil sie mit der Unehrlichkeit nicht so weit gehen konnten oder wollten, nicht zuzugeben, daß sie hinsehen. Nun erlaubt es der ästhetische Charakter eines Blickes das Wunder zu vollbringen, sagen zu können, daß man hinschaut, ohne als vulgärer Voyeur dazustehen: auf diese Weise wird die Schönheit in den Vordergrund gerückt. »Wir schauen uns diese Schönheit an, und das ist alles, ja!« (M90); »Es hängt

von der ästhetischen Qualität ab: wenn sie einen schönen Busen haben, ist es angenehm, sie anzusehen, wenn nicht, dann schaut man nicht hin« (M95). Ganz offensichtlich handelt es sich um einen vorgeschobenen Diskurs, um eine gesellschaftliche Konvention der Selbstdarstellung, die nur mangelhaft die individuell erlebten Wirklichkeiten widerspiegelt und die ästhetische Komponente des Blickes übertreibt. Übrigens haben wir weiter oben gesehen, daß der Blick ungewollt am Häßlicher genauso hängenbleibt wie am Schönen: die, die behaupten, Frauen nur dann anzuschauen, wenn sie schön seien, lügen also. Jedoch ist dies nur eine Lüge durch Auslassung. Ausgelassen wird der Blick auf Häßliches und Seltsames, ausgelassen wird der Blick auf den erotischen Körper. Sie treffen eine Auswahl aus der Wahrheit und betonen nur einen Aspekt, jedoch einen, der wirklich sehr präsent ist: die Wahrnehmung durch den Filter der Schönheit.

Michel (M90), Yann (M91), Liliane (F181) und Louise (F180), Vater, Sohn, Mutter und Großmutter, sind ein Beispiel für eine Familie, die sich angesichts des Strandspektakels für den Nachmittag eingerichtet hat. Sie haben ein Spiel gefunden: Sie benoten die Busen, die ihnen in den Blick kommen, mit eins bis zehn. Liliane und Louise machen den Eindruck, von diesem immer gleichen Spiel so langsam gelangweilt zu sein; Michel und Yann hingegen haben glühenden Enthusiasmus in den Augen, als sie das Spiel erklären. Schönheit und Häßlichkeit sind für sie nur ein Vorwand, der es ihnen erlaubt, sich ordentlich satt zu sehen (und dies auch noch mit Unterstützung der Familie). Ein Vorwand, der zu einer fast obsessiven Fixierung auf nackte Brüste geführt hat. Und es ist oft schwer zu sagen, ob das, was anzieht, nun Sex ist oder Schönheit. Doch jenseits solcher Verzerrungen und Verstellungen scheint sich dennoch wirklich eine Tendenz zu künstlerischer Sublimation der Nacktheit herauszuschälen. Vor dem Hintergrund des als angenehme Umgebung konstituierten Strandes kommt der Blick bei Formen von herausragender Schönheit zum Stillstand: der nackte Busen wird zum unterstützenden Faktor einer künstlerischen Wahrnehmung, die Energie der Leidenschaft wird in diese Richtung umgeleitet. Wie gewunden der Weg auch immer sein mag, der zu diesem Ziel geführt hat, die Bewunderung des Schönen kommt schließlich mit einer gewissen Gleichgültigkeit zum Ausdruck: »Es stimmt, sehr schöne Brüste sind schon etwas Schönes« (M31); »So junge 16jährige Mädchen mit traumhaften Brüsten, da kann man es gar nicht vermeiden hinzusehen, das ist keine Frage von Lasterhaftigkeit, sondern von Bewunderung« (M37); »Ich schaue eine Frau, die oben ohne ist, an, das ist eine Frage der Ästhetik, der Schönheit. Eine schöne Frau ist einfach schön anzusehen, das ist alles« (M89).

Vom Schönen zum Begehren

Auf diese Weise sublimiert, übt Schönheit um ihrer selbst willen eine Anziehungkraft aus: nicht mehr die sexuelle Nacktheit ist ausschlaggebend, sondern der künstlerische Geschmack. »Wenn eine Frau schön ist, zieht das das Auge an, Schönheit ist attraktiv, das ist normal« (M28). Dabei besteht zwischen den beiden Aspekten kein Gegensatz. »Selbst bei jungen Mädchen, die schön sind, und die man betrachten kann wie ein Kunstwerk, spielt da dennoch ein sexuelles Phänomen mit« (F69). Ebensowenig handelt es sich um einen Zustand jenseits des Sexuellen: das Begehren nimmt Form an, indem es in eine Wahrnehmung der künstlerischen Art schlüpft. Nacktheit wird nicht mehr unter ihrem geschlechtlichen Aspekt betrachtet; noch bevor eine Emotion ausgelöst wird, wird sie durch ein ästhetisches Urteil gefiltert, es ist die Schönheit, die Anziehungskraft ausübt und die von Leidenschaften befreit. »Ja, wenn das Weib gut gebaut ist, haben sie schon erotische Gedanken« (F2); »Ich schaue sie nicht mit solchen bestimmten Gedanken an, außer diejenigen, die einen sehr schönen Busen haben« (M31); »Wenn die Formen schön anzusehen sind, ist das schon erotisch« (M54).

Diese subtile Alchimie des künstlerisch-erotischen Blickes führt zu einer Art Sprachverwirrung, innerhalb derer es nicht selten vorkommt, daß mit höchst ästhetisierenden Begriffen die rohsten Instinkte bezeichnet werden: »Schönheit« bringt also nur eine Art Trieb im reinen Zustand zum Ausdruck, ohne Distanz, die es erlaubt, die Grazie um ihrer selbst willen nach dem Motto »l'art pour l'art« zu genießen, als ob es den dritten Körper der Frau nur in einem verbalen Nebel gäbe. Nicole war von diesem Widerspruch zwischen Worten und Gedanken schockiert. »Das, was sie äußern, ist eine Sache, was sich tatsächlich abspielt, eine andere. Also wenn ich in meinem Umfeld mit einem Mann zusammen war und da Frauen oben ohne waren, schauten die Männer auf den Busen und äußerten sich dazu: oh, ist die aber schön, wunderbar! Das ist wirklich ein schönes Mädchen! Sie hat einen wundervollen Busen! Aber was sie in einem Busen sehen, ist die sexuelle Seite der Frau, die Bemerkung, daß eine Frau einen schönen Busen hat, ist höchst sexueller Natur. Man sollte sich da nicht täuschen: wenn sie von Schönheit reden, bezieht sich das gleich auf Sexualität, das Verhältnis des Mannes zum Busen ist viel sexueller« (F32). Nicole hat den Eindruck, daß die Begrifflichkeiten täuschen. Schönheit ist jedoch nicht nur ein sprachlicher Effekt, sie ist eine wirkliche funktionierende Kategorie, die dem Begehren eine Form gibt. Régine hat das auf eigene Kosten bestätigt. Obwohl sie Oben-Ohne macht, hat sie kaum eindringliche Blicke auf sich ruhen gespürt. Für sie hat das einen einfachen Grund: »Ich bin eben nicht gerade eine Kanone« (F74). Der männliche Blick auf die Schönheit ist nicht losgelöst, keine reine Kontemplation. Zwischen Banalität und Sexualität in eine ungewisse Bedeutung gleitend, bringt der dritte Körper der Frau Zweideutigkeit ins Spiel.

Frauenblicke

Im Vergleich dazu ist der Blick der Frauen, wenn er sich auf Schönheit richtet, eindeutig, rein bewundernd. »Es ist angenehm, Frauen, die schön sind, oben ohne zu sehen, es gibt junge Frauen, die sind wirklich toll, das ist etwas sehr Schönes«

(F94); »Das ist schön, wie wenn man ein schönes Bild betrachtet, eine schöne Frau mit gut geformten Brüsten, das ist etwas Hübsches« (F66); »Es stimmt schon, daß es wirklich sehr schöne Busen gibt, wundervolle Brüste, o ja, das ist schön! Und sehr angenehm!« (F79).

Ghislaine ist nicht dieser Meinung (sie wählt eine allgemeine Form, um ihre eigene Meinung einzubringen): »Frauen schauen nicht auf Schönheit, im Gegenteil, sie schauen hin, wenn eine häßlich ist. Dann sagt man sich, daß die besser einen Badeanzug tragen sollte: es gibt ja schon ziemliche Abscheulichkeiten!« (F30). Manche ziehen es also vor, Häßlichkeit zu betrachten statt Schönheit. Doch selbst in diesem Fall dominiert das ästhetische Urteil. Ghislaine hat recht, ist, wenn sie zu verstehen gibt, daß neutrale Betrachtung selten sei. Denn wenn die Frau mit solcher Intensität schaut, liege das daran, daß sie sich gleichzeitig selbst betrachte, sie prüfe Formen und Festigkeit, das Schöne und das Häßliche, um sich selbst im Vergleich einschätzen zu können. »Da wird immer verglichen, da sind immer viele Frauenblicke unterwegs, das ist schon verrückt! Auch wenn es niemand zugibt, aber wenn da ein toll gebautes Mädchen oben ohne vorbeigeht, denkt man sich: die ist aber gut gebaut, sie sieht besser aus als ich« (F81).

Die andere Zurschaustellung

Männer und Frauen behaupten, Schönheit zu betrachten und sie zu schätzen, in ihrem Namen alles zu tolerieren, aber harte Kritik zu üben, wenn das Schauspiel nicht schön ist: diejenigen, die ihren Busen zeigen, haben also keine andere Alternative, als so ausgestattet zu sein, daß sie diese Regel befolgen und ihre Schönheit zur Schau stellen können. An der bretonischen Küste wurden schon im Jahre 1900 die Frauen, die es wagten, ihre Arme und ihren Hals zu entblößen, als die schönsten betrachtet (Delestre, 1973). Dieser Ansicht ist der Strand auch heute noch im Hinblick auf Oben-Ohne. »Es sind die Hübschesten, zweifellos« (M73). Frauen, die sich durch die Launen der Natur in der Lage befinden, geschätzt zu werden, wenn sie sich entblößen (und scheinbar auch nicht dazu gezwungen werden müssen, dies zu tun), sollten somit wohl eingestehen, daß sie ihre Schönheit zur Schau stellen. Doch eigenartigerweise zögern sie, dies zu sagen. Roselyne ist eine der wenigen Ausnahmen, und ihre schüchternen Eingeständnisse kommen nur mit zahlreichen rhetorischen Vorsichtsmaßnahmen zum Ausdruck: »Das ist schon immer etwas Angenehmes, wenn man von den Leuten angeschaut wird, vor allem wenn man spürt, daß sie es nicht tun, um etwas Häßliches zu sehen« (F125). Corinne ist die einzige, die dieses Gesetz des Schweigens wirklich durchbrochen hat: »Ich mache gern Oben-Ohne, aber ich muß dazu sagen, daß ich meinen Busen liebe, ich finde ihn hübsch, toll, überhaupt nicht lästig« (F148). Daß man sich schön findet und seine Schönheit auch zeigt, kann man genausowenig zugeben, wie die Zurschaustellung des erotischen Körpers (deshalb stehen den Praktizierenden nur die armseligen Sätze zur Banalität zur Verfügung, um sich zu erklären). Dies ist zweifellos so, weil die Frauen spüren, daß eine solche Absicht streng verurteilt würde, daß nur die Betrachter das Recht haben, zu entscheiden: somit sind sie dazu verdammt, im Stillen zu denken. Der Strand hingegen redet in der Zwischenzeit: es ist, als brächte er zum Ausdruck, was die Praktizierenden für sich behalten müssen. Männliche Ästheten und diejenigen, die niedrigere Absichten haben, bewundernde und kritische Frauen, klingen in harmonischer Einstimmigkeit zusammen. Auszüge daraus: »Schönheit ist auf jeden Fall das Kriterium, Frauen, die einen schönen Busen haben, zeigen ihn tendenziell leichter als andere« (M29); »Wenn eine Frau gut gebaut ist und zeigt, was sie Schönes hat, ist das normal« (F23); »10 bis 15 % glauben, über die Schönheitsfrage erhaben zu sein, wenn man an ihnen vorbeigeht, schauen sie, ob man sie auch anschaut« (M88); »Die sagen sich: wenn er mich anschaut, kann ich ja wohl nicht schlecht sein, wenn er weniger hersieht, achte ich nicht darauf. Deshalb machen sie das, damit man sie bewundert« (M93). Obgleich scheinbar eine Gegenstimme, ist auch

Moniques negativ formulierte Äußerung nur eine weitere Bestätigung: »Ich bin nicht sehr stolz auf meinen Busen, deshalb zeige ich ihn auch nicht« (F5).

Wir haben gesehen, daß Männer und entblößte Frauen sich hinsichtlich der Frage des Exhibitionismus nicht einig waren. Der neue, durch Schönheit eingeführte Faktor, erlaubt es, die Analyse zu bereichern. Für diejenigen, die Oben-Ohne machen, ist Schönheit wichtig, auch wenn sie es nicht zugeben können. Nachdem Annick lang und breit erklärt hat, ihre Beweggründe lägen lediglich in dem Vergnügen der Empfindungen auf der Haut, gibt sie zu, daß sie damit aufgehört habe, seit ihre Meinung hinsichtlich der Schönheit ihres Busens nicht mehr so gut sei: »Das läuft darauf hinaus, zu sagen, daß es eine Art Zurschaustellung gibt« (F12), d. h. Zurschaustellung der Schönheit, nicht des erotischen Körpers. Zusammen mit dem Rest des Strandes spielen die Männer die Rolle von Fürsprechern der zum Schweigen verurteilten Schaustellerinnen. Wenn sie sagen, daß sich Frauen »zeigen«, neigen sie eher dazu, die Schönheit zu betonen und nicht die Geschlechtlichkeit. »Die, die ganz gut aussehen, zeigen das auch gerne, das sieht man gleich« (M93); »Ja, sie bieten sich den Blicken dar, das muß man schon sagen, denn meistens sind sie schön« (M58). Doch diese Betonung, die auf den ästhetischen Aspekt gelegt wird, ist zweideutig, denn wir haben gesehen, daß auf seiten der Männer die Schönheit und die Worte, um sie zu bezeichnen, ein Instrument darstellen, um ihrem Begehren eine Form zu geben. Fassen wir zusammen. Der Mann behauptet, die Schönheit zu betrachten, um keine unverblümt sexuelle Sprache zu benutzen, die Frau sagt nichts, denkt aber vor allem an ihre Schönheit, der Mann scheint somit an ihrer Stelle zu reden. Doch der Blick und die Sprache des Mannes verweisen auf Sexualität. So nehmen die Worte eine zweideutige Bedeutung an: während der Mann im Namen der Frau spricht, vermittelt er in Wirklichkeit seine eigene Botschaft, wodurch es noch schwieriger wird, die ästhetische Exhibition zuzugeben, denn dieser wird eine sexuelle Konnotation verliehen.

Die weibliche Schönheit

Für Georg Simmel darf die Schönheit der Frau nicht auf ihre oberflächlichen Aspekte reduziert werden, denn sie bringt gleichermaßen Ethik und Ästhetik zum Ausdruck, einen existentiellen Wohlklang nach dem Modell eines Kunstwerks, ein harmonisches Sein um ein Zentrum der Einheit. Sie ist »die Seiende«, der Mann hingegen »der Werdende« (Simmel, 1923, S. 297), und sie gibt diese innere Anmut ihres erfüllten Lebens in Form von äußeren Bildern, die in erster Linie Zeichen sind, den Blicken frei. Diese Analyse Simmels stammt vom Anfang dieses Jahrhunderts, aus einer Zeit vor der Emanzipationsbewegung, die die Frauen in berufliche Karrieren geworfen hat, die sie in einem solchen Maße verändert haben, daß sie nun auch die sind, die werden. Es ist dennoch überraschend festzustellen, daß, zumindest was äußere Aspekte betrifft, die Schönheit immer noch denselben Platz besetzt, daß die Frau immer noch genauso ihre Fähigkeit einsetzt, den männlichen Blick auf sich zu ziehen. Der Heiratsmarkt wird noch immer von einem sehr ungleichen Tausch zwischen Männern und Frauen regiert: ökonomisches Kapital gegen Schönheit (de Singly, 1984). Die freizügigeren Sitten haben die Beziehungen der Verführung nicht angetastet: die Frauen bleiben »Repräsentationsobjekte und Objekte einer dominierenden männlichen Lust« (Bozon, Léridon, 1993). Die weibliche Schönheit leistet allen Entwicklungen Widerstand. »Was wollen Sie, der Charme der Frau ist ihr Körper!« (M31).

Bei diesem Wunsch, die eigene Schönheit zur Schau zu stellen, indem man sich zeigt, ist der Busen zentral, zunächst, weil die Nacktheits-Mode Gelegenheit bietet, das zu enthüllen, was man für gewöhnlich nicht einmal erahnen oder sich vorstellen darf. »Seinen Busen zu zeigen, heißt gefallen und zeigen, was man hat« (M2); »Sie wollen zeigen, was sie Schönes haben, was die Masse aber nie zu Gesicht bekommt« (M92); »Daß das, was sie das ganze Jahr über verschließen, von guter Qualität ist« (M47). Zum zweiten, weil der Busen im Hinblick auf die Vorstellung, die die Frau von ihrer Schönheit hat, kein zweitrangiger Aspekt des Körpers ist. »Wenn eine Frau einen schönen Busen hat, dann ist das schon was, das ist ein unglaubliches Plus an Weiblichkeit« (M79). Das ist übrigens der Grund, warum sich die alchimistischen Vorläufer unserer modernen Kosmetik seit dem Mittelalter hartnäckig auf den Busen konzentrierten, darauf, ihn wieder anzuheben, ihn zu festigen, zu vergrößern oder zu verkleinern, je nach Epoche. Dem wurde eine so große Wichtigkeit zuerkannt, daß man nach den unterschiedlichsten Mitteln suchte: Pimpernell, Alchemilla, heiße Brotkrumen, das Mark des Schafsfußes und Haseninnereien (Gros, 1987). Die heutige Zeit brachte an Innovationen lediglich ein wenig mehr Effizienz in die Wahl der Mixturen und das Können des Skalpells.

Sich zeigen

»Unbewußt stellt man sich am Strand sowieso immer zur Schau, da ist immer jemand, der sie anschaut« (M44). Selbst ohne es zu wollen, ist doch jeder, der sich in der Öffentlichkeit bewegt, diesem Schauspiel mehr oder weniger ausgeliefert, ganz besonders an diesem hohen Ort der gegenseitigen Überwachung, dem Strand, vor allem dann, wenn Nacktheit gezeigt wird. Manche Frauen fühlen sich vom Druck der Blicke gestört, vor allem dann, wenn sie spüren, daß diese Blicke eine kritische Botschaft befördern. Die Mehrheit schätzt Blicke, solange sie über geringe Dosen nicht hinausgehen. Wenn man sich mit der Oben-Ohne-Praxis wohlfühlt und mit dem eigenen Busen zufrieden ist, wird der diskret hängengebliebene Blick (das »kleine bißchen Mehr«) als Zustimmung empfunden und sogar herausgefordert. »Sie tun das, um sich zu zeigen, ich weiß nicht, wie ich das sagen soll ..., damit die Blicke auf sie fallen« (M16); »Inzwischen sage ich mir: man schaut mich an, ja umso besser!« (F86); »Ich erinnere mich an so junge Frauen, süß, aber auch nicht mehr, die mochten es gern, wenn man sie ansah. Und selbst die Ehemänner mochten es, wenn man ihre

Frauen ansah. Man sah genau, daß es ihnen gefiel, wenn man sie ansah« (F184). Die Wahrnehmung eines Blickes, der auf einem ruht, nur so, nur für das Gefühl des Augenblicks, gibt dem Leben eine zusätzliche Dimension; es läßt einen intensiver existieren. »Wenn sie ihren Busen zeigen, weil sie damit zufrieden sind, sind sie selbst es, die sich betrachten« (M36): sie betrachten sich in den Blicken, die auf sie gerichtet sind. Dieses Gefühl ist so angenehm, daß es einen dazu bringen kann, immer mehr zu zeigen, um intensiver zu existieren. »Frauen, die gerne ihren Busen zeigen, genieren sich überhaupt nicht, im Gegenteil, sie versuchen, sich ein wenig zu exhibitionieren« (M29); »Sie haben schon Angst, aber sie suchen den Blick der Männer, der sich auf sie richtet, sie sagen das niemals offen, aber das gefällt ihnen. Im Sommer würde man alles tun, um die Aufmerksamkeit auf sich zu lenken« (F75).

Einen Augenreflex auszulösen, einen Blick (von dem man glaubt, daß er schätzt, was er sieht) auf sich zu fühlen, ist nicht nur angenehm. Auf einer ersten Stufe führt das Gefühl, angeschaut zu werden, zu einer physisch wahrnehmbaren individuellen Stärkung durch eine Aktivierung von Energien: der Puls wird schneller, die Wachsamkeit erhöht sich (Descamps, 1989). Jenseits dieser unmittelbaren emotionalen Reaktion schafft der Blick den Eindruck einer bedeutungsvolleren existentiellen Dichte, die zu einer Identitätsbestärkung beiträgt und Zweifel auslöscht. »Viele Frauen brauchen das, es ist eine Suche danach, die eigene Existenz zu fühlen« (F8). Im Fall des Oben-Ohne ist diese Unterstützung besonders wirksam, wenn es sich um einen dialektischen, von der Selbstliebe ausgehenden Prozeß handelt. »Zunächst muß man sich selbst, seinen Körper lieben« (F148); »Zuerst bin ich selbst es, der mein Körper gefällt, und wenn er mir gefällt, gefällt er plötzlich auch den anderen« (F12). Eine positive Vorstellung von sich schafft die Bedingungen für die Unterstützung der Identität durch den Blick des anderen; die Liebe zum eigenen Körper wird zum Blick der Liebe: »Man macht das, um sich geliebt, weil betrachtet zu fühlen« (F87). Sabine faßt diese Dialektik in einem Satz zusammen, der nur scheinbar widersprüchlich ist: »Sie tun es für sich selbst: um den anderen zu gefallen« (F159). Die Identitätsbestärkung durch den Blick der anderen ist jedoch nicht zwingend: manche Frauen fühlen dieses Bedürfnis weniger stark und konstruieren sich selbst auf andere Weise, weniger öffentlich. Wie die Mutter von Sébastian, die »nicht so eine ist, die sich zeigt« (M22). Die fortbestehende Wichtigkeit der Schönheit in Geschlechterbeziehungen zwingt jedoch die Frau, irgendwie dafür zu sorgen, daß sie betrachtet wird, was schwierig ist, wenn sie ihre eigene körperliche Schönheit nicht sehr hoch einschätzt. »Ich kenne nicht viele Mädchen, die ihren Körper rund herum gut finden: da gibt es immer irgendetwas, was nicht stimmt« (F148). Oben-Ohne kann eine Gelegenheit bieten, diese negative Selbsteinschätzung zu überwinden, indem man sich dazu zwingt, sich trotz der Zweifel zu zeigen, um dann einerseits durch die Befriedigung, es gewagt zu haben, sowie andererseits durch die erhaltenen Blicke, die die Selbstzweifel zerstreuen, Sicherheit zu gewinnen.

Es gibt zwei Arten von Blicken, die erwünscht sind. Der wichtigste ist der vollkommen anonyme Blick, der Blick von irgend jemand, der aber das Wesentliche beweist: daß man existiert und mit aller Kraft existiert, daß man nicht unsichtbar ist, daß man keine Gleichgültigkeit hinterläßt. Der Blick eines flüchtigen Moments, der keinerlei Spur hinterlassen wird: es zählt allein der innere Eindruck, der erlaubt, dieses Gefühl zu spüren. Für diesen Blick ohne Vergangenheit und ohne Zukunft, ohne die Wirklichkeit einer Beziehung, werden nicht wenige Mühen auf die Selbstdarstellung verwandt. Im Magma der gleichzeitig lebendigen und doch eigenschaftslosen Blicke schälen sich einige Augenpaare heraus, die anders sind: diejenigen von Personen, die aus einem bestimmten Grund zählen. Im Gegensatz zum Spanner zeichnet das Standard-Porträt das Bild eines jungen und schönen Mannes, des Traumpartners. »Wenn es Alte sind, die schauen, dann stört das, aber wenn sie jünger sind oder gut aussehen, dann nicht« (F133); »Es war ein alter Bärtiger, schrecklich! Wenn es normale Typen sind, kein

Problem, wenn es Typen sind, die ganz gut aussehen, umso besser, nicht!« (F17).

Die Diktatur des schönen Busens

Alles drängt also dahin, die Schönheit in den Vordergrund zu stellen. Auch wenn sie es selten zugibt, zieht die Frau Blicke auf ihre Schönheit; und der Mann tendiert zur Schönheit, um über die Rohheit seiner libidinösen Energie hinauszugehen. Die Schönheit und ihre Sprache ermöglichen es, die vom Strand angestrebte Distanz zum sexuellen Körper herzustellen: alles, was Sex ist, wird wundersamerweise zu Schönheit – oder zu Häßlichkeit. Auch in dieser zweiten Variante erlaubt die Sprache des Ästhetischen, sich elegant auszudrücken, die Unanständigkeit und die Animalität des Körpers vertuschend. Im Grenzbereich der Spielregeln (aufrechte Position, großer Busen, weiße Haut), wo die sexuelle Sichtbarkeit, die der Strand nicht ertragen kann, besonders deutlich hervortritt, wird Obszönität nie direkt angesprochen: systematisch werden Kategorien des ästhetischen Urteils benutzt, um zu verurteilen. Herumspazieren: »Das hüpft in alle Richtungen, das ist wirklich nicht hübsch« (F30). Großer Busen: »Also ich muß schon sagen, das ist nicht schön« (F1). Weißer Busen: »Das ist schrecklich« (F56). Alter Busen: »Das sieht furchtbar aus« (F129). Die Verschiebung des Sexuellen hin zur Schönheit ist kein rein sprachlicher Effekt. Wenn Marion sagt, sie wolle »aus ästhetischen Gründen« (F28) oben ohne nicht aufstehen, redet sie nicht nur so, sondern sie denkt auch so. Sie ist aufrichtig, verdrängt ihren sexuellen Körper: Schönheit und Häßlichkeit schaffen es auf beinahe magische Weise, den zweiten Körper der Frau, der den offiziellen Strand so sehr stört, zum Verschwinden zu bringen.

Wenn die Schönheit in den Vordergrund gerückt wird, um die Sexualität zu vergessen, geschieht dies nicht willkürlich; es wird von präzisen Gesetzen geleitet. In den Naturistencamps, wo alle nackt sind, findet nur wenig ästhetische Klassifizierung statt, die Anhänger der Bewegung würden sich sogar wünschen, daß dies völlig verschwindet. An den sogenannten Textilsträndern hängt der Platz des Schönen im Interaktionssystem um das Oben-Ohne herum von der Anzahl der Entblößungen ab. Je weniger nackte Busen man sieht, umso mehr fixieren sich die Blicke auf sie und zerstören ihre Unsichtbarkeit. Dann wird Legitimität durch die Verschärfung der ästhetischen Diskriminierung erreicht: die Schönen gegen die Häßlichen. »Wenn er schön ist, bewundern sie ihn, wenn er nicht schön ist, kritisieren sie« (F116). Je mehr der Oben-Ohne-Anteil abnimmt, umso mehr spitzt sich die Diskriminierung zu und steht im Zentrum der Definition des Normalen und Legitimen. Wenn da nur eine einzige Frau ist, die Oben-Ohne macht, muß ihr Busen wirklich tadellos sein, alle anderen, bei denen nur die geringste Unvollkommenheit zu sehen wäre, würden als »nicht schön« oder gar »schrecklich« eingestuft. Auch an den Grenzen, die der Strand für sich bestimmt hat, verschärft sich das ästhetische Urteil: an den Rändern des Strandes, in aufrechter Position, bei großen Busen. Antoine hat eine Frau bemerkt, die es sich erlaubt hatte, oben ohne die Terrasse eines Cafés zu betreten: »Aber sie hatte wirklich einen sehr, sehr schönen Busen: sie konnte es sich erlauben« (M2). Und schließlich wird die Schönheit als Urteils- und Legitimationsgrundlage umso mehr in den Vordergrund gerückt, als die Meinung kritisch ist: diejenigen, die dagegen sind, neigen eher als andere dazu, die Sprache der ästhetischen Klassifizierung anzuwenden und nur sehr schöne Busen zu dulden. So tendiert also von allen Seiten eine Schwächung der Normalität (Praxis einer Minderheit, erlaubte Grenzen, kritische Meinungen, Risiko sexueller Blicke) dazu, ein Verteidigungssystem aufzubauen, in dem die Schönheit zum Hauptfaktor für die Konstruktion des Banalen, folglich auch zum Hauptfaktor dauerhafter Stigmatisierung und des Ausschlusses aller mißbräuchlichen Absichten wird, die in einem anderen Kontext berechtigte Absichten wären. Während bei den Überzeugtesten und Tolerantesten die nackten Busen zusammenhalten und mit nur geringen Varianzen zwischen den

Schönen und den weniger Schönen akzeptiert sind, spalten sie sich bei den Skeptikern und Motzern in zwei unwiderruflich getrennte Lager auf. Einerseits die kleine Gruppe der sehr Schönen, denen alles erlaubt ist: »Natürlich, wenn es schöne Frauen sind, aber nur die sehr schönen« (M18); »Wenn eine Frau wirklich sehr, sehr, sehr gut gebaut ist, sehr, sehr hübsch, sehr gutaussehend« (F59). Und andererseits die große Masse der normalen Busen, die mit systematischer Verleumdungsabsicht betrachtet werden: »Also wir sind da kritisch, sehr kritisch, es gibt da ja schreckliche Sachen!« (M16); »Männer reden da mit äußerst herber Kritik darüber, auf sehr, sehr harte Weise« (M2); »Das ist selektiv, ich muß sagen, ich mache keine Geschenke!« (M3).

Schönheit oder Klassifikationscode?

Ständig führt der Strand das Wort Schönheit im Mund. Aber um welche Schönheit geht es? Die Harmonie der unzähligen, vielfältigen, immer neu zu entdeckenden Formen? Oder die Erschaffung des Schönen durch einen Blick, der das Schöne überall dort zu sehen weiß, wo es scheinbar gar nicht sein kann? Die Schönheit eines Körpers, der von den Jahren Falten hat? Die Kraft eines schönen Charakters, der seine Individualität zum Ausdruck bringt? Nein! Es ist nicht diese Schönheit, von der der Strand spricht, sondern beinahe ihr Gegenteil. Nicht sprudelnder, kreativer Reichtum, sondern ein enger, ausschließlicher Code, ein Instrument zur hierarchischen Klassifizierung, ausgehend von einer begrenzten Anzahl binärer Oppositionen: hoch-tief, fest-schlaff, klein-groß. Der nackte Busen ist nicht derselbe Ausgangspunkt wie das Nackte in der Kunst, das die Ausgangsmaterie einer ungebundenen Phantasie bildet, sondern das fertiggestellte, von Natur aus häßliche oder schöne Objekt. Der Strand macht sich nicht die Mühe einer kulturellen Schöpfung: er beschränkt sich darauf, in simplifizierende Kategorien einzuordnen. Die Schönheit, von der alle reden, ist nur das: eine Klassifikationskategorie, die der Strand braucht, um sein Verhaltenssystem zu entwickeln.

Schönheit spielt hier eine soziale Rolle: die des Organisationsprinzips der Repräsentation (Bidart, 1991). Dies erklärt, warum sie selten definiert wird, sehr abstrakt bleibt: das Schöne und das Häßliche sind selbstverständliche Gegebenheiten, die umso weniger diskutiert werden können, als sie in Form impliziter Schemata verinnerlicht sind. Wenn sie auf eine beobachtete Wirklichkeit angewandt werden, fällt das Urteil in der Regel auf eindeutige Weise und ohne weiteren Kommentar. Der Busen ist »super« oder »furchtbar«: erledigt und abgestempelt. Die einzigen etwas detaillierteren Beurteilungen beziehen sich auf drei Evaluationskriterien, die den Platz des Busens in der Hierarchie des Schönen bestimmen: das Volumen, die Festigkeit, die Höhe. Das Volumen ist ein sehr schlechtes Klassifikationsinstrument, denn der Strand hat hier keine homogene Meinung. So sehr man sich in der Verurteilung des großen Busens einig ist, weil dieser nicht mit dem Unsichtbaren zu verschmelzen vermag, so sehr sind die Meinungen hinsichtlich des generellen Verhältnisses zwischen Volumen und Schönheit geteilt: wir werden noch darauf zurückkommen. Die Festigkeit ist ein leistungsfähigerer Indikator: je fester der Busen, desto schöner ist er. Die Feinanalyse der Antworten zeigt, daß hinter der Festigkeit vor allem die Angst vor dem Hin- und Herschaukeln eine Rolle spielt: das Feste ist schön, weil sich der Busen dann nicht bewegt. Die Kritik an der Schlaffheit hat nichts mit dem Festigkeitsgrad an sich zu tun, sondern mit dem Bild des Busens, der nicht hält und schlaff wird. »Diese weichen, schwabbeligen Busen, die überall rumhängen, sind wirklich schrecklich« (M42). Im Grunde bezieht sich die Festigkeit auf das zentrale Kriterium: die Höhe des Busens. Das Prinzip ist extrem einfach, ideal für ein Klassifikationssystem: je mehr der Busen nach oben zeigt, umso schöner ist er; je mehr er herabhängt, umso häßlicher ist er. Mit voranschreitendem Alter ist die Frau, die weiterhin Oben-Ohne machen will, es sich also schuldig, das inakzeptable aber unaufhaltsame Absinken des Busens zu überwachen. Die Pessimistin: »Da ist nichts zu machen, das hängt immer mehr herunter« (F167). Die Optimistin: »Ich habe, was die Zukunft angeht, ziemliches Vertrauen in meinen Busen, ich habe den Eindruck, er wird nicht hängen« (F148). Die Beobachterin: »Das ist sicher, ein schöner Busen ist ein Busen, der nicht hängt« (F33). Der Strand benotet und klassifiziert nach dem Ausrichtungswinkel der Busenspitze. Die Frau verinnerlicht diese Klassifikationsregel und fixiert sich auf dieses Element, das auf diese Weise dazu tendiert, einen zentralen Platz zu besetzen. Dies geht so weit, daß man den Busen als Phallusäquivalent betrachten kann, hier wie dort kann Erschlaffung zur Verzweiflung führen (Gros, 1987). Dominique Gros weist außerdem darauf hin, daß eine der Hauptfunktionen des Büstenhalters in der Tat darin besteht, den Busen hochzuhalten (die Begeisterung für den Wonderbra wird diese Hypothese sicherlich nicht widerlegen). Diese auf die Höhe zentrierte Konzeption pektoraler Schönheit scheint somit die Vorstellungen vom geschmeidigen Körper, die in den 70er Jahren in Mode waren, verdrängt zu haben: Der Stellenwert der Höhe als Beurteilungskriterium nimmt zu. Am Strand, wo Oben-Ohne gemacht wird, und wo das Klassifikationsspiel noch härter und noch mehr auf den Busen konzentriert ist, ist das Prinzip der Höhe auf diktatorische Weise unantastbar.

Die Reduktion der Schönheit auf einen eng begrenzten Code ist umso paradoxer für die Busen, als ihre Formenvielfalt besonders ausgeprägt ist: sie sind so individuell wie das Gesicht (Gros, 1987). Die Geschmäcker und Vorlieben, besonders auch die männlichen, sind nicht weniger vielfältig, je nach Person und selbst je nach Kontext: so wird beispielsweise der feste Busen besonders unter dem visuellen Aspekt geschätzt, während die Meinungen in Hinblick auf die Berührung auseinandergehen. Die Kulturen und Epochen definieren einen ihnen eigenen Kanon, der aber auch variabel ist. Flache, muskulöse Brüste nach dem maskulinen Ideal des antiken Griechenlands; kleiner, fester Busen im europäischen Mittelalter; schwerer, üppiger Busen im Indien derselben Epoche; freizügig Haut und opulente Brüste in der genießerischen Renaissance, freigelegte Brust in der Revolution; weicher, tiefangesetzter Busen im Seconde Empire; flache Brüste in der jungenhaften Mode der 20er Jahre, Busen in Hollywood-Proportionen in den 50er Jahren, Brüste ohne BHs in den 70er Jahren, immer höherer Busen in den 90er Jahren (Perrot, 1984; Gros, 1987; Fontanel, 1992). Die aktuelle Stranddefinition des schönen Busens ist somit nur eine Option unter vielen, willkürlich als Modell in den Vordergrund gestellt. Der Strand zeigt jedoch keinerlei Neigung, sich Vorstellungen des differenzierten Schönen zu öffnen, sondern neigt im Gegenteil eher dazu, das Modell noch weiter zu vereinfachen und zu vereinheitlichen, es zu verhärten, um es wirksam zu machen. Denn wenn einen die Umstände dazu bewegen, sich von der Abstraktion zu entfernen (wo der »schöne Busen« als Klassifikationsinstrument ausgelöscht wird), offenbart die Konfrontation mit dem Konkreten die Undeutlichkeit und Ungenauigkeit der Kategorie. Und schlimmer noch: sie offenbart die Rivalität zwischen zwei Unter-Modellen: dem normal Schönen und dem zu Schönen.

»Ich will nicht sagen, daß ich einen schönen Busen habe, ich will mich ja nicht selbst loben, aber es ist halt ein normaler Busen« (F66). Der normale Busen ist eine seltsame Kategorie, gleichzeitig durch seine Schönheit und seine Unsichtbarkeit definiert, was theoretisch ein Widerspruch sein müßte. Christelle beschreibt ihn sehr genau: es ist ein »mittelgroßer, aufrechter, fester, relativ schöner« Busen (F8). Nicht zu klein und vor allem nicht zu groß, natürlich sehr hoch und genügend fest, um nicht hin- und herzuwackeln, er kann als schön oder, wie sie sehr gut ausdrückt, als »relativ schön«, nicht übermäßig, qualifiziert werden. So kann er Unsichtbarkeit erreichen. Nachdem Christelle ihre Definition des normalen Busens abgegeben hat, erklärt sie diese Eigenschaft: »Busen, die in der Norm sind, werden nicht so stark angeschaut. Das ist so in die Norm übergegangen, daß man, wenn der Busen normal ist, nicht mehr hinsieht« (F8). Der schöne Busen wäre somit also der, den man am wenigsten sieht, wenn er nackt ist: das ist die offiziellste, oder zumindest die spitzfindigste Kategorie des Strandes. Angesichts der zentralen Rolle dieser Kategorie, muß sich jedoch ein impliziter Konsens etablieren, damit sie nicht in Frage gestellt wird. Doch hier und da, vor allem auf Seiten der Männer, scheint es dem Inhalt des Ausdrucks »schöner Busens« kaum zu gelingen, sich in diese enge Schale einzufügen. »Eine schöne Brust, das ist eine richtig fleischige Brust, ein Atombusen« (M31). In dem Maße, in dem der Mann Begehren in seinen Blick legt, deutet der schöne Busen auf das Gegenteil des Normalen. Er wird zu dem, was über das Gewöhnliche hinausgeht, was eben genau den Blick auf sich zieht: plötzlich ist er zu schön, um unsichtbar zu sein, zu schön, um banal zu sein. Die Offenlegung dieses Definitionskonfliktes ermöglicht es, die Antworten auf eine neue Weise noch einmal anzuhören. Der auf die übliche Weise einteilende und kaum begründete Charakter der Urteile (»Das ist schön!«, »Das ist häßlich!«) erscheint so als eine Methode, die zwingend ist, um nicht zu sehr auf den Grund der Dinge zu dringen, als der einzige Weg, um die Wirksamkeit des Instruments zu erhalten. Und die Schönheit erweist sich von ausgeprägter Ambiguität.

Die Ambiguität

Die drei Körper der Frau treten nie getrennt voneinander auf: zeigt sich der eine, sind die anderen niemals sehr weit. Wenn das Banale die Bedingungen für Normalität schafft und den einfachen Austausch zwischen Männern und Frauen ermöglicht, widersteht Schönheit nur selten der Versuchung, den Körper seiner Unsichtbarkeit zu berauben. Wenn Schönheit in Erscheinung tritt, bringt der Mann sein Begehren ins Spiel und läßt den erotischen Körper aufblitzen. Und wenn schließlich die Gefahr besteht, daß die Triebe Unordnung schaffen, bietet sich die Möglichkeit zur ästhetischen Sublimierung oder zu beruhigender Banalität. Die Frau gleitet pausenlos zwischen ihren drei Körpern hin und her. Meistens befindet sie sich weder vollständig im Bereich der Banalität, noch in dem der Schönheit, noch in dem der Sexualität, sondern zwischen zweien oder allen dreien, in einer mehrdeutigen Situation, und dies angesichts von Blicken, die nicht weniger mehrdeutig sind.

Die einfache Wahrnehmung des Komplexen

Das Leben verläuft seiner eigenen Gestalt nach nie geradeaus: im Gegenteil, es gewinnt in seiner permanenten »Unentschiedenheit« und seinem schnellen, rhythmischen Hin-und-Her zwischen Ja und Nein seine »reinste Erfüllung gerade an dem Verhältnis der Geschlechter« (Simmel, 1923, S. 125). Dieses wenig bekannte Zick-Zack-Prinzip ist wesentlich, um den Mechanismus der einfachen Wahrnehmung des Komplexen verstehen zu können.

Die Alltagswirklichkeit, wie sie sich uns zeigt und für den normalen Menschen die einfachste Sache der Welt ist, ist für den Forscher von unendlicher Komplexität. Nehmen wir beispielsweise die Botschaften des Körpers: sehr wenige werden von den Akteuren in der Interaktion tatsächlich entschlüsselt (Le Breton, 1992). Dies erklärt zweifellos den Mißerfolg Ray Birdwhistells mit seinem Versuch, eine Grammatik der Gesten aufzustellen. Die Wirklichkeit, die sich hinter Entscheidungsprozessen verbirgt, ist von einer ebenso großen widersprüchlichen Komplexität. Angesichts dessen muß das Individuum, um möglichst einfach leben zu können, versuchen sich nur ein Minimum an Fragen zu stellen. Dies gelingt ihm, wenn es »Bilder mit identifizierbaren Elementen« aufspürt (Bateson, 1981, S. 125), wenn es rudimentäre und repetitive Interpretationsmodelle aufstellt und ungewisse Bereiche typisiert (Schutz, 1987). Doch die Vereinfachung der Wirklichkeit hat auch ihre Grenzen: sie scheitert an der Dichte und Dynamik der Interaktion, was dann beim Individuum dazu führt, sukzessiv variierende Positionen einzunehmen (Strauss, 1992). Am Strand bringen die Blickspiele die Frau dazu, pausenlos zwischen ihren drei Körpern hin- und herzureisen: innerhalb weniger Sekunden kann sie vom banalen zum schönen und dann zum sexuellen Körper gleiten. Ralph Linton (1986) hat gezeigt, daß das Individuum Rollenkonflikte, mit denen es sich konfrontiert sieht, dadurch löst, daß es eine Rolle nach der anderen ausfüllt. Es war ihm jedoch nicht in den Sinn gekommen, daß sich dieser Rollenwechsel so häufig und innerhalb so kurzer Zeit abspielen könnte: tatsächlich stellt er eine gewohnheitsmäßige, implizite Methode zum Umgang mit der wechselnden Komplexität von Interaktionen dar. Marcelline hat uns gerade erklärt, daß sie nicht auf die Blicke achtet und daß außerdem sowieso niemand schaut. Der Interviewer fragt, ob es nicht dennoch einige Männer gebe, die größeres Interesse zeigten. Sofort und ohne jeglichen Übergang vertreibt die Schönheit die Banalität: »Aber das ist doch normal, das ist ein Zeichen, daß ihnen das gefällt, sie schauen hin, weil die Person ihnen irgendwie gefällt« (F149). Ohne sich dessen bewußt zu werden, gleitet sie innerhalb eines Augenblicks von einem Körper zum andern, von einer Spielregel (der Unsichtbarkeit) zur anderen (das »kleine bißchen Mehr«), und dabei ist sie überzeugt und versucht ihren Zuhörer zu überzeugen, daß sie ihre Meinung nicht geändert habe. Die einfache Wahrnehmung des Komplexen vollzieht sich grundsätzlich in Form einer schnellen Abfolge unterschiedlicher Wahrnehmungen, die auf unterschiedliche Rollen verweisen. Die Person konzentriert sich jedesmal auf ein Bild und den ganz präzisen, simplifizierten Sinn einer über jeden Zweifel erhabenen Interpretation, eine kurzlebige Schematisierung, bevor zu einer anderen Botschaft übergegangen wird. Dieses Vorgehen ist nur dank der Ambiguität der Definitionen möglich, die erlaubt, reibungslos zwischen den verschiedenen Bedeutungen hin- und herzugleiten. Ohne dieses Schwanken zwischen Schönem und Begehrenswertem, das wir gesehen haben, wäre es beispielsweise unmöglich, den Mechanismus des »kleinen bißchen Mehr« in Gang zu setzen.

Indessen ist die einfache Wahrnehmung des Komplexen gar nicht so einfach. So, wie wir dieses Verfahren definiert haben, spielt es sich auf der Ebene der Vernunft und sehr bewußt ab. Da jedoch die rationale Komponente ein einziges Bild und eine einzige Bedeutung auswählt, verfolgen die anderen Facetten der Persönlichkeit, die für einen Moment in den Schatten gestellt werden, im Hinblick auf andere Wahrnehmungsweisen derselben Wirklichkeit ihren eigenen Weg: so entsteht simultan eine »multiple Codierung« (Bateson, 1981, S. 125), die sich auf ein ganzes Bündel von Rollen bezieht, von denen nur einige auf die Bühne gerufen werden (Strauss, 1992). So geschieht es, daß man wirklich hinsehen kann, ohne zu sehen. Während das bewußte Individuum, das sich in der Banalitäts-Rolle gut eingerichtet hat, beim Anblick eines Busens nur dessen Unsichtbarkeit sieht, schaut sich ein heimliches Ich dessen Schönheit an und ein anderes, noch versteckteres, findet großen Gefallen an eher unzüchtigen Gedanken. Es genügt, daß der Blick an irgend etwas von den Normen Abweichendem hängenbleibt, und schon steigt der eine oder der andere dieser heimlichen

Passagiere an Deck und das Banale wird in den Laderaum verbannt. Das Individuum wird also von der Abfolge verschiedener Bilder nicht überrascht, denn es bearbeitet pausenlos andere Interpretationshypothesen, die es vage in sich spürt. Deshalb hat es übrigens auch nicht das Gefühl, seine Meinung zu ändern, selbst wenn das Ende eines Satzes das Gegenteil vom Anfang aussagt. Dank dieses Interpretationssystems, das mit ganzen Bündeln von Interpretationen arbeitet, gelingt der einfachen Wahrnehmung des Komplexen ein neuer Erfolg. Nachdem sie es dem Individuum ermöglicht hat, sich im Magma der Bedeutungen zu verorten (Castoriadis, 1982), bietet sie ihm einen wesentlichen Komfort: den der Identitätskontinuität. Obwohl es nicht aufhört, zwischen verschiedenen, sogar widersprüchlichen Rollen zu zirkulieren, und obwohl ihm in seinem Inneren die Konflikte zwischen seinen Teil-Ichs keine Ruhe lassen (Douglas, 1990), ermöglicht ihm die Kontinuität seiner diffusen Wahrnehmungen, »mitten in den extremsten geistigen und körperlichen Kontrasten des Lebens« seine tiefste Identität zu spüren, die nur eine »unwandelbare Kontinuität« sein kann (Abramovski, 1897, S. 592).

Strukturierende Rituale

Angesichts der Bedeutungskomplexität und -variation rückversichert sich das Individuum auf zweierlei Weise: bei sich selbst durch die Konstruktion seiner Kohärenz und seiner Identitätskontinuität sowie nach außen hin, indem es sich auf eine bestimmte Anzahl sehr einfacher Zeichen fixiert. Je größer der Bedeutungskonflikt und die Ambiguität sind, desto mehr tritt die strukturierende Funktion einiger elementarer Riten in ihrer formellsten Erscheinung in den Vordergrund. Erving Goffman lenkt die Aufmerksamkeit auf diese kleinen Gesten, die hyperkodifiziert sind und deren Bedeutung gleichzeitig vage bleibt (1988, S. 152), denn wenn Interpretationskonflikte besonders heftig sind, kann kein eindeutiger Sinn angezeigt werden. Dies verbietet dem gesellschaftlich entwickelten System von Gesten jedoch in keiner Weise, seine Rolle als Dreh- und Angelpunkt im Prozeß der Konstruktion von Wirklichkeit zu spielen. Der Kern des Normalen ist dann in der kleinen, gut kodifizierten Geste zu suchen, selbst wenn ihre Interpretation unsicher bleibt. Und um sie herum ist es dann möglich, die Interpretationsbündel zum Tragen kommen zu lassen. So wird im allgemeinen von allen gebilligt, daß ein Blick angezogen werden und kurz auf einem nackten Busen ruhen kann. Für die einen Frauen besteht hier einfach ein Toleranzbereich, der nicht wirklich die Regel der Unsichtbarkeit durchbricht, während für einige andere Frauen, die betrachtet werden, nur ihre Schönheit diesen Reflex ausgelöst hat, was sie in ihrer Selbsteinschätzung bestärkt. Es kann auch sein, daß eine negative Wahrnehmung oder ein sexueller Reiz den Blick hängenbleiben ließ. Jeder hat das Recht, seine eigene Vorstellung davon zu haben, ja sogar sich darüber nicht im klaren zu sein: da die Definition des erlaubten Verhaltens sehr präzise ist, ermöglicht sie es, sich trotz der inneren Unklarheit auf eine Interaktionsregel zu stützen. Der Blick ist das bevorzugte Instrument zur Selektion von Ritualen der Wahrnehmungsorganisation. Denn mehr als jeder andere Sinn erlaubt er es, eine erhebliche Menge von Informationen aufzunehmen, die in den kleinsten Details erfaßt werden, während er gleichzeitig die gesammelten Bilder nur sehr annäherungsweise mit verschwommenen Konzepten verknüpft (Sauvageot, 1994). Wenn es notwendig wird, kann es sogar zur Trennung zwischen dem Visuellen, das zum allein strukturierenden Element des Normalen wird, und dem zu komplexen und mehrdeutigen Inhalt kommen.

Die Analyse von Situationen, bei denen die möglichen Interpretationen sehr widersprüchlich sind, ist in dieser Hinsicht sehr interessant. Wenn beispielsweise eine Frau nackt Modell steht, wird die Verwirrung durch einen »genau definierten räumlich-zeitlichen Rahmen« überwunden (Goffman, 1991, S. 87). Dieser Rahmen kann sich bei der Anpassung an die Spielregeln auf die Weisen des Ungezwungenseins stützen, wie beispielsweise bei den Verkäufern luxuriöser Kleidung, die während der Anproben die Kabine betreten (Péretz, 1992). Im Fall der gynäkologischen Untersuchung setzt sich eine medizinische Banalität durch das Ausweisen des besonderen Kontextes (Apparaturen, weißer Mantel) und die stereotype Routinisierung der Gesten und der Sprache durch und erleichtert die Dinge (Emerson, 1970). Der Allgemeinmediziner, der weniger die Unterstützung eines sich stark abhebenden Kontextes hat, ist eher zögerlich, besonders wenn es um das Abtasten der Brust geht (Gros, 1987). Beim Friseur wird die Hand, die durch das Haar streicht, durch eine permanente Anstrengung, sich selbst von der Technizität der Geste zu überzeugen, ihres sensitiven Potentials entzogen. Es ist immer die semantische Einfachheit des Rituals, das innerhalb eines ganz bestimmten Umfeldes vollzogen wird, die vor all dem rettet, was die verborgenen Bedeutungen mehrdeutiger Interaktionen an emotionalem oder das Soziale zerstörendem Potential innehaben könnten.

Die Ambiguität des Busens

Der Busen ist ein Organ voller Ambiguität: vom »saugenden Säugling zum liebkosenden Mann und zur sich selbst betrachtenden Frau; Mutterschaft, Erotik und Narzissmus treffen sich im selben Garten und nähren sich von derselben Frucht« (Gros, 1987, S. 59). Und da gibt es außerdem eine verheimlichte und verschleierte Empfindung: nicht selten empfindet eine Frau beim Stillen ein Vergnügen, das dem sexuellen Vergnügen ähnlich ist (Gros, 1987). Und wer kann schon sagen, was der Mann, der diese Szene betrachtet, dabei sieht: Mutterschaft? Schönheit? Sinnlichkeit? Die Ambiguität des Busens zeigt sich beispielsweise in den Problemen, die die feministische Bewegung damit hat. Nicht umsonst geht der Durst nach Gleichberechtigung in den 1920er Jahren mit der Erfindung einer jungenhaften Mode und dem Modell des flachen Busens einher. In den 1970er Jahren lag die Priorität bei Selbstbestätigung und der Geschmeidigkeit des Körpers. An der Spitze des Kampfes für das Recht der Frauen, zu leben wie sie wollen, befreit sich der Busen und setzt sich den Blicken aus: viele der befragten Personen haben uns gesagt, es scheine ihnen, daß die Oben-Ohne-Mode mit der weiblichen Emanzipationsbewegung verknüpft sei. Doch indem der Busen gezeigt wird, zieht er Blicke auf sich, die die Frau in die Passivität drängen, sie zum traditionellen Instrument des männlichen Begehrens machen, eine Rolle, auf die reduziert zu werden sie gerade verweigern wollte: gefangen zwischen Unsichtbarkeit und Exhibition, als Objekt der Bewunderung und Erregung schafft es der feministische Busen nicht mehr, den Sinn seiner Aktion zu finden.

Die Varianz der Interpretationen zeigt gut, wie sehr die Praxis des Oben-Ohne auf Ambiguität gründet: derselbe Blick sagt für den, der schaut, nicht dasselbe aus wie für diejenige, die betrachtet wird. Das Zurschaustellen von Schönheit wird toleriert, jedoch sind die Konzeptionen von Schönheit unterschiedlich, bewegen sich zwischen reiner Ästhetik und einer Form des Begehrens; die Sexualität, die überall verdrängt wird, blitzt pausenlos wieder auf. »Irgendwie ist das normal, aber irgendwie hat man auch das Gefühl, schuldig zu sein, zu provozieren« (F178); »Da ist immer ein Teil Ambiguität dabei, wenn man Oben-Ohne macht, das muß man schon sagen, denn schließlich enthüllst du deine Nacktheit, ein sehr intimes Körperteil, der Busen ist immerhin ... in der Öffentlichkeit ist das etwas Zweideutiges« (F31). Der Strand hat nur ein Ziel: die Normalität des Banalen immer mehr zu verstärken, die Unsichtbarkeit immer undurchdringlicher zu machen.

Nostalgie

Männer wie Frauen befinden sich somit im Strom der gleichen Entwicklung: der unausweichlichen Intensivierung der Banalität. Bei vielen geschieht dies mit Bedauern, sie sind voller Nostalgie nach der Zeit, in der »das noch verborgen war und man es nur erahnen konnte« (F79). »So ist es nun mal!« fügt Odile, glühende Oben-Ohne-Anhängerin, hinzu. Ihr Körper kann nicht anders, als in diesen Strom einzutauchen, der sie mitzieht, während ihre Träume einer Welt nachweinen, die wir verloren haben: »Aber es ist trotzdem irgendwie schade, das muß man schon zugeben«. »Da liegt das Problem. Weil Oben-Ohne gemacht wird, verliert man an Attraktivität, es wird zur Gewohnheit, wie ein Bestandteil der Landschaft. Weil wir uns nackt zeigen, werden wir irgendwann gleichgültig werden« (M89). Die Exzesse dargebotener Nacktheit gehen so weit, daß sie sogar Gefühle der Sättigung oder Abwehr hervorrufen. »Das ist die Weibchen-Seite der Frau, das hat nichts Sinnliches« (F8); »Das wird hier so ein bißchen das große Auspacken, das wird sozusagen in der Öffentlichkeit ausgebreitet« (M31); »Überall diese Busen, das ist zuviel« (F122). Doch meist hat die Reaktion zwei Seiten und führt einen neuen Widerspruch in das Stranduniversum ein, das gespalten ist zwischen dem ununterdrückbaren Wunsch nach körperlicher Freiheit und der Nostalgie des Verborgenen.

Die Entblößung des Verhüllten stellt einen einfachen und passiv-bequemen Mechanismus zur Herausbildung von Begehren dar: die durch eine ungewohnte Wahrnehmung hervorgerufene Überraschung löst allein schon eine entsprechende Empfindung aus. Die Banalisierung des nackten Busens hat dieses Gefühlssystem beträchtlich geschwächt. Und während sich der Strand entkleidet, läßt er gleich einem Chor seine Klagelieder vernehmen. »Es gibt nichts mehr zu entdecken« (M67); »Es ist schöner, etwas zu entdecken, wenn es verborgen ist« (F80); »Wir haben keine verborgene Seite mehr, also verlieren wir ein wenig von unserem Charme« (F61); »Ich finde es schade, daß alles enthüllt wird, man sollte das Geheimnis erhalten« (F32); »Die Frau hat nicht mehr denselben Charme und dieses Geheimnisvolle, es gibt nichts mehr zu entdecken« (F59). »Die größte Anziehungskraft hat doch das, was verborgen bleibt« (F8). Die Enthüllung dessen, was für gewöhnlich verhüllt ist, ist jedoch nicht der einzige Entstehungsmechanismus von Begehren und Verführung. Georg Simmel betont einen anderen, der ihm wichtiger scheint: nicht das Verborgene, sondern »das Verstohlene«, die Ambiguität, die der »Gleichzeitigkeit eines angedeuteten Ja und Nein« entspringt (Simmel, 1923, S. 106). Dies wird typischerweise von der Grenze eines Kleidungsstücks auf der Haut repräsentiert, die gleichzeitig das Verbergen und die Enthüllung markiert, besonders dann, wenn diese Grenze ungewiß und beweglich ist; »Die erotische Seite des Sichzeigens, ohne sich zu zeigen« (M2). Im Namen dieser Halb-Verborgenheit, die am Strand im Verschwinden ist, proklamiert eine starke Minderheit (die zur Gruppe der Oben-Ohne-Gegner gehört) ihre Präferenz für den Badeanzug. »Ein Badeanzug ist aufregender« (M86); »Ich ziehe einen Badeanzug vor, der alles bedeckt, und dann zu raten, was sich darunter verbirgt« (F94); »Ein schöner Badeanzug ist aufregender, der hält das Begehren aufrecht« (F7). Corinne weigert sich zwar, Oben-Ohne zu kritisieren, sie gesteht jedoch ein, daß ein Mann »bei einem anschmiegsamen Bikinioberteil mehr zu meditieren hat.« (F148). Sie stützt diese Meinung mit einer kürzlich an einem Strand beobachteten Szene: »Sie hatte ein schwarzes Oberteil an mit stark ausgeschnittenen Körbchen, im Stil der 50er Jahre, und unten einen rosa String mit vorne einer kleinen Rüsche: alle Blicke lagen auf ihr, denn sie war gleichzeitig nackt und angezogen: man sieht alles und nichts.«

Die Erotik der Ambiguität

Die Anhänger des Badeanzugs als Objekt der Verführung gründen ihre Beweisführung auf die Suggestion, das Spiel zwischen Sichtbarem und Unsichtbarem. Mit anderen Worten: auf die Ambiguität als Quelle des Begehrens. Sie beschränken sich jedoch auf eine einzige Form dieser Zweideutigkeit: das Schwanken des passiven Betrachters zwischen dem, was sich zu sehen gibt, und dem, was verborgen bleibt. Nun verstärkt jedoch die Verbreitung diverser Nacktheiten, die mit der zweiten Phase des Zivilisationsprozesses verknüpft ist, im Kern sozialer Beziehungen die Ambiguität: nicht nur am Strand manifestieren sich die drei Körper der Frau gleichzeitig. Während die Entblößung des normalerweise Verhüllten zum Verlust des emotionalen Potentials führt, wird dieser Verlust durch die Ambiguität der drei Frauenkörper ausgeglichen: überall dort, wo sich die Banalität durchzusetzen scheint, kann das Begehren diese Banalität durch einen anderen Blick unterwandern. Arnaud hat intensiv über diese Fragen nachgedacht. Seiner Ansicht nach ist es ein Irrtum zu denken, die Entblößung des Busens könne dessen sinnlich betörende Kraft schmälern. Er verwendet auf den Busen nicht viel Aufmerksamkeit, präferiert aufgrund seines persönlichen Geschmacks eher die Schultern, ja sogar die Schulterblätter, oder die Knie, also Körperteile, die noch häufiger nackt gezeigt werden, die für ihn aber Auslöser heftigster Gefühle sind. »Dein Begehren ist in deinem Kopf. Es hängt von dir ab, von deiner Art zu schauen, es gibt so vieles zu sehen!« (M21). Man bedenke, in welch starkem Bruch sich diese Konzeption des Begehrens zu dem eher animalischen befindet, das durch die Entblößung ausgelöst wird. Im Gegensatz dazu ist sie aktiv und kreativ, so kraftvoll in ihrer Ambiguität, daß sie alles, was es zu sehen gibt, zum Ausgangspunkt des Begehrens machen kann. Und wie? Durch den Filter der Schönheit! Auf diese Weise kann man den Raum, den die Schönheit im sexuellen Diskurs der Männer einnimmt, besser verstehen. Sie versuchen, sich ein ästhetischeres und kreativeres Begehren vorzustellen, selbst wenn sie noch an einigen fixen Teilen der Anatomie kleben: paradoxerweise ist es die Banalisierung, die zu dieser Kreativität drängt. »Ästhetisch« oder »kreativ« sind keine zufällig verwendeten Begriffe: diese Ausdrucksweise des Begehrens ist in der Tat dem Kunstempfinden sehr nahe. In der Kunst wird die erotische Wirklichkeit des Nackten übrigens gar nicht so stark verneint, wie das manche wünschten: das »reine« Gefühl erlangt vielmehr seine volle Kraft in einer subtilen Umlenkung der libidinösen Energie, ohne sie jedoch zu verdrängen (Clark, 1969). Das ausgehend von der Dekonstruktion des Banalen konstruierte Verlangen ist der künstlerischen Betrachtung sehr nah.

»Hast du einen schönen Busen oder einen schönen Hintern, bedecke sie nicht, dein Kleid sei dekolletiert, damit sie jeder sehen und davon träumen kann« (zitiert in Bologne, 1986, S. 54). Diese einem höfischen Handbuch entnommene Empfehlung heftet dem Ausschnitt des Oberteils offen Mehrdeutigkeit an: hinter dem »normalen«, offiziell die Unsichtbarkeit des Busens respektierenden Dekolleté sind das Schöne und Begehrenswerte im Wettstreit miteinander. Nun ist eine solche hintergründige Präsenz von Ambiguität keine Seltenheit: fast überall kann der ästhetisch-erotische Blick den Schleier des Banalen zerreißen. Nehmen wir eine einfache Geste, die in öffentlichen Räumen häufig zu beobachten ist: die Bewegung, mit der eine Frau ihr Haar zurechtrückt. Eine Geste, die typischerweise als normal und funktionell definiert ist. Sie zieht jedoch den Blick auf sich, wobei derjenige, dessen Blick angezogen worden ist, diesen Augenreflex sofort unterdrückt. Die Funktionalität dieser Geste für die Frau ist tatsächlich ziemlich gering. Es handelt sich eher um einen kleinen Automatismus mit sicherheitsstiftender Wirkung: sich auf die immer gleiche Weise mit der Hand durch das Haar fahren oder mit einer Kopfbewegung eine Haarsträhne nach hinten werfen, die vor den Augen ist. Jede Art von Sicherheitsstiftung ist eher angenehm: der Automatismus ist also nicht unangenehm. Und er ist häufig mehr als das: die Hand, die sanft durch das Haar gleitet, ermöglicht es, eine heimliche Lust zu empfinden. In manchen Fällen kann die Geste sogar einer narzistischen Zärtlichkeit ähneln. Geschützt durch den Automatismus und die Banalität ist sich die Frau dieser Ambiguität nicht bewußt, sie stellt sich somit keine Fragen, stellt sich nicht vor, daß sie auch anders betrachtet werden könnte. Je selbstsicherer sie ist, desto mehr überläßt sie sich solchen Gesten, die doch zu ganz unterschiedlichen Interpretationen Anlaß geben können. Es wäre möglich, noch viele solcher Beispiele zu nennen, klassischere und absichtsvoller erlebte, etwa die hoch übereinandergeschlagenen Beine, komplexere und seltsamere, etwa das Auffrischen des Make-up (eine intime Geste der Arbeit an der Schönheit) in der Öffentlichkeit oder an nur scheinbar privaten Orten, z.B. in einem Auto, den Blicken aller ausgeliefert. In jedem dieser Fälle ist der Kontext derselbe: ein Ritual, eine normale, scheinbar banalisierte Geste, verbannt die beiden anderen Körper der Frau nur unvollständig. Denn es genügt, den Blick zu ändern, damit sich solche Szenen komplett transformieren, damit die Schönheit oder das Begehrenswerte das zerstören, was das Leben so einfach macht: es ist also oft durchaus von Vorteil, wenn Schönheit und Begehren unter die Räder des Banalen kommen.

Die diffuse Krypto-Intimität

Die Frau trachtet nach dem Blick einfach nur um des Blickes willen, damit er (unverfänglich) auf ihr ruht und so ihre Identität stärkt. Hierfür stellt sie ihre Schönheit zur Schau und verschmäht auch keine Gelegenheit, mit Hilfe offiziell erlaubter anderer Tricks ihre Anziehungskraft zu steigern, indem sie etwas zeigt, ohne es zu zeigen, oder es dann sogar offen zeigt, wenn, wie am Strand, ein System des Sehens ohne zu sehen in Kraft ist. In jedem Fall werden die Blicke früher oder später auf ihre Schönheit zurückgeführt.

Für wen macht sich die Frau schön? Für wen bringt sie diese beträchtliche Energie auf, unermüdlich an ihrer Schönheit zu arbeiten? Für den Ehemann? Nebenbei! In Wirklichkeit macht sie es vor allem für sich selbst, um sich gut zu fühlen, weil sie schön ist. Wie schafft sie es, sich gut zu fühlen, weil sie schön ist? Indem sie merkt, daß sie Blicke auf sich zieht. Sie wird also zur Verführerin, um diese Blicke auf sich zu lenken. Zunächst verführt sie die Masse der Anonymen, indem sie sich für alle schön macht. Vor allem verführt sie diejenigen, die am meisten zählen: Männer, die in idealer Weise die Rolle des Partners spielen könnten. Das Ziel besteht nicht darin, zu verführen, um ein emotionales Abenteuer zu erleben oder eine neue Beziehung einzugehen, sondern zu verführen um des Verführens willen, allein um den Blick zu erhalten, der guttut. Die Grenzen dieses subtilen Spiels sind jedoch selten festgelegt: Wie soll man nicht interessiert sein, wenn eine Person sich für einen interessiert? Foto-Love-Stories lassen das Aufblühen eines Gefühls nicht zufällig damit beginnen, daß eine Frau das Gefühl hat, einem Mann aufgefallen zu sein (Henry, 1993). Denn die Leserinnen erkennen sich darin wieder: die Liebe ist nicht weit, wenn sie einen liebevollen Blick auf sich spüren. Im Wunsch, seine Identität zu festigen, der einen dazu bringt, sich zu zeigen, wohnt also jedesmal, wenn Blicke sich treffen, der schlummernde Entwurf einer potentiellen Paarbeziehung. Eine Art vager, niemals (oder fast nie) erfüllter Liebestraum, der den gewöhnlichsten Verfahren der Persönlichkeitskonstruktion innewohnt. Nun ist die Identitätsbestärkung durch das Selbstbild, das man nach außen vermittelt, ein relativ neuer und sich gerade erst entwickelnder Prozeß. Er steht in einem Zusammenhang zum wachsenden Chaos der Liebe, das die ehelichen Strukturen erschüttert. Die zwei Komponenten der Körperbefreiung (Distanz zu Emotionen und Sexualität als Begründerin des Privaten) sind somit gar nicht so losgelöst voneinander, wie es zunächst erscheint: sie treffen im Spiel der Blicke einer diffusen Krypto-Intimität wieder aufeinander.

Vierter Teil

Die Pflastersteine des Strandes

Im Mai 1968 kam ein merkwürdiger Slogan auf: »Unter den Pflastersteinen liegt der Strand!« Tausende von Jugendlichen erkannten sich darin wieder, obwohl der Sinn dahinter nur vage verstanden wurde. Die Pflastersteine, das war klar, waren die des Quartier latin, die herausgerissen worden waren, um Barrikaden zu bauen. Aber warum der Strand? Weil er besser als jedes andere Bild die Freiheiten symbolisierte, die es zu erobern galt; nämlich die eines Körpers ohne Fesseln, eines Lebens ohne Zwang, ohne aufoktroyierte Regeln, ohne Klassifikationen und Hierarchien. Nun, unter dem Sand des Strandes verbergen sich andere Pflastersteine, heimtückische Zwänge, implizite Regeln, erbarmungslose Klassifikationen, grausame Hierarchien: der Strand ist manchmal das genaue Gegenteil der Toleranz, die er sich auf die Fahnen schreibt, der Oben-Ohne-Strand mehr noch als irgendein anderer.

Toleranz

»Jeder kann tun, was er will«

Nach Ansicht von Norbert Elias (1987) bildet das Individuum mit der Gesellschaft seiner Epoche eine Einheit, seine Gesten, seine Worte und selbst seine persönlichsten Gedanken sind Teil einer Gesamtbewegung: das Kollektive fügt sich aus dem Individuellen und das Individuelle aus dem Kollektiven zusammen. Unsere Umfrage hat es erlaubt, diese These zu verifizieren, insbesondere dadurch, daß uns Formulierungen begegnet sind, die von Mund zu Mund gingen (und deshalb die Existenz eines gesellschaftlichen Mechanismus offenbaren): die »weißen Streifen«, das »knappe Sommerkleid«, »das machen doch alle« etc. Der am häufigsten und mit eindrucksvoller Regelmäßigkeit wiederkehrende Satz ist zweifellos: »Jeder kann tun, was er will«. »Wir leben schließlich in einer Demokratie, da kann jeder tun, was er will« (F94); »Jeder kann tun, was er will. Das ist Freiheit« (F99); »Jeder kann tun, was er will. Es ist schließlich sein Leben« (F20). Lediglich die Kinder bleiben auf der Ebene kategorischer moralischer Urteile über das Oben-Ohne: »Das ist gut«, »Das ist schlecht«. Hingegen proklamiert nahezu die Gesamtheit der befragten Erwachsenen das Recht eines jeden, so zu handeln, wie er das möchte. Sie sagen dies häufig von sich aus, ohne daß der Interviewer auf dieses Thema gelenkt hätte, wie eine Art Präambel für jede Antwort. Und manchmal geschieht es mit so lebhaftem Eifer, daß es fast ein wenig suspekt erscheint, so als ob diese nachdrücklich betonte Aussage es ihnen erlauben würde, das Interview zu beenden, um zu ihrer vegetativen Lethargie und ihren hautnahen Empfindungen, die für einen kurzen Moment unterbrochen wurden, zurückzufinden. Der Strand ist zum großen Teil tolerant, denn Urteilen setzt Nachdenken voraus, und Nachdenken ermüdet in der Sonne zu sehr. Das Freiheitsprinzip verschmilzt perfekt mit dem körperlichen Wohlbefinden: die Berührung mit dem heißen Sand, die Liebkosung durch Sonne und Wasser sind umso vergnüglicher, als sie nicht nur in einer angenehmen Landschaft, sondern auch in einem allgemeinen Geist der Sanftheit und Toleranz, in einer pazifizierten Gesellschaft ohne Konflikte stattfinden (Gullestad, 1992). »Ich gehöre nicht zu denen, die irgendwo hinstarren ... ich bin tolerant: jeder kann tun, was er will. Ich schaue mir die Leute nicht an, jeder ist, wie er ist und kann tun, was er will. Das ist so, sobald man sich gut fühlt. Man fühlt sich wohl. Und außerdem ist es auch angenehm zu spüren, daß es allen so geht« (F61). Individuelle Freiheit ist das absolute offizielle Gesetz, auf dem sich gründet, was den Geist des Strandes ausmacht. Im Interview war eine Frage zu der Möglichkeit vorgesehen, besondere Bereiche, wie im Fall von FKK-Stränden, für das Oben-Ohne einzurichten. Sie rief direkt und einstimmig höchst ablehnende Antworten hervor: diese Vorstellung war so weit vom Freiheitsprinzip entfernt, daß jeder die Notwendigkeit verspürte, schnell und laut Einspruch zu erheben, um sich davon abzugrenzen. »Eine Reglementierung des Oben-Ohne, also das wäre etwas, was ich nicht ertragen könnte, wirklich! Schließlich kann jeder tun, was er will!« (F94); »Das wäre total idiotisch, also darüber sind wir ja heute wohl hinaus« (M64); »Es gibt doch sogar Leute, die sich vollkommen nackt ausziehen, um sich umzuziehen! Ich sehe da nichts Störendes dran: ich bin für die Freiheit und ich habe einen Horror vor Verboten!« (F53).

Der Wille zur Demokratie

Toleranz ist ein Wert, der sich im Aufstieg befindet und nach wie vor besonders betont wird (Eurobarometer, 1993), ein gesellschaftliches Prinzip, das die individuelle Eigen-Definition moralischer Normen erlaubt: jeder kann sein Leben führen, wie er will, und seine Entscheidungen müssen respektiert werden. Die Veränderung war tiefgreifend und schnell: innerhalb einer oder zwei Generationen wechselte die Produktion des ethischen Rahmens von einer kollektiven und expliziten Variante hin zur individuellen Eigen-Definition. In den 1960er und 1970er Jahren, zu Beginn des Oben-Ohne, hatten persönliche Urteile potentiell noch einen universellen Charakter (etwas war gut oder es war schlecht), diejenigen, die nicht die richtigen Werte beachteten, wurden als deviant angesehen. Heutzutage wird sorgfältig unterschieden zwischen einer Meinung, die strikt persönlichen Charakter hat, und dem Recht eines jeden, sein Leben nach eigenem Belieben zu führen. »Ich muß sagen, daß ich das nicht besonders schön finde, aber jeder ist frei, und das ist gut so« (F140). Wenn sich doch eine kollektive Norm herausschält, dann geschieht dies in Form einer Mischung aus Implizitem und Ersichtlichem, woraus sich eine unleugbare Evidenz konstituiert. »Dazu gibt es nichts zu sagen, das ist heute normal, alle machen es, jeder kann tun, was er will« (M65). Das frühere Prinzip war das einer expliziten, kollektiven Norm, einer allgemeinen Regel des Das-ist-gut, Das-ist-schlecht. Indem man seine persönliche Meinung abgab und versuchte, sie als Modell hinzustellen, arbeitete ein jeder offen an der Neudefinition der zentralen Norm. Letztere ist heute wesentlich weniger sichtbar und wurde ersetzt durch eine Vervielfältigung individueller, selbst-proklamierter Modelle: jeder kann tun, was er will. Somit ist es nicht mehr erlaubt, seine Meinung abzugeben, um sie zur allgemeinen Regel zu erheben, und diese Unmöglichkeit wird offen anerkannt. Das Individuum, das im Hinblick auf seine Selbstbestimmung immer mehr zu sagen hat, scheint somit hinsichtlich der kollektiven Ordnung immer weniger gefragt zu sein, denn scheinbar ist das nicht mehr seine Sache. Wir haben jedoch gesehen, daß das Individuum zwar heimlich, aber durchaus aktiv, in Form eines Spiels der Körper und Blicke interveniert, ohne daß auch nur ein einziges Wort fallen würde. Denn das Reden ist nun hauptsächlich einer anderen Sache vorbehalten: der Proklamation des Freiheitsprinzips.

Der Strand ist ein Vorreiter in diesem neuen System der Werteproduktion. Das liegt an seinen Besuchern, die vor allem jung und modernistisch sind. Das liegt auch am freiheitlichen Geist dieses Ortes. »Jeder kann tun, was er will, jeder ist frei und hundertprozentig tolerant« (F156); »Ich bin für die totale Freiheit der Individuen« (F100). In diesem Sinne erscheint der Strand trotz seiner Faulheit wie ein Versuchslabor der Demokratie, ein Raum, in dem die Methoden getestet werden, mit Hilfe derer man es schaffen will, zusammenzuleben und gleichzeitig jedem einzelnen seine Entscheidungsfreiheit zu lassen. Deshalb haben viele abgelehnt, ihre persönliche Meinung zum Oben-Ohne zu sagen; sie haben befürchtet, das könnte wie ein Urteils- und Reglementierungsversuch erscheinen (was auf eine antiquierte und deshalb zu verurteilende Haltung hinweisen würde). Einige haben mehr dazu gesagt und sind näher auf den zentralen Aspekt des neuen demokratischen Systems eingegangen: die Eigen-Definition der Werte und Verhaltensweisen. »Auf jeden Fall gibt es kein Verhalten, das von sich aus gut ist. Die Leute müssen so intelligent sein, ihre eigenen Normen zu haben« (M23); »Wenn sich jemand gut fühlt, haben nicht nur die Gutaussehenden das Recht, Oben-Ohne zu machen. Man muß den anderen, seine Vorstellungen und seine Art zu leben respektieren, jeder hat das Recht, über sein Leben selbst zu bestimmen« (F150). Nach Ansicht von Norbert Elias (1979) ist die moderne Position des toleranten Individuums nicht immer so gleichgültig und voluntaristisch: sie ist vor allem die Folge eines Kontextes. Während im Mittelalter die Verhaltensregeln als etwas vom Himmel Gefallenes vorgeschrieben waren (mach' dies, mach' das), gleichzeitig aber wenig respektiert wurden, begann sich in der Renaissance ein neues Modell durchzusetzen: die Beobachtung der Verhaltensweisen des anderen, um ihre Logik zu verstehen und sich ihnen anzupassen. Dieses gegenseitige Erforschen führte zu einem beachtlichen normativen Druck und der wachsenden Schwierigkeit, in dieser Vielfalt individueller Entscheidungen die Wahrheit herauszufiltern. Zu diesem Zeitpunkt tauchten aus der Notwendigkeit heraus neue Tugenden auf. Das Gebot, »niemanden zu beleidigen« und die Toleranz: »Sieh andern ihre Verstöße leicht nach. Das ist die Haupttugend der *civilitas*, der Höflichkeit« (Elias, 1979, S. 103 f.). Denn ohne diese mentale Disposition würde das Leben in der Tat schnell zur Hölle: die beste Art, in Ruhe leben zu können, ist, die Toleranz zu wählen, da sie es erlaubt, sich komplexe Analysen und das Risiko delikater Urteile zu ersparen. Bénédicte weigert sich hartnäckig, sich zu äußern: »Ich bin neutral, vollkommen neutral, ich bin nicht dafür und nicht dagegen: jeder kann tun, was er will, und damit hat sich's« (F127).

»Das stört mich nicht«

Toleranz und Indifferenz liegen eng beieinander. Die »rasche Zusammendrängung wechselnder Bilder«, typisch für den öffentlichen Raum, bringt einen Abwehrreflex hervor, der auf der »Abstumpfung gegen die Unterschiede der Dinge« basiert (Simmel, 1995, S. 117 und 121). In bestimmten Situationen wird diese Sättigung mit Bildern noch zusätzlich durch eine Sättigung mit normativen Angeboten gesteigert, und Indifferenz wird dann zu einer unverzichtbaren Kompetenz. Dies ist im Blick auf das Oben-Ohne der Fall. Die erste Kunst besteht darin, von einer überraschenden Szene nicht schockiert zu sein, die Verwirrung in den Schranken des ersten Augenreflexes zu halten. Annabelle erzählt, wie sich am Tag vor dem Interview an einem Textilstrand zwei Deutsche in ihre Nähe gelegt und vollständig ausgezogen hätten, als sei es das Normalste der Welt: »Das war schon ein bißchen komisch, aber es störte mich nicht« (F133). Germaine wußte nicht, daß Oben-Ohne teilweise auch in Schwimmbädern erlaubt war. »Ich war überrascht, das ist sicher, aber schockiert? Absolut nicht. Was schockiert schon heutzutage noch? Nicht mehr viel« (F137). »Auf jeden Fall finde ich heute nichts mehr schockierend: jeder kann tun, was er will« (F25). Die Weigerung, schockiert zu sein, ist zunächst einmal eine prinzipielle Position (wie auch immer die konkrete Reaktion aussieht): eine immer wieder entschieden betonte demokratische Tugend. »Warum sollte so ein Mütterchen mit 70 Jahren nicht das Recht auf dasselbe Vergnügen haben? Mir ist das total egal, das schockiert mich absolut nicht« (F93). Des weiteren beinhaltet sie die Fähigkeit zu einer eher halbherzig-toleranten Gleichgültigkeit, die mit einem anderen häufig wiederkehrenden Satz bestens illustriert wird: »Das stört mich nicht«. »Solange ich nicht angegriffen werde, stört mich das nicht« (M3); »Jeder kann tun, was er will, das stört mich nicht« (F94); »Ich bin nicht dafür und nicht dagegen, solange mich das nicht stört, ist mir das schnuppe« (M60). Störung wird häufig mit einer rein von außen kommenden Beeinträchtigung gleichgesetzt. »Lieber nackte Busen als Müll am Strand: das stört nicht« (M81). Eine weitere sprachliche Variante: »Das geniert mich nicht«. »Sie können tun, was sie wollen, das geniert mich nicht« (M90); »Ich kann haufenweise nackte Busen um mich herum haben, das geniert mich nicht, jeder kann das tun, wozu er Lust hat« (F150). Dabei bezeichnet das Geniertsein ein inneres Gefühl, das wesentlich ist für die Regulierung des Oben-Ohne: die Fähigkeit zur Indifferenz beruht zu einem großen Teil auf der Beherrschung der Gefühle.

Gegenseitige Toleranz

Während die Augen kontrollieren und sanktionieren, proklamiert der Mund die Freiheit eines jeden, zu tun, was er will. Der Diskurs der Toleranz ist jedoch kein rein sprachlicher Effekt, er zeugt auch von dem bewußten Willen, den Respekt individueller Meinungen immer besser zu verwirklichen: der Strand ist eine Schule der Demokratie. »Da sieht man alles, Dicke, Dünne, Schwarze, Weiße, Gelbe. Aber das ist gut so, es wäre schade, wenn er nur einer bestimmten Kategorie vorbehalten wäre, das wäre dann eine Elite. Hier sind alle« (F81). Der Strand macht es möglich, daß Randgruppen, Personen mit einer äußeren Erscheinung oder einem Verhalten, das mit den üblichen Normen nicht konform ist, tun können, was sie wollen: der Strand verbietet niemals. »Man kann ja schließlich auch niemanden davon abhalten, sich an den Strand zu legen, weil er dick und fett ist« (M37); »Bei einer alten Frau finde ich das häßlich, da sage ich mir dann, daß sie sich besser wieder anziehen sollte. Aber ich bin nicht schockiert, ich verurteile die Leute deshalb nicht, das ist eines jeden eigene Sache« (F94); »Bei Frauen eines bestimmten Alters sieht das wirklich nicht immer sehr schön aus. Aber das ist O.K., das ist Freiheit, man braucht sich nicht zu schämen« (F178). Nicht nur, daß der Strand nicht verbietet, er freut sich sogar, wenn er einige typische Fälle des Nichtrespektierens der Spielregeln sieht (wenn möglich aber nicht zu sehr aus der Nähe). Er liebt es, sich zu sagen, daß er auch seine Armen hat. Denn sie sind der Beweis dafür, daß er wirklich tolerant ist, daß jeder tun kann, was er will.

Die Armen haben ein Recht zu leben und sich zu äußern wie Gleiche unter Gleichen: das ist das erste Gesetz der Demokratie. Aber gleichzeitig bleiben die Unglücklichen absolute Anti-Modelle: der moderne Mensch ist angesichts von Ausgeschlossenen jeglicher Art zutiefst gespalten (de Singly, 1990). Es ist selten, daß die Proklamationen, die am Strand Freiheit und Gleichheit preisen, vollkommen ungetrübt bleiben, ohne jeglichen Wink mit dem Zaunpfahl, der auf die eine oder andere Art deutlich macht, daß der Unglückliche, der zwar alle Rechte hat, dennoch das bleibt, was er ist: Toleranz wird hier nicht unter dem Gesichtspunkt des Rechts auf Differenz gesehen, sondern als ein Vergeben der Fehler. Auch Loic betont das demokratische Strandrecht: »Wenn hübsche Mädels das machen, warum sollten es dann diejenigen, deren Busen ein bißchen voll ist und herunterhängt, nicht tun?« (M60). Doch der Tonfall seiner Erklärung ist neutral, weniger enthusiastisch, er redet von denen, die nur leicht von den Normen abweichen: Er ist Anhänger einer Demokratie in Grenzen. Didier ist scheinbar großzügiger. »Wenn eine Frau Brüste hat wie Waschlappen, und es ihr Spaß macht, sie zu zeigen, gut, sehr schön, das stört mich nicht, aber ...« (M3). Sein Satz endet mit einem »aber«, das wir noch häufiger hören sollten und das die Absicht anzeigt, ins Gegenteil dessen, was direkt vorher gesagt wurde, zu gleiten. In noch subtilerer Weise verwenden Éliane und Corinne eine doppelbödige Sprache, mit Hilfe derer sie es geschickt zustande bringen, eine ästhetische Kritik in den Diskurs einzuschleusen, während sie gleichzeitig das Prinzip der Freiheit proklamieren. »Ich hasse es zu sagen: die da ist dick, das ist nicht schön, sie sollte sich besser bedecken. Wenn sie sich wohl in ihrer Haut fühlt – das ist es, was zählt« (F53); »Ich sehe an anderen Frauen Busen, die ich wirklich nicht haben wollte, das ist manchmal schon ganz schön hart, andererseits finde ich es gut, daß sie sie zeigen« (F148). Die Toleranz tritt nur selten in absoluter Form auf. Die Härte muß zwar schweigen, doch die Lust, Urteile und Verurteilungen auszusprechen, verschafft sich am Strand immer wieder Zutritt. »Natürlich haben auch die armen Mädchen, die keinen schönen Busen haben, das Recht, das zu tun, aber ...« (F33).

Intoleranz

Blick kontra Diskurs

Der Wunsch, trotz pflichtgemäßer Nachsicht zu kritisieren, ist weder Archaismus, noch reine Intoleranz: er erfüllt zunächst eine wesentliche Funktion für die Person selbst. Denn so nötig Indifferenz gegenüber anderen ist, um zu nichts eine Meinung zu haben, so nötig sind dezidierte Meinungen, um die eigene Identität zu konstruieren. Die zweite Funktion ist gesellschaftlich: ohne normativen Austausch gäbe es keine sozialen Beziehungen. In jeder Interaktion, selbst in der distanziertesten und flüchtigsten, schlägt das Individuum ein Verhaltens- und Wertesystem vor, das sein Partner akzeptiert oder reformuliert: es besteht ein »normativer Druck in beide Richtungen« (Pharo, 1991, S. 64). So individualistisch der Strand sein und so sehr er auf Indifferenz gegenüber dem Anderen basieren mag, er kann doch nicht umhin, darüber nachzudenken, was gut ist und was schlecht, und dies unter Umständen auch auf diskrete Weise zu verstehen geben. Doch das Problem, über das man sich wirklich den Kopf zerbricht, ist, daß zwischen Toleranzprinzip (»Jeder kann tun, was er will«) und ethischen Urteilen (»Aber ...«) ein totaler Widerspruch besteht. Hier konkurrieren zweierlei Logiken; der Strand verheddert sich in seinen Antworten. Éric, der es auch nicht schafft, das Mysterium zu lüften, bringt dies sehr gut zum Ausdruck: »Es stimmt schon, die Gedanken, die man manchmal hat, stehen im Widerspruch zu dem, was man denkt« (M92). Die Grundlage seines Denkens ist die individuelle Freiheit. Die Gedanken, die er manchmal hat, beruhen hingegen auf ästhetischen Kriterien: »Ich muß schon sagen, bei den Häßlichen ist man schon weniger begeistert.« Die beiden Logiken haben ihren Sitz nicht auf derselben kognitiven Ebene. Das Toleranzprinzip hat seinen Ursprung in höchst rationaler und bewußter Reflexion. Den Kritikwunsch hingegen fühlt man aus dem Körperinneren aufsteigen: er ist stärker als man selbst. Paradoxerweise ist es somit also die gefühlsbetonteste Seite des Denkens, diejenige, die auch an der Spitze der Körperbefreiungsbewegung steht, die zu Intoleranz und sozialem Ausschluß führt: erster Pflasterstein unter dem Sand.

Das rationale Denken bringt seine Toleranz mittels Sprache zum Ausdruck: in den Interviews ist viel die Rede von Freiheit und dem Recht eines jeden, nach eigenem Belieben über seinen Körper zu verfügen. Der Kritikwunsch, der einer eher gefühlsmäßigen Wahrnehmung entspringt, schlägt weniger direkte Wege ein: er ist nicht so redselig, was dem Strand perfekt entgegenkommt, denn schließlich sagt man ja dort nicht viel: die Hauptwaffe ist hier der Blick, jeder spricht mit den Augen. Man sollte also der Tatsache, daß so wenige tadelnde Worte fallen, nicht zu viel Bedeutung zumessen; die Kritik ist in der Stille der Interaktionen umso stärker. Wir haben gesehen, daß der Blick reflexartig funktioniert: so wird er beispielsweise durch das zu Schöne oder das Häßliche unwiderstehlich angezogen, es handelt sich hier um eine Reaktion, die vonstatten geht, bevor das bewußte Denken die Zeit gehabt hätte zu intervenieren. Doch sollte ein solcher Reflex nicht auf einen reinen Muskelautomatismus reduziert werden: er entwickelt sich ausgehend von verinnerlichten kognitiven Kategorien, wie eine Art heimliches Denksystem, das mit dem, was man auf bewußtere Weise denkt, nicht kohärent ist, als ob der Blick in diesen Bruchteilen einer Sekunde des gegebenen Augenblicks über eine relative Autonomie verfügte und erst hinterher vom Gehirn (das schließlich dennoch das Kommando hat) wieder zur Vernunft gebracht würde.

Der stillschweigend durch die Blicke ausgeübte normative Druck wird von dem, der ihn spüren möchte, sehr genau gespürt. Laure, die nicht sehr stolz auf ihren Busen ist, konnte der Lust, Oben-Ohne auszuprobieren, nicht widerstehen: »Also nein, das war unglaublich, ich habe es ganz genau gespürt, man darf nur das zeigen, was schön ist. Ich glaube, ich kann mir das nicht erlauben« (F94). Danièle, die 46 Jahre alt ist und sich als

»recht gut erhalten« betrachtet (F97), lauert mit großer Aufmerksamkeit und einer gewissen Angst auf die Reaktionen um sie herum: »An dem Tag, an dem ich spüre, daß das jemandem unangenehm ist, wird es höchste Zeit, daß ich es an den Nagel hänge.« In einer subtilen Variante des »jeder kann tun, was er will« erklärt Véronique: »Das muß jeder selbst wissen« (F54) – sprich: die Zeichen verstehen, die der Strand einem sendet. In dem Maße, in dem sich eine Frau von den zentralen Normen entfernt, werden die Botschaften, die sie empfangen kann (wenn sie hinhört) gleichzeitig widersprüchlich und deutlicher. Im Zentrum der Normalität sind sich noch alle oder fast alle einig, daß Oben-Ohne gebilligt werden kann. Sobald Aussehen oder Verhalten jedoch davon abweichen, divergieren die Meinungen mehr und mehr zwischen den Toleranten und den Intoleranten. Die leise Stimme letzterer hebt sich; an den Grenzen zum nicht mehr Tolerierbaren kann es sogar dazu kommen, daß sie ein paar Worte murmeln. Aber weil in der Regel eben doch nichts gesagt wird, hat eine Frau, die die Botschaften ignorieren will, immer die Möglichkeit, dies zu tun, insofern sie über die nötige Ungezwungenheit und die Fähigkeit verfügt, vor allem an ihre eigenen Vorstellungen zu glauben. Der Strand beobachtet also mit einem gewissen Erstaunen, daß einige die Spielregeln nicht zu verstehen scheinen. Dadurch provoziert, kann es geschehen, daß er, wenn man ihn befragt, trotz seiner Pflicht zur Zurückhaltung zu reden beginnt.

Die doppelbödige Sprache

»Ich hätte nicht gedacht, daß ich solche Bilder im Kopf habe. Und doch habe ich solche Sachen gesagt. Die Worte kommen einfach so aus einem heraus, als ob ich ein solches Frauenbild hätte: die, die Oben-Ohne machen, sind befreit, die anderen sind verklemmt. Und fünf Minuten vorher habe ich das Gegenteil gesagt« (M92). Éric kann es nicht fassen, wie er sich in diesem Widerspruch verfangen konnte. Das Schlimmste ist, daß er keine Lösung findet, wie er die Einheit seines Denkens wiederherstellen könnte: aufrichtig, wie er ist, gibt er zu, daß er mit seinen beiden Meinungen im Einklang ist. Er sagt es selbst, die eine ist seine gewöhnliche und offizielle Meinung, die andere widerfährt ihm in Form von Bildern und »Worten, die einfach so aus einem herauskommen«. Er erkennt an, daß diese unterschwellige und impulsive Wahrheit auch seine Wahrheit ist, obwohl sie ihm nicht besonders gefällt. Geneviève befindet sich in einer sehr ähnlichen Verwirrung. »Wenn man sagt, man ist schockiert, sollte man das vielleicht nicht sagen, aber man sagt es trotzdem« (F176): während das Gehirn, das für die demokratische Vernunft gewonnen worden ist, befiehlt, indifferent zu bleiben, veranlassen finstere Kräfte trotz allem zu Verurteilungen. Die Kritiklust kommt oft unerwartet, ohne sich vorher anzukündigen, und mit ihr kommt eine ganz schöne Unordnung in das, was die Person gerade zu denken im Begriff war. So wurden in vielen Interviews kleine Sätze herausgeschleudert, die sich im Widerspruch zur momentanen Argumentationslinie befanden. Zweifellos wurde sogar durch die besondere Betonung der Toleranz das andere Denksystem herausgefordert. Hören wir zum Beispiel Irène zu: nachdem sie ein für alle gültiges Recht formuliert hat, endet sie plötzlich mit einem Gedanken, der genau das Gegenteil aussagt. »Da war eine alte Frau, die war sehr, sehr dünn. Sie hatte einen Busen, der hing bis zur Taille, es tat mir weh, das zu sehen, sie spazierte einfach so herum, ohne Komplexe. Klar, das ist gut, wenn Leute keine Komplexe haben, das ist toll! Jeder kann das machen, wie er will. Aber trotzdem sollte man wissen, wo man aufhören sollte, es gibt schließlich Grenzen!« (F182). Ohne sich dessen bewußt zu werden, war sie in eine innere Auseinandersetzung eingestiegen, eine Polemik zwischen zwei Sphären ihres Denkens. Wie auch Philippe: es gibt in ihm ein »irgendwo«, das »gemeine Gedanken« hat. »Ja, irgendwo sage ich mir schon: also die da sollte sich besser wieder anziehen. Aber ich sage mir, daß das gemeine Gedanken sind, es ist gemein, so was zu sagen« (M89). Obwohl diese innere Auseinandersetzung zu einem gewissen Durcheinander in den Äußerungen führt, läuft sie dennoch nicht beliebig ab, sie ist relativ klar strukturiert. So führte in den Interviews ein jeweiliger Fragetypus (allgemein oder konkret) regelmäßig zur einen oder zur anderen Meinung; und die Anordnung der Sätze (scheinbar völlig beliebig) war nicht ganz dem Zufall überlassen. Die Gegenüberstellung zweier Antworten, der von Anne und der von Claudine, verdeutlicht das gut. Sie haben in vollkommen identischer Weise eine dreistufige Argumentation gewählt. Erste Stufe: das allgemeine Freiheitsprinzip. Zweite Stufe: die persönliche Neutralitätsposition. Dritte Stufe: die Grenzen, die es dennoch einzuhalten gilt. »Jeder kann tun, was er will, ich will da keinerlei Urteil abgeben, aber man sollte lieber nur das zeigen, was schön ist« (F18); »Jeder kann das tun, jeder hat die Freiheit, das tun zu können. Ich bin weder dafür noch dagegen, aber es gibt Busen, deren Anblick wirklich nicht sehr schön ist« (F65). Viele Personen waren erstaunt, daß sie keine kohärente Antwort geben konnten, einige haben sich auch in ihren Widersprüchen verstrickt. Hingegen haben Anne, Claudine und viele andere eine Argumentationsstruktur gefunden, die es ihnen erlaubte, die verschiedenen Facetten ihres Denkens ohne allzu großes Durcheinander zu präsentieren. Diese Struktur haben sie nicht wirklich erfunden: sie haben vielmehr ihre Existenz erkannt. Denn es handelt sich um eine gesellschaftliche Struktur, die durch ihre Wiederholung die Form einer offiziellen Spielregel annimmt.

Recht kontra Schönheit

Die erste »soziale« Argumentationsstruktur besteht darin, einem bestimmten Recht die persönlichen Interessen derer entgegenzusetzen, die, was die Inanspruchnahme dieses Rechtes angeht, in einer schlechten Position sind: die individuelle Freiheit ist absolut und unantastbar, aber für Frauen mit nicht konformem Busen wäre es ein Fehler, sie in Anspruch zu nehmen. Der Tonfall dabei ist mitfühlend, die Stimme eher sanft, weist ganz und gar nicht auf einen Wunsch nach Verleumdung und sozialem Ausschluß hin. Die Sprechenden behaupten von sich, daß sie sich in die Perspektive derer hineinversetzen, die es schlecht getroffen haben, daß sie deren Sache vertreten, ihnen freundlich zeigen, wie sie sich zu ihrem eigenen Vorteil verhalten können. Dieses zartfühlende und mildtätige Verhalten kann jedoch nur schlecht verbergen, daß es sich hierbei vor allem um eine Methode handelt, sich selbst aus der Inkohärenz herauszuretten, um zu kritisieren, ohne den Eindruck des Kritisierens zu vermitteln: »Ich respektiere das, jeder kann tun, was er will, aber ich sage das ihnen zuliebe, ich versetze mich in ihre Lage und sage mir: also wenn ich einen solchen Busen hätte, würde ich ihn verhüllen« (F32); »Jeder kann tun, was er will, aber bei manchen stört es mich um ihrer selbst willen, es wäre für sie ein Gewinn, kein Oben-Ohne zu machen, um sich selbst nicht zu entwerten« (F170).

Diese erste Argumentationsweise, die auf Mitleid basiert, benutzt die Schönheit als Dreh- und Angelpunkt. Im Namen dieser selben Schönheit wird auch eine weitere Antwort entwickelt, die am häufigsten zu hören war. Das Prinzip ist einfach: einem abstrakten Recht werden verschiedene konkrete Wirklichkeiten entgegengehalten, die dieses Recht schwer anwendbar machen. »Die Mädels, die einfach nicht die Voraussetzungen mitbringen, um Oben-Ohne zu machen, haben natürlich schon das Recht, es trotzdem zu tun, aber ...« (M15); »Sie haben das Recht das zu tun, aber ich finde es nicht schön« (F65); »Wenn sie sich so wohl fühlen, O.K., aber es sieht nicht schön aus« (F68); »Sie können tun, was sie wollen, das ist ihr Recht, aber bei manchen Frauen sieht es nicht schön aus, sie sollten besser den Badeanzug anbehalten« (F30). Diese Art binärer Sätze hörte man häufig, sobald es die befragte Person schaffte, sich aus dem Schweigen und der Verwirrung zu befreien. Selbstverständlich haben nur wenige gut konstruierte Ausführungen ausgearbeitet, die das Prinzip des allgemeinen Rechts mit besonderen Umständen konfrontierten: es geschah eher aus der Intuition heraus, daß diese Argumentationsweise ihnen ermöglichte, Sinn in den Widerspruch zu bringen. Bei

Marianne war das nur eine sehr vage Intuition, sie ärgerte sich darüber, daß sie sich in dem, was sie sagte, sobald es heraus war, nicht mehr wiederfand: sie fügte jedesmal unmittelbar danach die gegenteilige These an, und immer so weiter (der Interviewer mußte übrigens ihren endlosen einstimmigen Dialog unterbrechen). Ein Auszug: »Bei einer Frau, die schon ein bißchen älter und unförmig ist, mit Hängebusen, würde mich das mehr schockieren. Aber wenn sie es denn schafft, damit zurecht zu kommen, erlaube ich mir kein Urteil. Aber es ist hübscher, eine gut gebaute Frau zu sehen als eine dicke mit Hängebusen. Aber wenn sie mit ihrem Körper zurecht kommt, auch gut, bravo« (F31).

Die Antworten sind sehr unterschiedlich, je nachdem, welche Bedeutung dem allgemeingültigen Recht einerseits und seinen Grenzen andererseits zugewiesen wird: obwohl die Sätze den Eindruck vermitteln, sich zu ähneln, ist der Anteil der beiden Aspekte oft sehr unterschiedlich. Ulla ist fast die einzige, die keinerlei Einschränkung gemacht hat, und die Tatsache, daß sie Deutsche ist, spielt hier zweifellos eine Rolle. »Ich finde es im Gegenteil gut, wenn das Frauen machen, die alt sind, nicht schön, einen großen Busen und einen Bauch haben, und die keine Angst haben, sich zu zeigen« (F84). Einige Personen haben berichtet, diese Geisteshaltung gehabt zu haben, als sie FKK praktizierten, aber sie konnten nicht umhin, hinsichtlich des Oben-Ohne einen gewissen Druck zu verspüren. Véronique ist ein solcher Fall. Sie lehnt strikt jegliche Begrenzung des Freiheitsprinzips ab: »Da wären die Strände dann den Jungen, Schönen und Gutgebauten vorbehalten: man sollte die Leute ja wohl nicht in Ghettos stecken!« (F54). Und trotzdem muß sie hinzufügen: »Trotzdem stimmt es, wenn man älter wird ... würde ich zu häßlich werden, ich würde mich nicht mehr gerne zeigen«. Anders als bei Véronique kann die Erwähnung des Rechts auch lediglich ein Vorwand sein, um die nötigen Grenzen nur umso besser betonen zu können. Lediglich einige Worte, die anders gewählt werden, einige subtile sprachliche Variationen oder ein leicht anderer Tonfall, und schon findet man sich in einer ganz anderen Strandwelt wieder: in der Welt der Intoleranz und des Wunsches nach Reglementierung. Mylène ist sehr offen und verständnisvoll. Eine halbe Stunde lang hat sie nicht aufgehört, das Recht eines jeden, zu handeln, wie er will, zu proklamieren. Plötzlich explodiert sie: »Sie hat genauso das Recht, das zu machen, wie die Kleine da, aber die anderen Leute haben schon einen anderen Blick. Aber wirklich schokkierend ist es doch, wenn so eine häßliche Schachtel auch noch nackt ist. Das ist wirklich nicht schön. Das ist schockierend! Es ist sogar lächerlich!« (F156). Für Caroline und Élisabeth ist das allgemeingültige Recht nur eine rituelle Formel, die kaum richtig zu Ende gebracht wird: was sie wirklich interessiert, ist allein die Verurteilung der Häßlichkeit. »Es gibt welche, die haben einen schrecklichen Busen und erlauben sich, ihn an die Luft zu hängen. Das stört mich nicht und ist nur schade für sie selbst, aber es ist widerlich!« (F101); »Wenn ein Mädchen gut gebaut ist, sehe ich keinen Grund, warum sie sich nicht zeigen sollte. Aber wenn sie dick ist und so – da sollte man wirklich untertauchen und fertig! Man stellt die Häßlichkeit nicht zur Schau. Wenn da welche mit Hängebusen sind, sage ich mir: sie machen sich lächerlich« (F169).

Die seltene Schönheit

So wird also aufs neue die Schönheit in den Mittelpunkt gerückt. Sie wurde bereits in Anspruch genommen, um das Problem der Zurückdrängung des sexuellen Körpers zu lösen, denn sie erlaubt, libidinöse Energie in Richtung Ästhetik umzulenken. Hier ist ihr Gebrauch nun ein ganz anderer, sie ist das einzige Mittel, um eine Spielregel, einen Rahmen für sozialen Austausch zu definieren. Doch das Resultat ist dasselbe. Die Schönheit wird in die Position des zentralen Faktors gerückt: »Man sieht: das ist schön, das ist nicht schön. Das wird eingeteilt. Ist es nicht schön, sollte man sich besser bedecken« (M89). Aber genauer gesagt, geht es eigentlich um die Häßlichkeit. Denn während sich die Überwindung des Sexuellen auf Schönheit stützte, stützt sich das Aufstellen der notwendigen Grenzen vor allem auf Häßlichkeit: der Oben-Ohne-Strand redet viel von Häßlichkeit. Der Grad an Häßlichkeit definiert die Grenze, jenseits derer Recht nicht mehr anwendbar ist. »Manchmal finde ich das schockierend, wenn es wirklich zu häßlich ist. Sobald es wirklich zu häßlich ist, sollte man es nicht mehr tun« (F59); »Sobald ich einen all zu häßlichen Busen hätte, einen Hängebusen und so, würde ich alles einpacken« (F30).

Daß die Häßlichkeit zum zentralen Faktor gemacht wird, hat eine wichtige Konsequenz für die Repräsentationen: der Strand nimmt vor allem den in Ungnade gefallenen Busen wahr und redet endlos davon. Dadurch entsteht der Eindruck, daß Schönheit an diesem Ort des Körpers eine seltene Angelegenheit ist. Wenn die üblichen Einschränkungen zum allgemeingültigen Recht gemacht werden, geben häufig einige Bruchstücke von Beschreibungen zu verstehen, daß es wirklich der Grad der Scheußlichkeit dieses Spektakels sei, der einen zu diesem Verstoß gegen das Freiheitsgebot zwinge. »Sie können tun, was sie wollen. Aber man sieht da so Sachen! Das ist unglaublich! Einige täten wirklich besser daran, sich zurückzuhalten« (M88); »Manche glauben vielleicht, sie hätten einen schönen Busen, aber sie täten besser daran, ihn einzupacken« (M2); »Es gibt wirklich Häßlichkeiten, die sich lieber zurückhalten sollten« (F8). Guy und Xavier sind stolz darauf, ihre Busen-Kenntnisse ausbreiten zu können, und bilden, ohne sich dessen bewußt zu werden, äußerst harte Ausschlußkriterien. »Hundeohren- und Waschlappen-Busen sind nicht ... es gibt viele Frauen, die sollten sich besser wieder anziehen« (M47); »Wenn Frauen solche Hundeohren oder Waschlappen haben, ist das wirklich nicht besonders hübsch« (M59). Dank des Interviews sagt der Strand ganz laut, was für gewöhnlich nur innerhalb kleiner Zirkel gemurmelt wird. Und das, was sich Stück für Stück im Laufe der Antworten herauskristallisiert, hinterläßt den erstaunlichen Eindruck einer wahren Schrek-

kenslandschaft. »Es gibt wirklich viele schreckliche Busen«
(F63); »Es gibt viele Frauen, die sind nicht gerade toll, die haben einen fürchterlichen Busen und zeigen ihn auch noch«
(F66); »Es gibt Busen, die hängen ganz da unten, das ist nicht ...
also insgesamt ist das dann wirklich an der Grenze« (F26). Syl-
viane sähe sich gerne positiver, verständnisvoller, aber auch sie
wiederholt am Ende nur dasselbe: »Wenn nur schöne Busen
enthüllt würden, gäbe es nicht viele nackte Busen!« (F188).

Die Bildung des Stigmas

Die Gesellschaft braucht Stigmata, sie braucht »schimpfliche
Unterschiede«, die es ihr erlauben, sich als normal darzustellen,
und hierfür konstruiert sie Stigmata (Goffman, 1975, S. 163).
Die Hauptquelle für Stigmatisierung ist alles, was mit dem
Körper zusammenhängt (Le Breton, 1990), denn er ist die na-
heliegendste Stütze der Identität, er bekommt die Normalitäts-
forderung am stärksten zu spüren. Behinderte Menschen verlieren ihre normale conditio humana, ohne Zugang zu einem
anderen anerkannten Status zu haben: sie werden im Hinblick
auf die zentrale Norm ex negativo definiert (Clavez, 1994). Das
Stigma formt sich Tag für Tag in der unendlichen Zahl von
Blicken und mörderischen kleinen Sätzen. Sein Ausgangspunkt
ist ein Stereotyp: ein Aussehen oder ein Verhalten, das im Rahmen der Formation von Spielregeln als ›anders‹ herausgefiltert
wird. Auf der Grundlage dieses Herausfilterns kann es dann jederzeit zur Verschärfung der Stigmatisierung kommen, kann
eine Notwendigkeit zur Stigmatisierung empfunden werden.
  Wir haben gesehen, daß die Stigmatisierung nackter Busen am
Strand von ihrer Position in Relation zur Aussehens- und Verhaltensnorm abhängt: je weiter sie davon entfernt sind, desto
stärker wird die Stigmatisierung; je weniger Oben-Ohne praktizieren, umso stärker wirkt die Norm und umso härter sind die
Anforderungen. Erinnern wir uns daran, daß die Norm die einer
seriellen und diskreten Schönheit ist, die auch das zu Schöne aus-

schließt und in gewisser Weise ebenfalls stigmatisiert. Philippe bringt es nicht fertig, sich dieses Mysterium zu erklären. »Das ist wirklich eigenartig: sobald ein Mädchen zu gut aussieht, kann sie sich nicht mehr so zeigen. Wenn so ein fauler Hund mit seinem dicken Bauch am Strand herumspaziert, sagt niemand was. Und dann sehen sie ein super gutaussehendes Mädchen, das oben ohne herumspaziert, und es wird gesagt: schau dir diese Nutte an! Die provoziert doch alle!« (M89). Auch wenn das Problem durchaus real ist, handelt es sich doch um das Leiden der Reichen, das nicht zu vergleichen ist mit der Herabwürdigung der unteren Strandklassen, von Frauen repräsentiert, die es wagen, Freiheiten in Anspruch zu nehmen, die ihnen ihr Aussehen eigentlich nicht erlauben würde. Hier übt die Stigmatisierung einen umso stärkeren Druck aus, je größer die Entfernung zur Norm wird, sie toleriert mit jedem weiteren Grad der Entfernung nur noch immer reduziertere Gesten. Yann hat eine genaue Skala definiert. Aufrecht braucht es »einen schönen, schön straffen Busen«; auf dem Rücken liegend »kann er ein wenig hängen, aber nicht zu sehr, er darf auch nicht zu groß sein«; auf dem Bauch »gibt es keine Grenzen innerhalb vernünftiger Grenzen« (M91).

Die Zirkulation des Stigmas

Was Körper und Blicke ausdrücken, definiert zusammen mit den wenigen, innerhalb kleiner Gruppen ausgesprochenen Worten eine Spielregel, die von der großen Mehrheit anerkannt wird. Dieses Resultat kommt jedoch durch ein Wirrwarr von Kritikpunkten zustande, die in alle Richtungen durcheinanderlaufen: jeder definiert seinen eigenen Stigmatisierungspol, der es ihm erlaubt, sich selbst positiv zu konstruieren. Élianes Fall wird dies verständlicher machen. Sie proklamiert lang und breit ihre Toleranz, das Recht der »alten Omas, der Dicken und der Häßlichen«, Oben-Ohne zu praktizieren (F53). Dann macht sie plötzlich eine Ausnahme und greift aufs heftigste die »45 bis

50jährigen Frauen« an, »die sich zur Schau stellen, weil sie jung bleiben wollen: ich finde das ziemlich schlimm für sie, sie merken nicht, daß sie sich lächerlich machen. Manche sehen ihren eigenen Busen nicht!«. Eine sprachliche Verirrung ohne Bedeutung? Keineswegs. Gehen wir ins Detail. Für sie bedeutet »sich zur Schau stellen« auch dann Oben-Ohne zu machen, wenn man aufrecht steht. Und somit hat sie eine genaue Zielscheibe: 45 bis 50jährige Frauen, die aufrecht stehend Oben-Ohne machen, vor allem wenn sie einen Busen haben, den sie als der Situation nicht angemessen einschätzt. Éliane ist 47 Jahre alt, praktiziert seit langem und hat sich seit einigen Jahren entschlossen, nur noch liegend Oben-Ohne zu machen. Der einzige Fall, der ihre Kritik auslöst (und sie wirklich in Rage bringt) ist der von Frauen, die ihr sehr ähnlich sind: diejenigen, die es sich erlauben, weiter auch aufrecht stehend Oben-Ohne zu machen, während sie, die Wut im Herzen, damit aufgehört hat. Sie vergleicht sich, und ihre ärgerlichen Augen sehen nur abscheuliche Busen bei denen, die es wagen, weiterzumachen. Die Kategorie, die nach Ansicht Élianes Kritik verdient, ist so speziell, daß sie keinerlei Chance hat, sich allgemein durchzusetzen: der Strand wäre nicht bereit, Élianes Wunsch entsprechend »alte Omas« besser zu plazieren als 45 bis 50jährige Frauen. Hinsichtlich bestimmter Aspekte kann ihre Ansicht jedoch in einer allgemein anerkannten Kategorie aufgehen: auch in den Augen des Strandes müssen 45 bis 50jährige Frauen, die sitzend oder stehend Oben-Ohne praktizieren, besonders harten Kriterien entsprechen, um toleriert zu werden.

So bilden sich Allianzen zwischen Kritiker-Gruppen. Es ist zwar schwierig, sie genau auszumachen (die Einzelinteressen sind sehr unterschiedlich), aber die Zielscheiben der Stigmatisierung treten mit umso größerer Deutlichkeit zutage. Gegenüber dem Lager derer, die versuchen, die Restriktionen des Rechtes, Oben-Ohne zu machen, (im Hinblick auf Alter, Aussehen, Positionen) immer mehr auszuweiten, starten einige wild überzeugte Anhänger eine Gegenattacke, indem sie die Stigmatisierung umkehren und gegen die Oben-Mit-Frauen wenden. »Das ist heute total üblich geworden. Im Zweifelsfall sind es diejenigen, die es nicht machen, die sich lächerlich machen. Das sind Arbeiterinnen, Hilfskräfte, nicht sehr entwickelte Leute« (F114); »Das zeigt, daß sie keinen schönen Busen haben. Wenn sie einen hätten, würden sie ihn zeigen. Und das zeigt, daß sie nicht locker sind, das sind verklemmte Frauen« (M92); »Die Anhänger des Oben-Ohne sind ziemlich intolerant, sie versuchen immer, uns zu überzeugen, uns zu sagen: oh doch! Das ist gut! Du solltest das auch tun! Du bist altmodisch!« (F59). Natürlich nimmt dieser Druck proportional zum Oben-Ohne-Anteil zu: wenn die Praxis massiv in der Überzahl ist, transformiert sich der Verdacht in ein wirkliches Stigma. »Wenn man der Ausnahmefall ist, der nicht praktiziert, wird das unangenehm« (F184); »Wenn du im Süden nicht nackt bist, bist du es, die heraussticht« (F101); »Sobald das alle machen, fällt es unangenehm auf, es nicht zu machen« (M60); »Man sollte nicht komischer aussehen, als die anderen. Wenn also alle Oben-Ohne machen, sollte man auch Oben-Ohne machen, fertig« (F59). Wir haben gesehen, daß »das machen doch alle« auf die Praxis einer Minderheit verweisen konnte. Der normative Druck, die Angst, stigmatisiert zu werden, weil man oben mit bleibt, kann somit auch an Stränden seine Wirkung entfalten, an denen nur wenige ihr Oberteil anbehalten. Nicole fühlt sich »voller Komplexe wegen ihres unausgewogenen Körpers« (F32), deshalb bleibt sie im Badeanzug. Sie hat den Eindruck, daß alle sie anschauen und wegen ihrer Unfähigkeit, Oben-Ohne zu machen, verurteilen. »Die Blicke, die ich fühle, sind ziemlich störend«. Sie fühlt sich nicht wohl, und ihre ästhetische Kritik am Oben-Ohne ist heftig: »Sie glauben gar nicht, wieviele häßliche Schachteln es gibt, die sich das erlauben und sich dessen gar nicht bewußt sind ....« Das ist ihre Art, sich zu verteidigen, das Stigma, das sie zu empfangen scheint, zurückzusenden: jeder sichert sich ab, indem er auf eine andere Zielscheibe zeigt.

Der große Busen

Der Strand hat seine Lieblingszielscheiben. An erster Stelle stehen der alte Busen und der große Busen, die nach Belieben verteufelt werden, um ihnen ihre Rolle als abschreckende Beispiele zuzuweisen. Das Modell des schönen Busens weist je nach Epoche beträchtliche Unterschiede auf. Auf der Ebene des offiziellen ästhetischen Codes hatte der große Busen indessen nur selten die Gunst auf seiner Seite. Im alten Griechenland beispielsweise versuchte so mancher, einen Ratschlag zu erteilen, wie er zu reduzieren sei. Dioskurides empfahl den Steinstaub von Naxos, Plinius den Schlamm des Scherenschleifers, Ovid Breiumschläge aus Brotkrumen (Fontanel, 1992). Auf einer weniger ästhetischen und weniger offiziellen Ebene hat die Geschichte nur wenige Spuren hinterlassen: die Analyse der Gegenwart erlaubt jedoch zu vermuten, daß der Geschmack vielfältiger war. Auch heute beruht die Kritik am großen Busen auf einem geltenden ästhetischen Code und nicht auf konkreten Präferenzen. Am Strand, wo die Schönheit von allen Seiten dazu gedrängt wird, die zentrale Rolle zu spielen, kann sich diese Kritik nur verschärfen, manchmal wird sie sogar äußerst intolerant. »Also bei einer Dicken ist das wirklich unmöglich, das muß schon eine normale Frau sein« (F137); »Eine großbusige Frau sieht ja schon mit einem BH aus wie eine Milchkuh, und dann erst oben ohne!« (M89). Diese extreme Ablehnung wird indessen von den Spielregeln vorgeschrieben, sie ist keine Ablehnung des großen Busens an sich. Die Geschichte von Bertrand und seiner Freundin Apolline illustriert das. Bertrand ist deutlich: »Wenn der Busen groß ist, stört mich das nicht, im Gegenteil, ich mag ihn so« (M54). Auch Apolline mag ihren Busen so, wie er ist. Lediglich, sobald sie an den Strand kommt, bekommt sie »Komplexe wegen ihres Busens«. Sie würde tatsächlich gerne ihr Oberteil ausziehen, aber sie spürt, daß ihr das nicht möglich ist; so bleibt sie gezwungenermaßen angezogen und hat das Gefühl, daß mit Fingern auf sie gezeigt wird. Bertrand ist kein Einzelfall: »Globophilie«, die sexuelle Vorliebe für große Busen, ist weit verbreitet (Gros, 1987). Wir haben gesehen, daß der ästhetische Gesichtspunkt nicht immer unabhängig von der Erotik war, daß der ästhetisch-erotische Blick der Männer sie häufig rundere Formen präferieren ließ und daß der Code des Schönen vielfältig war. Ludovic hat eine ganz persönliche Vorstellung davon, was ein schöner Busen ist. »Ich hab' da ein Mädel gesehen mit einem Busen – mein Gott! Sie bestand nur aus Busen! Enorm! Enorm! Er hing ein wenig herunter, aber angesichts seines Gewichts hielt er sich gut« (M80), noch einige Wochen später befindet er sich unter Schock. Der große Busen wird insofern kritisiert, als er auf den sexuellen Körper hinweist, den der Strand jedoch gerade verdrängen möchte. Was auch immer persönliche Meinung und Geschmack aussehen mögen – es ist das Spiel um die Definition der Norm, das den großen Busen zum Sündenbock macht.

Der alte Busen

Da die moderne Gesellschaft Jugend und Schönheit als absolute Referenznormen definiert, marginalisiert sie alte Menschen. Dieser Prozeß verläuft hauptsächlich vom Körper ausgehend, körperliches Altern ist der Indikator für sozialen Ausschluß (Featherstone, Hepworth, 1992). An Orten, wo der Körper gezeigt wird, wo Jugend und Schönheit zur Schau gestellt werden, spitzt sich dieses An-den-Rand-Drängen noch zu: so beispielsweise am Strand (Urbain, 1994), und dies scheint sich tendenziell weiter zu verstärken. Franck (M77) beschreibt die Entwicklung der Sitten und Bräuche im Rahmen einer Kritik, die ihm wohl vertraut ist. Vor einigen Jahren noch, vielleicht vier oder fünf, waren am Strand vor allem alte Menschen, die eine kleine Gesellschaft aus Klappliegen, Sonnenschirmen und Geplauder bildeten. Dann kamen die ersten nackten Busen. Die kleine Gesellschaft war erschüttert und versuchte, den Widerstand zu organisieren. Aussichtslos: die Entblößung zog die Jugend an und die Jugend die Entblößung. Die Entwicklung war nicht zu bremsen; langsam aber sicher ging die Zahl alter Menschen am Strand zurück, denn Oben-Ohne intensivierte den normativen Druck, der auf Jugend und Schönheit beruht. Dieser Druck zog für Frauen eine weitere Grenzlinie (erster Schritt zu einer radikaleren Marginalisierung), die manchmal schon bei 35 oder 40 Jahren verläuft. Angesichts dessen läßt sich das Fieber der Vierziger besser verstehen, denn der Einsatz ist hoch: es geht darum, eine frühzeitige Zuordnung zum Alten Eisen abzuwenden. Indem die Vierziger individuell ihre Schönheit zur Schau stellen, verstärken die sie jedoch am Ende den Prozeß, der sie kollektiv in die Falle geben läßt. Das trifft allerdings nicht für ältere Frauen zu, die versuchen, sich radikal der Diktatur der Kriterien Jugend und Schönheit zu widersetzen, um des Genießens der Sonne, des Sichbräunens, der hautnahen Empfindungen und um des Rechts willen, sich genauso wie die anderen keine Fragen zu stellen. Laurent kennt eine fast sechzigjährige Frau, die von den finsteren Blicken, die sich auf sie stürzen, und von den vorsichtig zugeflüsterten freundschaftlichen Bemerkungen (Extreme lösen die Zunge) nichts sehen und nichts hören will. »Sie sagt: ›ja, mein Busen ist schon ziemlich zusammengesackt, na und, so ist es nun mal, fertig aus!‹ Sie möchte die Sonne spüren und achtet nicht auf die anderen« (M9). Eine solche Haltung erfordert jedoch eine außergewöhnliche Fähigkeit zur Gleichgültigkeit gegenüber den Aufforderungen der Umgebung, eine Art von sozialem Autismus, der für einige Beobachter auf Heldentum hinausläuft, für die meisten aber auf Verdammung.

Nicole ist es peinlich, daß sie die alten Busen kritisieren muß. »Ich sollte darüber nachdenken, warum man es dann nicht mehr machen kann, das ist schon ärgerlich, aber es ist wirklich nicht möglich« (F32). Die Vorstellung von einer Altersgrenze drängt sich erbarmungslos auf. Nur wenige wollten sie genau definieren, als ob die meisten bereit wären, Abweichungen jeglicher Art zu akzeptieren: es ist vor allem die Notwendigkeit eines Limits als Limit, die betont wird und unverzichtbar ist, um eine Spielregel zu etablieren. »Alle Altersgruppen, aber mit einer gewissen Grenze« (M44); »Ich bin nicht dazu da, eine Altersgrenze aufzustellen, aber es stimmt schon, daß es ab einem bestimmten Alter nicht mehr sehr schön ist. Dann muß man damit aufhören« (F27). Die Strandtoleranz führt dazu, daß Restriktionen des allgemeingültigen Rechts nur mit Bedauern ausgesprochen werden. Aber die Lust am Reglementieren ist zu stark, da sprudelt eine solche innere Evidenz empor, daß sie nicht zurückgehalten werden kann: einstimmig verurteilt der Strand den alten Busen. »Sie haben das Recht dazu, aber es ist schon schockierend« (F6); »Sie haben das Recht, das zu tun, aber ich finde das fürchterlich, fürchterlich! Es gibt schließlich Grenzen!« (F96); »Ich finde das schockierend, wenn sich eine Person, die alt wird, immer noch so zur Schau stellt« (F37); »Man muß ab einem bestimmten Moment das zu verbergen wissen, was weniger jung ist« (F174); »Sobald das herumwippt, muß man damit aufhören« (F114); »Eine alte Frau mit Hängebusen – da kann man wirklich nicht ganz normal sein« (F25); »Igitt!« (M10). Es geht nicht um eine Kritik der einen an den anderen: alle oder fast alle, einschließlich der Frauen, die praktizieren und mit einer gewissen Traurigkeit die Grenze näherrücken sehen sind sich einig. »Jedes Jahr sage ich mir: also gut, nach diesem Jahr ist Schluß! Man sollte das den Leuten nicht zumuten, diesen, ich möchte nicht sagen Verfall, aber wenn alles zusammenfällt. Und dann sage ich mir, ach, eigentlich hängt er noch nicht allzu sehr« (F97).

Der Ausschluß

Der Strand braucht Spielregeln, um nicht jedem Beliebigen alles Mögliche zu erlauben. Deshalb hat er sich Ventile geschaffen, auf die er sich verbissen stürzt: sie sind der Preis, den die Gesellschaft für die Ruhe der normalen Leute zu zahlen hat. Personen, denen die Negativ-Rolle zukommt, können die Grenzen zwar durchaus überschreiten, denn die Einschränkungen des Rechts sind stillschweigend und nicht zwingend. Deshalb gibt es am Strand dicke Männer und Frauen, Junge aber auch weniger Junge, Sonnengebräunte und Blasse, Schöne und Häßliche: keine Rasse, kein Alter, keine Figur ist verboten. Wenn man jedoch genau hinschaut, bemerkt man, vor allem an großen Stränden, wenige Dicke, Alte oder Häßliche, und wenn, dann haben sie sich häufig schüchtern an den Rand des Strandes verzogen. Denn es ist zwar nichts verboten, jedoch geben Blicke und tausend unhörbare Botschaften denen, die von der Norm abweichen, zu verstehen, daß sie die Zielscheibe der Kritik sind. Sie werden toleriert, sind aber unwiderruflich verurteilt, disqualifiziert. Neuer Pflasterstein unter dem Sand.

Um die Reglementierung zu rechtfertigen, tendieren wir dazu, das Stigma zu überladen: »Wenn wir eine Unvollkommenheit entdecken, neigen wir dazu, eine ganze Reihe weiterer anzunehmen« (Goffman, 1975, S. 15). Sobald die Kritik auf einen zu großen, zu schlaffen, zu tiefen, zu alten Busen abgeladen wird, gerät sofort die Frau, die es wagt, sich so den Blicken auszusetzen, ins Visier: wenn sie die Spielregeln nicht respektiert, können ihre Hintergedanken nur zweifelhaft sein. Der inkorrekte Busen wird schnell der schlimmsten aller Sünden verdächtigt: sexueller Exhibition. »Zu manchen Mädchen, die Oben-Ohne machen, möchte man am liebsten sagen: geh dich wieder anziehen! Denn du bist häßlich! Das sind Provokantinnen, das ist sicher!« (F158); »Bei einer, die nicht gut aussieht, ist das ein Sichzurschaustellen« (F7). Denis hatte die Exzesse der Nacktheit zunächst in Übereinstimmung mit dem offiziellen Diskurs kritisiert. Doch von seinem eigenen Elan gepackt, rutscht er in Ausländerfeindlichkeit ab: »Die Engländer sind die Schlimmsten. Sie haben weiße Haut und sind total schlecht gebaut, da braucht man nur diese Omas anschaun! Und die nehmen es sich heraus, sich nackt auszuziehen! Außerdem genieren sie sich nicht, laut zu reden« (M43). Andere rutschen in den Sozialrassismus ab: »Es hat da manchmal so Damen, im Stil ›das Sozialamt zahlt den Urlaub‹ und so, die weniger angenehm anzusehen sind« (F174). Zu sagen, der Strand habe seine Armen, ist nicht nur metaphorisch zu verstehen: häufig geht Ausschluß aufgrund der Kriterien Jugend und Schönheit Hand in Hand mit sozialem Ausschluß. Der Grund hierfür liegt zunächst darin, daß das Aussehen nur ein Aspekt ist und Manieren ebenfalls eine Rolle spielen. Ein faltiger Busen, der von einer gewissen Erziehung zeugt, wird viel eher toleriert werden. Ein weiterer Grund ist, daß das Aussehen selbst immer mehr als Resultat von Arbeit, als Indikator für eine bestimmte Kompetenz und als Distinktionsmerkmal betrachtet wird: der Dicke ist nicht mehr nur dick, sondern darüberhinaus auch noch eine Person, die unfähig ist, nicht dick zu sein. »Es gibt welche, die dick sind und sich dessen nicht einmal bewußt sind. Das ist eine Frage der Erziehung, man muß auf seinen Körper achten« (F174); »Es gibt Leute, die den Willen haben, an ihrem Körper zu arbeiten, andere wollen das nicht, das ist alles. Da soll mir keiner irgendwelche Geschichten erzählen! Und ohne von Schönheitschirurgie zu sprechen, kann man auch sonst eine Menge beheben, man muß nur den Willen dazu haben« (M89).

Den Willen, aber auch den entsprechenden kulturellen Hintergrund und das nötige Geld: Reiche und Arme verteilen sich tendenziell biologischen Zufällen zuwiderlaufend entlang einer Schönheitsskala. Diese Wirklichkeit läßt sich an *wirklichen* öffentlichen Orten wie der Straße oder dem Supermarkt beobachten, nicht aber am Strand. Denn der Strand ist der Schönheit vorbehalten, die Armen, weniger Schönen, können sich dort nur rar machen. Diese Schlußfolgerung kann überraschend sein, denn schließlich leben wir in der Illusion, der Strand sei ein völlig offener Raum. Doch das ist nicht der Fall, es scheint sogar, daß er immer mehr an Offenheit verliert. Es genügt beispielsweise, einen Vergleich zu den Stränden von Rio zu ziehen, die von einem kleinen Völkchen aus Vorstädtern und *favelados* (Peixoto, 1993) bevölkert sind, um zu sehen, wie sehr die europäischen Strände allein durch das stillschweigende Spiel der Schönheitsnorm zu bestimmten Gruppen vorbehaltenen Zonen werden. Ausschluß entfaltet seine Wirkung in konzentrischen Kreisen um diese Norm: die sehr Schönen dürfen alles, die weniger Schönen etwas weniger, die sehr Häßlichen überhaupt nichts. »Hast du schon einmal einen Behinderten am Strand gesehen? Niemals! Oder wenn du doch einmal einen siehst, starren ihn alle an. Das ist ja nicht auszuhalten. Am nächsten Tag wirst du ihn sicher nicht mehr sehen« (F148). Corinne stellt dieser Intoleranz die FKK-Strände gegenüber. »Dort sieht man alle Arten von Leuten, Körperbehinderte, Frauen ohne Busen, Zwergwuchs, Wirbelsäulenverkrümmungen, kleine Männer, große Narben, Frauen, die so fett sind, daß sie nicht in einen Badeanzug passen würden: das bekommt man alles an einem anderen Strand nie zu Gesicht« (F148). Von ihrer lyrischen Ader mitgerissen überzeichnet Corinne das Bild ganz offensichtlich. Doch auch wenn FKK-Strände nicht solche Wunderkreise sind, die morphologische Toleranz ist dort sicher viel größer, und dies aus dem einfachen Grund, daß dort die Spielregeln ganz andere sind und Schönheit nicht diese zentrale Rolle wie am Oben-Ohne-Strand spielt.

Auf der Skala der unerträglichen Behinderungen belegt nach dem Fehlen von Körperteilen und spektakulären Entstellungen die Fettleibigkeit einen herausragenden Platz. Weil sich viele ein wenig dick finden oder Angst haben, dick zu werden, sind sie vom Ausschluß derer, die dicker sind als sie selbst, unmittelbar betroffen, und dies umso mehr, als jedes zusätzliche Kilo dazu führen kann, daß man in der Strandhierarchie einen Platz nach unten rücken muß und die Gesten, die einem noch erlaubt sind, weiter eingeschränkt werden. Vanessa ist 20 Jahre alt und hat offenbar ein tadelloses Äußeres. Aber sie beklagt sich, sie esse zwanghaft wie ein Scheunendrescher, wodurch sie zunehme: sie praktiziert Oben-Ohne, aber ständig auf der Hut. »Ich fühle mich gerade noch wohl, zwei Kilo mehr und ich höre auf« (F68). Annick hat sich bereits entschlossen, ihren Busen zu verbergen: »Er ist zu schwer, zu groß, ich kann ihn nicht mehr zeigen« (F12). Noch ein paar Kilo, dann könnte der Badeanzug, der ihre Rückzugsmöglichkeit war, seinerseits unpraktikabel werden. Héloise, 28 Jahre alt, bleibt immer angezogen, wenn sie an den Strand geht. »Ich habe ziemliche Komplexe, ich habe nicht einmal Lust, einen Badeanzug anzu-

ziehen« (F22), oder wenn, dann nur an kleinen, weniger se-
lektiven Stränden. »Das ist vor allem an großen Stränden, daß
so aussortiert wird: man sieht kaum einmal Dicke im Badeanzug« (M86). Jenseits einer gewissen morphologischen Grenze
schließlich wird es schlichtweg unmöglich, an den Strand zu
gehen, selbst wenn man angezogen bleibt, und dies sogar an to-
leranteren Orten. »Ich habe Freundinnen, die kommen überhaupt nicht mehr an den Strand, seit sie ein paar Kilo zuge-
nommen haben: sie können diese Blicke nicht mehr ertragen«
(F148). Der Strand wird unmöglich, beziehungsweise man hat
auf jeden Fall weniger Lust, dorthin zu gehen. Denn diese Lust
ist eng verknüpft mit der Position, die man besetzt: in dem
Maße, in dem die Zahl der erlaubten Bewegungen abnimmt
und die ästhetische Klassifizierung sich verschlechtert, nimmt
die Lust ab und der Strand wird eher zu einer Gewohnheit
denn zu einem Vergnügen. Annick hat sich entschlossen, mit
Oben-Ohne aufzuhören: »Ich habe keine Lust, einen Hängebusen den Blicken anderer darzubieten« (F12). Diese kalte
Feststellung hat die Triebkraft zerstört, die sie bisher dazu
drängte, an den Strand zu gehen. »Das hat mich in meinem
Oben-Ohne-Elan gebremst. Jetzt habe ich weniger Lust, mich
an den Strand zu legen, ich gehe nicht mehr oft hin.« Die Ex-
klusion wirkt nicht mechanisch, nicht wie ein äußerer Zwang,
der einem den Zugang zum Strand oder bestimmte Verhaltensweisen verbieten würde. Durch das Spiel, das im Gange ist, findet sie sich vielmehr in den Wahrnehmungskategorien wieder,
die es einem jeden ermöglichen zu »fühlen«, welchen Platz er
zu besetzen hat und welche Gesten ihm erlaubt sind.

Nur die Elite der Elite von Jugend und Schönheit hat wirklich alle Rechte: alle anderen müssen sich positionieren und lernen, wo ihre Grenzen liegen. Aus diesem Grund ist die stille
Beobachtung nötig, auch wenn sie für die niedrig Klassifi-
zierten unangenehm ist. Mylène unterbreitet uns ihre Analyse:
»Sie haben da Leute, die gut aussehen, und solche, an denen
man nicht viel finden kann, das ist traurig, aber es ist nun mal
so. Leute, die ein unangenehmes Äußeres haben, sind über die

Blicke der anderen unglücklich, aber es sollte ihnen auch nicht egal sein. Denn sie sollten sich im Badeanzug wirklich selbst sehen können: sie sind ja schließlich auch menschliche Wesen« (F156). Hören wir uns diese äußerst reichhaltige Äußerung nochmals an. Diejenigen, »an denen man nichts finden kann« sind über den Blick, den sie auf sich ziehen, unglücklich, aber sie müssen ihn akzeptieren, denn das ist für sie die einzige Art, »sich selbst zu sehen«, ihren Platz und das, was sie zu tun haben, zu begreifen. Sie müssen sich im Blick der anderen selbst sehen, andernfalls laufen sie sogar Gefahr, ihre Eigenschaft, ein menschliches Wesen zu sein, zu verlieren. Mit anderen Worten: es ist möglich, ein menschliches Wesen zu bleiben, auch wenn das Schicksal es nicht sehr gut mit einem gemeint hat, aber nur unter der Bedingung, daß man seinen Platz wahrt und aufs genauste einen Verhaltenscode befolgt, der wesentlich rigoroser ist als für diejenigen, die es weniger schlecht getroffen haben. Dem Auge des Strandes entgeht nichts, auch schläfrig ist es immer geschärft. »Das zeichnet sich sowohl auf der Ebene des Äußeren als auch auf der des Verhaltens sofort ab, man sieht das gut, dann weiß man, an was man sich zu halten hat« (M86).

»Irgendwo«, sagt Philippe, hat er »gemeine Gedanken« (M89): Damit ist er nicht der einzige. Auch wenn sich der Strand weigert, das zuzugeben und sich selbst einzugestehen, hat er einen Traum: den Traum, eine angenehme Umgebung zu sein, das Stereotyp der Postkarte. Nackte Busen fügen, sofern sie schön sind, dieser Anmut noch eine zusätzliche Dimension hinzu. Zweifellos ist in diesem Traum von der idealen Umgebung, der so wesentlich ist für den gefühlsmäßigen Genuß, die Versuchung sehr groß, alles, was stört, zu eliminieren. »Also ehrlich, um Oben-Ohne zu machen, muß man doch ein schönes Schauspiel zu bieten haben« (F27); »Es ist einfach, es gibt nur einen Imperativ: es muß schön aussehen« (F174). Glücklicherweise bleibt dieser Traum nur ein Traum, und es gibt nur wenige, die, wie Antoine, ihre Entrüstung wider die Häßlichkeit deklarieren. »Der Strand ist ein Fleischhaufen: kleine Alte mit dickem Wanst, grauer Haut und schlaffem Busen: also meistens ist es wirklich schrecklich« (M2). Das Toleranzprinzip verhindert, zu weit zu gehen. Christelle hatte damit begonnen, von einer Umgebung zu träumen, in der es niemanden mit unangenehmem Äußeren gibt. Plötzlich legt sie den Rückwärtsgang ein. »Andererseits kann diese Logik natürlich darauf hinauslaufen, zu sagen: häßliche Frauen müssen zu Hause bleiben« (F8). Unterstützt von schweigenden Interaktionen, dem Hunger nach Indifferenz und dem Wunsch zu träumen, kann der Strand seine Exklusionslogik zügeln, während sie doch heimlich in seinen Gedanken ihre Wirkung entfaltet.

Ungezwungenheit

Die Konstruktion der Scham

Verhaltenscodes werden in zwei verschiedenen Memorisierungssystemen gespeichert, in einem individuellen Gedächtnis, wie ich es in *Schmutzige Wäsche* (Kaufmann, 1995) analysiert habe, das nicht im Bewußtsein, sondern in Verhaltensweisen und Gewohnheiten aufgehoben ist, und in einem gesellschaftlichen Gedächtnis, eingeschrieben in Rollen (wobei die Verbindung zwischen den beiden Systemen durch Normen gewährleistet wird). Scham kann aus dem einen oder dem anderen, dem individuellen oder dem gesellschaftlichen Mechanismus hervorgehen. Manchmal ist sie das Resultat einer persönlichen Geschichte, die bewirkt hat, daß der eigene Körper widerspenstig und zugeknöpft ist. »Es fällt den Leuten unterschiedlich leicht, sich anderen so zu zeigen und sich dabei wohl zu fühlen« (M9); »Wenn sie schon vorher Komplexe haben, wird es schwierig« (F183). Außerdem ist Scham direkt verknüpft mit der Fähigkeit, sich in Rollen einzufügen. Dieser Rahmen für die Produktion von Unbehagen wurde von Erving Goffman (1974) analysiert. Er zeigt, wie Scham aufgrund von Distanz zu einer Rolle in unterschiedlichen Konstellationen entsteht. Sei es, daß man mit einer neuen Rolle noch nicht vertraut ist, sei es, daß sich ein Individuum um eine Rolle bemüht, die auszufüllen es nicht in der Lage ist, oder daß eine Rolle zu anderen Rollen, die man bereits spielt, in Widerspruch steht. Erving Goffman ergänzt dies durch die Feststellung (1973b), daß Ungezwungenheit direkt mit der Überzeugung verknüpft sei, daß die ausgeführte Handlung normal sei, das heißt, daß die Rolle durch die geltenden Normen bestätigt und legitimiert werde. Das Prinzip ist einfach: je vollständiger eine Rolle übernommen wird, also ohne Distanz und ohne Zögern, umso mehr wird das Individuum umfassend durch die Rolle, die es ausfüllt, definiert, umso normaler wird die Rolle und umso weniger läuft es Gefahr, Scham zu empfinden. Dabei handelt es sich nicht um einen Mechanismus der Anpassung von außen an das Individuum. Norbert Elias (1979) analysiert die Entstehung von Scham ausgehend von einem inneren Konflikt zwischen zwei Bereichen des Selbst: demjenigen, der sich gehen lassen könne, und demjenigen, der für die Selbstkontrolle sorge. Diese beiden Identitäten entsprechen zwei möglichen Positionen im Hinblick auf dieselbe Rolle: das Schamgefühl hängt somit auch von der Art und Weise ab, wie die Entscheidungen getroffen werden, bestimmte Rollen zu übernehmen. Deshalb versucht das Individuum auch, die Botschaften, die es erhält, zu selektieren und zu vereinfachen, denn jede Ambiguität mindert die Ungezwungenheit (Picard, 1983). Diese Bemühungen richten sich jedoch nicht immer darauf, das Ich und die Ungezwungenheit zu vereinen: Schamgefühl kann auch bewußt gepflegt werden. Dann weist es auf ein Identitäts-Reservat hin, ein Ich, das sich weigert, vollständig durch die Rolle definiert zu werden (Goffman, 1974). So kann beispielsweise eine Frau, die von ihren ethischen Überzeugungen her eher prüde ist, wenn sie sich vor ihrem Arzt auszieht, kein allzu ungezwungenes Verhalten an den Tag legen. Obwohl das Ausziehen hier durch den Kontext legitimiert ist, muß sie eine gewisse Zurückhaltung markieren, um die Distanz zu ihrer gewöhnlichen Identität anzuzeigen: sie erhält bewußt eine gewisse Scham aufrecht (Heath, 1986).

»Sich wohl fühlen in seiner Haut«

Eine Rolle vollständig anzunehmen bedeutet, in einem gegebenen Kontext eine Einheit des Ichs zu konstituieren, die allein Ungezwungenheit möglich macht, oder, in den Worten Pierre Bourdieus (1987), eine Einheit mit seinem Körper bilden, ohne ihn von außen zu betrachten. In den Interviews kam dies in einer weiteren uns häufig zu Ohren kommenden Wendung zum Ausdruck: »Sich wohl fühlen in seiner Haut«. »Oben-Ohne ist wie eine Glatze haben: wenn man sich wohl fühlt, braucht man keine Perücke. Man muß sich wohl fühlen in seiner Haut« (M75); »Das wesentliche ist, sich in seinem Körper, in seiner Haut wohl zu fühlen. Wenn das so ist, ist alles einfacher, dann lebt man anders« (F150).

Die Praxis des einzelnen am Strand basiert auf einem Sich-Wohlfühlen, das von der Befreiung des Körpers und der Berührung mit den Naturelementen herrührt. Das Prinzip besteht nun darin, dieses Gefühl auch dann beizubehalten, wenn sich der Strand zunehmend bevölkert und der Druck der Blicke sich erhöht. Die Besten können es sich erlauben, sich für ein Verhalten zu entscheiden (wie das Oben-Ohne), mit dem sie offiziell in die höchste Kategorie der Ungezwungenheit fallen. Ungerechtfertigte Ambitionen aber werden mitleidlos sanktioniert: wer zu hoch hinaus will, riskiert, ungeschickt zu sein und sofort deklassiert zu werden. Angesichts solcher Anmaßung bedient sich der Strand eines Diskurses essentialistischen Typs: jeder muß seinen wahren Platz finden und dort bleiben. Das ist im Grunde das »sich wohl fühlen in seiner Haut«: ein möglichst natürliches Verhalten zu finden, eines, das am ehesten dem entspricht, was man von Natur aus ist. »Man muß sich selbst sein, sich wohl fühlen, natürlich sein, das muß etwas Natürliches sein« (F182). Doch im Gegensatz dazu zeigt sich, daß Ungezwungenheit ein Entwicklungsprozeß ist, das Ergebnis einer Arbeit an sich selbst, eine Kompetenz, wie die Anwendung von Oben-Ohne zu therapeutischen Zwecken zeigt. Marianne bringt das mit einem schönen, widersprüchlichen Satz zum Ausdruck: »Ich glaube, alles passiert im Kopf, wenn du Oben-Ohne machst: wichtig ist, es super natürlich zu machen« (F31). Genauso, wie Spontaneität eine anerzogene Kompetenz ist, die erarbeitet wird und sozial diskriminierend ist (de Singly, 1988), ist »Natürlichkeit« eine Kunst, die nur denen zur Verfügung steht, die über die entsprechenden Mittel verfügen. Schlimmer noch: diese Kunst besteht zu einem großen Teil darin, Ungezwungenheit zu simulieren, glauben zu machen, man fühle sich wohl in seiner Haut. Denn oft ist es gerade dieser

Täuschung zu verdanken, daß man sich dann wirklich wohl fühlt. Es genügt, ein einigermaßen guter Schauspieler zu sein und schon etabliert man um sich herum ein System unterstützender Blicke, das den Prozeß der Verinnerlichung der Ungezwungenheit verstärkt. Die andere Möglichkeit besteht in einer inneren Kraft, einem Kapital an Gewohnheiten, das es einem ermöglicht, die Blicke nicht zu sehen, beinahe so zu leben, als wäre man allein am Strand. »Ich könnte Ihnen nicht einmal sagen, ob man mich anschaut, ich fühle mich gut und das ist alles« (F30); »Diejenige, die sich zu sehr damit beschäftigt, ob man sie so oder so anschaut, kann sich nicht wohl fühlen, man darf nicht daran denken, man muß es einfach tun, sich ganz natürlich wohl fühlen« (M75); »Wenn man sich wohl fühlt in seiner Haut, kann man alle Hindernisse ausräumen« (M89).

Ungezwungenheit und Schönheit

Die Ungezwungenheit ist für eine Frau, die Oben-Ohne machen will, ein leicht zu handhabender Indikator, sie fühlt, ob die Bedingungen, um zur Tat zu schreiten, erfüllt sind oder nicht. »Wenn es einen nervös macht, es zu tun, sollte man es nicht tun« (F183); »Sobald du dich in der Öffentlichkeit wohl fühlst, solltest du es einfach tun« (F31). Dieses innere Gefühl ist nichts strikt Persönliches. Irène erklärt das sehr gut. Zunächst weist sie darauf hin, daß das Schamgefühl ihr einziger wirklicher Anhaltspunkt ist. »Wenn ich es tue, geniere ich mich nicht, wenn Schamgefühl in mir aufsteigt, behalte ich mein Oberteil an« (F182). Dann gibt sie ein Beispiel: »Wenn Leute kommen, die mich kennen und die nicht an Oben-Ohne gewöhnt sind, würde ich mich nicht wohlfühlen: ich behalte mein Oberteil an.« Irène fühlt sich »natürlich« wohl, außer wenn das Umfeld dieses Wohlbefinden zerstört. Als Grund für diese Zerstörung der Ungezwungenheit kommt nun wieder die Entfernung von der Normalität ins Spiel: ein alter Busen, ein großer Busen, eine aufrechte Position etc. Wir haben gesehen, daß der Strand dann seinen visuellen Druck erhöht, um die Frau fühlen zu lassen, daß sie sich an der Grenze des Zulässigen befindet. Nun läuft die innere Wahrnehmung der Botschaft genau über das eigene Befinden: der Druck erhöht das Unbehagen und die Frau »fühlt«, daß sie weniger Lust auf Oben-Ohne hat. »Diejenige, die als einzige Oben-Ohne ist, fühlt ein ganzes Paket indiskreter Blicke auf ihren Busen gerichtet. Da wird sie natürlich eine gewisse Scham empfinden« (M94). Jede Abweichung von der Norm erhöht das Gewicht der Blicke und vermindert tendenziell die Ungezwungenheit: allein diejenigen können es sich also erlauben, die sich am wohlsten fühlen. Die anderen sind dazu verdammt, die Spielregeln zu respektieren: je weniger »natürlich« ungezwungen sie sind, umso genauer müssen sie diese Spielregeln befolgen. Weigern sie sich, wird auf einer zweiten Ebene Druck auf sie ausgeübt. Denn ungenügende Natürlichkeit kommt in einer gewissen Unbeholfenheit der Gesten zum Ausdruck, was besonders genau beobachtet und mit noch mißbilligenderen Blicken streng bestraft wird: Scham führt zu noch größerer Scham.

Dieser Mechanismus erinnert uns an etwas. Ganz genau so wirkt auch Schönheit: je schöner eine Frau ist (oder je mehr man sie als schön ansieht), umso mehr hat sie das Recht, zu tun was sie will, umso leichter wird Oben-Ohne: leichter eben genau in dem Sinne, daß es mit Leichtigkeit gemacht wird. Diese Analogie ist nicht zufällig: Ungezwungenheit ist das perfekte Spiegelbild der Schönheit, aufs engste mit ihr verknüpft, eine zweite Facette des Hauptfaktors. Ungezwungenheit und Schönheit sind zwei zentrale Themen in den Interviews und werden als die beiden Hauptkriterien für problemloses Oben-Ohne dargestellt. »Wer das macht? Na diejenigen, die ungezwungen sind, und die, die gut aussehen« (F183). Aber getrennt funktioniert es nicht, und viele haben das bemerkt. Daß Schönheit eine Voraussetzung für Ungezwungenheit ist, ist offensichtlich. Suzanne faßt das ungewollt in ihrem Satz zusammen: »Um gut drauf zu sein, muß man ganz gut dran sein« (F76). Anders gesagt: »Um sich wohl zu fühlen in seiner Haut, muß diese Haut auch schön sein« (F73). Diese Abhängigkeit wird daran besonders deutlich, daß sich das Umfeld Mühe gibt, das Unbehagen zu verstärken, sobald es der Ansicht ist, dieser Busen verdiene es nicht, das zu sein, was er zu sein vorgibt. Selbst wenn nicht willentlich Druck ausgeübt wird, löst Häßlichkeit doch Peinlichkeit aus, eine Peinlichkeit, die sich auf die eine oder andere Weise in Druck manifestiert. »Also es gibt da so richtige Ruinen, das muß man schon sagen. Es ist mir peinlich, jemand zu sehen, der so schlecht aussieht. Was ich nicht verstehe, ist, warum denen das nicht selbst peinlich ist: es ist ja sogar mir peinlich!« (F5). Wenn Frauen älter werden, studieren sie ihr Äußeres genau, um über das Ende des Oben-Ohne zu entscheiden. Sie lesen die Sanktionen in den Augen der anderen, nehmen sie über ihr eigenes Schamgefühlt wahr. »Wenn sie sich gehemmt fühlen, hören sie damit auf« (M43). Meistens verweisen also Ungezwungenheit und Schönheit wechselseitig aufeinander, um Oben-Ohne zu genehmigen (und ebenso Schamgefühl und Häßlichkeit, um es zu verbieten). In manchen Fällen jedoch ist nur eine der beiden Qualitäten verfügbar, und die Frau muß es schaffen, sich auch so Legitimation zu verschaffen. Das kann toleriert werden. Beispielsweise verzeiht man in der Regel einer schönen Frau, wenn sie nicht so richtig ungezwungen ist. Umgekehrt kann eine außergewöhnliche Fähigkeit zu Ungezwungenheit einen Verstoß gegen den ästhetischen Code ausradieren. »Wenn man sich wirklich wohlfühlt, sagt man sich: ob ich einen kleinen oder einen großen Busen habe, ich zeige ihn einfach, weil ich Lust dazu habe, und um den Rest schert man sich nicht« (M9); »Selbst wenn eine überhaupt keinen Busen hat, kann sie Oben-Ohne machen: es genügt, daß sie sich wohl fühlt in ihrer Haut, das ist alles« (F179). Ein Mangel an Ungezwungenheit und Wohlbefinden kann durch ein Plus an Schönheit wettgemacht werden, ein ungünstiges Äußeres durch die Fähigkeit, sich wohl zu fühlen in seiner Haut. Ein starkes Schamgefühl oder offensichtliche Häßlichkeit hingegen würden eine starke Kompensation benötigen, die im allgemeinen nicht geliefert werden kann. Hingegen kann eine undeutliche Schönheit, wenn sie durch eine einigermaßen ausgeprägte Ungezwungenheit ergänzt wird, ausreichen, um die Bedingungen für Normalität zu schaffen.

Die Zirkulation der Scham

Zwar ist Scham als zentraler Klassifikationsfaktor (um zu entscheiden, wer Oben-Ohne machen darf und wer nicht) mit Schönheit vergleichbar, gleichzeitig ist sie aber auch etwas ganz anderes: sie bestimmt darüber, ob sich Oben-Ohne als Praxis verbreitet oder eher zurückgeht. Während die Definition der Schönheit relativ stabil ist, verändert sich die Ungezwungenheit je nach Kontext. Nehmen wir, wie Danièle, den Fall einer Frau, die in einer Gruppe von Freundinnen das Oberteil auszieht: »Ich habe sie mit Freundinnen gesehen, die alle ihr Oberteil anbehielten, und ich habe genau gesehen, daß es ihnen peinlich war« (F97). Maud bestätigt aus der Sicht der Frauen mit Oberteil: »Ich mag das nicht so, wenn meine Freundinnen das machen, weil ich mich dann nicht wohlfühle« (F75). Resultat: Frauen werden zur Imitation bewegt, um ihr Unbehagen zu minimieren. »Wenn eine damit anfängt und es dann immer mehr machen, werden es auch die anderen tun, weil es ihnen sonst peinlich ist« (M54). Der Vorgang ist einfach: Betonung der Ungezwungenheit auf der Oben-Ohne-Seite schafft Peinlichkeit auf der Oben-Mit-Seite. Im stillschweigenden Aufeinandertreffen der beiden Lager ist es die Zirkulation der Scham, die das Kräfteverhältnis verändert. An Stränden mit wenigen nackten Busen müssen diejenigen, die es wagen, mit allen körperlichen und mentalen Trümpfen ausgestattet sein. An Stränden, an denen viel Oben-Ohne gemacht wird, wird Ungezwungenheit auch bei unterschiedlicherem Aussehen und Verhalten möglich, das Schamgefühl fällt hier auf diejenigen zurück, die nicht mitmachen. Die Frauen, die ihr Oberteil ausziehen, sind sich nicht bewußt, daß sie an einem solchen Stellungskrieg teilnehmen: sie versuchen lediglich, um sich herum die Sphäre des Wohlbefindens ein wenig auszudehnen, um die Praxis zu erleichtern. Am besten gelingt das mit der Weigerung, sich den Blicken zu unterwerfen, und der Durchsetzung seines eigenen Verhaltensstils. Ein weiterer von Mund zu Mund wiederkehrender Satz spiegelt diese Haltung wider: »Diejenigen, die das stört, sollen eben gehen.« Mit anderen Worten: ich habe es geschafft, mit meinem Körper in Einklang zu sein, mich so, wie ich bin, wohl zu fühlen; wenn das anderen peinlich ist, ist es ihre Sache, ihr Wohlbefinden wiederherzustellen. »Wenn das jemanden stört, ist es seine Sache, nicht meine« (F148); »Diejenigen, denen das wirklich peinlich ist, die gehen eben woanders hin, der Strand ist ja groß genug« (M14). Die Diffusion der Scham verläuft also zentrifugal und läuft dadurch, daß der Bereich des Normalen ausgedehnt wird, auf Banalisierung der Praxis hinaus. Manchmal wird der Kampf zwischen den beiden Lagern auch offensichtlicher, denn wenn neugierige oder mißbilligende Blicke insistieren, kann man selten gleichgültig bleiben: Entweder man läßt sie über sich ergehen und empfindet wachsendes Unbehagen, oder man geht zum Gegenangriff über. Corinne schreckt vor einem solchen Gegenangriff nicht zurück. So zum Beispiel bei einem Spanner, der sie in wirklich penetranter Weise mit den Augen fixiert hat. »Ich bin aufgestanden und habe ihn einfach nur angesehen. Und das war ihm dann irgendwann unangenehm, weil ich ihn angeschaut habe, um ihm zu zeigen, daß ich ihn sah« (F148). Umgekehrt gehen andere Oben-Ohne-Praktizierende (in der Regel die, die noch eher zögerlich sind) eher in die Defensive. Sie beobachten, ob ihr Verhalten um sie herum keine peinliche Atmosphäre hervorruft, und sind jederzeit bereit, sich beim geringsten Zeichen dafür wieder zu bedecken. »Ich mag mich nicht so zeigen, wenn das jemanden stört« (F53); »Wenn ich spüre, daß das jemandem peinlich ist, ist es mir auch peinlich: dann sollte man besser damit aufhören« (F182). Die Zirkulation des Unbehagens verläuft also zentripetal und reduziert tendenziell die Entblößung.

Scham und Ungezwungenheit sind zwei Seiten derselben Medaille: Scham entwickelt sich aufgrund eines Mangels an

Ungezwungenheit und umgekehrt. Der positive Pol, die Ungezwungenheit, ist jedoch etwas komplexer. Scham zirkuliert wie ein Stigma (sie sind übrigens auch häufig gemeinsam unterwegs): jeder führt sie auf sich selbst zurück (und ändert nötigenfalls sein Verhalten), das Prinzip besteht darin, sich vom Unbehagen zu befreien, um in aller Ruhe leben zu können. Ungezwungenheit hingegen ist scheinbar eher konsensorientiert: häufig bringt sie in einer Art Aufwärtsbewegung selbst wieder Ungezwungenheit hervor. So kann beispielsweise der Kleiderverkäufer, der den Vorhang der Umkleidekabine hebt, die Kundin dazu bringen, sich ungezwungen zu fühlen, weil er selbst mit seiner Geste ungezwungen umgeht (Peretz, 1992). Am Strand bildet diese Kettenreaktion die Grundlage der Banalisierung. Aber es kann auch vorkommen, daß zu viel Ungezwungenheit wieder Scham hervorruft. Marianne würde gerne Oben-Ohne machen, aber sie fühlt sich »gehemmt« durch die »Überlegenheit« (F31) und beeindruckende Ungezwungenheit mancher Frauen, die ihren Busen den Blicken aussetzen: sie glaubt, nicht über die nötigen Kompetenzen zu verfügen. Die Ungezwungenheit ist aufgrund ihrer Dualität schwerer zu fassen, sie setzt sich aus zwei Komponenten zusammen: Natürlichkeit und Charme.

Natürlichkeit und Charme

In seinen Anfängen war Oben-Ohne eine Mode: eine Bewegung, die durch ein Konformitätsprinzip im Inneren einer Gruppe strukturiert war, die sich vom Rest der Gesellschaft unterscheiden wollte (Simmel, 1923, S. 31–64). Ungezwungenheit war damals, wie Pierre Bourdieu sie definiert, »die sichtbarste Bestätigung der Ungebundenheit gegenüber sozialen Zwängen, denen die ›einfachen Leute‹ unterworfen sind« (1987, S. 397). Dann schien sich der Differenzierungswunsch in Banalisierung aufzulösen, wobei diese Entwicklung von einer (relativen) Demokratisierung der Entblößung begleitet war. Ungezwungenheit wurde dann, entsprechend einer anderen Definition desselben Autors, der Zustand derer, die »nur das zu sein brauchen, was sie sind, um das zu sein, was man zu sein hat«, und die so allein schon durch ihre Existenz »Einfluß ausüben« (1987, S. 399). Überraschend ist, daß dieser Einfluß die zu erwartenden gesellschaftlichen Grenzen zu verwischen scheint. Denn die einfachen Milieus, die erst später diese Praxis übernommen haben, zeigen am Strand eine Fähigkeit zur Zwanglosigkeit, die jener der gebildeten Schichten in nichts nachsteht. Es scheint sogar, daß sie Überlegenheit an den Tag legen. Ein Indiz, das wir während der Umfrage sammeln konnten, war besonders erstaunlich. Wenn wir näher kamen, um Frauen, die Oben-Ohne praktizierten, zu interviewen, zogen die Intellektuellen, die einen sehr strukturierten Diskurs über die Befreiung hielten, fast systematisch ihr Oberteil an, um uns zu antworten. Arbeiterinnen und Angestellte, die häufig nur die armseligen Sätze inkorporierter Banalität zur Verfügung hatten, antworteten hingegen, ohne sich wieder anzuziehen. Die Übernahme der Rolle war bei ihnen so einfach und vollständig, daß ihre Ungezwungenheit wirklich einen »natürlichen« Charakter angenommen hatte, der erlaubt, ohne die geringste Verunsicherung das zu sein, was man ist. Pierre Bourdieu weist darauf hin, daß diejenigen, denen diese Ungezwungenheit fehlt, zu einer Arbeit des Erlernens verdammt sind, die genau wieder ihre Unterlegenheit demonstriert, während die Dominierenden nur so zu sein brauchen, wie sie sind, weil sie die Regeln bestimmen. Insofern ist es umso erstaunlicher festzustellen, daß die gebildeten Schichten eine wesentlich größere Beobachtungs- und Reflexionsarbeit aufwenden, um ihre Praxis anzupassen. Von dem Augenblick an, in dem zur Tat geschritten wird, übernehmen die einfachen Milieus die Rolle vollständiger und nahezu fraglos und konstruieren so auf die natürlichste Art der Welt Natürlichkeit.

Hier gilt es nun, die Ungezwungenheit in ihren beiden Komponenten einzeln zu betrachten. Pierre Bourdieu hat sie folgendermaßen beschrieben: »Lässigkeit, Charme, Umgänglichkeit,

Eleganz, Freiheit« (1988, S. 531). Ich persönlich neige dazu, diese Eigenschaften in zwei Gruppen aufzuteilen. Lässigkeit, Umgänglichkeit und Freiheit definieren in perfekter Weise Natürlichkeit, also den absoluten Glauben an die Ethik des Handelns, ein vollkommenes Sicheinfügen in die Rolle, das die Bewegungen entfesselt. Charme und Eleganz hingegen bezeichnen etwas anderes, die kultivierte Ungezwungenheit, eine Art und Weise sich wohl zu fühlen, die einen Unterschied zur Allgemeinheit herstellt. Der Distinktionswunsch ist nicht von den Stränden verschwunden. Im Unterschied zu den 70er Jahren wird er aber nicht mehr durch die einfache Tatsache des Sichentblößens markiert: er ist viel subtiler geworden und zwingt dadurch den Strand, noch viel feinere Beobachtungen anzustellen. Ungezwungenheit, die einen Unterschied herstellt, findet sich in Charme und eleganten Bewegungen, in der Kunst eines sanft fließenden Körpertanzes, ohne irgendein Wippen zu verursachen, in einer bestimmten Art, die eigene Selbstkontrolle mit Hilfe einer Spontaneität anzuzeigen, die den Eindruck vermittelt, gleichzeitig authentisch und zurückhaltend zu sein. Sie läßt sich auch an der Körperpflege und der Arbeit an der Schönheit ausmachen, die der Ungezwungenheit den Charme des Schönen und das Anrecht auf Überlegenheit verleihen.

Die Nachahmung des Normalen

In jeder Umfrage hat der Forscher einige Ausgangshypothesen, die es ihm erlauben, nicht blind zur Beobachtung zu schreiten. Das Ziel ist dabei nicht, sie um jeden Preis aufrechtzuerhalten, im Gegenteil: sie sind nur ein provisorisches Instrument. Wenn die Umfrage fruchtbar ist, muß man sie am Ende in transformierter Form wiederfinden. Die Umfrage zum Oben-Ohne war reich an Entdeckungen, und die Ausgangsthesen wurden tiefgreifend in Frage gestellt. So dachte ich, indem ich mich auf etablierte Theorien stützte, das, was die Soziologie »Rollendistanz« nennt, sei für bare Münze zu nehmen, also jeder bemühe sich darum, eine Fassade zu konstruieren, einen bestimmten Eindruck zu erwecken, während er heimlich ein doppeltes Spiel treibt. Das war übrigens der Grund, warum ich als Thema das Oben-Ohne gewählt hatte, denn es schien einen Kontext darzustellen, der gut für die Analyse dieses doppelten Spiels geeignet ist. Es war sehr überraschend für uns, festzustellen, daß diese Distanz zwar vorhanden, aber im Vergleich zum entgegengesetzten Streben nach möglichst vollständiger Anpassung an die Rolle marginal ist. Eine weitere anfängliche Überzeugung, die sich aus den Grundlagen der Soziologie speiste, bestand darin, daß es das Streben nach Distinktion ist, das im wesentlichen das Verhalten leitet. Doch auch wenn es am Strand durchaus Distinktion gibt, ist sie doch im Hinblick auf ihr Gegenteil, den Versuch der Nachahmung, sekundär.

Nachahmung und Wiederholung

Georg Simmel zeigt, wie wir ständig zwischen zwei widersprüchlichen Tendenzen hin- und hergerissen sind: Imitation und Distinktion. »Wir suchen nicht weniger die ruhige Hingabe am Menschen und Dinge, wie die energische Selbstbehauptung beiden gegenüber« (Simmel, 1923, S. 31). Einige Jahre zuvor hatte Gabriel de Tarde daraus sein Hauptkonzept gemacht, indem er betonte, daß »das soziale Wesen als solches ganz wesentlich Imitator ist« (1993, S. 12), daß das Individuum mit Hilfe der Nachahmung über seine Individualität hinausgehe: »Gesellschaft bedeutet Imitation« (S. 95). Das Werk von Gabriel de Tarde hat kaum Nachfolger gefunden, die Nachahmung wurde seither ein wenig vergessen. Abgesehen von einigen anderen Faktoren, unter anderem der Polemik mit der Durkheimschen Schule, könnte man annehmen, daß der Grund für dieses Vergessen darin liegt, daß Gabriel de Tarde bei einer sozialen Mechanik, bei der Analyse der Funktionsregeln der Imitation, stehen geblieben und es ihm nicht gelungen sei, herauszufinden, was zur Nachahmung treibt und ihren zentralen Charakter erklärt: die Konstruktion der Wirklichkeit.

Um die Nachahmung wirklich zu verstehen, sollte man sie nicht von dem allgemeineren Prozeß trennen, in den sie eingebettet ist: der Wiederholung. Das alltägliche Leben ist eine ewige »Wiederholung von Wiederholungen« (Goffman, 1991, S. 89), wir versuchen, die Rahmenbedingungen unserer Existenz zu reproduzieren, indem wir unerschütterlich und in ritualisierter Weise die gleichen Interaktionen wiederholen. Wir repetieren vor allem uns selbst, indem wir unsere Gesten des Vortags wieder aufnehmen, bis sie sich schrittweise in Automatismen transformieren. So wird Wirklichkeit konstruiert, indem sie sich durch Wiederholung verdichtet und verhärtet. Die Gewohnheit oder das Ritual der Nachahmung sind »natürlich« geworden, wir denken nicht mehr an sie, weil wir sie vollständig verinnerlicht haben, und sie fangen die Bedeutungen mit dem Gewicht ihrer Existenz ein: sie sind durch ihre Veralltäglichung so tiefgreifend in uns eingeschrieben, daß sie nicht mehr in Frage gestellt werden. Die Nachahmung befindet sich im Grenzbereich dieses Mechanismus der Verstärkung des Realen. Paradoxerweise tritt dank ihr Innovation auf, transformiert sich der

Habitus. Denn die Imitation wiederholt eine Geste, die für den Nachahmer neu ist. Das Individuum sucht sich eine Handlung aus, die als legitim und prestigeträchtig angesehen wird (Mauss, 1950) und die bis dahin nicht Teil seines Repertoirs an Verhaltensweisen war. Wird sie übernommen, verwandelt sich die Imitation in der Folge in routiniertere Repetition: der Kreis der tagtäglich bestätigten Wirklichkeit ist erweitert.

Nachahmungskette

Es scheint so, daß keine Geste jemals vollständig neu erfunden wird: jeder Pionier inspiriert sich durch verschiedene Dinge, die er gesehen hat und die er in sein persönliches Repertoire integriert, und er hat einen »Bestand an Verhaltensmustern« zur Verfügung, die es ihm erlauben, auf fast jede Situation zu reagieren (Linton, 1986, S. 88). Doch in den Augen anderer erscheinen manche Individuen als Erfinder: sie sind die ersten, die sie eine neue Handlung vollziehen gesehen haben. Aus diesem Grund waren viele Frauen »die ersten«, die Oben-Ohne gemacht haben. Corinne ist eine von ihnen. Sie hatte oft das Gefühl, die Rolle einer stillen Initiatorin zu spielen: vor fünfzehn Jahren, als sie nicht selten die einzige am Strand war, die Oben-Ohne machte; in ihrer Familie, als ihre Schwägerinnen es ihr nach langem Zögern gleichtaten; und neuerdings im Schwimmbad. »Ich spürte, daß einige Frauen wegen mir Lust darauf bekamen, sie schauten her, ohne es zu sehr zu zeigen, sie streiften die Träger herunter, versuchten, den Badeanzug ein wenig herunterzurollen, und schließlich ging es richtig los« (F148). Corinne illustriert den Kreis von Personen, die am Ausgangspunkt einer Nachahmungskette stehen: sie stellt unter Beweis, daß die Handlung möglich geworden ist. Viele Frauen haben nur auf diese Gelegenheit gewartet. Sie hatten davon gehört oder es anderswo gesehen; sie hatten den Gedanken an diese Handlung bereits im Kopf. »Ich hatte schon lange Lust, es auszuprobieren« (F96). Wenn sie dann vor ihren Augen über ein Modell verfügen (das ihnen Sicherheit und ein Bündel von Informationen vermittelt), können sie sich ihrerseits hineinbegeben und ebenfalls eine Nachahmungskette auslösen. Wenn sie sich noch ganz am Anfang eines solchen Prozesses befinden, tritt der nachahmende Aspekt ihres Vorgehens kaum zutage; sie vermitteln den Eindruck, Innovatorinnen zu sein, allein vom Wunsch nach Distinktion bewegt. Je mehr sich die Nachahmung verbreitet, desto mehr kehrt sich das Verhältnis zwischen Innovation und Repetition um, die Erfindung des Neuen wird zu einer reinen Verdoppelung des Normalen. In der ersten Phase widersetzt sich eine Minderheit dem etablierten Rahmen und versucht, eine neue Norm durchzusetzen, ein Verhalten, das einen ganz bestimmten Namen trägt: es ist eine Mode. Die Konfrontation mit der Gesellschaft definiert in dieser ersten Phase eine Nachahmung mit ganz besonderen Eigenschaften: sie ist gekennzeichnet durch Rhythmus, Schwung, Begeisterungskraft. »Man folgt einfach dem Rhythmus, man läßt sich verführen« (F6); »Man folgt der Entwicklung« (F179); »Wenn es eine Bewegung ist, eine bestimmte Stimmung, fällt alles leichter, man wird ein wenig mitgerissen« (F37). In der Phase der Banalisierung hingegen wird die Nachahmung passiv. Während das Individuum zuvor Initiative und Willenskraft zeigen mußte, um eine neue Handlung nachzumachen, drängt die Normalisierung der Praxis eher dazu, unter äußerem Druck auch unwillentlich zu kopieren. Der Druck einer kleinen Referenzgruppe: »Also, ich bin einfach den anderen gefolgt, ich hatte Freundinnen, die es machten, also habe ich es auch gemacht« (F96); »In der Clique meiner Freundinnen war ich die einzige im Einteiler (sie meint den einteiligen Badeanzug), also habe ich es gemacht wie die anderen, obwohl mir das zuvor nie in den Sinn gekommen wäre« (F68). Der normale und diffuse Druck einer Norm, die nun etabliert ist: »Ich mache es wie die anderen« (F74); »Tja, ich weiß nicht, es ist eben so, das ist normal, ich mache es ganz normal« (F114); »Man muß mit der Zeit gehen, das ist Teil der Sitten geworden« (F149). Eine Aufforderung zur Normalität, die die Form eines wirklichen Zwanges annehmen kann: »Ich habe Freundinnen, die es machen, aber gezwungenermaßen, sie haben das Gefühl, es machen zu müssen« (F75). Der Weg von innovativer Imitation zu passiver Repetition ist derjenige, der vom Neuen zum Normalen führt. So ist es verständlich, daß die herrschenden Schichten eher nach Distinktion streben und die beherrschten nach Konformismus (Bourdieu, 1987), nicht aus kulturellen oder prinzipiellen Geschmacksgründen, sondern aufgrund ihrer Position in den Nachahmungsketten – nur diejenigen, die über die Mittel verfügen, als erste zu imitieren, können sich die drückende Wiederholung des Normalen ersparen.

Normal sein

Die einzige Möglichkeit, dem »Schreckgespenst der Anomie« zu entkommen, besteht darin, »innerhalb des etablierten *nomos* zu bleiben«, also innerhalb allgemein anerkannter Sinnwelten (Berger, 1971, S. 54). Jede Abweichung von dieser lebenswichtigen Regel »führt zu unerträglichen psychologischen Spannungen« (S. 52) und taucht einen ins Chaos der Irrealität. Dadurch, daß wir soziale Wesen sind, sind wir dazu verdammt, die existierenden Codes zu suchen und uns nach ihnen zu richten; die Agierenden haben eine Hauptsorge gemeinsam: »normal zu erscheinen« (Goffmann, 1973b, S. 263). Der Strand stellt keine so stark formalisierte Institution dar wie das psychiatrische Krankenhaus, das Erving Goffman analysiert hat. Dennoch übernimmt das Individuum, das dort hinkommt, »die Verpflichtung, sich die Situation bewußt zu machen, ihre Orientierungen zu akzeptieren und sich nach ihnen zu richten« (Goffman, 1968, S. 242). Der Grund für diese normative Unterwerfung liegt in den mentalen Kosten jeglicher Entfernung von den Normen, denn in diesem Fall müßte man in der Lage sein, »schnell eine Rechtfertigung dafür produzieren« zu können (Goffman, 1973b, S. 249). Wir haben gesehen, daß durch die Umgebung sofort Druck ausgeübt wird, wenn ein Verhalten von den Spielregeln abweicht: der Wunsch, in Ruhe gelassen zu werden, gebietet es, solchen Angriffen zu entfliehen und derart die geltenden Normen zu akzeptieren. Die Kühnsten und diejenigen, die bestimmte morphologische Bedingungen erfüllen, können in den Randbereichen Innovationen erproben, jedoch ohne zu weit zu gehen, indem sie nur in einzelnen Aspekten und im Rahmen des Akzeptablen abweichen.

Die Wiederholung des Normalen ist hauptsächlich von der Suche nach Ruhe geleitet: indem man es wie alle macht, glaubt man ganz einfach, jedes Risiko auszuschließen. Die unterschwelligen Funktionen dieser Suche nach Normativem werden jedoch nur vage wahrgenommen. Zum einen heißt Konstruktion der Wirklichkeit, es wie alle zu machen, sein Leben mit Verhalten und Bedeutungen auszustatten, die »von allen« als wahr und wichtig anerkannt werden, also auch, in seinem Glauben an das, was man ist, umgeben und unterstützt zu werden, ohne daß der Zweifel daran nagt. Zum anderen bedeutet die Etablierung sozialer Beziehungen, es wie alle zu machen, Verstehen, Kommunikation, Austausch zu ermöglichen. »Der zivile Umgang beruht ganz und gar und jederzeit auf der Suche nach gemeinsamen Normen« (Pharo, 1991, S. 109); denn die Individuen werden mitgetragen von einer Tendenz zu »sozialem Zusammenhalt [...], dessen Ursache in einer bestimmten Übereinstimmung des Bewußtseins aller einzelnen Individuen mit einem gemeinsamen Typus liegt« (Durkheim, 1992, S. 155). Es radikal anders zu machen als alle anderen würde bedeuten, sich zu unwiderruflicher Isolierung zu verurteilen.

Die durchschnittliche Praxis

Normative Unterwerfung bedeutet nicht, daß sich jeder gleich verhält; es gibt ein Bündel von Codes, die festlegen, wer welche Rolle spielen kann und wie (Goffman, 1991). Die Praxis des Oben-Ohne zeigt das. Je nachdem, wie bevölkert der Strand ist, und je nach dem Anteil an Praktizierenden können bestimmte Gesten an einem Strand an einem bestimmten Tag erlaubt sein; je nach Aussehen, Alter und Grad der Ungezwungenheit können sie bestimmten Frauen erlaubt sein, anderen weniger und wieder anderen schließlich gar nicht. Diese Kategorisierung wird konstruiert, indem Normen gekreuzt werden. Da ist einerseits ein Verhaltensmodell, das mitsamt seiner Spielregeln etabliert wurde (Oben-Ohne); da sind andererseits Bevölkerungstypen, die auf bestimmte Weise mit diesen Regeln umgehen: die Norm kann niemals als vom Kontext losgelöstes Modell verstanden werden. Außerdem bleibt ihre Anwendung flexibel und unsicher. Flexibel: sie ist nur eine Leitlinie, nach der sich das Individuum richtet, während es aber gleichzeitig es selbst und lebendig bleibt, frei, innerhalb eines festgelegten Rahmens nach Belieben zu handeln. »Jede auch noch so formalisierte Handlung toleriert, daß der Akteur auf seinem Stuhl herumzappelt, sich kratzt, schnieft, hustet, eine bequeme Stellung sucht, seine Kleidung zurechtzupft oder gar weggeht und dies damit entschuldigt, daß er zur Toilette oder telefonieren geht. Im Recht, auf diese Art mit seinem Verhalten aus dem Rahmen zu fallen, muß man zweifellos die Anerkennung sehen, daß die mit einer Rolle verknüpften Zwänge über gewisse Grenzen nicht hinausgehen können« (Goffman, 1991, S. 266–267). Unsicher: selten wird nur eine einzige Norm vorgeschlagen, das »Normale« ist viel eher das Ergebnis eines Wirrwarrs von mehr oder weniger im Konflikt stehenden Bedeutungssystemen und läßt den Individuen einige Entscheidungsmöglichkeiten. So muß eine Frau, die entscheidet, Oben-Ohne zu machen, ziemlich genau die Spielregeln des Tages kennen und befolgen, um »normal« zu sein. Aber sie kann auch ein Oberteil anhaben und genauso »normal« sein. »Wenn das welche machen, ist das normal, heute ist das vollkommen normal. Ich praktiziere das nicht, für mich ist das normal« (F158).

Die Verhaltensnormen präsentieren sich also als ein vielfältiges und in Bewegung befindliches Bündel. Dies steht indessen in keinem Widerspruch zu der Tatsache, daß der normative Rahmen, besonders für kleine Gesten, die eine zentrale Funktion innehaben, extrem präzise oder sogar verpflichtend sein kann. Wir haben zum Beispiel gesehen, daß das Spiel der Blicke mit äußerster Rigorosität reguliert wird. Die Vielfalt der Codes sollte auch nicht darüber hinwegtäuschen, daß das Streben nach Normalisierung die meisten Personen dazu bringt, das Bündel immer mehr zu homogenisieren, indem zentrale Verhaltensweisen herausgesucht und wiederholt werden. In der ersten (und kürzesten) Phase der Nachahmungskette dient die Imitation dazu, sich von der Allgemeinheit zu unterscheiden, ganz am Anfang einer Entwicklung sogar manchmal in wirklicher Opposition zu den meisten anderen. Nicht die Quantität zählt, sondern die Anziehungskraft der neuen Praktiken, ihr Prestige. In der zweiten Phase hingegen taucht die Vorstellung eines Durchschnitts, eines zentralen Verhaltens auf: die Gesellschaft reproduziert sich aus ihrer Mitte heraus, sie konstruiert Wirklichkeit von der Mitte her. Während die Imitiationsdynamik erlaubt, an den Randbereichen Neuheiten in den Rahmen des Realen einzugliedern, reproduziert sich stabilisierte Normalität eher auf der Grundlage einer quantitativen Mechanik, die sich auf einen Durchschnitt an Vorstellungen und Verhaltensweisen konzentriert, der eine zentrale Rolle zu spielen beginnt. Da Normalität vor allem durch diese zweite Phase definiert ist, hat Emile Durkheim durchaus recht, wenn er betont, daß »ein moralischer Tatbestand dann für einen bestimmten sozialen Typus normal ist, wenn man ihn im Durchschnitt der Gesellschaften dieser Spezie beobachten kann« (1975, S. 283). Konformismus ist also nicht das Resultat äußeren Zwanges, nicht eine Art Makel phantasieloser Personen: er befindet sich vielmehr als zentraler Modus der Konstruktion von Wirklichkeit aus der Mitte heraus im Kern des Gesellschaftsprozesses.

»Perlen-Lektionen«

Selbst wenn es am Ausgangspunkt normalisierender Wiederholung eine kreative Form der Imitation gibt, vollzieht sich die Inkorporierung neuen Wissens in der Regel nach einem Modell, das Marcel Jousse herausgearbeitet hat (1974) und das er, nicht ohne eine gewisse Poesie, die »Perlen-Lektionen« nennt. Nach dem Vorbild der Perle wird Wissen in einem Prozeß sehr langsamer Kristallisation um einige konkrete Stützen herum memoriert; jede Geste, auch die schlichteste, trägt in sich eine ganze Sozialgeschichte, ein Schatz an Informationen verbirgt sich hinter einer Körperbewegung. Der Mensch ist nur ein »endloser Nachahmer«, ein Perlensammler, der »vielfältig glänzende Perlen sammelt, aus denen man (er) Ketten der Schönheit und Wahrheit« macht (Jousse, 1974, S. 37). Denn allein dadurch, daß sie imitiert und verinnerlicht wird, wird die »Perle« zur »Lektion«: sie setzt das Individuum frei und enthüllt ihm ihr angesammeltes Wissen. Einige Perlen-Lektionen können ganz offiziell den Vordergrund der Bühne besetzen. In *Die zwei Körper des Königs* analysiert Ernst Kantorowicz (1989) hierfür einen beispielhaften Fall. Der Autor zeigt, wie sich der noch embryonale Staat in einer ersten historischen Phase in der Person des Königs inkorporierte, was dazu führte, daß dieser in zwei Körpern lebte: seinem eigenen und dem der politischen Person, die mit dem Staat schwanger geht und bis in die kleinsten Details von einer ganzen Gesellschaft beobachtet wird, die versucht, sich die neue Idee zu eigen zu machen. Ein anderer exemplarischer Fall ist die Nacktheit in der Kunst. Ästhetische Nacktheit, wie sie von den Griechen als Philosophie und Lebenskunst erfunden wurde, die die göttliche Reinheit erreicht (Clark, 1969), schlug sich in den Kunstwerken nieder und dadurch in einem so stark mit Sinn beladenen Bild, daß es sich wie eine Art unanzweifelbare Referenz durchsetzte. So konnte Nacktheit in der Kunst, nur spärlich mit einigen Weinblättern verziert, auch die puritanischsten Epochen überstehen. Verschoben, in manchen Kontexten offiziell unverständlich, konnte sie sich allein durch die Kraft der Kristallisation erhalten und vermittelte ihr Wissen an den, der es zu verstehen wußte. Sie ist auch heute, am Oben-Ohne-Strand, noch wirksam, indem sie das Gleiten vom sexuellen Blick zur Schönheit unterstützt. Doch die meisten Perlen-Lektionen sind nicht so grandios wie die körperliche Genese des Staates oder die Nacktheit in der Kunst. Sie finden sich vielmehr in unendlicher Zahl in den gewöhnlichsten und winzigsten Handlungen. In der Kunst des Sichausziehens ohne Handtuch, in der Art und Weise, sich auf seinen Ellbogen zu stützen, ohne daß der Busen wippt, in der präzisen Kontrolle des »kleinen bißchen Mehr« des Blickes. Sie befinden sich auch in den Objekten, die »uns wie eine stumme und unbewegliche Gesellschaft umgeben, »eine Gedankenwelt, in der die Beiträge vieler Gruppen ineinander verschmelzen« und die uns still und leise ihre Botschaften übermittelt (Halbwachs, 1950, S. 131–132). Die Bilder von Gesten und Dingen bieten sich uns an: wir müssen sie nur nehmen.

Deshalb wird die Effizienz des Blickes durch nichts übertroffen. Er ist fähig, das erstaunlichste und das flüchtigste Bild aufzunehmen, ohne Pause hin und her zu zappen, um sich von einer unvorhergesehenen Perle überraschen zu lassen. Zwar schnell und leistungsfähig, ist der Blick jedoch kein zuverlässiges Instrument der kreativen Imitation, denn er bleibt zutiefst mehrdeutig. Wir haben bereits seine Dualität zwischen Distanz und Nähe gesehen: er ist gleichzeitig das, was erlaubt, aus großer Entfernung Interaktionen zu lenken, das Werkzeug für unmittelbares, gefühlsmäßiges Erkennen. Hier noch eine weitere Ambiguität: er bewegt sich zwischen Innovation und Bestärkung des etablierten Rahmens. Zwar hat er die Fähigkeit, Neues zu vertreiben, gibt er sich jedoch die meiste Zeit damit zufrieden, das aufzuspüren, was nachgemacht werden kann. Das ist der Hauptbefehl, der ihm aufgetragen wird: das Normale finden und beobachten. Nun erweist er sich für diese Übung auch als sehr geeignet, da visuelle Schemata und mentale Normen häufig untrennbar verbunden sind, insbesondere deshalb, weil Normen sich in Handlungen, in beobachtbaren Perlen-Lektionen, inkarnieren. Über visuelle Codes »wird die Erfahrung der Wahrnehmung der Welt [...] schrittweise zur Normalisierung der Welt« (Sauvageot, 1994, S. 19), wobei der Blick das organisiert, was als »Normen-Bilder« wahrgenommen wird (S. 15). Bei der Arbeit der Konstruktion von Wirklichkeit aus der Mitte heraus blicken die Individuen durch die Brille des verinnerlichten Normalitätsmodells: sie sehen, was sie sehen wollen. Sie integrieren zwar auch einige neue Informationen, die es ihnen erlauben, ihr Modell anzupassen, gefragt ist aber vor allem die störungsfreie Bestätigung bereits angeeigneter Vorstellungen und Verhaltensweisen.

Wenn Frauen am Strand ihr Bikini-Oberteil ausziehen, zeigen sie damit ihre Fähigkeit zu Ungezwungenheit. Andere betrachten sie, manche gerne. Wenn sie den Eindruck haben, nachahmen und gleichzeitig »normal« bleiben zu können, setzen sie in die Praxis um, was bis dahin nur ein Bild war. Das ist der Moment, in dem die Perle ihre Lektion veräußert. Die Geste imitierend entdecken die Frauen ein neues Universum von hautnahen Empfindungen und die Möglichkeit, dem Körper mehr Freiheit zu lassen. In Form einer stärkeren Emotionskontrolle rücken sie innerhalb der zweiten Phase des Prozesses der Zivilisation weiter voran. Der Blick hat seine Rolle für die kreative Imitation gespielt, aber die Entblößung verläuft nicht beliebig. Vorgehensweisen werden beobachtet, die Umsetzung in die Praxis findet nach etablierten Codes statt. Noch bevor die Frau ihren Verhaltensrahmen ändert, hat der Blick bereits die neuen normativen Regeln (tolerierte Stellungen in Abhängigkeit vom Aussehen etc.) gespeichert. Während das Modell mit dem Ziel der Innovation kopierte, stellte er bereits die Instrumente für die spätere Repetition bereit; die Innovation hätte im übrigen nicht stattfinden können, wenn das neue normative System nicht zuvor studiert worden wäre, denn es ist unmöglich, ohne Bezugnahme auf das Normale zu leben.

Die Rollenübernahme

Das Kennenlern-Spiel

Der Blick ist das Hauptinstrument der Imitation, ein Bild wird zum Modell genommen, um dann sorgfältigst beobachtet zu werden. Doch die Perle gibt ihre Lektion erst dann preis, wenn sie wirklich verinnerlicht wird, wenn es zu einem »Nachspiel« durch den Nachahmer kommt. »Der Mensch erkennt nur das, was er in sich selbst aufnimmt und nachspielt. [...] Wir werden niemals etwas erkennen können, das vollständig außerhalb von uns selbst liegt« (Jousse, 1974, S. 55). Imitation gelingt selten auf Anhieb, sondern durch schrittweise Annäherung. Dieses Lernen ist nie ein rein physisches: jedes Detail, das man erlernt, trägt ein Bündel von Bedeutungen in sich (Paradies, 1994). Denn eine Handlung ist nicht nur eine Art und Weise, etwas zu tun, sondern ein Seinsmodus (Burke, 1945), der in denjenigen eindringt, der sie neu spielt. Allein durch die Tatsache, eine Szene zu interpretieren, die ihm bis dahin unbekannt war, bekommt der Akteur Zugang zu einer neuen Erkenntnis, die sich ihm einschreibt. Auf diese Weise in besondere Regionen der Erkenntnis geführt, die er bisher nicht kannte, wird er im Hinblick auf die verschiedenen kognitiven und affektiven Fundierungen der Rolle, die er zum ersten Mal spielt, initiiert (Berger, Luckmann, 1986), »als würde er von seinem Eroberer in Besitz genommen« (Jousse, 1974, S. 55). Dabei fühlt er sich jedoch nicht beeinflußt oder entrechtet, noch weniger angegriffen. Das dominante Gefühl ist vielmehr das Vergnügen, das aus der Entdeckung einer neuen, unbekannten Dimension des eigenen Selbst entsteht (Strauss, 1992). Die Lektion wird niemals in reiner Form wiederholt, sie schreibt sich in das bereits verinnerlichte Repertoire an Vorstellungen und Verhaltensweisen ein und reformuliert es, bevor das Individuum die neue Rolle spielt, und zwar auf seine ganz persönliche Weise. Derart nicht völlig seines Fundaments beraubt, hat es das Gefühl, daß die Innovation bereits in ihm schlummerte und daß es lediglich eines Anlasses bedurfte, um sie aufzuwecken. »Ich wagte es nicht, ich dachte, ich würde es nie schaffen. Und dann ist es von ganz allein passiert. Dann habe ich mir sogar gesagt, daß ich doch blöd bin, weil ich es nicht früher versucht habe. Denn man fühlt sich gut damit, man ist der Natur näher: das entsprach schon immer meinen Vorstellungen. Manchmal bleibt man auf ganz blöde Weise eingezwängt in idiotische Gewohnheiten« (F93). Viviane fühlt sich eher als sich selbst, seit sie Oben-Ohne praktiziert, sie fühlt sich mehr im Einklang mit ihrer grundsätzlichen Vorstellung, daß es wichtig sei, sich entspannt und der Natur nahe zu fühlen. Wie könnte sie auf den Gedanken kommen, daß sie diese Vorstellung von außen übernommen hat, daß sie Gesten nachgeahmt hat, die es ihr erlauben, ihre Identität umzugestalten?

Die Rolle

Indem wir eine Handlung imitieren, sie auf unsere Weise spielen, begeben wir uns in eine soziale Rolle. Die »Rolle« ist ein soziologisches Konzept, das Gegenstand einer Unmasse von Literatur war; in der Regel wird sie als ein Bündel von Regeln verstanden, die einen bestimmten Aspekt der Identität definieren: Vaterrolle, Arztrolle. Der Mensch, der sich in die Vater- oder Arztrolle begibt, übernimmt das entsprechende Werte- und Verhaltenssystem, er wird zu dem, was die Rolle ihm zu sein vorschreibt, er handelt, wie er als Vater oder Arzt handeln muß. Die Frage, die oft diskutiert wurde, ist, in welchem Maße diese Rolle nur eine Maske ist, also welches der Zusammenhang zwischen eigentlicher Identität und im Moment gespielter Rolle ist (de Queiroz, Ziolkovski, 1994). Die Umfrage liefert einige Antwortelemente, ich werde noch darauf zurückkommen. Doch zunächst möchte ich noch präzisieren, wie ich ›Rolle‹ definiere. In der klassischen Soziologie bezieht sich der Rollenbegriff in der

Regel auf relativ breite Verhaltenssysteme: Vaterrolle, Kindesrolle, die Rolle des Ehemanns, die Rolle der Frau. Anthony Giddens (1987) – der den Begriff ›Rolle‹ möglichst vermeidet – kritisiert diese breite Definition, die seiner Ansicht nach zwei Mängel aufweise. Sie führt dazu, die Rolle als Makrostruktur zu begreifen, die außerhalb des Individuums liege, und gestatte somit nicht, die Adaptionsmechanismen, die wesentlich für das Verhältnis Individuum – Gesellschaft seien, zu verstehen. Zudem bildet sie ein abstraktes Muster, während doch im Gegenteil die Details eines präzisen Kontextes wichtig sind, eines Kontextes, der einen wesentlichen Teil der Spielregeln in sich trage: es gibt tausend Arten, Vater zu sein. Deshalb solle man eher eine begrenzte und in einem bestimmten Kontext situierte Rolle analysieren, um die dynamischen Gesetze zu erkennen, und nicht einen leeren Umschlag. Die Praxis des Oben-Ohne stellt meines Erachtens eine geeignete Untersuchungsebene dar, um den ganzen Reichtum des Rollenkonzepts ausschöpfen zu können.

Auch wenn die Rolle auf einer gesellschaftlichen Ebene konstruiert und memoriert wird, ist sie doch keine vollkommen außerhalb des Individuums liegende Struktur, in die es etwa hineinschlüpfte wie in ein Kleidungsstück: das Individuum nimmt die Rolle in sich auf, bevor es sie übernimmt. Erwing Goffman insistiert auf der Tatsache, daß eine Rollenübernahme für das Individuum vor allem die Produktion eines mentalen Schemas, ausgehend vom Beobachteten, sei: zunächst müsse man verstehen, was passiert, dann sich danach richten, und schließlich »bekräftigt der Lauf der Dinge diese Konformität« (1991, S. 242). Wir haben diesen Prozeß mehrmals betrachtet, zum Beispiel als es um die ›Laune‹ ging, die es ermöglicht, das Oberteil auszuziehen. Da fand zunächst eine Analyse der am Strand geltenden Regeln statt, dann wurden die Ergebnisse verinnerlicht und schließlich bildete sich ein Gefühlszustand heraus, der die Entscheidung auslöste: bevor ein mentales Schema gebildet wurde, wurde die soziale Organisation beobachtet. Bei dieser kognitiven Arbeit besteht die zentrale Komponente, die die Verinnerlichung des Schemas und dann die Rollenübernahme strukturiert, im Streben nach Normalität. Während der Beobachtungsphase studiert der Akteur die Spielregeln, also das, was erlaubt, was toleriert und was verboten ist, was je nach Umständen gut ist und was schlecht. Dann paßt er diese Beobachtungen an sein persönliches Gefühl von Gut und Schlecht an. In der Wechselwirkung zwischen diesen beiden Faktoren definiert er dann, wie es für ihn »gut« sein könnte zu handeln und gleichzeitig »normal« zu bleiben: die normative Ausarbeitung schafft die Bedingungen für die Rollenübernahme. Dabei handelt es sich nicht um eine abstrakte intellektuelle Anstrengung. Das »Normale« hat häufig zu viele Gesichter, ist zu unsicher und unstet, um eine einfache Gleichung aufstellen zu können. Wir haben gesehen, daß die Verwirrung hinsichtlich der Bedeutungen mit Hilfe einer Fixierung auf Gesten gelöst wurde, die ihrerseits in äußerst präziser Weise kodifiziert sind und als Dreh- und Angelpunkte der Konstruktion von Wirklichkeit fungieren. Die normative Vergewisserung ist somit häufig einfach und konkret. Ein kurzer Blick, und die Frau hat gesehen, ob viele Frauen Oben-Ohne machen und ob sie gut akzeptiert zu sein scheinen, sie verifiziert, ob die üblichen Regeln respektiert werden und nach welchen besonderen Modalitäten, sie beobachtet einige Beispiele in der Nähe und dann »spürt« sie, ob die Bedingungen, zur Tat zu schreiten, erfüllt sind, und entscheidet über das Wie: sie ist bereit, in die Rolle einzutreten.

Die Distanz zur Rolle

Es ist schwierig, im Interview zu den Umständen des ersten Eintritts in eine soziale Rolle Fragen zu stellen, weil sich dieser in der Regel in impliziter Weise vollzieht und deshalb wenig Spuren in der Erinnerung hinterläßt. Dennoch haben es manche Personen geschafft, sich zu erinnern und darüber zu reden. Ihre Antworten ermöglichen, unterschiedliche Varianten der Rollenübernahme herauszustellen.

Die erste und häufigste Variante kommt dann zum Tragen, wenn die Rolle keinen allzu starken Bruch zum bisherigen Verhalten markiert, wenn sie nur eine leichte Innovation darstellt. Der Eintritt in den Sozialisationsrahmen kann dann unmerklich vonstatten gehen, als handle es sich um eine einfache Weiterentwicklung bereits bekannter Praktiken. Die Arbeit der normativen Anpassung ist dann erleichtert und dringt kaum bis auf die bewußte Ebene der Reflexion vor. Die Veränderung läuft darauf hinaus, sich dem neuen Verhaltens- und Wertesystem unmittelbar anzuschließen. Yvette beobachtete, ohne zu beobachten, und dies schon seit langem, sie speicherte Informationen, ohne sich dessen allzu bewußt zu werden. »Ich habe es so oft gesehen! Und dann, eines Tages, habe ich mir gesagt: warum nicht ich? Ich bin auch nicht häßlicher als die anderen. Und ich hab's getan! Ich habe mich beim ersten Mal überhaupt nicht geschämt, das ist ganz von allein geschehen« (F86). Das war drei Wochen vor unserer Umfrage. Yvette fühlte sich so gut, so natürlich ungezwungen, daß sie in der Mittagssonne einschlief: sie wurde Opfer eines brutalen Sonnenbrands auf der Brust. Deshalb mußte sie warten, bis sich ihre Haut wieder erholt hatte: am Tag des Interviews ist das erst ihre zweite Oben-Ohne-Erfahrung. Und dennoch vermittelt sie den Eindruck, zu den alten Hasen zu gehören, weil sie mit solcher Leichtigkeit diesen Sozialisationsrahmen betreten hat. Karen hat vor einem Monat begonnen, und ihre Geschichte ist der von Yvette sehr ähnlich, auch sie fühlt sich entspannt, antwortet auf die Fragen, ohne ihr Oberteil wieder anzuziehen. Mit einem kleinen Unterschied: sie hatte zuvor noch weniger darüber nachgedacht. Zweifellos hat auch sie beobachtet, ohne zu beobachten, aber sie hat nicht die geringste Erinnerung daran, als ob ihr Körper allein entschieden hätte. »Das ist einfach so passiert, ich weiß nicht, warum ich es ausprobiert habe, ich weiß es wirklich nicht, vielleicht, als ich die anderen sah? Ich stelle mir nicht so viele Fragen, ich hatte einfach Lust dazu und fertig.« Auch Muriel (F70) dachte nicht daran, im öffentlichen Park Oben-Ohne zu machen. Sie tat es am Strand, aber nicht an diesem Ort, an dem sie nie auch nur eine Frau oben ohne gesehen hatte, bis zu dem Tag, an dem eben doch eine Frau ihr Oberteil auszog. Da zögerte sie keinen Augenblick, um es ihr gleichzutun und sich wie am Strand zu fühlen. Obwohl sie am Tag des Interviews die einzige im Park ist, die Oben-Ohne macht, fühlt sie sich seither sehr wohl. Denn seither hat sie die Rolle angenommen und glaubt so sehr an die Werte, auf denen sie beruht, daß scheinbar nichts sie in Frage stellen kann: die durch Erfahrung verifizierte Machbarkeit hat den Glauben geschaffen. Frauen, die so »natürlich« ihre erste Oben-Ohne-Erfahrung antreten, vermitteln den Eindruck, daß sie sich einfach treiben lassen und die Bedingungen der Praxis sehr wenig analysieren. Doch sie kennen und respektieren die Spielregeln ganz genau. Irène glaubt so stark an die Tugenden des Sehens ohne zu sehen, daß sie sich fürs Fernsehen filmen lassen würde; doch gleichzeitig befolgt sie alle Empfehlungen, zieht sich wieder an, wenn sie spürt, daß sie jemandem peinlich ist, zieht in aufrechter Stellung ihr Oberteil wieder an etc. Der Glaube kann stark sein, über jeden Zweifel erhaben, und doch strikt begrenzt auf die Rolle.

Im Gegensatz zu diesem »natürlichen« und totalen Einstieg in einen neuen Sozialisationsrahmen, kann auch eine gewisse Reserve oder eine »Rollendistanz«, um den vom symbolischen Interaktionismus (von Queiroz, Ziolkovski, 1994) verwendeten Ausdruck zu benutzen, in verschiedenen Etappen aufrechterhalten werden. In der Phase der normativen Anpassung kann die Reflexion ausführlicher, gedrängter, bewußter sein und sich in eine regelrechte innere Auseinandersetzung transformieren: das Oberteil ausziehen oder nicht ausziehen. Im Moment der eigentlichen Rollenübernahme wird die Veränderung des Sozialisationsrahmens und folglich die Identitätsveränderung häufig sehr deutlich wahrgenommen. »Das ist schon ein komisches Gefühl, man fragt sich, ob es richtig war, sich da hineinzustürzen, man findet sich in einem unbekannten Land wieder und fühlt sich ein bißchen eigenartig« (F190). Das Gefühl, in ein neues Selbst zu schlüpfen, indem man eine neue Rolle übernimmt, beruht auf einer Verdoppelung der Person, die alte Identität schafft es nicht oder weigert sich, sich vollständig auf das neue Verhaltens- und Wertesystem einzulassen. Eine solche Distanz ist im Moment des ersten Versuchs am stärksten und läßt dann nach, um manchmal vollkommen zu verschwinden. In manchen Fällen hält sie sich aber auch, einem Teil des Selbst gelingt es nicht, seinen Platz innerhalb der neuen Rolle zu finden. Élise (F73) illustriert diesen Widerstand gegen die Integration sehr gut. Sie hatte auf äußeren Druck, das Drängen von Nils, hin damit begonnen. Als sie sich einmal in dieses Abenteuer gestürzt hatte, hatte sie durchaus versucht, daran zu glauben und mit einer Willensanstrengung ihre innere Skepsis zu überwinden. Mit Hilfe einer weniger prüden Freundin hatte sie es sogar geschafft, oben ohne baden zu gehen, dabei Ungezwungenheit vorgespielt und den Eindruck vermittelt, sie könne nun einer höheren Klassifizierungskategorie angehören. In Wirklichkeit dachte sie weiterhin viel darüber nach. Wir haben gesehen, wie es dazu kam, daß sie plötzlich wieder damit aufhörte.

Die Dissonanz zwischen Rolle und früheren Gewohnheiten muß jedoch kein Hindernis für eine intensive Rollenübernahme sein. Dies zu analysieren, ist besonders wichtig, um die sozialisierende Funktion der Rollenübernahme erfassen zu können. Die Geschichte von Nancy, einer jungen amerikanischen Studentin, wird dies illustrieren. Bevor sie in diesem Sommer, in dem wir sie interviewten, nach Frankreich gekommen war, hatten ihre Eltern, alarmiert von den Gefahren, die an den Stränden des alten Kontinents lauern, sie schwören lassen, sich niemals dieser skandalösen Praxis hinzugeben. Damals mußte sie sich weder dazu überwinden, noch lügen, sie war selbst überzeugt vom abgründig unmoralischen Charakter des Oben-Ohne. »Das war nichts für mich, ganz schlecht, etwas ganz, ganz Schlechtes« (F152). Und dann, am Strand, war alles anders. Sie sah nichts Schlechtes. Im Gegenteil, es hatte da nur entspannte Leute ohne irgendwelche schädlichen Verhaltensweisen, Frauen mit toller Ganzkörperbräunung: sie hatte sofort auch Lust darauf, und es dauerte nicht lange, bis sie ihren Badeanzug hinunterrollte. Nur beim allerersten Mal war das noch ein starker Eindruck und sie genierte sich: schon vom nächsten Tag an hatte sie sich daran gewöhnt, mitgetragen von dieser Bewegung. »Das ist sehr, sehr angenehm, das läßt einen ein anderes Leben sehen, weniger ernsthaft als bei mir zuhause.« Ja genau, ihr Leben in Amerika: dachte sie noch daran? Die Frage warf einen düsteren Schatten über ihr Gesicht, denn sie verwies auf Schwierigkeiten, mit der gegenwärtigen Erfahrung im Hinblick auf ihre Identität umzugehen (Nancy hatte Angst, ihre Reisebegleiterin könnte ein Photo machen). Offensichtlich hatte sie ihr anderes Ich, das doch so wichtig war, vergessen, sie war sich nicht mehr bewußt, daß sie zur Zeit künstlich abgeschottet lebte. Sie war voll und ganz innerhalb des Rahmens des gegenwärtigen Augenblicks, im »Hier und Jetzt« ihres Daseins (Berger, Luckmann, 1991: S. 26). Denn in bestimmten Kontexten gründet sich die gesamte Infrastruktur des Selbst auf die augenblicklich geschehende Handlung (Mead, 1963).

Eine Rolle ist nicht nur ein einfacher Umschlag, in den das Individuum hineingleitet wie in ein Kleidungsstück: für den Moment definiert sie das Individuum, manchmal sogar vollständig, und längerfristig redefiniert sie seine Identität um. Die Umfrage hat die sozialisierende Kraft des Kontextes, in den der Akteur eingetaucht ist, die Intensität des Strebens nach Normalität, die dazu führt, jede Distanz zur Rolle auszulöschen, die Spielregeln zu finden und sich ihnen ohne Hintergedanken zu unterwerfen, gezeigt. Gibt es in der Tiefe der Person einen Teil des Selbst, der reserviert bleibt und sich weigert, sich im Kontext des Augenblicks aufzulösen? Mit anderen Worten: ein wahres Selbst, eine Identität, die sich von den ausgeborgten Rollen unterscheidet? Eine alte soziologische Debatte, die weit davon entfernt ist, entschieden zu sein und auch anhand dieser Umfrage nicht entschieden werden kann. Ein wichtiges Element mag jedoch deutlich geworden sein: die Schwäche der Rollendistanz und vor allem des Willens, sie aufrechtzuerhalten. Wurde die Distanz doch aufrechterhalten, geschah dies meist unfreiwillig, weil die persönlichen Gewohnheiten zu sehr abwichen, die normative Anpassung schwierig oder die Spielregeln mehrdeutig waren, oder die Distanz wurde aufgrund eines Rollenkonflikts aufrechterhalten wie bei Suzanne (F76), die sich gehen läßt ohne sich gehen zu lassen, ihren Badeanzug hochzieht, sobald sie einen ihrer Kunden an den Strand kommen sieht. Doch es hat sich gezeigt, daß eine solche Distanz relativ selten ist, daß die Rolle nur selten lediglich als Maske für ein dahinter existierendes Individuum benutzt wird. Ist dies doch einmal der Fall, dann eher in Form einer von den Umständen abhängigen Taktik, die vom Individuum im Rahmen einer Distanz entwickelt wurde, die nicht sein eigenes Werk war. Der sexuelle Männerblick ist hierfür das beste Beispiel. Das doppelte Spiel, das man hier vorfindet, ist vor allem Ergebnis der Ambiguität, der ständigen Unsicherheit, die durch die dreifache Wahrnehmung des Frauenkörpers hervorgerufen wird. Würde das bedeuten, daß die moderne Gesellschaft Individuen ohne jegliche Phantasie und ohne Sinn fürs Spiel hervorbringt? Woher kommt diese so vollständige Annahme der Rolle, ein solcher Wille, jedes deviante Denken zum Verschwinden zu bringen und die innerste und multiple Identität im Kontext des Augenblicks zu vergessen? Es gibt da eine ganze Reihe von Gründen, die alle zueinander passen und zeigen, daß die Rolle nicht außerhalb des Selbst ist und noch weniger ein Zwang: sie ist im Gegenteil das Instrument, mit dessen Hilfe sich die Person konstruiert und ihre Handlungsspielräume erweitert.

Die Umfrage bringt den direkten Nutzen distanzloser Rollenübernahme zum Vorschein, denn jede Abweichung wird durch den Druck des Umfelds bestraft, der als psychologische Belastung und als Schwierigkeit, soziale Beziehungen zu knüpfen, zum Tragen kommt und die Bewegungsfreiheit verringert. Ungezwungenheit in Verbindung mit Schönheit ist der Hauptfaktor der Strandsozialisation. Doch sie kann sich nur auf der Grundlage der Beachtung der Spielregeln und des Glaubens an die Rolle entwickeln. Jede Distanz, jede identitätsbezogene Zurückhaltung steigert das »Gefühl von Kontrolle, die auf uns lastet« (Mead, S. 233), und zwingt uns, uns eher einem äußeren Kontext zu unterwerfen, um eine Strategie auszuarbeiten. Die Frauen, die den Strand am meisten beobachten, sind diejenigen, die sich am wenigsten wohl fühlen, die sich Fragen stellen und angesichts der Rollenübernahme zögern. Diejenigen hingegen, die ohne Schwierigkeiten in die Normalität und Banalität der Gesten eintauchen, erreichen körperliche Ungezwungenheit und spüren das Gefühl von Freiheit. Hier finden wir die tiefgreifendste Erklärung für das Vergnügen am Oben-Ohne: in einer Mischung aus der Konkretheit körperlicher Befreiung und dem eher abstrakten Gefühl individueller Freiheit. Vergessen wir diese Spielregel nicht: diejenige, die Ungezwungenheit erreicht und sich im Kern des Normalen situiert, hat das Recht zu tun, was sie will. Paradoxerweise ist es also die umfassendste Rollenübernahme, die die vollständigste Freiheit verschafft und der Person den größten Handlungsspielraum läßt. Hingegen wird die Weigerung, sich dem Sozialisierungskontext zu unterwerfen, mit der Verpflichtung zur Analyse der Spielregeln bezahlt, was, da die Distanz zur Rolle groß ist, auf eine umso engere Definition des Verhaltensrahmens hinausläuft. Zusammenfassend bedeutet das: Distanz zur Rolle zwingt vor allem dazu, ihre Zwänge zu respektieren, während hingegen vollständige Rollenübernahme den äußeren Druck reduziert. So ist besser zu verstehen, daß so selten der freiwillige Wunsch besteht, nicht allzu tief in die Rolle einzutauchen, denn das erfolgreichste Mittel, Zwänge zu reduzieren, ist, sich ihnen zu unterwerfen, indem man sie sich zu eigen macht, sie so weitgehend inkorporiert, daß man sie als Rolle vergißt: die Rolle nicht nur spielen, sondern sein.

Bleibt eine Frage. Theoretiker, die versuchen, Tendenzen der historischen Entwicklung herauszuarbeiten, sind sich häufig hinsichtlich einer Prämisse des Wandels, die wachsende Kontrolle des Menschen über sein Schicksal durch seine Fähigkeit zu persönlicher Reflexion, einig. Louis Dumont (1983) analysiert den Prozeß der Individualisierung der Gesellschaft, der Zentrierung auf das verantwortungsvolle Individuum; Georg Simmel (1993) betont, wie sehr die Vervielfältigung gesellschaftlicher Zirkel den Bereich des individuellen Geheimnisses erweitert; Norbert Elias (1991) zeigt, warum die Erweiterung der inneren Welt das Instrument für die individuelle Autonomisierung ist. Wie kann ein solcher Aufstieg des Individuums ins Rampenlicht der Geschichte, eine solche Ausweitung des Spielfelds des Akteurs (Dubet, 1994) kompatibel sein mit Rollenübernahmen, im Rahmen derer sich das Individuum voll und ganz einem äußeren Kontext zu unterwerfen scheint? Wo liegt die Wahrheit zwischen dem verantwortungsvollen Individuum, das über sein Schicksal befindet, und dem Individuum, das hinter seinen Rollen verschwindet?

Die gesellschaftlichen Zirkel, um es in der Sprache Georg Simmels auszudrücken, oder die wechselseitigen Abhängigkeitsbeziehungen, um mit Norbert Elias zu sprechen, vervielfältigen sich immer mehr und differenzieren sich aus, indem sie mittelbar werden: wir haben immer mehr Beziehungen, auch wenn sie punktueller, flüchtiger, distanzierter sind. Zieht man nun für diese sozialen Kontakte den Rollenbegriff heran, kann man sagen, daß das Individuum über ein beträchtliches Rollenrepertoire verfügt, das historisch gesehen dazu tendiert, immer größer zu werden. Nur das Individuum allein kann dieses Repertoire, die Vielfalt der verfügbaren Rollen und Sozialisationsangebote, die es nicht nur dazu bringen, wichtige Entscheidungen zu treffen, sondern auch wahre Identitätsstrategien zu entwickeln, verwalten. Dies also zum verantwortungsvollen Individuum. Doch jedesmal, wenn es in eine Rolle, auch die kleinste, eintaucht, zählt nichts mehr, als sie vollständig zu leben, die Spielregeln zu akzeptieren und sich ihnen zu unterwerfen, denn aus dem gesellschaftlichen Stoff konstruiert das Individuum seine Freiheit.

Rollen und Gewohnheiten

In meinem Buch *Schmutzige Wäsche* habe ich gezeigt, wie sich persönliche Identität auf der Grundlage eines Bestands an inkorporierten Gewohnheiten strukturiert, die so weit wie möglich in Automatismen transformiert werden, um das Leben zu erleichtern. Wir sehen hier, daß das Verhalten in bezug auf Rollen sehr ähnlich ist: das Individuum versucht, sie so stark zu verinnerlichen, daß sie aus seinem Bewußtsein verschwinden. Gewohnheiten und Rollen sind jedoch nicht gleichzusetzen, Gewohnheiten schlagen sich auf individueller Ebene nieder, Rollen auf gesellschaftlicher. Dieser Unterschied ist an sich nicht allzu wichtig, er wird es erst mit der Feststellung, daß diese beiden Arten, das gesellschaftliche Gedächtnis zu speichern, historisch dahin tendieren, sich auseinander zu entwickeln. Guy Thuillier (1977) erläutert, wie in der traditionellen Gesellschaft »die alte Ordnung der Gesten« eine »Zwangsmechanik der Handhabung« konstruiert hat, die auf der Wiederholung alltäglicher, »unwandelbarer, ritueller, quasi-religiöser, säkularer Handlungen« beruhte, »die schon immer so gewesen sind« (S. 164). Mit anderen Worten, die gesellschaftliche und die individuelle Speicherung des Handlungsrahmens funktionierten auf geordnete Weise rund um dieselben Gesten; verschiedene Modi der Transmission von Wissen, Individuelles und Gesellschaftliches, Implizites und Explizites, konnten sich ohne größere Inkohärenzen überschneiden. Guy Thuillier weist nun darauf hin, daß es die Schulpflicht war, die diesem System den ersten Riß zufügte, und daß dann ein wenig später, zwischen den Weltkriegen, die eigentliche Auflösung »der alten Ordnung der Gesten« begann, weil in Konkurrenz zur alten Ordnung ein neuer Modus der Transmission von Wissen und von Verhaltenscodes entstand. Dieser neue Modus kommt in dem, was wir am Strand gesehen haben, ganz besonders deutlich zum Ausdruck: die Beobachtung der einen durch die anderen, das visuelle Einfangen neuer Szenen, welche Träger von Perlen-Lektionen sind, und schließlich die Rollenübernahme, die es ermöglicht, sich das Wissen einzuverleiben. Die Inkorporierung der Rolle bis zum Verschwinden des Bewußtseins dieser Rolle ist im Grunde nichts anderes als ihre Umwandlung in eine Gewohnheit, ist das Überwechseln eines Verhaltensschemas von der gesellschaftlichen Ebene, auf der es angesiedelt war, auf die individuelle, auf der es in einen Automatismus umgewandelt wird. Odile hatte lange Zeit große Schwierigkeiten, sich selbst von der Legitimität dieser Rolle zu überzeugen, sie machte Oben-Ohne, jedoch ohne sich dabei sehr wohl zu fühlen. »Und dann ist es schrittweise von ganz alleine gekommen. Heute ist es für mich normal, ich denke nicht einmal mehr daran, es ist eben zur Gewohnheit geworden« (F79). Vom alten zum neuen Bestand an Gewohnheiten ist es nur ein kleiner Umweg über eine Rollenübernahme; der Unterschied zur alten Ordnung der Gesten scheint somit nicht sehr groß zu sein. Dennoch ist er beträchtlich: er stellt den Hauptfaktor sozialen Wandels dar, das, wodurch sich der Habitus (der ethische, auf der Grundlage eines Bestands an Gewohnheiten strukturierte Rahmen) transformiert. Trotz intensiven Strebens nach Normalität und der Macht der Banalisierung (die den nötigen Gegenpart zur Kühnheit bilden), ist der Blick besonders leistungsfähig, wenn es um die Kunst des Sammelns geht, ist das Individuum eher dazu bestimmt, neue Rollen auszuprobieren, und erscheint das Angebot an Bildern und Rollen heute massiv und ausdifferenziert. Vermittelt durch den Körper bleibt das Individuum es selbst, es verinnerlicht nur das als Gewohnheit, was eine solche Verinnerlichung verdient. Durch die Mobilität seines Blickes und die Übernahme von Rollen, vor allem der unerwartetsten und entferntesten (unter der Bedingung, daß sie »normal« bleiben), weitet das Individuum den Rahmen seiner Identitätsreformulierung aus.

Schlußfolgerung

Im Laufe des Schreibens dieses Buches bin ich auf eine sprachliche Schwierigkeit gestoßen: wie sollte ich die Personen nennen, die den Strand besuchen? Urlauber? Ein zu breiter Begriff. Die Badenden? Nicht alle baden. Strändler? Diese Wortneuschöpfung wäre wenig elegant. Bleibt nur noch Strandgänger, und so habe ich beschlossen, sie so zu nennen. Der Ausdruck klang gut, hatte jedoch für uns in Frankreich den Nachteil, gewöhnlich eine bestimmte Kategorie von beruflich am Strand Tätigen zu bezeichnen. Im Zuge meiner Arbeit ging mir auf, daß das Verwechslungsrisiko zu groß war. Während also meine Bemühungen, einen adäquaten Begriff zu finden, hoffnungslos unfruchtbar blieben und mein Kopf nichts entsprechendes zustande brachte, floß ein ganz einfaches Wort aus meinen Fingern in die Tastatur: der Strand. Ich habe mich dabei ertappt, wie ich schrieb: der Strand macht dies, der Strand macht das, der Strand denkt dies, der Strand denkt das. Das sprachliche Problem hatte mich dazu gebracht, die einzelnen Individuen in ein einziges kollektives Individuum zu verwandeln. Hatte ich es also schließlich doch noch geschafft, dieser ärgerlichen sprachlichen Lücke zu entgehen? Zum Glück schaute mein kritischer Blick streng auf das, was meine Finger da taten. Diesen Fingern fehlte einfach die grundlegende soziologische Kultur, sie hätten doch wissen müssen, welcher Mißbrauch in der Vergangenheit mit diesen sogenannten kollektiven Akteuren getrieben worden ist: die Arbeiterklasse denkt dies, die Rolle der Frau besteht darin, jenes zu machen. Der Strand ist nur ein schwammiges Aggregat aus völlig verschiedenen Personen, die nicht auf ein einziges Denken reduziert werden können. Und doch zeigt die Umfrage, daß er es jenseits dieser Vielfalt geschafft hat, seine, wenn auch sicherlich diffuse und verborgene,

Ordnung zu etablieren, weiche, aber durchaus zwingende Regeln aufzustellen, eine unterschwellige Ideologie durchzusetzen. Obwohl theoretisch jeder frei sein mag, die persönlichen Geschichten immer besondere sind und ihr Körnchen Originalität, ihre Devianz zum durchschnittlichen Verhalten beisteuern, beteiligt sich ein Teil des Selbst im Strandkontext an der Konstitution von etwas, was einem kollektiven Akteur sehr ähnelt. Schließlich gab ich also meinen Fingern doch recht: ich konnte »der Strand« sagen, um die zu bezeichnen, die ihn besuchen. Dieser Ausdruck muß jedoch richtig verstanden werden. Er bedeutet nicht, daß sich jede einzelne Person vollständig in den dominanten Verhaltensweisen wiederfindet (Der persönliche und etwas übertriebene Eindruck besteht in der Regel sogar eher darin, nur einige seiner Verhaltensweisen und Vorstellungen seien konform mit der Allgemeinheit. Ein jeder neigt dazu, sich selbst als jemanden zu sehen, der aus dem Rahmen herausfällt). Aber ein kleines Stückchen Konformität, das sich zu einer unendlichen Zahl anderer kleiner Stückchen fügt, genügt, um mitten in der polymorphen Vielfalt der Einzelleben ein kollektives Denken herauszubilden.

Der Strand ist ein Ort großer Freiheit. Das Individuum fühlt sich dort vom Gewicht der üblichen Zwänge befreit. Es befindet sich im Angesicht der Naturelemente, hat den Großteil des Zivilisationstands abgestreift, ist allein mit seinem Körper, ihm näher, umhüllt von unmittelbaren Empfindungen. Allein oder fast allein: andere haben dasselbe Bedürfnis und breiten neben ihm ihr Handtuch aus, um demselben Gott zu opfern. Glücklicherweise sind die Personen, die sich ringsum niederlassen, voll angenehmer Gefühle, sie wissen, daß man handeln und denken muß, als wäre man allein, nicht auf die anderen achten und tolerant sein, wenn manche sich komisch verhalten. So kann das Individuum in aller Ruhe in der Sonne liegen, die Lider senken, träumen, was es will, und ab und zu einen kleinen Blick auf die Landschaft werfen: ja, so sieht die imaginäre Postkarte aus, die in ihm wohnt. Das Individuum glaubt daran und hat recht, daran zu glauben: oberflächlich ist der Strand wirklich so. Aber gleichzeitig und genauso wirklich ist er unter der Oberfläche anders, dort, wo sich eine andere Welt zeigt, in der nichts dem Zufall überlassen ist. Wenn das Individuum ankommt, sein Handtuch ausbreitet und, ob es will oder nicht, sich kurz umschaut, dreht es am Rad eines Mechanismus, der Regeln herstellt, einer Maschine, die menschliche Wesen zu dem macht, was sie sind. Das Individuum bewahrt sich seine eigene Welt, vor allem wenn es die Lider senkt und in sein kleines, heimliches Kino entweicht. Es bewahrt sich auch einen gewissen Handlungsspielraum, indem es dem Diktat einer Norm Absage leistet und manchmal wichtige Entscheidungen trifft. Doch wenn es einen Blick losschickt und ein Bild einfängt, wenn es eine neue Rolle spielt, fließt unmittelbar eine unendliche Menge an Gesellschaftlichem in es hinein. Entgegen einer hartnäckigen (und notwendigen) Illusion ist die Grenze zwischen Individuum und Gesellschaft nicht sehr klar. Auch wenn in der Regel davon ausgegangen wird, daß die Person von ihrer Umwelt durchdrungen werde, ist es im Gegenteil schwierig zu akzeptieren, daß das, was sie zu dem macht, was sie ist, was sie nährt und in jedem Augenblick neu erfindet, nichts anderes ist als die Erfahrung der Welt, wie sie sich um die Person herum in Objekten und Gesten in Blickweite kristallisiert. Die Person muß also nur aufsammeln, imitieren, nachspielen, und schon fließt neuer Lebenssaft in den Adern ihres Lebens, ein gesellschaftlicher Saft, ohne den es kein individuelles Leben gibt.

Die Vorstellung von einer so undeutlichen Grenze macht schwindlig: was sind wir dann als Personen, wenn wir aus gesellschaftlichem Stoff gemacht sind, der sich ständig bei uns einschleust und von innen in uns wühlt? Das Individuum braucht unausweichlich die Illusion eines souveränen Selbst (Abramovski, 1897); wenn es nur an eine einzige Sache glauben könnte, dann würde es an sich selbst glauben. Es braucht aber auch Anhaltspunkte, um in dem Bedeutungswalzer, der mehr und mehr die moderne Gesellschaft charakterisiert, nicht ins Stolpern zu kommen. Es möchte an sich selbst glauben, daran glauben, daß es eine autonome und verantwortungsvolle Person ist, und sich selbst auf der Grundlage dieser Vorstellung von einer Trennung Individuum-Gesellschaft auf der Höhe der Gesellschaft seiner Zeit sehen; es muß letztere also näher bestimmen und sein Verhältnis zu ihr definieren. Theoretisch handelt es sich hier um eine gigantische intellektuelle Arbeit. Praktisch geschieht es auf die einfachste Art der Welt, weil die Trennung nur in der Vorstellung existiert, weil die Beziehung, die das Individuum zu erfinden glaubt, nichts anderes ist als das, was es zu dem gemacht hat, was es ist, und weil ein Geländer ihm ermöglicht, auf dem Weg zu bleiben, es vor den Abgründen des Chaos und des unmöglich gewordenen sozialen Austausches schützt. Das Geländer, wir haben das im Kern der Debatten gesehen, die den Strand bewegen, ist das Normale, dieser sichere Raum, in dem das Individuum ganz sich selbst sein kann, ohne sich zu viele Fragen stellen zu müssen, wo es Bewegungsfreiheit erhält, wo es seine Artgenossen versteht. Da ist nur ein Problem: die Normalität ist in Wirklichkeit eine falsche Normalität, hinter ihrer tollen und beruhigenden Fassade verbirgt sich ein schreckliches Durcheinander möglicher Interpretationen. Je größer die Ambiguität wird, desto mehr wird die Rolle des Geländers auf Gesten übertragen, die in ihren formalsten Aspekten ritualisiert sind.

Aus diesem Grund wurde das Thema Oben-Ohne gewählt: die größte Ambiguität kennzeichnet die Beziehungen zwischen Männern und Frauen. Es wäre möglich, die Rituale des gesellschaftlichen Lebens herauszuarbeiten, dank derer Männer und Frauen es schaffen, sich in den verschiedensten Kontexten zu verständigen. Dabei würde der Eindruck vermittelt, die Gesellschaft stehe solide auf ihren Grundlagen. Doch unterschwellig sind Gedanken am Wirken, die nur mühsam zurückgedrängt werden und potentiell zerstörerisch sind für das, was die Zivilisation errichten konnte. Diese Schutzrituale werden heute umso wichtiger, als das Paar instabiler geworden ist. Früher war die Paarbeziehung eine lange vorbereitete und durchdachte Angelegenheit, eine Institution, die das Individuum ein Leben lang umschloß. Heute hat die Qualität der Beziehung eheliche

Stabilität als Wert ersetzt: die Beziehung ist eher abzubrechen, wenn der Partner zu wünschen übrig läßt. Und der Wunsch, das Verlangen, ist überall, nur schlecht unter der Maske des Banalen versteckt, bricht es überall aus dem Gewöhnlichen hervor, Schönheit und Sexualität intrigieren unaufhörlich. Der Mann schaut und fährt in aller Ruhe seine Ernte ein, mit der er sein kleines heimliches Kino speist. Wie auch am Strand bleibt sein Blick hängen, und er hält ihn nur für eine zulässige Dauer aufrecht. Ein andermal wird das Auge von einem Bild eingefangen, der Traum in einer Geschichte davongetragen. Immer mehr Paare trennen sich, immer mehr Paare bilden sich neu. Heute kommt es also sehr häufig dazu, daß sich eine neue Beziehung anbahnt. Nun nimmt eine Beziehung genau so ihren Anfang: nämlich mit einem winzigen Ausbruch dessen, was hinter dem Ritual hätte versteckt bleiben müssen. Entgegen der geläufigen Repräsentation, die die Geschichte eines Paares von allen anderen zwischenmenschlichen Beziehungen abhebt (»Wo habt ihr euch kennengelernt?«), sollte die Entstehung einer Liebesbeziehung vielmehr von ihrem Anfang her als ein Nicht-Ereignis gesehen werden, ein ganz gewöhnlicher Prozeß, dessen Besonderheit lediglich darin liegt, daß er nicht sofort wieder unterbrochen wurde.

Männer und Frauen begeben sich tagtäglich in vielfältige Beziehungsgeschichten ohne Folgen, flüchtige Entwürfe, die so schnell wieder verwischen wie sie aufgetaucht sind. Ist das zu sagen vielleicht banal? Ist es etwa ungeschickt, ein Buch mit solch einer Banalität zu beenden? Für mich ist das Banale wesentlich, und es gibt keinen Gemeinplatz, der es nicht verdiente, sich über ihn Gedanken zu machen. Das Besondere an der Banalität besteht darin, daß alle sie kennen und gleichzeitig ignorieren, nur das darüber wissen wollen, was sie schon wissen, also ziemlich wenig. Der normale Blick glaubt, er könne die anderen Körper der Frau erahnen. Er bemüht sich, sie zu sehen, ohne sie zu sehen, oder nur dann zu sehen, wenn die flüchtigen Umrisse einer Beziehung aufblitzen. Normalerweise jedoch versucht das korrekt sozialisierte Auge, die visuellen

Angebote säuberlichst zu filtern und sich mit der banalen Wahrnehmung der Existenz zu begnügen, denn das macht das Leben leichter.

Methodologischer Anhang

Es scheint mir sinnvoll, noch einige Präzisierungen zum theoretischen Kontext dieses Buches zu liefern. Ich rede viel von Rollen, analysiere das Spiel von Akteuren und ich beziehe mich ausführlich auf das Werk Erving Goffmans. Da wäre es nicht überraschend, wenn diese Untersuchung als der Forschungsrichtung des »symbolischen Interaktionismus« zugehörig klassifiziert würde, deren Einfluß in Frankreich derzeit wächst. Jede Klassifizierung ist beliebig und spielt für mich persönlich keine große Rolle. Es gäbe somit eigentlich keinen Grund, auf diesen Punkt näher einzugehen, bestünde nicht das Risiko einer Sinnwidrigkeit hinsichtlich der Grundlage dieses Werkes. Die Schule des symbolischen Interaktionismus bedeutete einen wesentlichen Fortschritt für die Soziologie. Sie stellte die Fähigkeiten dieser Disziplin unter Beweis, Fragen des Alltags eine theoretische Dimension zu verleihen. Sie ermöglichte, hinsichtlich des Verständnisses der Mechanismen, die das Individuum mit seiner Umwelt verbinden, weiter zu kommen und so über die sterile Abschottung hinauszugehen, die das psychologische Individuum von den makrosozialen Strukturen trennte (de Queiroz, Ziolkovski, 1994). Jedoch hat sie sich in der letzten Zeit (Terrail, 1993) dahingehend weiterentwickelt, daß sie sich nunmehr einen sehr engen Rahmen gesteckt hat, um ihre Untersuchungen zu vertiefen: eine relativ stark auf ihren eigenen Bereich eingegrenzte Mikro-Soziologie, Face-to-Face-Interaktionen, bei denen entferntere Bestimmungsfaktoren ausgeklammert werden (Akteure zweiten Ranges, Objekte, Dekors). Oder sogar noch enger: Interaktionen, die auf ihren verbalen Aspekt reduziert werden. Meine Position ist, so glaube ich, eine ganz andere, und dies insbesondere im Hinblick auf einen spezifischen Aspekt: den Rückbezug der Gegenwart auf die Vergangenheit. Jean-Pierre Terrail (1993) betont diesen wichtigen Aspekt. Im Gegensatz zu seinen frühen Arbeiten verwirft der neue Interaktionismus jegliche genetische Perspektive gesellschaftlicher Prozesse. Meiner Meinung nach ist jedoch die historische Verankerung wesentlich, um Resultate allgemeiner Tragweite ausgehend von einer detaillierten Analyse des Alltags zu erhalten, wie es die Arbeiten von Norbert Elias illustrieren und ich es in aller Bescheidenheit hier versucht habe.

Auch in methodologischer Hinsicht, also bezüglich des Ablaufs der Umfrage, sind einige Präzisierungen vonnöten. Das, was wir suchten, war unterschiedlicher Natur. Wir wollten einerseits erfahren, was sich in den Köpfen verbarg, und andererseits die Gesten bis ins kleinste Detail analysieren. Bezüglich des ersten Aspekts war das Leitfadeninterview als Methode am besten geeignet; was den zweiten Aspekt angeht, hätte die teilnehmende Beobachtung als das beste Untersuchungsinstrument erscheinen können. Allerdings stellte die Beobachtung, obwohl intensiv betrieben (Feldbeschreibungen, Beschreibungen der befragten Personen), nur eine Ergänzung zum Interview dar. Dies bedarf einer Erklärung: wie kann eine Methode, die auf der Sprache basiert, es ermöglichen, Praktiken zu beschreiben? Die in den Interviews gesammelten Aussagen dürfen weder als die reine Wahrheit noch als deren systematische Verzerrung angesehen werden. Sie sind komplex, häufig widersprüchlich, vollgestopft mit Verheimlichungen und Lügen, aber sie enthalten auch einen außergewöhnlichen Reichtum, denn gerade durch ihre Widersprüchlichkeiten erlauben sie, den Prozeß der Identitätskonstruktion zu analysieren, und geben Hinweise (die häufig wiederholten Sätze) auf unterschwellige gesellschaftliche Prozesse. Wenn man darauf achtet, nicht in die Falle allzu grober Verzerrungen zu tappen (zum Beispiel die Meinungen zur Genese des Oben-Ohne), können diese Aussagen sogar im Hinblick auf die Beobachtung der Praktiken zusätzliche Erkenntnisse bringen. Denn der normale Mensch ist ein ständiger Beobachter und verfügt über eine beträchtliche Menge an Informationen. Warum sollte man nicht von seinem Wissen profitieren? Natürlich muß man vorsichtig sein und niemals das, was er sagt, für bare Münze nehmen, jedoch die Masse der gesammelten widersprüchlichen Informationen ist die beste Garantie gegen das Irrtumsrisiko. Jeder hat seine Vorstellungen, seine Art zu beobachten, jedem sticht ein Element ins Auge, das seinem Nachbarn verborgen bleibt, jeder trägt ein ganz eigenes, wertvolles Stück zur Rekonstruktion der Wahrheit bei; die Befragten wurden als Informanten im ethnologischen Sinne des Wortes betrachtet. Wer könnte schon davon träumen, eine Truppe von dreihundert Mitarbeiterinnen und Mitarbeitern zu haben, von denen einige schon seit Jahren ganze Sommer auf dem Untersuchungsterrain verbracht hätten? Ich zähle schon gar nicht mehr, wieviele Male sie mich auf (wesentliche) Punkte hingewiesen haben, die ich in der direkten Beobachtung am Strand nicht gesehen hatte.

Die Interviews wurden nach der empathischen Methode geführt, die darin besteht, das Wertesystem der befragten Person zu verstehen und ihr (ohne zu übertreiben) zuzustimmen, um offenere und aufrichtigere Aussagen zu bekommen. Die Ergebnisse waren hervorragend, denn sie gingen über reine, in der Regel homogene, Anstandsdiskurse hinaus. Deshalb charakterisieren sich die Interviews auch nicht nur durch ihre Inhalte, sondern auch durch sehr verschiedene Ausdrucksformen je nach Typus der Personen oder Gruppen. So sind viele junge Leute gleich aufs Duzen übergegangen, obwohl sie die Interviewer vorher nicht kannten. Auch haben sich viele Personen so ungezwungen gefühlt, daß sie sich einer sehr persönlichen, ironischen, umgangssprachlichen, manchmal sogar vulgären Sprache bedient haben. Selbstverständlich kam es nicht in Frage, auch nur das kleinste Komma an ihren Aussagen zu ändern: möge der Lektor der Académie Française mir verzeihen, daß ich sprachliche Fehler und andere Zotigkeiten, die mir aussagekräftig erschienen, übernommen habe.

Der Interviewleitfaden wurde während der Umfrage ständig überarbeitet. Es ging darum, wenig produktive Fragen neu zu formulieren oder wegzulassen, neue Fragen hinzuzufügen und eine kohärente Abfolge zu erstellen, um das Vertrauen der Befragten zu gewinnen. Am wichtigsten war uns immer die Dynamik des Interviews, der Leitfaden wurde lediglich als Hilfe in den zentralen Phasen benutzt. Das Hauptproblem war zunächst die Kürze und Banalität zahlreicher Antworten. Um das zu lösen, griffen wir einerseits auf die klassische Methode zurück, das Spiel immer wieder am gleichen Punkt neu aufzugreifen. Die zweite Methode wurde ausgehend von der Analyse der ersten Interviews entwickelt. Die Widersprüche wurden systematisch verzeichnet und analysiert. Dies ermöglichte es, die Forschungsgruppe für ein besseres Verständnis der Widersprüche zu schulen. Den Interviewern wurde dann geraten, diese Widersprüche im Laufe des Interviews aufzuspüren und die Personen sehr direkt zu ihren verschiedenen Ansichten zu befragen, wobei sie so genau wie möglich die Formulierungen wiedergeben sollten, die die Befragten zuvor verwandt hatten. Dieses Vorgehen war äußerst fruchtbar, denn in den meisten Interviews schien das Hauptanliegen der Befragten darin zu bestehen, sich auf kohärente Weise zu präsentieren. Damit waren sie in der Zwickmühle zweier verschiedener Forderungen: der Banalisierungsforderung, die sie zum Schweigen brachte, und der Kohärenzforderung, die sie zum Nachdenken und zum Versuch, sich zu erklären, zwang. Viele entschieden sich für den zweiten Aspekt und vollbrachten hierfür enorme geistigen Anstrengungen. Dies ermöglichte uns, teilweise sehr reichhaltiges Material zu sammeln.

Die Auswahl der befragten Personen beruhte auf einer Überrepräsentation der Frauen, da die Männer für den analysierten Mechanismus weniger zentral waren. Die befragten Personen spalten sich in drei ungefähr gleich große Gruppen auf: ungefähr hundert Männer, ungefähr hundert Frauen, die Oben-Ohne praktizieren, und ungefähr hundert, die nicht praktizieren. Die am Strand anwesenden Altersgruppen wurden annäherungsweise berücksichtigt, abgesehen von den Kindern, denen es sehr schwer fiel, sich zum Thema zu äußern, und die deshalb nur selten befragt wurden. Außerdem wurden einige Spezialinterviews geführt: mit Personen, die sich beruflich am Strand aufhalten (Strandwächter, Gewerbetreibende) und mit Händlern in der Nähe. Die meisten Interviews wurden am Strand geführt und mit der Beobachtung der Person kombiniert. Einige wurden auch im Feriendomizil der Befragten, andere in weiter entfernten Regionen mit Personen geführt, die den Strand besuchen oder auch nicht. Die Interviews in den Häusern der Befragten erlaubten es, andersartiges Material, gleichzeitig weniger spontan und tiefer in die Analysen eindringend, sowie kritische Meinungen zu den Strandsitten zu sammeln. Insgesamt wurden 320 Personen befragt; 286 Interviews wurden verwandt und in den anschließenden Tabellen verzeichnet. Der Einfachheit halber rede ich von 300 Personen.

Die Untersuchung wurde hauptsächlich an drei Stränden durchgeführt: Kerfany (KY) und Kerguelen (K) im Morbihan, Moulin-blanc (MB) im Finistère, les Sables d'Or (SO) an den Côtes d'Armor und Fécamp in Seine-Maritime. Einige Interviews wurden an anderen Stränden durchgeführt: Lorient, Saint-Malo, Fort-Bloqué, Anse-Dugesclin, Rothéneuf; außerdem an einem Seeufer in der Nähe des Moulin-blanc und in einem öffentlichen Park in Rennes. Es wurden leicht unterschiedliche Terrains, jedoch innerhalb eines einheitlichen Rahmens, derselben Region, ausgesucht, um eine zu große Ortsgebundenheit zu vermeiden, denn wir hatten keinen Vergleich zum Ziel, wollten nicht lokale Besonderheiten erfassen oder Verhaltensunterschiede von einem Strand zum anderen oder von einer Region zur anderen beschreiben. Unser Ziel bestand im Gegenteil darin, die innere Logik eines Mechanismus zu erkennen, die einen relativ einheitlichen Untersuchungskontext voraussetzte und es nötig machte, mehr auf generelle Linien denn auf Partikularitäten zu achten.

Die Inhaltsanalyse stellte den wichtigsten Teil der Untersuchung dar, was auch den großen Zeitaufwand (zwei Jahre) für sie erklärt. Diese lange Laufzeit ist darauf zurückzuführen, daß die Auswertung mit der Problematisierung verknüpft wurde. Die Analyse von Leitfadeninterviews wird derzeit nach sehr unterschiedlichen Methoden durchgeführt. Die, die ich selbst entwickelt habe, das »verstehende Interview«, ist eine sehr persönliche und hängt mit dem System der in der Einleitung beschriebenen Theorieentwicklung zusammen. Ich betrachte das Material nicht als ein Ergebnis, aus dem man direkt Schlüsse ziehen kann, sondern als Ausgangspunkt für eine zweite Untersuchung, die im Rahmen der Inhaltsanalyse durchgeführt wird. Diese Untersuchung ist umso notwendiger, als die Interviews in empathischer Weise durchgeführt wurden. Nach der Phase der Nähe zur befragten Person kommt die der kritischen Distanz, der Analyse der Widersprüche im Diskurs und der erkannten Verzerrungseffekte, der Evaluation des Aufrichtigkeitsgrades einer Antwort und des Grades, in dem sich eine Person bemüht oder stereotyp geantwortet hat etc. Diese Arbeit hat nicht zum Ziel, die Befragten zu entlarven. Das Ziel, das es erlaubt voranzuschreiten, besteht vielmehr darin, ausgehend vom konkreten Individuum und den Aussagen, die es in einem konkreten Kontext von sich gemacht hat, das gesellschaftliche Individuum transparent werden zu lassen, gesellschaftliche Prozesse aufzuspüren (für die häufig auftretende Formulierungen ein wichtiger Indikator sind), die die weitere Auswertung strukturieren und erleichtern und dadurch Fehler einer zu subjektiven Interpretationen zu vermeiden helfen. In diesem Hin und Her zwischen individueller und gesellschaftlicher Ebene, in diesem Aufspüren von Prozessen, werden Hypothesen formuliert und theoretische Perspektiven skizziert.

※ ※ ※

Die große Zahl der Befragten hat es nicht ermöglicht, sich innerhalb des Textes lange bei der Lebensgeschichte eines jeden einzelnen aufzuhalten: die zitierten Sätze und kommentierten biographischen Fragmente sind häufig sehr kurz. Um die Tendenz zur Anonymität, die daraus resultiert, zu korrigieren, befindet sich hinter jedem Zitat oder Kommentar eine Nummer (deren mangelnde Eleganz der Leser verzeihen möge), die auf einige Informationselemente verweist, die in den folgenden Tabellen zusammengestellt sind.

Interviewpartnerinnen

Nr.	Alter	Beruf	Wohn-/ Lebenssituation	Strand bzw. Ort des Interviews	Situation am Strand während des Interviews
F1	20	Studentin	bei den Eltern	Nähe von MB	
F2	17	Gymnasiastin	bei den Eltern	Nähe von MB	
F3	8	Schülerin	bei den Eltern	an einem See	Gruppe
F4	26	Arbeiterin	als Paar lebend	an einem See	Paar mit Kind(ern)
F5	42	Crêpe-Verkäuferin	allein	Nähe von MB	
F6	24	Erzieherin	als Paar lebend	MB	allein
F7	34	Hausfrau	verheiratet	MB	allein
F8	21	Studentin	als Paar lebend	zu Hause	
F9	25	Friseurin	verheiratet	Nähe von MB	
F10	18	Friseurin	alleinlebend	Nähe von MB	
F11	19	Friseurin	alleinlebend	Nähe von MB	
F12	45	Hausfrau	verheiratet	zu Hause	
F13	25	Lehrerin	verheiratet	MB	
F14	24	Verkäuferin	alleinlebend	MB	gemischte Gruppe
F15	21	Studentin	alleinlebend	MB	allein
F16	18	Studentin	bei den Eltern	MB	Gruppe von Frauen
F17	19	Studentin	bei den Eltern	MB	Gruppe von Frauen
F18	38	Hausfrau	verheiratet	MB	allein mit Kind
F19	21	Hotelfachfrau	alleinlebend	MB	allein
F20	20	Wiedereingliederungspraktikum	als Paar lebend	MB	allein
F21	22	vorüberg. Sekretärin	alleinlebend	Nähe von MB	
F22	28	ohne Beruf	bei den Eltern	MB	Gruppe von Frauen
F23	69	Haushaltshilfe	alleinlebend	MB	allein mit Kind(ern)
F24	11	Schülerin	bei den Eltern	MB	gemischte Gruppe
F25	58	Hausfrau	verheiratet	MB	allein
F26	58	Hausfrau u.-hilfe	verheiratet	MB	Paar
F27	24	Studentin	alleinlebend	zu Hause	
F28	24	Bewegungstherapeutin	alleinlebend	MB	allein
F29	13	Schülerin	bei den Eltern	MB	gemischte Gruppe
F30	39	Höhere Beamtin	alleinlebend	MB	allein
F31	25	Redakteurin	als Paar lebend	zu Hause	
F32	52	Erzieherin	verheiratet	Nähe von MB	
F33	62	Rentnerin	verheiratet	zu Hause	
F34	26	Kosmetikerin	alleinlebend	zu Hause	
F35	27	Sozialarbeiterin	als Paar lebend	zu Hause	

317

Nr.	Alter	Beruf	Wohn-/ Lebenssituation	Strand bzw. Ort des Interviews	Situation am Strand während des Interviews
F36	34	Kosmetikerin	verheiratet	zu Hause	
F37	43	Erzieherin	verheiratet	zu Hause	
F38	26	Studentin	als Paar lebend	zu Hause	
F39	27	Dokumentaristin	als Paar lebend	zu Hause	
F40	23	Studentin	Wohngem.	zu Hause	
F41	24	Friseurin	Wohngem.	zu Hause	
F42	53	Führungskraft	verheiratet	zu Hause	
F43	34	arbeitslose leitende Angestellte	verheiratet	zu Hause	
F44	24	Studentin	als Paar lebend	zu Hause	
F45	34	Handeltreibende	als Paar lebend	Rothéneuf	Paar mit Kind(ern)
F46	25	Haushalts- beraterin	als Paar lebend	Rothéneuf	Paar mit Kind(ern)
F47	17	Studentin	alleinlebend	zu Hause	
F48	49	Kranken- schwester	verheiratet	zu Hause	
F49	22	Kundenwerberin	alleinlebend	Nähe von Rothéneuf	
F50	23	Handelsattachée	als Paar lebend	Nähe von Rothéneuf	
F51	24	Studentin	alleinlebend	zu Hause	
F52	27	Sekretärin	verheiratet	zu Hause	
F53	47	med. Assistentin	verheiratet	Anse Dug.	Paar
F54	33	leitende Angestellte	alleinlebend	Anse Dug.	allein mit Kind(ern)
F55	34	freie Journalistin	alleinlebend	Anse Dug.	
F56	31	Tagesmutter	verheiratet	Anse Dug.	Paar mit Kind(ern)
F57	10	Schülerin	bei den Eltern	Anse Dug.	mit den Eltern
F58	15	Schülerin	bei den Eltern	Anse Dug.	gemischte Gruppe
F59	38	Tagesmutter	verheiratet	Anse Dug.	Paar mit Kind(ern)
F60	20	Studentin	alleinlebend	Anse Dug.	Gruppe von Frauen
F61	23	Pflegerin	verheiratet	Anse Dug.	Gruppe von Frauen
F62	27	Animateurin	alleinlebend	Saint-Malo	allein
F63	56	Rentnerin	verheiratet	Saint-Malo	Paar
F64	55	Hausfrau	verheiratet	Saint-Malo	Paar
F65	37	Kranken- schwester	verheiratet	Nähe von K	
F66	61	Rentnerin	verheiratet	Nähe von K	
F67	57	Sekretärin	alleinlebend	K	Gruppe von Frauen
F68	20	Studentin	bei den Eltern	K	allein
F69	40	Hausfrau	verheiratet	K	Paar mit Kind(ern)
F70	31	wirtsch.- techn. Fachfrau	verheiratet	öffentlicher Park	allein mit Kind(ern)
F71	36	Spezialistin f. Logopädie	als Paar lebend	öffentlicher Park	allein mit Kind(ern)
F72	32	Handeltreibende	verheiratet	öffentlicher Park	allein mit Kind(ern)

Nr.	Alter	Beruf	Wohn-/ Lebenssituation	Strand bzw. Ort des Interviews	Situation am Strand während des Interviews
F73	32	Informatikerin	verheiratet	zu Hause	
F74	38	Sekretärin	verheiratet	öffentlicher Park	allein mit Kind(ern)
F75	17	Verkäuferin	alleinlebend	öffentlicher Park	allein
F76	34	Krankenschwester	als Paar lebend	Nähe von K	
F77	35	Lehrerin	als Paar lebend	Nähe von K	
F78	27	Hausfrau	verheiratet	K	allein mit Kind(ern)
F79	38	Hausfrau	verheiratet	K	allein mit Kind(ern)
F80	31	Reisevertreterin	verheiratet	K	allein mit Kind(ern)
F81	23	Studentin	als Paar lebend	K	Gruppe von Frauen
F82	35	Krankenschwester	verheiratet	K	Paar mit Kind(ern)
F83	31	Krankenschwester	alleinlebend	K	Paar
F84	31	Sozialarbeiterin	verheiratet	K	Gruppe von Frauen
F85	21	Textilarbeiterin	alleinlebend	K	Gruppe von Frauen
F86	34	Putzfrau	alleinlebend	K	Gruppe von Frauen
F87	28	Kinderfrau	alleinlebend	K	allein
F88	18	Studentin	Wohngem.	K	Gruppe von Frauen
F89	17–18	Studentinnen (3)	bei den Eltern	K	Gruppe von Frauen
F90	49	Krankenpflegerin	verheiratet	K	allein
F91	46	medizinische Assistentin	verheiratet	K	Paar
F92	48	Spezialistin f. Logopädie	alleinlebend	K	allein
F93	37	Geschäftsführerin	verheiratet	K	allein mit Kind(ern)
F94	32	Verwaltungsangestellte	alleinlebend	K	allein mit Kind(ern)
F95	23	arbeitslos	bei den Eltern	K	Paar
F96	26	Sekretärin	alleinlebend	K	allein
F97	46	Sekretärin	alleinlebend	K	allein
F98	57	Hausfrau	verheiratet	Anse Dug	allein
F99	43	Näherin	verheiratet	Anse Dug	Paar
F100	36	Informatikerin	als Paar lebend	zu Hause	
F101	25	arbeitslos	alleinlebend	zu Hause	
F102	45	Technikerin	verheiratet	Schwimmbad	allein
F103	28	Lehrerin	alleinlebend	Anse Dug	allein
F104	64	Rentnerin	verheiratet	K	allein
F105	9	Schülerin	bei den Eltern	öffentlicher Park	mit den Eltern
F106	26	Lehrerin	alleinlebend	Fécamp	allein
F107	17	Gymnasiastin	bei den Eltern	Fécamp	Gruppe von Frauen
F108	17	Gymnasiastin	bei den Eltern	Fécamp	Gruppe von Frauen
F109	17	Gymnasiastin	bei den Eltern	Fécamp	Gruppe von Frauen

Nr.	Alter	Beruf	Wohn-/ Lebenssituation	Strand bzw. Ort des Interviews	Situation am Strand während des Interviews
F110	26	Lehrerin	alleinlebend	Fécamp	allein
F111	23	Buchhändlerin	alleinlebend	Fécamp	Gruppe von Frauen
F112	49	arbeitslos	alleinlebend	Fécamp	allein
F113	73	Rentnerin	alleinlebend	Fécamp	allein
F114	49	arbeitslose Sekretärin	alleinlebend	Fécamp	allein
F115	24	Grundschul-lehrerin	als Paar lebend	Fécamp	gemischte Gruppe
F116	16	Gymnasiastin	bei den Eltern	Fécamp	Gruppe von Frauen
F117	16	Gymnasiastin	bei den Eltern	Fécamp	Gruppe von Frauen
F118	17	Gymnasiastin	bei den Eltern	Fécamp	Gruppe von Frauen
F119	37	Krankenpflegerin	alleinlebend	Fécamp	allein
F120	15	Gymnasiastin	bei den Eltern	Fécamp	allein
F121	50	Lehrerin	verheiratet	Fécamp	Gruppe von Frauen
F122	29	Bedienung	als Paar lebend	Fécamp	Paar
F123	52	Erzieherin	als Paar lebend	Fécamp	Gruppe von Frauen
F124	40	Büroangestellte	alleinlebend	Fécamp	Gruppe von Frauen
F125	40	Reisekauffrau	verheiratet	Fécamp	allein
F126	22	Studentin	bei den Eltern	Fécamp	allein
F127	31	Lehrerin	verheiratet	Fécamp	Paar
F128	24	Aufsicht in einem Gymnasium	als Paar lebend	zu Hause	
F129	25	Rettungs-schwimmerin	als Paar lebend	Fort Bloqué	gemischte Gruppe
F130	22	Rettungs-schwimmerin	bei den Eltern	Fort Bloqué	gemischte Gruppe
F131	22	Krankenhaus-angestellte	alleinlebend	Strandcafé	Paar
F132	39	Kosmetikerin	verheiratet	Strandcafé	Paar
F133	17	Gymnasiastin	bei den Eltern	KY	allein mit Kind(ern)
F134	20	Gymnasiastin	alleinlebend	KY	Gruppe von Frauen
F135	29	Mutterschafts-urlaub	alleinlebend	KY	allein mit Kind(ern)
F136	60	Sekretärin	verheiratet	KY	Gruppe von Frauen
F137	70	Rentnerin	verheiratet	KY	Gruppe von Frauen
F138	33	Buchhaltergehilfin	alleinlebend	KY	Paar
F139	44	Tagesmutter	verheiratet	KY	Paar
F140	45	Rechnungs-prüferin	verheiratet	Lorient	allein
F141	18–19	Studentinnen (2)	bei den Eltern	Lorient	Gruppe von Frauen
F142	54	Krankenschwester	verheiratet	Lorient	Paar
F143	43	Tagesmutter	verheiratet	Lorient	allein mit Kind(ern)
F144	27	Lagerarbeiterin	verheiratet	Lorient	allein

320

Nr.	Alter	Beruf	Wohn-/ Lebenssituation	Strand bzw. Ort des Interviews	Situation am Strand während des Interviews
F145	27	Hausfrau	verheiratet	Lorient	allein mit Kind(ern)
F146	27	Lehrerin	als Paar lebend	KY	Paar
F147	39	Lehrerin	verheiratet	KY	Gruppe von Frauen
F148	30	Psychologin	verheiratet	KY	allein mit Kind(ern)
F149	49	Hausfrau	verheiratet	KY	allein
F150	36	Krankenschwester	verheiratet	KY	Paar mit Kind(ern)
F151	44	Handeltreibende	verheiratet	KY	Paar
F152	18	Studentin	bei den Eltern	KY	gemischte Gruppe
F153	15	Gymnasiastin	bei den Eltern	KY	Gruppe von Frauen
F154	17	Gymnasiastin	bei den Eltern	KY	Gruppe von Frauen
F155	31	Krankenschwester	verheiratet	KY	gemischte Gruppe
F156	27	Hausfrau	verheiratet	KY	Paar
F157	39	Apothekerin	verheiratet	KY	Gruppe von Frauen
F158	23	Studentin	alleinlebend	KY	allein
F159	27	Crêpe-Verkäuferin	verheiratet	KY	allein mit Kind(ern)
F160	34	Kosmetikerin	alleinlebend	zu Hause	
F161	28	Sporterzieherin	verheiratet	zu Hause	
F162	32	Sozialarbeiterin	als Paar lebend	zu Hause	
F163	25	Angestellte im Fremdenverkehrsbüro	alleinlebend	SO	
F164	38	Lehrerin	verheiratet	SO	allein mit Kind(ern)
F165	37	Hausfrau (Handwerkl. Beruf)	verheiratet	SO	gemischte Gruppe
F166	27	Angestellte	verheiratet	SO	gemischte Gruppe
F167	50	Lehrerin	verheiratet	SO	Gruppe von Frauen
F168	48	Lehrerin	verheiratet	SO	Gruppe von Frauen
F169	40	Hausfrau (Journalistin)	verheiratet	SO	Paar
F170	44	Hausfrau (Beamtin)	verheiratet	SO	Familie
F171	21	Studentin	alleinlebend	SO	Familie
F172	26	Sekretärin	alleinlebend	SO	Familie
F173	26	Verkäuferin	alleinlebend	SO	Familie
F174	45	Hausfrau (leitende Angest.)	verheiratet	SO	allein mit Kind(ern)
F175	69	Rentnerin (leitende Angest.)	verheiratet	SO	Paar
F176	58	Hausfrau	alleinlebend	zu Hause	
F177	67	Rentnerin	verheiratet	SO	Paar
F178	22	Studentin	alleinlebend	SO	Gruppe von Frauen
F179	23	Krankenschwester	als Paar lebend	SO	Gruppe von Frauen
F180	62	Rentnerin (Angestellte)	alleinlebend	SO	mit Familienmitgliedern

Nr.	Alter	Beruf	Wohn-/ Lebenssituation	Strand bzw. Ort des Interviews	Situation am Strand während des Interviews
F181	40	Friseurin	verheiratet	SO	mit Familienmitgliedern
F182	58	Rentnerin (Chefsekret.)	alleinlebend	SO	mit Familienmitgliedern
F183	26	Sekretärin	verheiratet	SO	mit Familienmitgliedern
F184	61	Rentnerin (Hausfrau)	verheiratet	SO	Gruppe von Frauen
F185	50	Hausfrau (Optikerin)	verheiratet	SO	Gruppe von Frauen
F186	22	Schwestern- schülerin	alleinlebend	SO	mit Familienmitgliedern
F187	26	Studentin	als Paar lebend	zu Hause	
F188	35	Angestellte	verheiratet	MB	Paar
F189	9	Schülerin		öffentlicher Park	mit ihrer Mutter
F190	25	Sekretärin	alleinlebend	zu Hause	

Interviewpartner

Nr.	Alter	Beruf	Wohn-/ Lebenssituation	Strand bzw. Ort des Interviews	Situation am Strand während des Interviews
M1	24	Lehrer	alleinlebend	Nähe von MB	
M2	20	Kunstmaler	alleinlebend	Nähe von MB	
M3	35	Leitender Bank-angestellter	als Paar lebend	an einem See	Paar
M4	18	Segellehrer	bei den Eltern	MB	allein
M5	18	Gymnasiast	bei den Eltern	MB	allein
M6	16–18	Gymnasiasten (7)	bei den Eltern	MB	Gruppe von Männern
M7	38	Lehrer	als Paar lebend	Nähe von MB	
M8	18	Gymnasiast	bei den Eltern	MB	Gruppe von Männern
M9	29	Lieferant	als Paar lebend	Nähe von MB	
M10	12	Schüler	bei den Eltern	Nähe von MB	
M11	9	Schüler	bei den Eltern	MB	gemischte Gruppe
M12	52	Krankenpfleger	alleinlebend	MB	allein
M13	30	Lehrer	verheiratet	zu Hause	
M14	36	Marine-Soldat	verheiratet	MB	Paar mit Kind(ern)
M15	18	Gymnasiast	bei den Eltern	MB	Gruppe von Männern
M16	17	Gymnasiast	bei den Eltern	MB	Gruppe von Männern
M17	18	Gymnasiast	bei den Eltern	MB	Gruppe von Männern
M18	30	Baumeister	alleinlebend	MB	allein
M19	21	Student	alleinlebend	MB	gemischte Gruppe
M20	22	Student	bei den Eltern	MB	gemischte Gruppe
M21	24	Student	alleinlebend	zu Hause	
M22	17	Gymnasiast	bei den Eltern	zu Hause	
M23	33	Geschäftsführer	verheiratet	zu Hause	
M24	24	Musiker	als Paar lebend	zu Hause	
M25	29	Immobilienmakler	verheiratet	zu Hause	
M26	24	Student	bei den Eltern	zu Hause	
M27	12	Schüler	bei den Eltern	zu Hause	
M28	37	Techniker (öffentl. Dienst)	verheiratet	zu Hause	
M29	29	Offizier	alleinlebend	Anse Dug.	allein
M30	34	Arbeiter	verheiratet	Anse Dug.	Paar mit Kind(ern)
M31	57	Feuerwehroffizier	verheiratet	Saint-Malo	Paar
M32	26	Techniker	alleinlebend	Nähe von K	
M33	40	leitender Kaufm. Angest.	verheiratet	K	Paar mit Kind(ern)
M34	60	Rentner	alleinlebend	öffentlicher Park	
M35	74	Rentner	alleinlebend	öffentlicher Park	
M36	49	Universitäts-professor	verheiratet	zu Hause	

Nr.	Alter	Beruf	Wohn-/ Lebenssituation	Strand bzw. Ort des Interviews	Situation am Strand während des Interviews
M37	41	Soldat	alleinlebend	K	Paar mit Kind(ern)
M38	32	Elektromechaniker	alleinlebend	K	allein
M39	20	Student	als Paar lebend	K	Paar
M40	31	Beamter	alleinlebend	K	allein
M41	70	Rentner	alleinlebend	K	gemischte Gruppe
M42	45	leitender Bahn-angestellter	verheiratet	K	Paar
M43	35	Marine	verheiratet	K	allein mit Kind(ern)
M44	22	Strandwächter	alleinlebend	K	Gruppe von Männern
M45	28	Restaurantpächter	alleinlebend	Anse Dug	allein mit Kind(ern)
M46	35	Ingenieur	als Paar lebend	zu Hause	
M47	51	arbeitslos (leitender Angestellter)	verheiratet	zu Hause	
M48	33	Grundschullehrer	alleinlebend	zu Hause	
M49	37	Arbeiter	verheiratet	Anse Dug	Paar
M50	16	Gymnasiast	bei den Eltern	Fécamp	Gruppe von Männern
M51	17	Gymnasiast	bei den Eltern	Fécamp	Gruppe von Männern
M52	15	Schüler	bei den Eltern	Fécamp	Gruppe von Männern
M53	30	Elektroniker	alleinlebend	Fécamp	allein
M54	26	Erzieher	als Paar lebend	Fécamp	allein
M55	13	Schüler	bei den Eltern	Fécamp	Gruppe von Männern
M56	14	Schüler	bei den Eltern	Fécamp	Gruppe von Männern
M57	27	Lagerist	verheiratet	Fécamp	Paar
M58	44	Laborant	verheiratet	Fécamp	allein
M59	24	Sportpädagoge	als Paar lebend	Fécamp	allein
M60	20	Vertreter	alleinlebend	Fécamp	allein
M61	26	Student	alleinlebend	zu Hause	
M62	31	Rettungs-schwimmer	alleinlebend	Fort-Bloqué	gemischte Gruppe
M63	38	Rettungs-schwimmer	als Paar lebend	Fort-Bloqué	gemischte Gruppe
M64	25	Barmann	verheiratet	Strandcafé	Paar
M65	42	Optiker	verheiratet	Strandcafé	Paar
M66	47	Technischer Zeichner	verheiratet	KY	Paar
M67	67	Rentner	verheiratet	KY	gemischte Gruppe
M68	36	Handelsberater	alleinlebend	Lorient	allein
M69	44	Dekorateur	verheiratet	Lorient	Paar mit Kind(ern)
M70	71	Rentner	als Paar lebend	Lorient	Paar
M71	62	Rentner	verheiratet	Lorient	Paar
M72	59	Ingenieur	verheiratet	Lorient	allein
M73	33	Leitender Angestellter	als Paar lebend	KY	allein

Nr.	Alter	Beruf	Wohn-/ Lebenssituation	Strand bzw. Ort des Interviews	Situation am Strand während des Interviews
M74	40	Techniker	alleinlebend	KY	allein
M75	45	Handeltreibender	verheiratet	KY	Paar
M76	17	Gymnasiast	bei den Eltern	KY	gemischte Gruppe
M77	23	Mechaniker	bei den Eltern	Strandcafé	allein
M78	27	Soldat	verheiratet	KY	Paar
M79	23	Student	als Paar lebend	KY	allein
M80	26	Kaufmann	alleinlebend	zu Hause	
M81	35	Konditor	verheiratet	KY	Paar mit Kind(ern)
M82	22	Rettungs-schwimmer	alleinlebend	SO	
M83	14	Schüler	bei den Eltern	SO	Gruppe von Männern
M84	15	Schüler	bei den Eltern	SO	Gruppe von Männern
M85	43	Journalist	verheiratet	SO	Paar
M86	38	Diplomat	als Paar lebend	SO	mit Familienmitgliedern
M87	66	Rentner (Arbeiter)	alleinlebend	zu Hause	
M88	22	Portier eines Nachtclubs	alleinlebend	SO	gemischte Gruppe
M89	28	Sport-Animateur	als Paar lebend	SO	gemischte Gruppe
M90	41	Mechaniker	verheiratet	SO	mit Familienmitgliedern
M91	16	beim Schul-abschluß	bei den Eltern	SO	mit Familienmitgliedern
M92	28	Grundschullehrer	als Paar lebend	zu Hause	
M93	30	Staplerfahrer	alleinlebend	zu Hause	
M94	29	Arbeiter	verheiratet	K	Paar
M95	36	Lehrer	verheiratet	zu Hause	
M96	35	Angestellter	als Paar lebend	zu Hause	

Literatur

Abramovski, E.: »Les bases psychologiques de la sociologie«, in: Revue internationale de sociologie, Nr. 8, 9, 10, 1897

Anzieu, D.: Le Moi-peau, Paris 1985

Bateson, G.: »Communication« und »Entretien«, in: Winkin, Y.: La Nouvelle Communication, Paris 1981

Baudrillard, J.: La Société de consommation, Paris 1970

Bejin, A.: »La masturbation féminine en France. Un exemple d'analyse et de sous-estimation d'une pratique«, in: Population, Nr. 5, 1993

Berger, P. L.: La Religion dans la conscience moderne, Paris 1971 (dt.: Zur Dialektik von Religion und Gesellschaft, Frankfurt 1973)

Berger, P. L., Luckmann, Th.: Die gesellschaftliche Konstruktion der Wirklichkeit. Eine Theorie der Wissenssoziologie, Frankfurt ^{8}1991

Bidart, C.: »L'amitié, les amis, leur histoire. Représentations et récits«, in: Sociétés contemporaines, Nr. 5, 1991

Birdwhistell, R.: »Entretien«, in: Winkin, Y.: La Nouvelle Communication, Paris 1981

Bologne, J.-C.: Histoire de la pudeur, Paris 1986

Bourdieu, Pierre: Die feinen Unterschiede. Kritik der gesellschaftlichen Urteilskraft, Frankfurt 1987

Bozon, M.: »Apparence physique et choix du conjoint«, in: INED-Congrès et colloque, Nr. 7, 1991

Bozon, M., Leridon, H.: »Les constructions sociales de la sexualité«, in: Population, Nr. 5, 1993

Burke, K.: A Grammar of Motives, New York 1945

Calvez, M.: »Le handicap comme situation de seuil: éléments pour une sociologie de la liminalité«, in: Sciences sociales et santé, Bd. XII, Nr. 1, 1994

Castoriadis, C.: »Institution de la société et religion«, in: Esprit, Nr. 5, 1982

Clark, K.: Le Nu, Paris 1969

Corbin, A.: »Le secret de l'individu«, et »La relation intime ou les plaisirs de l'échange«, dans Perrot M., Histoire de la vie privée (sous la direction de Ph. Ariès et G. Duby), tome 4, De la Révolution à la Grande Guerre, Paris 1987 (dt.: »Das Geheimnis des Individuums« und »Intimität und Vergnügen im Wandel«, in: P. Ariès und G. Duby (Hg.), Geschichte des privaten Lebens, Bd. 4, Von der Revolution zum Großen Krieg (hg. von M. Perrot), Frankfurt 1992, S. 427–577)

Corbin, A.: Le Territoire du vide. L'Occident et le désir du rivage, 1750–1840, Paris 1988 (dt.: Meereslust. Das Abendland und die Entdeckung der Küste, Frankfurt 1991

Cyrulink, B.: Les Nourritures affectives, Paris 1993

Delestre, P.: Perros-Guirec 1900, la naissance d'une grande plage, Chatelaudren 1973

Descamps, M.-A.: Vivre nu, psychosociologie du naturisme, Paris 1987

Descampes, M.-A.: Le langage du corps et la communication corporelle, Paris 1989

Defrance, J.: L'excellence corporelle: la formation des activités physiques et sportives modernes, Rennes 1987

Douglas, M.: »La connaissance de soi«, in: Revue du Mauss, Nr. 8, 1990

Dubet, F.: Sociologie de l'expérience, Paris 1994

Dumont, L.: Individualismus. Zur Ideologie der Moderne, Frankurt / New York 1991

Durand, G.: Les Structures anthropologiques de l'imaginaire, Paris 1969

Durkheim, E.: Über soziale Arbeitsteilung, Frankfurt 1992

Durkheim, E.: Textes 2. Religion, morale, anomie, Paris 1975

Elias, N.: Über den Prozeß der Zivilisation, 2 Bde., Frankfurt 1979

Elias, N.: Die Gesellschaft der Individuen, Frankfurt 1987

Emerson, J. P.: »Behavior in Private Places: Sustaining Defeniti-
ons of Reality in Gynecological Examinations«, in: Dreitzel,
H. P. (Hg.): Recent Sociology, Nr. 2, New York 1970

Eurobarometer, Nr. 39, Brüssel 1993

Featherstone, M., Hepworth, M.: »The Mask of Ageing and the
Postmodern Life Course«, in: Featherstone, M., Hepworth,
M., Turner, B. (Hg.): The Body, London 1991

Festinger, L.: A Theory of Cognitive Dissonance, Evanstone

Fontanel, B.: Corsets et soutiens-gorge, Paris 1992

Francescato, D.: Quando l'amore finisce, Bologna 1992

Giddens, A.: Die Konstitution der Gesellschaft. Grundzüge einer Theorie der Strukturierung, Frankfurt / New York 1988

Goffman, E.: Asiles. Études sur la condition sociale des mala-
des menteaux, Paris 1968 (dt.: Asyle. Über die soziale Situation psychiatrischer Patienten und anderer Insassen, Frankfurt 1973)

Goffman, E.: La Mise en scène de la vie quotidienne. 1. La Pré-
sentation de soi, Paris 1973a (dt.: Wir alle spielen Theater.
Selbstdarstellung im Alltag, München / Zürich 1969)

Goffman, E.: La Mise en scène de la vie quotidienne. 2. Les Relations en public, Paris 1973b (dt.: Das Individuum im öffentlichen Austausch. Mikrostudien zur öffentlichen Ordnung, Frakfurt 1982)

Goffman, E.: Les Rites d'interaction, Paris 1974 (dt.: Interakti-
onsrituale. Über Verhalten in direkter Kommunikation,
Frankfurt 1986)

Goffman, E.: Stigmate. Les usages sociaux des handicaps, Paris
1975 (dt.: Stigmata. über Techniken der Bewältigung beschä-
digter Identität, Frankfurt 1975)

Goffman, E.: »Engagement«, in: Winkin, Y.: La Nouvelle
Communication, Paris 1981 (dt.: Verhalten in sozialen Situationen. Strukturen und Regeln der Interaktion im öffentlichen Raum, Gütersloh 1971)

Goffman, E.: Les Moments et leurs hommes, Paris 1988

Goffman, E.: Les Cadres de l'expérience, Paris 1991 (dt.: Rahmenanalyse. Ein Versuch über die Organisation von Alltagserfahrungen, Frankfurt 1980)

Grafmeyer, Y., Joseph, I.: L'École de Chicago, naissance de l'écologie urbaine, Paris 1979

Gros, D.: Le sein dévoilé, Paris 1987

Guibentif, P.: »A sociologia do corpo«, in: Sociologia, problemas e praticas, Nr. 9, Lissabon 1991

Gullestad, M.: The Art of Social Relations, Oslo 1992

Hajnal, J.: »European Marriage Patterns in Perspective«, in: Glass, D. V. und Everseley, D. E. C. (Hg.): Population in History, London 1965

Halbwachs, M.: La Mémoire collective, Paris 1950 (dt.: Das kollektive Gedächtnis, Frankfurt 1985)

Hall, E.: La Dimension cachée, Paris 1971

Hartmann, W., Fithian, M., Johnson, D.: Nudist Society, New York 1970

Heath, C.: Body Movement and Speech in Medical Interaction, Cambridge 1986

Henry, M.: Les Nourritures imaginaires de l'amour. Le roman-photo, une mise en scène de l'amour et de la relation de couple, Rennes 1993

Javeau, C.: »Les symbols de la banalisation«, in: Cahiers internationaux de sociologie, Bd. LXXV, 1993

Jousse, M.: L'Anthropologie du geste, Paris 1974

Kantorowicz, E.: Les Deux Corps du roi, Paris 1989 (dt.: Die zwei Körper des Königs. Eine Studie zur politischen Theologie des Mittelalters, München 1990)

Kaufmann, J.-C.: La Chaleur du foyer, analyse du repli domestique, Paris 1988

Kaufmann, J.-C.: La Trame conjugale, analyse du couple par son linge, Paris 1992 (dt.: Schmutzige Wäsche. Zur ehelichen Konstruktion von Alltag, Konstanz ³1995)

Kaufmann, J.-C.: Sociologie du couple, Paris 1993

Kaufmann, J.-C.: »Nuptualité ou conjugalité? Critique d'un indicateur et état des évolutions conjugales en Europe«, in: Archives européennes de sociologie, XXXV(1), 1994

Laurent, J.: Le Nu vêtu et dévêtu, Paris 1979

Le Breton, D.: Anthropologie du corps et modernité, Paris 1990

Le Breton, D.: La Sociologie du corps, Paris 1992

Linton, R.: Le Fondement culturel de la personalité, Paris 1986 (dt.: Gesellschaft, Kultur und Individuum. Interdisziplinäre sozialwissenschaftliche Grundbegriffe, Frankfurt 1974)

Lipovetsky, G.: L'Ere du vide, Paris 1983

Maccoby, E.: »Le Sexe, catégorie sociale«, in: Actes de la recherche en sciences sociales, Nr. 83, 1990

Maisonneuve, J.: »Le corps et le corporéisme«, in: Revue française de sociologie, XVII(4), 1976

Maffesoli, M.: Le Temps de tribus, Paris 1988

Maffesoli, M.: Au creux des apparences, pour une éthique de l'esthétique, Paris 1993

Marcuse, H.: Triebstruktur und Gesellschaft. Ein philosophischer Beitrag zu Sigmund Freud, in: ders., Schriften, Bd. 5, Frankfurt 1979

Mauss, M.: Sociologie et anthropologie, Paris 1950 (dt.: Soziologie und Anthropologie, 2 Bde., Frankfurt 1989)

Mead, G. H.: L'Esprit, le soi et la société, Paris 1963 (dt.: Geist, Identität und Gesellschaft aus der Sicht des Sozialbehaviorismus, Frankfurt 1968)

Merleau-Ponty, M.: Phénoménologie de la perception, Paris 1945 (dt.: Phänomenologie der Wahrnehmung, Berlin 1966)

Montreynaud, F.: Le XXᵉ siècle et des femmes, Paris 1992

Paradise, R.: »Interactional Style and Nonverbal Meanings: Mazahua Children Learning How to Be Seperate-But-Together«, in: Anthropology & Education Quarterly, Bd. 25, Nr. 2, 1994

Peixoto, C. E.: A la rencontre de petit paradis: une étude sur le rôle des espaces publics dans la sociabilité des retraités à Paris et à Rio de Janeiro, EHESS, 1993

Peretz, H.: »Le vendeur, la vendeuse et leur cliente. Ethnographie du prêt-à-porter de luxe«, in: Revue française de sociologie, 33 (1), 1992

Perrin, E.: Cultes du corps, enquête sur les nouvelles pratiques corporelles, Lausanne 1985

Perrot, M. (Hg.): Histoire de la vie privée (sous la direction de Ph. Ariès et G. Duby), tome 4, De la Révolution à la Grande Guerre, Paris 1987 (dt.: P. Ariés und G. Duby, (Hg.), Geschichte des privaten Lebens, Bd. 4, Von der Revolution zum Großen Krieg, Frankfurt 1992)

Perrot, Ph.: Le travail des apparences. Le corps féminin, XVIIIe–XIXe siècle, Paris 1984

Pharo, P.: Politique et savoir-vivre. Enquête sur les fondements du lien civil, Paris 1991

Picard, D.: Du code au désir, le corps dans la représentation sociale, Paris 1983

Premel, G.: Désir du rivage, des nouvelles représentations aux nouveaux usages du littoral, Conservatoire de l'espace littoral et des rivages lacustres, 1993

Queiroz, J. M. de, Ziolkovski, M: L'Interactionisme symbolique, Rennes 1994

Rauch, A.: Vacances et pratiques corporelles, Paris 1988

Rousset, J.: Leurs yeux se rencontrèrent. La scène de première vue dans le roman, Paris 1984

Sauvageot, A.: Voirs et savoirs, esquisse d'une sociologie du regard, Paris 1994

Schmitt, J.-C.: La Raison des gestes dans l'occident médiéval, Paris 1990 (dt.: Die Logik der Gesten im europäischen Mittelalter, Stuttgart 1992)

Schütz, A.: Le Chercheur et le quotidien, Paris 1987 (dt.: Gesammelte Aufsätze, 3 Bde., Den Haag 1971)

Segalen, M.: Les Enfant d'Achille et de Nike, une ethnologie de la course à pied ordinaire, Paris 1994

Shorter, E.: Le Corps de femmes, Paris 1984 (dt.: Der weibliche Körper als Schicksal, München / Zürisch 1987)

Simmel, G.: Die Mode (= Georg Simmel, Philosophische Kultur, S. 31 – 64), Potsdam 1923

Simmel, G.: Die Koketterie (= Georg Simmel, Philosophische Kultur, S. 104 – 125), Potsdam 1923

Simmel, G.: Weibliche Kultur (= Georg Simmel, Philosophische Kultur, S. 268 – 311), Potsdam 1923

Simmel, G.: Die Großstädte und das Geistesleben (= Georg Simmel, Gesamtausgabe, Bd. 7, S. 116 – 131), Frankfurt 1995

Simmel, G.: Das Geheimsnis und die geheime Gesellschaft (= Georg Simmel, Gesamtausgabe, Bd. 11, S. 383 – 455), Frankfurt 1993

Singly, F. de: »Les manoeuvres de séduction: une analyse des annonces matrimoniales«, in: Revue française de sociologie, 25 (4), 1984

Singly, F. de: »Les ruses totalitaires de la pédagogie anti-autoritaire«, in: Revue de l'Institut de sociologie, Nr. 1 – 2, 1988

Singly, F. de: »L'homme dual. Raison utilitaire, raison humanitaire«, Le Débat, Nr. 61, 1990

Spencer, B.: »Contexte normatif du comportement sexuel et choix des stratégies de prévention«, in: Population, Nr. 5, 1993

Stassen, J.-F.: »Le caravaning résidentiel: du dépaysement à l'appropriation de l'espace«, Lüttich 1994

Strauss, A.: Spiegel und Masken. Die Suche nach Identität, Frankfurt 1968

Tarde, G. de: Les Lois de l'imitation, Paris 1993

Thuillier, G.: Pour une histoire du quotidien au XIXe siècle en Nivernais, Paris 1977

Terrail, J.-P.: »Construction et détermination du social«, in: Cahiers de GEDDIST, Nr. 8, 1993

Urbain, J.-D.: Sur la plage, moeurs et coutumes balnéaires, Paris 1994

Weinberg, M. S.: »Sexual Modesty, Social Meanings and the Nudist Camp«, in: Truzzi, M.: Sociology and Everyday Life

Watzlawick, P.: »Entretien«, in: Winkin, Y.: La Nouvelle Communication, Paris 1981

Winkin, Y.: La Nouvelle Communication, Paris 1981

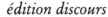 *édition discours*

UVK
Soziologie

Klassische und zeitgenössische Texte
der französischsprachigen Humanwissenschaften

Herausgegeben von Franz Schultheis und Louis Pinto

Band 1
Edmond Goblot
Klasse und Differenz
*Soziologische Studien zur modernen
französischen Bourgeoisie*
Aus dem Französischen übersetzt und
eingeleitet von Franz Schultheis
ISBN 3-87940-460-7

Band 2
Jean-Claude Kaufmann
Schmutzige Wäsche
*Zur ehelichen Konstruktion
von Alltag*
Aus dem Französischen übersetzt von
Andreas Gipper und Mechtild Rahner
ISBN 3-87940-459-3

Band 3
François de Singly
Die Familie der Moderne
Eine soziologische Einführung
Aus dem Französischen übersetzt
von Mechtild Rahner
ISBN 3-87940-480-1

Band 4
Louis Pinto/Franz Schultheis (Hg.)
**Streifzüge durch
das literarische Feld**
*Texte von Pierre Bourdieu, Christophe
Charle,Mouloud Mammeri, Jean-Michel
Péru, Michael Pollak, Anne-Marie Thièsse*
ISBN 3-87940-493-3
Erscheint Sommer 1996

Band 5
Emile Durkheim
über Deutschland
Texte aus den Jahren 1887 bis 1915
Herausgegeben und eingeleitet von
Franz Schultheis und Andreas Gipper
Aus dem Französischen übersetzt
von Andreas Gipper
ISBN 3-87940-496-8

Band 6
Michael Pollak
Wien 1900
Eine verletzte Identität
Aus dem Französischen übersetzt
von Andreas Pfeuffer
ISBN 3-87940-534-4
Erscheint Herbst 1996

Band 7
*Marie-Thérèse Meulders-Klein/
Irène Théry (Hg.)*
Fortsetzungsfamilien
*Neue familiale Lebensformen
in pluridisziplinärer Betrachtung*
Aus dem Französischen übersetzt
von Daniela Böhmler
ISBN 3-87940-535-2
Erscheint Sommer 1996

Band 10
Jean-Claude Kaufmann
Frauenkörper – Männerblicke
Aus dem Französichen übersetzt
von Daniela Böhmler
ISBN 3-87940-556-5

UVK
Soziologie

»Das Indiz der Wäsche bringt uns auf die Spur einer sonderbaren ehelichen Welt: Ein Ort, wo die Gesten den Gedanken widersprechen und Worte das Gegenteil der Gedanken ausdrücken; ein Ort, wo das Reden selbst ein Schweigen darstellt und das Schweigen sehr beredt ist.«

Jean-Claude Kaufmann ist ein Experte in Fragen des Alltäglichen, dem er sich mit erstaunlicher Liebe zum Detail widmet, ohne auf anspruchsvolle theoretische Betrachtungen und Interpretationen zu verzichten. Ihn interessiert die Frage, wie Paare in den kleinen Dingen des Lebens ihre Beziehung gestalten, und er nimmt ihren Umgang mit der leidigen schmutzigen Wäsche zum Anzeiger ihres Selbstverständnisses und ihrer Rollenteilung, als Spiegel ihres ständigen Balanceakts auf dem Hochseil der Irrungen und Wirrungen des Lebens zu zweit.

Jean-Claude Kaufmann
Schmutzige Wäsche
Zur ehelichen Konstruktion von Alltag
Aus dem Französischen übersetzt
von Andreas Gipper und Mechtild Rahner
3. Aufl. 1995, 328 S., br.,
ISBN 3-87940-459-3
(édition discours, Band 2)

»Warnung: Wer Kaufmanns Buch aufmerksam liest, hat den bequemen Zustand der Unbewußtheit in Haushaltsfragen ein für allemal verlassen. Es folgen partnerschaftliche Eruptionen mittelschwerer Art, die ohne bewährte Distanzhalter wie Humor und Ironie dann vielleicht doch vor dem Scheidungsrichter … Stop. Aus. Ende.«   *DIE ZEIT*